자책과 후회 없이 나를 사랑하는 법

지금 이 순간 있는 그대로

받아들임

타라 브랙(Tara Brach) 지음
김선주·김정호 옮김

불광출판사

잘함과 잘못함의 개념 너머에
들판이 있다.
그곳에서 당신을 만나겠다.

영혼이 그 잔디에 누울 때,
세계는 너무 충만해서 말로 표현할 수가 없다.
개념, 언어, 문구는 서로
어떠한 의미도 만들지 않는다.

– 루미(Rumi)

온기와 확신으로 가득한 치유의 책

● 　　　　타라 브랙을 알게 된 것은 내 인생이 가장 곤란함에 빠져 있을 때였다. 더 큰 행복을 위해서 일과 사랑이라는 두 가지 목표를 좇으며 살았지만, 어느 순간 그 모든 것들이 나를 더 큰 불행과 좌절의 경험으로 이끌었을 때였다. 몸은 분명 이곳에 있었지만 마음은 과거로 미래로 속절없이 왕복하며 나 자신에 대한 원망과 벌어진 일들에 대한 깊은 슬픔으로 가득했을 때, 문득 집어든 것이 타라 브랙의 책, 『호흡하세요 그리고 미소지으세요』였다.

　그의 책을 만나고 나서, 나의 일상은 미세하게 달라지기 시작했다. 나를 비난하고 과거를 후회하는 목소리가 점차 잠잠해졌고, 일상의 균열은 조금씩 그 틈이 줄어들었다. 맞닥뜨리는 상황들은 비슷할지라도 그에 대해 내가 반응하는 태도가 달라지기 시작했기 때문이다. 그저 한 권의 책을 읽었을 뿐이었지만 스승을 얻은 느낌이었다. 한 번도 만난 적 없지만 마치 오랫동안 알고 지낸 것 같은 연결감을 느꼈다. 인생 후반부에 심리학과 명상을 제대로 공부해야겠다고 마음먹었던 것은 오직 타라 브랙 덕분이었다.

　나는 뒤돌아보지 않고 타라 브랙의 저서들을 하나씩 읽어 내려가기 시작했다. 출간 20년을 맞이한 이 책, 『받아들임』도 그중 한 권이었다. 이 책에서 타라 브랙은 '근본적 수용(Radical Acceptance)'이라는 개념을 통해 삶을 있는 그대로 바라보는 것에 대해 강조한다. '깨어 있으면서 삶이 있는 그대로 존재하도록 놓아두는 것을 몇 번이고 다시 시도하는 것'. 그는 삶의 경험들에 대해 방어적으로 벽을 세우고 자신을 보호하려는 노력들이 사실은 삶과의 논쟁을 격화시킨다고 강조한다. 사랑의 마음과 깨어 있는 마음으로부터 분리된 것은 이러한 잘못된 방어전략 때문이라는 것이다. 삶을 지키려는 노력이 오히려 삶을 제한하고 위축시킨다는 진실 앞에서, 내가 해왔던 수많은 노력들의 방향을 되짚어보지 않을 수 없었다. 얼마나 많은 시간 나는 높은 성벽을 쌓고 내가 옳다는 생각에 사로잡혔나, 부정적인 감정의 소용돌이 속에서 얼마나 여러 차례 나는 그것을 벗어나려는 데에만 노력을 기울였나. 지나온 시간에 대한 안타까움과 진실에 접근했다는 해방감이 뒤섞여 먹먹한 표정으로 몇 번이고 밑줄을 그었던 낮과 밤들이었다.

추상적이고 난해할 수 있는 정신적인 영역과 명상에 대한 가르침을 온기와 확신으로 가득한 언어로 전하는 타라 브랙의 이 책이 제공하는 친절은 명확하고 구체적이다. 각 챕터마다 '명상 연습'을 통해 바로 지금, 이 순간에 접촉하도록 독려하기 때문이다. 임상 심리학자이면서 35년간 불교의 위빠사나를 수행해온 명상 지도자답게, 수행의 경험이 전혀 없는 사람이라도 자연스럽게 수행에 안착하도록 도와준다. 몸과 마음을 연결하고 사랑과 알아차림의 능력을 키우게 도와주는 명상 시퀀스들은 불교 수행의 핵심 요소들을 모던하고도 간명하게 전달한다. 주의할 것은 하나 있다. 명상 시퀀스들은 그저 활자로 읽고 지나치는 것이 아니라, 실제로 해보아야 한다는 것이다. 자신의 목소리로 녹음해서 오디오 가이드로 활용해도 좋겠고, 사랑하는 이와 함께 해보는 것도 좋을 것이다. 단지 호흡에 부드럽고 깨어 있는 주의를 기울이는 것으로 삶이 어떻게 조금씩 변화하는지 확인해 보길. 이것은 오직 자신과 함께 걷기로 다짐한 사람만이 경험할 수 있는 위없는 행복이기 때문이다. 또한 자신과 함께 걷기로 한 사람만이, 세상과 함께 걷게 될 것이기 때문이다.

자신의 내면을 돌보는 일은 결코 사적인 영역에 그치지 않는다. 행복한 개인이 행복한 사회를 만들고, 깨어난 개인이 깨어난 사회를 만들 것이기 때문이다. 혐오와 분열로 가득한 시대, 무엇을 읽고 무엇에 마음을 둘 것인가? 타라 브랙이 제안하는 사랑과 성찰의 철학이 그 답이 되어줄 것이다. 이 책에 담긴 놀라운 언어들이 더 넓게 그리고 더 멀리 퍼져나가기를, 그리하

여 이 시대와 우리 모두가 이 유한한 삶 속에서 무한히 사랑하고 무한히 성
장할 수 있기를 발원한다.

작가 곽정은

(메디테이션 랩 대표, 『마음해방』 저자)

늪에서 빠져나오려면?

● 늪에 빠지면 어떻게 해야 할까? 누구나 몸에 힘을 주고 팔다리를 허우적거리며 빠져나오려고 안간힘을 쓸 것이다. 하지만 그럴수록 몸은 늪 속으로 더 깊이 빨려 들어간다. 빠져나오려고 노력하면 할수록 더욱 깊이 빠지는 것이다. 그러면 어떻게 해야 늪에서 빠져나올 수 있을까? 이때는 벗어나려고 몸부림치지 않는 것이 중요하다. 허우적거리는 행동을 멈추고 마치 늪을 끌어안듯이 엎드려서, 가능한 한 수평으로 최대한 넓게 몸을 늪에 밀착시킨다. 그런 다음 천천히 낮은 포복을 하듯이 기어서 나온다.

이 책에서 자주 사용되는 '트랜스(trance)'라는 말이 있다. 사전에서는 이 말을 "의식이 없고 자신의 생각이나 행동에 대한 통제력을 갖지 못하는 가수면 상태"라고 설명한다. 이 책에서 말하는 '무가치감의 트랜스'는, 자기 스스로 불완전하고 무가치하다는 믿음에 사로잡혀 있는 상태다. 이는 마치 늪과 같아서, 일단 빠지면 거기에서 벗어나려 발버둥 치면 칠수록 더 깊이 빠져들고 만다. 어떤 사람들은 무가치감의 트랜스에 빠져들어 속으로는 자기를 무가치하다고 여기면서도 겉으로는 자기의 가치를 증명하려고 안간힘을 쓴다. 이와는 달리 무가치감의 트랜스를 자기와 동일시하면서 삶을 체념하는 사람들도 있다. 하지만 저항하든 체념하든 결과는 같다. 자기를 있는 그대로 사랑하지 못하는 데서 생기는 공허를 메우려고 음식이나 술 또는 약물을 탐닉하거나, 인간관계에 집착하거나, 일중독에 빠져도 트랜스는 강화되고, 연약한 자기를 지켜줄 보호막 안에 숨어도 트랜스는 강화된다.

트랜스에서 벗어나기 위해서는, 늪에서 빠져나올 때처럼 먼저 트랜스에서 벗어나려는 노력을 멈춰야 한다. 그리고 트랜스를 받아들여야 한다. 역설적이지만, 받아들일 때 변화의 가능성이 열린다. 매 순간 있는 그대로 경험하고 감싸 안는 훈련을 하면, 자유와 사랑이 우리 본연의 모습임을 깨닫기 때문이다.

이 책에서 저자는 오랜 기간 명상 스승이자 심리치료자로 활동하면서 만난 수많은 사람들과 자신의 얘기를 들려준다. 그 사례들은 누구나 경험할 법한 얘기들이다. 타라, 로잘리, 크리스, 바바라만의 얘기가 아니라 바로 내 얘기고 여러분의 얘기다. 그 사례들은 우리가 자신의 '스토리'에 빠져서 얼마나 스스로를 무가치하다고 여기며 괴로움을 자초하고 있는지 깨닫게 해준다. 여기서 스토리란 자신과 자신의 삶에 관해 내면에서 습관적으로 반복되는 얘기를 일컫는다. 그리고 이 스토리와 자기를 동일시하는 게 바로 트랜스에 빠지는 것이다.

지금 이 순간에도 우리는 스토리에 빠져 미래를 위해 살거나 과거를 재탕하면서 '지금 이 순간'을 놓치고 있는지도 모른다. 하지만 과거는 돌이킬 수 없고, 미래는 아직 오지 않았다. 우리는 지금 이 순간 속에서만 온전히 존재할 수 있다. 지금 이 순간을 놓치는 것은 자기 자신을 놓치는 것이다. 매 순간을 있는 그대로 경험할 수 있다면, 다시 말해 '근본적 수용'을 할 수 있다면, 우리는 무가치감의 트랜스에서 벗어나 우리가 진정 누구인지, 그 진실을 깨닫게 될 것이다.

근본적 수용은 마음챙김으로 자신의 경험을 명확히 보고 자비로 감싸 안을 수 있을 때 가능하다. 아기 새가 수많은 비행 연습 끝에 허공을 자유롭게 날듯이, 우리도 훈련을 통해 마음챙김과 자비라는 근본적 수용의 양 날개를 단련해야만 삶을 자유롭게 살 수 있다. 이 책에서는 각 장 말미에 '명상 연습'과 '성찰 연습'이라는 제목으로 마음챙김과 자비를 기르는 훈련법을 친절하게 기술해 놓았다. 이를 활용하면 일상생활 속에서 근본적 수용을 실천하는 데 많은 도움이 될 것이다.

이 책은 이 모든 과정이 다른 사람과의 관계 속에서 이뤄져야 함을 강조한다. 명상을 비롯한 자기 수행 과정이, 외부와 단절된 채 조용하고 엄숙하고 외로운 길을 가는 것이라는 오해를 받기도 하지만, 이 책은 수행도 인간관계를 통해 자양분을 얻을 수 있다고 말한다. 우리는 사회적 존재다. 같이 먹고, 같이 자고, 같이 일하고, 같이 사랑한다. 붓다는 "좋은 사람들과의 우정과 교제와 유대는 성스러운 삶의 전부"라며, 상호간의 지지가 우리의 가슴과 마음을 깨우는 데 중요함을 강조했다. 저자는 마음챙김과 자비가 함께하는 인간관계는 영적 자유를 담는 성스러운 그릇이 될 수 있다고 썼다. 모든 인간관계는 우리를 트랜스에서 깨워 온전하게 하는 자양분이 될 수 있다.

책을 번역하고 문장을 다듬는 데 예상보다 시간이 오래 걸렸다. 출간이 지연됨에도 배려를 아끼지 않으며 기다려주신 불광출판사 류지호 주간님께 감사드린다. 책을 만드는 데 수고를 한 이기선, 정선경 두 편집자께도 감사드린다. 몇 군데 까다로운 문장을 번역할 때 조언을 주신 덕성여대 국제통상학과 라울 모레띠 교수께도 감사의 마음을 전한다.

　　모든 사람이 행복하기를 원하고, 어느 누구도 고통을 원하지 않는다. 하지만 행복해지는 방법을 제대로 알고 있는 이는 많지 않은 것 같다. 이 책을 만난 당신은 이제부터 행복해지는 연습을 시작하게 될 것이다. 자신이 진정 누구인지를 깨닫는다면, 자신이 사랑이고 자유라는 것을 깨닫는다면 어찌 행복하지 않겠는가!

　　한글을 사용하는 모든 사람들의 평화와 행복을 기원하며 이 책을 세상에 내놓는다.

옮긴이

어디가 고통스러운가요?

● 　　　어느 더운 여름 오후, 나는 케이프 코드 베이의 바닷가에서 두 손녀가 물장난하며 놀고 있는 것을 지켜보았다. 이미 조개껍질, 게 발톱, 작고 다채로운 돌 등 보물을 수집하는 데 한 시간을 보냈는데, 새로운 것을 발견할 때마다 기뻐하고 있었다. 나는 기쁨과 함께 실제로 약간의 슬픔도 느끼고 있었다. 이들은 삶을 사랑하고 있었고, 아름답고 신비로운 이 세계를 사랑하고 있었는데, 지금 세계는 상당한 곤경에 처해 있다. 딱 한 달 전에 이들은 캘리포니아의 산불로 집을 떠나 대피해야 했다. 이 가족은 4년 후에, 10년 후에 어떤 삶을 살게 될까? 우리는 이들에게 어떤 세계를 남기게 될까? 그리고 이들 세대와 그 뒤 세대에게 어떤 세계를 남길까?

　　이러한 우려는 출판사가 내게 『받아들임(Radical Acceptance)』의 개정판을 제안했을 때 가장 먼저 떠올랐다. 나는 기꺼이 동의했다. 책이 처음 출간된 이후 나의 이해는 더욱 깊어졌고 세계는 변화했다. 현재 전 세계적인 다수의 위기와 집단 불안이라는 현대 상황 속에서, 나는 받아들임의 실천이 우리의 안녕을 위해 더 중요해졌다는 것을 깨달았다. 이 실천은 판단하지 않고 깨어 있고 배려하는 존재를 길러서, 우리가 세상에 온전한 지성과 자비로 대응할 수 있게 한다.

　　그날 해변에서 느꼈던 그 순간의 감정, 즉 삶의 경이를 축하하는 기쁨과 사랑하는 것을 잃을 수 있다는 슬픔을 받아들이고 존중할 수 있도록 해준 것은 이 수용적 현존이었다. 이 두 감정은, 내 손녀들이 공유하고 살아갈 세계를 변화시키기 위해 내가 할 수 있는 일을 하도록 힘을 실어주는 아름답고도 필수적인 부분이다.

* * *

받아들임의 실천은 내 삶 모든 부분의 중심에 있다. 내가 인간적인 불완전함을 친절함으로 감싸 안을 수 있게 도와준다. 나이 들어감을 편안하게 받아들이게 해주고, 소중한 이들이 세상을 떠나는 슬픔과 화해하게 해준다. 인종차별, 불평등, 특권의식에 대한 고통에 직면하고 대응할 수 있게 한다. 그리고 저항하지 않는 온전한 받아들임의 현존이 우리 내면과 주변에 항상 존재하는 아름다움과 선함에 언제든지 열려 있게 한다. 이것은 우리 모두가 공유하고 있는 본질, 즉 자비로운 의식을 드러내 준다.

무수히 많은 학생과 독자들이 공유한 바에 따르면, 자녀양육, 이혼, 실직, 중독 행동, 심각한 질병 혹은 타인과의 갈등에 직면했을 때 받아들임의 축복이 그들을 영적으로 깨어 있게 하는 데 도움이 되었다고 한다. 또한 지난 몇 년 동안 이 같은 훈련은 기후 변화, 팬데믹, 민주주의의 해체, 전 세계의 폭력과 전쟁으로 인한 두려움과 고통 속에서 회복력을 강화해왔다.

글로벌 위기에 직접적으로 영향을 받지 않은 사람들조차 세상을 대하는 마음이 무겁다. 우리 사회가 얼마나 분열되어 있고, "타인"이라고 여기는 사람들을 얼마나 극단적으로 거부하고 적대시하며 불신하는지 우리 모두가 경험하고 있다. 인간은 공포심에 사로잡히면 타인을 악으로 간주하고 적으로 만들어버리는 경향이 심해진다. 이것은 이민자와 난민을 적으로 보거나, 반대편 정치 세력을 공격하거나, 특정 인종이나 종교, 성별이나 성 정체성을 가진 사람들을 위협으로 여기는 방식으로 나타난다. 인간 폭력의 근원, 즉 적들에 대한 증오와 경멸이 상처받은 이 세계에 가득 차 있는 듯하다.

우리가 타인에게 혐오감을 느낄 때는 그나마 그것을 의식하는 편이다. 그러나 잘 의식하지 못하지만, 그 혐오감을 내면으로 돌려 자기 자신의 일부를 적으로 만들곤 한다. 많은 이들이 불안, 중독, 외모, 통제되지 않는 감정, 자기중심성 때문에 자신을 비난하며 하루하루 살아간다. 사랑받을 수 없고 결함이 있다고 느끼는 근본적인 고통은 사상 초유의 우울증과 불안증을 초래하며, 그 결과 외로움과 고립감이 전 세계에 퍼져 있고, 특히 청년들의 자살률이 무섭게 증가하고 있다.

우리는 지금 집단적인 영적 위기 속에 살고 있다. 우리는 서로에 대한 소속감, 살아 있는 지구에 대한 소속감을 잊어버렸다. 이 분리의 질병은 "받아들임"이라는 처방약을 절박하게 필요로 하고 있다. 받아들임은 우리를 삶과 다시 연결해주는 분명하고 친절한 현존이다. 받아들임은 우리 자신과 사람들을 치유와 영적 깨달음으로 승화시켜 준다.

티베트 불교의 일부 상징적인 예술 작품은 이 깨달음이 어떻게 일어나는지를 보여준다. 만다라와 사원에는 험악한 신들이 신성한 공간의 입구를 지키고 있다. 그들은 활활 타오르는 눈과 분기탱천한 표정으로 우리 안에 내재한 두려움, 분노, 증오, 탐욕, 망각의 보편적 에너지를 보여준다. 이 어둠의 신들과 현명하게 소통하지 않으면, 그들은 우리를 쉽게 지배하고, 고통에 가두고, 우리를 우리 자신과 사람들로부터 분리시킬 것이다. 우리가 느끼는 두려움이나 탐욕을 무시하거나, 분노와 미움을 느끼는 자신을 비난한다면, 이 신들의 힘은 더 강해질 것이다. 만약 우리가 마음챙김과 현존으로 이러한 원시적인 에너지를 개방하고 그것을 인정하고, 싸우거나 저항하지 않으면서 그것이 우리를 관통하도록 허용한다면, 변화가 시작된다. 우리가 지속적으로 다정한 현존을 제공함으로써, 온전히 존재하고 깨어 있고 사랑으로 가득 찬 그 존재가 된다. 우리는 신성한 공간으로 돌아가게 되는 것이다.

얼마 전 나는 어둠의 신들이 어떻게 변화할 수 있는지 생생하게 경험했다. 나는 워싱턴 D.C. 국회의사당에서 25분 떨어진 거리에 살고 있다. 2021년 1월 6일 폭동 소식이 전해졌을 때 충격과 경보가 내 신경계에 넘쳐났다. 그 충격은 폭동 참가자들에 대한 분노로 변했고, 혐오와 비난의 깊은 감정이 일었다. "적"을 만들고 있다는 것을 깨닫게 된 순간, 나는 잠시 멈춰 마음챙김으로 분노에 마음을 열었다. 가슴의 압력과 열감, 목의 긴장, 앙다문 턱 등을 느끼며, 날 것 그대로의 에너지를 온전하게 경험했다. 비난하는 생각들이 고요해지면서, 분노는 두려움으로 변했다. 이것은 내전으로 전개될 것인가? 이것이 민주주의의 미래에 어떤 의미를 갖는가? 두려움에 저항하거나 부정하지 않는 것은 이 나라와 세계에 대한 엄청난 무력감과 절망을 일으켰다. 펼쳐지는 것들을 허용하고 계속해서 주의를 기울이자, 절망 속에 배려와 슬픔이 내재돼 있음을 발견했다. 지금 이 슬픔은, 공격이 초래한 실제 고통뿐만 아니라 그 공격을 유발한 고통, 그리고 우리 모두에게 주어질 미래의 고통에 대한 것이었다. 어둠의 신들에게 사로잡혔던 주의와 에너지가 존재감을 드러내고 부드러워졌다. 펼쳐지는 감정에 대한 받아들임은 나를 신성한 공간으로 돌아오게 해주었고, 이제는 이 폭력적인 사건에 대해 분노가 아닌 명료성과 배려의 말과 행동으로 반응할 수 있게 되었다.

분노와 비난의 험악한 신들이 나타날 때마다 잠시 멈춰서 주의를 기울여야 할 필요는 계속 발생한다. 대부분은 뉴스를 읽다가 가장 취약한 사람들이 가장 자주 침해받는다는 사실에 놀랄 때 일어난다. 이런 경우 받아들임을 실천함으로써 내면의 중심을 잡는 것이 더 확실해진다. 실천할 때마다 나는 내가 가장 소중히 여기는 것을 기억하게 되고, 위협받는 우리의 미래 민주주의, 증가하는 기후 변화의 충격, 그리고 사회 및 인종적 불평등 등에 대응하는 나의 힘이 강화된다.

다른 사람을 나쁜 사람, 적으로 간주하는 것이 얼마나 쉬운지는 이미 너무 많이 경험해 보았다. 또한 이러한 두려움에 기반한 지각으로 우리가 우리의 가슴과 온전한 지성에서 어떻게 분리되는지도 보았다. 우리도 내면에 같은 취약성을 갖고 있음을 보지 못하고, 사회를 치유로 이끌기보다 분열과 공격의 악순환에 기여하고 있다. 수 세기 전에 불교 경전이 표현한 것처럼 "증오는 결코 증오로 끝낼 수 없고, 오직 사랑으로만 치유된다. 이것이 만고불변의 법칙이다."

*　*　*

루비 세일즈(Ruby Sales)는 민권 운동의 아이콘이자 영적 지도자로서, 그녀의 활동은 이러한 지혜에 기반을 두고 있다. 자신이나 타인을 해하는 사람들을 마주할 때, 비난이나 판단 대신에 속으로(때론 겉으로) "어디가 고통스러운가요?"라고 묻는다. 이 질문을 통해 해로운 행동 배후에 자리한 아픔과 고통을 볼 수 있고, 받아들임의 중심에서 현존과 자비심을 깨운다.

　　그러나 받아들임이라고 해서 다른 사람들이 우리에게 해를 끼치게 놔둔다는 의미는 아니다. 불교 선사 로시 조안 할리팩스(Roshi Joan Halifax)는 "강한 등과 부드러운 앞"의 중요성을 강조한다. '강한 등'이란 명료성, 경계, 용기, 자기 결정, 그리고 상해로부터 자신과 타인을 보호하려는 의지를 의미한다. 우리는 확고해져야 하고, 진실을 말하고, 부당함과 싸울 용기가 필요하다. '부드러운 앞'이란 수용, 친절, 모든 존재에 대한 돌봄을 의미한다. 심지어 내게 해를 끼치는 대상일지라도 말이다. 강함과 개방성이 혼합된 이 능력을 개발함으로써 우리의 삶은 사랑의 적극적 표현이 된다.

　　많은 진화 심리학자들이 인간들 사이의 폭력은 세기를 거듭하며 사라지고 있으며 사랑, 용서, 공감 및 자비 같은 친사회적 감정이 증가하고 있다고 믿는다. 그러나 진화적 궤도는 직선으로 나아가지 않는다. 당신도 나처럼, 우리 인류가 더 협력적이고 이타적으로 된 것과 대조적으로, 고통스러운 어둠의 시대로 내려가고 있다고 느낄 수 있다. 원초적 공격성의 힘은 인간 역사를 통틀어 계속되어 왔지만, 우리가 본성의 더 선한 천사와 손잡지 않으면 지구상의 모든 종에게 명백하고 즉각적인 위협을 주게 될 것이라는 것은 매우 분명하다.

우리는 우리를 분리하는 두려움과 증오라는 어둠의 신을 직면하고 변화시키는 데 더욱 헌신해야 한다. 이것은 마음과 의식을 훈련하고 서로 받아들임을 실천할 때 가능한 일이다. 자기 자신 혹은 상대방에게 "어디가 고통스러운가요?"라고 물을 때마다, 주의 깊게 듣고 돌봄으로 대할 때마다, 우리는 진정한 치유의 씨앗을 뿌리는 것이다. 우리는 분리에서 연결로 나아가고 있다. "우리와 그들"은 "우리"가 된다. 누군가와 얼굴을 맞대고 있든, 아니면 알 수도 있고 모를 수도 있는 누군가를 마음속으로만 생각하든 시도할 수 있다. 멀어진 혹은 사이가 안 좋은 누군가에게 잠시 시도해 볼 수 있다. 그들이 가까이 다가오는 것을 상상해보라. 어떤 점이 눈에 띄는가? 그들의 표정은 어떤가? 그들의 삶은 자신에게 얼마나 어려운 것인가? 이제 "어디가 고통스러운가요?"라고 묻고, 당신의 온몸과 마음, 영성으로 수용적으로 조율해 본다. 이때 어떤 자비와 연결감이 일어나는지를 느껴본다.

특히 세상과 삶이 어려운 시기에 함께 받아들임의 길을 걷는다면 우리의 영혼은 자양분을 얻는다. 나는 친밀함 안에서 고요하게 함께하는 명상의 힘과 상처 입은 지구에 대한 절망과 슬픔을 솔직하게 나눌 때 느껴지는 연결감을 안다. 인종주의의 상처에 직면해서, 용기 있는 현존의 실천은 세심함과 이해를 깊게 하고, 배려와 화해를 향해 나아가도록 마음을 열어준다. 갈등하고 갈라진 가족들이 무엇보다 중요한 것이 사랑임을 기억하고 자신과 서로의 고통을 친절로 감싸는 것을 배우면서 다시 연결되는 모습을 본 적이 있다. 그리고 크든 작든 세상을 위해 뭉친 이들이 새로운 의미와 깊은 만족감을 발견하는 것을 봐왔다.

많은 사람들이 그들의 가슴을 일깨워 상처 입은 세상을 진심으로 돕고자 한다는 것을 알면 우리의 신뢰는 깊어진다. 받아들임의 길을 함께 걷는 것은 우리 삶을 소속감에서 오는 희망, 용기, 그리고 사랑으로 채우는 데 도움이 된다.

『받아들임』의 이번 새 판에서, 나의 수행에 핵심이 되었고 많은 이들의 삶을 변화시킨 RAIN 훈련을 소개하게 되어 기쁘다. RAIN은 Recognize(알아차림)-Allow(허용)-Investigate(탐구)-Nurture(돌봄)의 약어로, 어려운 감정에 치유를 가져다주는 마음챙김과 자비를 체계적으로 일깨운다. 여러분이 마주친 어둠의 신들을 변화시키는 깊고 해방적인 작업을 안내해 줄 것이다. RAIN은 이 책의 명상 연습, 스토리 및 가르침들과 함께 여러분을 진정한 본질인 사랑과 의식으로 안내할 것이다.

이 내적 깨달음을 통해 우리 삶은 점차 우리 마음과 일치하게 된다. 우리의 인간적인 취약성뿐만 아니라 아니라 모든 존재 안에 내재한 신비, 선함, 빛을 보고 알게 된다. 개인적인 삶에서 꽃을 피운 사랑은 집단적으로는 정의, 자비, 평등, 평화로 나타난다. 의식 있고 배려하는 사회는 우리의 공유된 잠재력이며, 나의 손자를 위한 희망이자, 모두의 자녀, 모든 종, 그리고 소중한 지구를 위한 희망이다.

친애하는 독자 여러분, 이 책이 처음이거나 혹은 다시 읽기 시작하는 경우라도, 이 가르침과 실천이 여러분의 마음을 자유롭게 하는 데 도움이 되기를 바란다. 그리고 함께 우리가 원하는 세상-더 기쁘고 사랑스러운 세상, 살아 있는 모든 존재의 신성함을 소중히 여기는 세상-을 만들 수 있기를 염원한다.

사랑과 축복을 담아, 타라가
2023년 11월

차례

추천사   온기와 확신으로 가득한 치유의 책   **6**

옮긴이 글   늪에서 빠져나오려면?   **10**

20주년 기념판 서문   어디가 고통스러운가요?   **14**

서문   "난 뭔가 잘못됐어"   **28**

부록   함께 훈련하는 RAIN 파트너   **502**

인용문 출처   **507**

1. "나는 세상에 존재할 가치가 없다"   35

"그냥 쉰다"는 것의 의미 • 나는 계속 ○○을 해야 한다 • 우리는 왜 자기혐오에 빠지는가? • 불안을 오히려 강화하는 우리의 습관적 전략들 • 타인을 적으로 만들기 • 왜 우리는 트랜스에 빠지는가? • 있는 그대로 받아들이면……

성찰 연습 무가치감의 트랜스 인식하기

2. 근본적 수용:
    지금 이 순간 있는 그대로 받아들이기   63

수용의 두 날개 펼치기 • 트랜스의 괴로움 마주하기 • 모든 것이 산산이 무너질 때 근본적 수용의 문이 열린다 • 근본적 수용에 대한 흔한 오해들 • 지금 이 순간 있는 그대로 수용한다는 것은?

명상 연습 위빠사나(마음챙김) 수행

3. 신성한 멈춤: 지혜의 나무 아래에서의 휴식   95

도망가면 트랜스는 더 깊어진다 • 도망가기를 멈추면 지금 이 순간의 삶에 깨어있게 된다 • 내면의 괴물과 만났을 때 멈추는 기술 • 관계의 해법은 멈춤에 있다 • 귀중한 자유의 순간들

성찰 연습 신성한 멈춤

4. 조건 없는 친절: 근본적 수용의 정신   125

"마라여, 나는 너를 본다": 질문하기와 이름붙이기 • 마라에게 차 대접하기: "예스"라고 말하는 훈련 • 우리 삶에 "예스"라고 말하기

명상 연습 "예스"의 힘 • 어려움을 직면하고 그 실체에 이름을 붙이기 • 삶을 미소로 감싸 안기

5. 몸과 가까워지기: 근본적 수용의 기반   153

몸과 함께 사는 법을 배우기 • 고통은 불가피하지만 괴로움은 선택이
다 • 내 것이 될 수 없는 학대받은 몸 • 몸으로 돌아오는 치유 여행 • 삶이
우리를 통해 살게 하기

명상 연습 몸의 감각에 깨어있기 • 고통의 근본적 수용

6. 우리가 진정으로 원하는 것은 무엇인가?   199

욕구란 무엇인가? • 거짓 욕구의 출현 • 대체물 추구에 빠지다 • 중독된
욕구가 우리 삶을 장악할 때 • 욕구하는 자기를 거부하는 것이 성장의 증
표일까? • "내 잘못이 아니다" • 욕구하는 자기로부터 깨어나기 • 사랑:
우리가 진정으로 원하는 것

성찰 연습 욕구에 끌려간다고 느낄 때 '멈춤' • 가장 깊은 갈망 발견하기

7. 두려움과 함께 사는 법   241

두려움이란 무엇인가? • 두려움의 트랜스 • 누군가 나와 함께한다는 안도
감 • 귀의: 안전감과 소속감의 내적 자원 발견하기 • 명상과 약물치료 • 주
의의 앵글 넓히기: 두려움이 쉴 수 있는 공간 만들기 • 두려움 속으로 기
대기 • 두려움이 주는 선물 • 깨어있고 열린 의식: 우리의 궁극적 귀의처

명상 연습 감싸 안는 열린 깨어있음으로 두려움 만나기

8. 나를 자비로 감싸 안기:
   "내가 고통으로부터 자유롭기를"   291

나를 자비로 감싸기 • 자비에 몸을 맡기기 • 마음챙김 기도: "이 고통이
자비를 깨우기를" • 우리는 안는 자이며 안기는 자이다

명상 연습 괴로움을 안는 자 되기 • 사랑의 존재 불러내기

9. 자비의 RAIN:
   치유와 자유를 위한 응용 명상　　　321

   RAIN의 단계 • 독을 약으로 바꾸다 • 더 큰 소속감의 치유 • 감정이
   압도적으로 느껴질 때 • RAIN으로 관계 치유하기 • 간략형 RAIN의
   힘 • RAIN은 삶에 은혜를 준다

   명상 연습 RAIN 훈련 • 간략형 RAIN

10. 세상을 자비로 감싸 안기:
    "나의 삶이 모든 존재에게 이롭기를"　　　357

    우리는 그저 같은 고통을 공유한 사람이다 • 내게 의미 없는 타인, 타인에
    게 의미 없는 나 • 상대방의 고통을 볼 때 우리의 가슴이 열린다 • 매 순
    간 모든 이가 신비로운 생명의 존재 • 가슴이 닫혔을 때는 어떻게 해야 하
    나? • 서로의 눈으로 마주 보기 • 모든 생명의 운명은 바로 내 운명이다

    명상 연습 통렌 수행: 자비의 마음 깨우기

11. 우리 안의 선함 깨닫기:
    용서와 사랑의 마음으로 가는 관문　　　391

    자신을 용서하기: 마음을 구속하는 비난 내려놓기 • 자기 내면의 선함을
    보는 방법 배우기 • 용서받는다는 느낌이 주는 축복 • 타인을 용서하기:
    그 누구도 마음 밖으로 밀어내지 않기 • 타인 안의 선함을 보기 • 자비의
    마음 깨우기 • 사랑은 우리의 본성이다 • 사랑 안에 살기

    명상 연습 용서하는 마음 기르기 • 자비 일깨우기

12. 함께 깨어나기:
    깨어있는 우정은 신성한 삶의 전부다　　　441

    깨어있는 우정은 신성한 삶의 전부다 • 나의 취약점 드러내기: 진실한 관
    계 맺기의 시작 • "있는 그대로의 너를 사랑해" • 우정이란 친구 내면의

선함을 비춰주는 거울 • 고통은 개인적인 것이 아니다

성찰 연습 깨어서 소통하기

13. 나는 누구인가?   473

나는 누구인가? • '나' 너머의 의식과 하나 되기 • 우리는 공(空)이고 사랑
이다 • 고향으로 가는 길: 순수한 의식 속으로

명상 연습 나는 누구인가?

이 책에 실린 치유 사례

"네 욕심이 네 아기를 죽였다.": 타라의 얘기　　　　　　　　73

"결혼생활이 이 지경이 된 건 모두 내 탓이에요.": 로라의 얘기　　103

"나는 알츠하이머 환자입니다.": 제이콥의 얘기　　　　　　　127

"마흔다섯에 아이가 둘인데, 사업이 망했습니다." 칼의 얘기　　130

"아들이 컴퓨터 게임만 해서 가슴이 터질 것 같아요.": 타라의 얘기　155

"아버지에게 성적 학대를 받은 상처가 지워지지 않아요.": 로잘리의 얘기　174

"만성피로와 과민성 장증후군으로 고통스러워요.": 타라의 얘기　186

"내가 특별하지 않으면 아무도 나를 안 쳐다볼 거예요.": 크리스의 얘기　208

"먹는 걸 도저히 멈출 수 없어요.": 사라의 얘기　　　　　　217

"내가 일을 망치고 있어요. 모두 나를 떠날 거예요.": 바바라의 얘기　243

"동생이 죽은 건 내 잘못이에요.": 에릭의 얘기　　　　　　275

"나에겐 칭찬할 구석이 하나도 없어요.": 대니얼의 얘기　　　293

"나는 엄마 자격이 없어요. 나 땜에 딸이 그런 일을 당했어요.": 마리안의 얘기　300

"실연의 상처로 너무 괴로워요.": 타라의 얘기　　　　　　308

"게임만 하는 아들과 벽이 생겼어요.": 로사의 얘기　　　　339

"직장 동료에게 그렇게 하는 게 아니었는데…….": 킴벌리의 얘기　363

"꼴 보기 싫은 사람이 있어 모임에 나가기 싫어요.": 타라의 얘기　376

"우리 부부는 서로를 이해할 수 없어요.": 제프와 마고의 얘기　380

"남편의 외도는 당연해요. 다 내 탓이에요.": 에이미의 얘기　　393

"내게 너무 의존하는 어머니 때문에 힘들어요.": 매트의 얘기　421

"사람들의 기대를 견딜 수가 없어요.": 앤의 얘기　　　　　453

"이혼소송 중인데, 세상에서 혼자 고립된 느낌이에요.": 카렌의 얘기　461

"친구였던 개가 죽어서 가슴이 너무 아파요.": 타라의 얘기　　489

"난 뭔가 잘못됐어"

● 　　　　　　대학 다닐 때, 나보다 나이가 많고 현명한 스물두
살짜리 친구와 주말 동안 산으로 하이킹을 떠난 적이 있다. 우리는 텐트
를 설치한 후 개울가에 앉아 바위 주변으로 물이 소용돌이치는 것을 보
며 삶에 관해 얘기를 나눴다. 그때 친구는 "자기 자신의 진정한 친구"가
되는 법을 배우고 있다고 얘기했다. 갑자기 거대한 슬픔의 파도가 덮쳐
와 나는 감정을 주체하지 못하고 흐느껴 울었다. 나는 나 자신의 진정한
친구와는 거리가 한참 멀었다. 나는 내면의 심판관에게 끊임없이 괴롭
힘을 당하고 있었다. 그 심판관은 무자비하고, 가차 없고, 트집 잡고, 몰
아붙였으며, 잘 보이지는 않았지만 항상 임무 수행 중이었다. 내가 친구
를 대할 때는, 결코 나 자신에게 하듯이 자비심이나 친절함 없이 대하지
는 않았을 것이다.

　　나는 "난 뭔가 근본적으로 잘못됐다."는 기본 가정을 세우고서, 기
본적으로 결함이 있는 자기처럼 느껴지는 것을 통제하고 바로잡으려
분투하고 있었다. 나는 스스로를 학문으로 몰아붙였고, 열렬한 정치적
활동가로 일했으며, 사회생활에 몰두했다. 나는 음식을 먹어대고 성공
에 집착하면서 고통을 회피했다. 그러나 그런 행동은 더 많은 고통을 만
들어냈다. 나는 자연 속에서 혹은 친구와의 관계에서 건전한 즐거움을
즐기기도 했지만, 기분전환용 약물이나 섹스 및 기타 모험을 통해 쾌락
을 충동적으로 추구하기도 했다. 세상의 눈으로 보면 나는 매우 잘하고
있었다. 그러나 내면을 보면 불안하고, 여기저기 치이고, 자주 우울했
다. 나는 내 인생의 어떤 부분에서도 평화를 느끼지 못했다.

　　좋지 않다고 느끼는 것은 깊은 외로움과 밀접한 관련이 있었다. 십
대 초반에 나는 때때로 주변 사람들과 삶으로부터 나를 분리시키는 투

명한 비눗방울 안에 살고 있다는 상상을 했다. 내가 스스로를 좋게 느끼고 다른 사람들과 편안해졌을 때, 그 방울은 보이지 않는 한 줌의 가스처럼 될 때까지 얇아졌다. 하지만 내가 스스로를 나쁘게 느꼈을 때, 벽은 다른 사람들이 볼 수 있을 정도로 두꺼워졌다. 나는 그 안에 갇혀서 텅 비고 아프도록 외롭다고 느꼈다. 이런 환상은 나이가 들면서 어느 정도 사라졌지만, 내가 누군가를 실망시키거나 누군가에게 거부당할 거라는 두려움은 항상 나와 함께했다.

하지만 친구는 달랐다. 나는 내 마음을 완전히 열 만큼 그녀를 믿었다. 이틀간 높은 산을 하이킹하며 때로는 그녀와 얘기하고 때로는 말없이 앉아 있는 동안, 어떤 깨달음이 오기 시작했다. 그 깨달음을 통해 나는 급격한 기분 변화, 우울, 외로움 및 중독 행동의 이면에 하나같이 깊은 개인적 결함의 느낌이 도사리고 있음을 알게 되었다. 나는 반복적으로 찾아오는 괴로움의 핵심을 난생 처음으로 분명히 보고 있었다. 비록 피부가 벗겨져 속살이 드러난 듯했지만, 이 고통을 대면함으로써 치유의 길로 들어서고 있음을 직감적으로 알았다.

일요일 밤에 산에서 내려왔을 때, 마음은 더 가벼워졌지만 나는 여전히 아팠다. 나는 스스로에게 더 친절해지기를 열망했다. 나는 내면의 경험과 친해지고, 내 삶 안에 있는 사람들과 더 친밀해지고 편안해지기를 열망했다.

몇 년 후 이 열망들이 나를 불교의 길로 끌어당겼을 때, 나는 거기서 무가치감과 불안전감을 직접 대면할 수 있게 하는 가르침과 수행들을 발견했다. 그것들은 내가 경험하고 있는 것을 명확히 보는 방법과, 내 삶을 자비와 관련짓는 법을 알려주었다. 불교를 만나기 전에는, 내가 괴로움 안에 홀로 있으며 괴로움은 개인의 문제이고 어쨌든 내 잘못이라고 생각했었다. 그러나 붓다의 가르침들은 그러한 고통스럽고 잘못된 생각을 바로잡을 수 있게 도와주었다.

과거 20년간 나는, 스스로에게 만족하지 못해 고통스러운 짐을 지고 있는 수많은 내담자와 수련생 들을 심리학자이자 불교 스승 자격으로 만나왔다. 우리의 대화가 10일간의 명상수련회 중에 이루어졌든 일주일 단위의 치료회기 동안에 이루어졌든 상관없이, 그들이 겪는 괴로움은 기본적으로 동일했다. 그것은 자신이 불완전하고 무가치하다는 두려움이었다.

많은 사람들이 결함의 느낌들을 자신과 아주 가까운 데서 느끼고 있다. 그저 다른 누군가의 성취에 대해 듣거나, 비난받거나, 논쟁을 하거나, 일에서 실수를 했을 때처럼 우리가 괜찮지 않다고 느끼기까지는 많은 것이 필요치 않다.

내 친구가 말한 것처럼 "내가 뭔가 잘못되었다는 느낌은, 내가 항상 호흡하고 있는 보이지 않는 유독 가스다." 자신에게 결함이 있다는 시선으로 삶을 경험할 때, 우리는 내가 '무가치감의 트랜스'라 부르는 것 안에 갇히게 된다. 이 트랜스에 붙잡힌 나머지 우리가 진정 누구인지 그 진실을 지각할 수 없게 된다.

내가 지도하는 수련회에 참석해 명상을 수행하던 메릴린이라는 수련생은 트랜스 안에 사는 비극을 절실히 느꼈던 경험에 관해 얘기했다. 메릴린은 죽어가는 어머니 옆에서 책을 읽어주고, 늦은 밤에는 그 옆에서 명상을 하고, 어머니를 안고 반복해서 사랑한다고 말해주며 많은 시간을 보냈다. 그 대부분의 시간 동안 메릴린의 어머니는 의식이 없었고 호흡은 거칠고 불규칙했다. 어느 날 동이 트기 전, 어머니는 갑자기 눈을 뜨고 딸을 또렷이 쳐다보았다. "얘야," 어머니가 부드럽게 속삭였다. "나는 사는 동안 내내, 내가 뭔가 잘못되었다고 생각했단다." 어머니는 마치 "그런 생각을 하며 산 것이 후회스럽다."고 말하는 듯 머리를 약간 흔든 다음, 눈을 감고 다시 혼수상태로 들어갔다. 몇 시간 후 어머니는 돌아가셨다.

우리는 자신이 뭔가 잘못되었다는 믿음을 짊어지고서 스스로 귀중한 인생을 낭비하고 있다는 것을 깨닫기 위해, 자신의 임종 순간까지 기다릴 필요가 없다. 그러나 결함을 느끼는 우리의 습관이 너무 강하기 때문에, 트랜스에서 깨어나는 데는 마음속 결심뿐만 아니라 가슴과 마음의 능동적 훈련도 필요하다. 불교의 의식(意識) 훈련을 하면, 지금 이 순간에 무엇이 참인지 알 수 있고 우리가 보는 모든 것을 열린 가슴으로 감싸 안게 되어 트랜스의 괴로움으로부터 자신을 자유롭게 한다. 이러한 마음챙김(mindfulness)과 자비의 함양이 내가 근본적 수용이라 부르는 것이다.

근본적 수용은 친숙하지 않거나 두렵거나 강렬한 경험과 싸우며 사는 습관을 뒤집는다. 근본적 수용은 자신을 무시한 세월, 자신을 판단하고 거칠게 다룬 세월, 지금 이 순간의 경험을 거부한 세월에 대한 필수 해독제다. 근본적 수용은 우리 자신과 우리의 삶을 기꺼이 있는 그대로 경험하려는 마음이다. 근본적 수용의 순간은 참된 자유의 순간이다.

20세기 인도의 명상 스승 스리 니사르가닷따(Sri Nisargadatta)는 우리가 진정으로 이 자유의 길로 들어가도록 격려한다. "내가 당신에게 당부하는 건 이뿐이다. 당신 자신을 완벽하게 사랑하라." 메릴린의 경우,

죽어가는 어머니의 마지막 말이 그녀에게서 이러한 가능성을 깨웠다. 그녀는 말했다. "그것은 어머니의 작별 선물이었어요. 나는 어머니가 그 랬던 것처럼 내 삶을 잃을 필요가 없다는 것을 깨달았어요. 내 어머니와 삶을 사랑하는 마음으로, 나는 나 자신을 더 많은 수용과 친절로 감싸 안기로 결심했어요." 우리는 모두 같은 선택을 할 수 있다.

근본적 수용을 훈련하는 초기에는 삶에 대한 두려움과 상처에서 시작하지만, 차차 자비로운 마음이 끝없이 넓어지게 된다. 자신을 자비로 감싸 안으면, 우리는 자유로워져서 이 세상을 사랑하게 된다. 이것이 근본적 수용의 축복이다. 우리가 "난 뭔가 잘못됐다."는 괴로움에서 자유로워지면, 자기 자신의 온전함을 믿고 표현하게 된다.

나는 이 책에서 소개한 가르침들이 우리가 함께 깨어나도록 도움을 줄 수 있기를 기원한다. 우리 모두가 우리의 깊은 본성인 순수한 의식과 사랑을 발견하기를 기원한다. 우리의 깨어있는 사랑이 모든 생명을 감싸 안기를 기원한다.

1

"나는 세상에 존재할
가치가 없다"

어느 날 밤 당신이 걷고 있을 때……
불현듯 분명해질 것이다.
당신은 막 도망가려던 참이었고,
죄를 지었다는 것이.
당신은 복잡한 지시문을 잘못 읽었고,
조직의 일원이 아니었으며,
회원증을 잃어버렸거나
결코 가진 적이 없었다…….

— 웬델 베리(Wendell Berry)

● 　　　　　　몇 년 동안 나는 되풀이되는 악몽에 시달리고 있다. 그 꿈에서 나는 어딘가에 가려고 헛되이 발버둥친다. 때로는 언덕을 달려 올라가고, 때로는 큰 바위를 기어 올라가거나 물살을 거슬러 헤엄치고 있다. 대개 사랑하는 사람이 위기에 처했거나 뭔가 나쁜 일이 일어나고 있다. 나의 마음은 미친 듯이 달려가지만 몸은 마치 *끈끈한 진액* 사이를 통과하는 것 같이 무겁고 기진맥진해 있다. 문제를 통제해야 한다는 건 알지만, 아무리 애를 써도 나는 가야 하는 곳에 갈 수 없다. 완전히 혼자이고, 실패의 두려움에 미행당하는 나는 딜레마에 빠져 있다. 그 외에 아무것도 세상에 존재하지 않는다.

　이 꿈은 무가치감의 트랜스의 핵심을 표현한다. 꿈에서 우리는 이미 짜인 각본대로 상황에 반응하도록 운명 지워진 드라마 속 주인공 같다. 선택 가능성이 존재함을 깨닫지 못하고 있다. 트랜스 상태에서 실패할 거라는 스토리와 두려움에 사로잡혀 있을 때, 우리는 실패한 것과 유사한 상태에 있는 것이다. 깨어는 있지만 삶의 경험을 제약하는 꿈을 꾸며 살고 있는 것과 같다. 우리가 어딘가에 가려고, 더 좋은 사람이 되려고, 성취를 하려고, 실수를 피하려고 발버둥 칠 때 세상의 나머지는 단지 배경일 뿐이다. 꿈에서처럼 우리의 스토리를 사실로 여기고 주의의 대부분을 그 스토리에 써버린다. 점심을 먹거나 일터에서 집으로 운전하고 갈 때도, 동료와 대화를 하거나 밤에 아이에게 책을 읽어줄 때도 우리는 머릿속으로 걱정과 계획들을 반복 재생한다. 트랜스에는 우리가 아무리 노력해도 항상 부족할 거라는 믿음이 내재되어 있다.

무가치하다는 느낌은 타인이나 인생으로부터 분리되어 있다는 느낌과 함께 나타난다. 만약 우리에게 결함이 있다면 어떻게 소속감을 느낄 수 있겠는가? 이는 악순환이다. 부족하다고 느끼면 느낄수록 더 분리되고 더 상처받기 쉬워지는 것이다. 결함이 있다는 두려움의 기저에는 인생이 뭔가 잘못되어 있고, 뭔가 나쁜 일이 일어나고 있다는 더 근본적인 두려움이 있다. 우리는 문제의 근원이라 여겨지는 우리 자신, 타인, 인생 자체에 대해 비난하거나 때로 적의를 드러내는 식으로 이 두려움에 반응한다. 그러나 우리는 혐오의 원인을 밖으로 돌렸을 때조차 마음속으로는 여전히 스스로 취약하다고 느낀다.

무가치감과 소외감은 여러 형태의 고통을 일으킨다. 중독으로 나타날 경우, 중독의 대상은 알코올이나 음식 또는 약물일 수 있다. 어떤 사람은 관계에 중독되었다고 느끼기도 하는데, 이 경우 스스로 완전하고 인생이 살 만한 가치가 있다고 느끼기 위해서 특정한 사람 혹은 사람들에게 의지한다. 또 어떤 사람은 힘든 작업에 오랜 시간 매달리는 것이 중요하다고 느끼는데, 이는 대개 우리 문화가 박수갈채를 보내서 만드는 중독이다. 또 다른 어떤 사람은 외부의 적을 만들어내서 항상 세상과 전쟁을 치른다.

불완전하고 무가치하다는 믿음은 우리가 진실로 사랑받고 있다는 것을 믿기 어렵게 만든다. 많은 사람들의 마음 밑바닥에는 다른 사람들과 늘 가깝다고 느끼는 것에 대한 우울감이나 절망감이 깔려 있다. 만약 사람들이 우리가 지루하거나 어리석고, 이기적이거나 불안정하다는 것을 알게 된다면 우리를 거부할지도 모른다는 두려움을 갖고 있다. 만약 우리가 충분히 매력적이지 않다면 결코 친근하고 낭만적인 방식으로 사랑받지 못할 거라고 생각한다. 우리는 자신과 타인을 편하게 느끼고, 맘 편히 충분히 수용된다고 느끼는 일체감을 경험하길 열망한다. 그러나 무가치감의 트랜스에 빠지면 일체감의 달콤함에 도저히 도달할 수 없다.

무가치감의 트랜스는 삶이 고통스럽고 통제를 벗어났다고 느껴질 때 더 강해진다. 우리는 신체적 질병이나 정서적 우울을 나쁜 유전자 혹은 자기관리와 의지력 결여에 따른 결과라고, 즉 자신의 잘못이라고 생각할 수 있다. 그리고 실직이나 고통스러운 이혼이 개인적 결함의 반영이라고 느낄 수도 있다. 그러면서 우리가 단지 조금 더 잘했더라면, 좀 달랐더라면 일이 제대로 되었을 거라고 여긴다. 다른 누군가를 탓할 수도 있지만, 애당초 그런 상황에 처하게 만든 것에 대해 여전히 자신을 탓한다.

자신이 고통을 겪고 있지 않더라도 가까운 배우자나 아이가 고통스러워한다면, 우리는 이를 자신의 부족함을 나타내는 또 다른 증거로 여기기도 한다. 나에게 심리치료를 받으러 오는 분들 가운데 주의력 결핍장애로 진단받은 열세 살짜리 아들을 둔 여성이 있다. 그녀는 아들을 돕기 위해 자신이 할 수 있는 모든 것을 해왔다. 의사들을 만나고, 식이요법, 침술, 약물치료를 받게 하고, 사랑을 주었다. 그럼에도 그 아들은 여전히 학습부진으로 고통받고, 사회적으로 격리되어 있다고 느꼈다. 그는 자신을 '패배자'로 확신하고 고통과 좌절에 차서 종종 분노를 폭발시킨다. 애정 어린 노력을 하고 있음에도, 그녀는 고통 속에서 살면서 자신이 아들에게 도움을 못 주고 있으며 더 잘해야 한다고 느끼고 있다.

무가치감의 트랜스가 항상 수치심이나 결핍감 같은 감정들로 드러나진 않는다. 내가 무가치감에 관해 글을 쓰고 있으며 그것이 얼마나 만연했는지를 친구에게 얘기했을 때, 그녀는 이의를 제기했다. 그녀는 "내가 해결해야 할 큰 과제는 수치심이 아니라 자부심이야."라고 주장했다. 성공한 작가이자 교사인 그녀는, 자신이 얼마나 쉽게 타인보다 우월하다는 감정에 사로잡히는지를 내게 말했다. 그녀는 많은 사람들이 정신적으로 느리고 따분하다고 여긴다. 많은 사람들이 그녀를 높이 평가하기 때문에 종종 자신이 특별하고 중요하다는 감정에 사로잡힌다. 그녀가 말하기를 "인정하기 곤혹스럽지만, 어쩌면 이것이 수치심과 관련 있는지도 모르겠어. 그러나 사람들이 나를 우러러보는 것이 좋고…… 그때가 내가 나 자신을 좋게 느끼는 때야." 내 친구는 트랜스의 반대 면을 보여주고 있었다. 그녀는 자신이 생산적이거나 쓸모 있거나 칭찬받을 수 있다고 느끼지 못하는 무미건조한 시간 동안에는 스스로 무가치하다는 느낌에 빠져든다는 사실을 결국 인정했다. 그녀는 단순히 재능을 인식하고 강점을 즐기기보다는 특별하거나 우월하다는 느낌의 재확인을 필요로 한다.

스스로를 만족스럽게 여기지 못하는 상황에서 우리는 결코 마음 편할 리 없다. 경계태세를 하고 자신의 결점들을 찾기 때문에 불가피하게 결점을 발견하게 되고, 그 결과 한층 더 자신 없어지고 무가치하다고 느낀다. 결국 우리는 더욱 더 열심히 노력해야 한다. 하지만 우리가 어디로 가고 있는지 생각해보면, 이 모든 것이 아이러니임을 알 수 있다. 명상 프로그램에 참여하고 있는 한 수련생은 하루 종일 더 잘해야 한다는 느낌에 쫓겨 자신을 마치 대형롤러로 눌러 미는 것 같다고 말했다. 그는 간절한 어조로 "삶을 그저 피상적으로 살며 죽음이라는 결승선을 향해 경주하고 있다."고 덧붙였다.

명상 프로그램에서 무가치감의 고통에 관해 말할 때, 고개를 끄덕이는 수련생들을 자주 볼 수 있다. 몇몇은 눈물을 흘리기도 한다. 그들은 자신이 느끼는 수치심을 자기 혼자만이 아니라 많은 사람이 같이 느끼고 있다는 사실을 처음으로 깨달았는지도 모른다. 프로그램이 끝나면 그들 중 몇몇은 남아서 얘기를 계속한다. 그들은 무가치하다는 느낌 때문에 도움을 요청하거나 타인의 사랑을 느끼는 것이 불가능했다고 털어놓는다. 어떤 수련생들은 무가치감과 불안정감이 꿈의 실현을 방해해왔음을 깨닫기도 한다. 흔히 수련생들은 만성적으로 결함이 있다고 느끼는 습관 때문에, 명상을 정확하게 하고 있는지를 계속 의심하며 영적으로 성장하고 있음을 불신하게 된다고 말한다.

많은 사람들이 영적 도정의 초기에는 명상 훈련을 열심히 하면 스스로 부적격하다는 느낌을 넘어설 수 있을 것으로 생각했다고 말한다.

비록 중요한 지점에서 명상이 그들에게 도움을 주긴 했지만, 수치심과 불안정감의 깊은 구멍이 끈질기게 남아 있음을 그들은 안다. 때론 수십 년 동안 훈련을 하더라도 말이다. 아마 그들은 자신의 정서적 기질에 잘 들어맞지 않는 명상 스타일을 추구해왔거나, 깊은 상처를 드러내고 치유하기 위해 심리치료의 도움을 더 받아야 했는지도 모른다. 이유가 무엇이든 영적 훈련을 했음에도 고통을 해소하지 못했다는 건, 우리가 진정으로 행복하고 자유로울 수 있는지에 대해 근본적인 의심을 불러일으킬 수 있다.

"그냥 쉰다"는
것의 의미

그들과의 대화에서 나는 나 자신의 얘기를 떠올리게 된다. 나는 대학을 졸업하고서 수행자 공동체인 아슈람에 들어가 거의 12년간 열정적으로 그 생활방식에 몰입했다. 나는 나 자신을 정화하고, 내 에고(ego)의 불완전함을 뛰어넘을 수 있는 길을 발견했다고 느꼈다. 매일 새벽 3시 30분에 일어나서 찬물로 샤워를 하고, 4시부터 6시 30분까지 요가, 명상, 독송과 기도를 하는 사다나(sadhana)라는 영적 훈련을 했다. 아침식사 시간까지는 대개 만족감과 사랑으로 충만하고 더 없이 행복한 상태로 둥둥 떠 있는 것처럼 느껴졌다. 나는 내가 사랑의 존재(the Beloved)라고 부르는 사랑 의식(意識)과 하나가 되었고, 이것을 나의 심층적 본질로 경험했다. 나는 스스로에 '대해서' 나쁘다거나 좋다고 느낀 것이 아니라, 그냥 좋다고 느꼈다.

아침식사가 끝날 때쯤 혹은 조금 뒤에 나의 습관적 사고와 행동이 다시 서서히 일어나곤 했다. 대학 때 그랬던 것처럼, 항상 되풀이되는 그 불안정감과 이기심의 느낌들이 나로 하여금 스스로 부족하다는 것을 알게 하곤 했다. 만약 요가와 명상에 시간을 더 들이지 않았다면, 나 스스로를 또 다시 예전처럼 속 좁고 좋지 않은 나로 느꼈을 것이다. 그러다가 잠을 자고, 다음 날 깨어나고, 다시 처음부터 시작한다.

참된 평화와 열린 마음을 만난 이후에도, 나의 내부 비평가는 내가 얼마나 순수한지를 계속해서 평가했다. 나는 속으로 외롭거나 두려울 때 겉으로는 긍정적인 체하기 때문에 나 자신을 믿지 못했다. 요가와 명상 훈련을 사랑했지만, 내가 얼마나 열심히 수행하는지를 보여줘 남에게 감명을 주려는 욕구는 스스로도 당황스러운 것이었다. 나는 남들이 나를 심오한 명상가이자 열성적인 요가 수행자이며, 자신의 세계를 보살핌과 관대함으로 대하는 사람으로 봐주기를 원했다. 그때까지 나는 남들을 자기관리에 게으른 사람으로, 나 자신은 명민한 판단력이 있는 사람으로 생각했다. 심지어 공동체 한가운데서도 나는 종종 외롭고 혼자라고 느꼈다.

나는 만약 정말로 수행에 전념한다면 8년 내지 10년이면 모든 자기 도취에서 벗어나 현명하고 자유로워질 것이라고 생각했다. 나는 주기적으로 여러 영적 전통의 존경하는 스승들과 상담을 했다. 그 자리에서 "내가 잘하고 있나요? 또 뭘 하면 좋을까요?"라고 물으면 그들은 예외 없이 "그냥 쉬거라."라고 답을 했다. 나는 그 의미를 확실히 알지 못했으나, "그냥 쉰다."는 것은 아니라고 생각했다. 어떻게 그런 뜻일 수 있겠는가? 나는 아직 "거기"에 있지 않았다.

티베트 불교 스승인 쵸감 투룽파(Chögyam Trungpa)는 다음과 같이 썼다. "문제는 에고가 모든 것을, 심지어 영성까지도 자신의 편의대로 바꿔놓을 수 있다는 것이다." 나는 인정받으려는 모든 욕구들, 탐탁하지 않은 자신에 대한 모든 불안정감, 내부와 외부 세계를 판단하는 나의 모든 경향성을 끌어안고 영적 도정을 밟았다. 초기 수행 때보다 경기장은 더 커졌지만 게임은 여전히 똑같았다. 나는 지금과 다른, 더 나은 사람이 되려고 분투했다.

돌아보면, 나의 자기불신이 영적 생활로 그대로 전이된 것은 놀랄 일이 아니다. 자신이 탐탁하지 않아서 괴로워하는 사람은 대개 결점을 정화하고 초월할 가능성을 제안하는 이상적인 세계관에 끌린다. 이러한 완벽을 향한 탐구는 제자리를 찾도록 자신을 변화시켜야 한다는 가정에 기초한다. 우리는 전체성과 선함이 언제나 우리의 본질이라는 메시지를 간절한 마음으로 경청하지만, 여전히 스스로를 이방인으로, 삶의 잔치에 초대받지 못한 손님으로 느낀다.

나는 계속
○○을 해야 한다

몇 년 전 미국과 유럽 출신의 불교 지도자들과 심리학자들의 소모임에서 달라이 라마를 초청해 마음과 건강에 관한 대화를 나눈 적이 있다. 한 미국인 위빠사나 지도자가 자기혐오의 고통에 관해 물었다. 달라이

라마의 얼굴에 일순간 당혹감이 비쳤다. "자기혐오가 무엇입니까?" 그가 물었다. 그 방의 치료사들과 지도자들은 설명하려고 애썼지만 그는 더욱 어리둥절한 표정이었다. "그런 정신 상태는 신경장애인가요?" 그가 그들에게 물었다. 수련생들과 내담자들이 자기혐오를 꽤 일반적으로 경험한다는 데로 의견이 모아졌을 때 달라이 라마는 크게 놀랐다. "모든 사람은 불성(佛性)을 가지고 있는데" 어떻게 그들은 자신에 대해 그렇게 느낄 수 있는지 궁금해 했다.

모든 인간은 약점을 부끄러워하고 거부당하기를 두려워하지만, 서양문화는 달라이 라마가 이해할 수 없었던 수치심과 자기혐오 같은 것의 온상이다. 우리 대부분은 가족, 이웃, 지역사회 등에 대한 긴밀한 유대감 없이 성장했기 때문에, 자신이 이방인 같고, 혼자이고, 분리되어 있다고 느끼는 게 당연할 수 있다. 삶의 초기에 우리는 가족이나 학교 친구 혹은 직장 동료 같은 소속 집단이 모두 우리에게 스스로의 가치를 증명하라고 요구한다는 것을 배운다. 성공하라고, 똑똑하고 매력 있고 능력 있고 힘 있고 돈이 많아 남보다 뛰어나 보이라고 압력을 받으며 서로 경쟁한다. 누군가 항상 점수를 매기고 있다.

마더 테레사는 평생을 가난하고 아픈 사람들과 함께 보낸 후에 다음과 같은 통찰을 얻었다. "오늘날 가장 큰 재앙은 나병이나 결핵이 아니라 소속되지 못했다는 느낌이다." 우리 사회에서 이 병은 유행병처럼 되었다. 우리는 소속되기를 애타게 열망하면서도 스스로 그럴 만한 가치가 없는 것처럼 느낀다.

불교는 이 같은 문화의 세계관에 근본적으로 도전하라고 말한다. 붓다가 탄생을 귀중한 선물이라 한 까닭은, 우리가 태어남을 통해 사랑과 의식이라는 우리의 참된 본성을 깨달을 기회를 얻기 때문이다. 달라이 라마가 가슴에 사무치게 지적했듯이, 우리 모두는 불성을 지니고 있다. 영적 깨달음은 우리의 근본적 선(善), 본연의 지혜와 자비를 깨닫는 과정이다.

서양문화를 인도하는 신화, 즉 에덴 동산에서 추방된 아담과 이브의 얘기는 내재적 가치에 대한 이러한 믿음과 극명하게 대조된다. 이 신화가 너무 오래되고 익숙한 나머지 우리는 그것의 힘을 잊고 있었는지도 모른다. 그러나 이 얘기는 서양 정신의 뿌리를 형성하고 반영한다. '원죄'의 메시지는 분명하다. 근본적으로 결함이 있는 본성 때문에 우리는 행복할 자격이 없고, 다른 사람들에게 사랑받고 인생이 편안할 자격도 없다. 우리는 쫓겨난 사람들이고, 만약 동산에 다시 들어가길 원한다면 원죄를 지고 태어난 자기를 구원해야 한다. 몸을 통제하고, 정서를 통제하고, 주변 자연을 통제하고, 다른 사람을 통제해서 자신의 결함을 극복해야 한다. 그리고 최종적으로 우리 자신을 입증하려는 끝없는 탐구로 쉼 없이 노력해야 한다. 일하고, 획득하고, 소모하고, 성취하고, 이메일을 주고받고, 자신을 속박하고 재촉해야 한다.

우리는 왜
자기혐오에 빠지는가?

잭 콘필드(Jack Kornfield)와 크리스티나 펠드만(Christina Feldman)은 『영혼의 얘기들(Stories of the Spirit)』이라는 책에서 다음과 같은 얘기를 소개했다. 한 가족이 저녁을 먹으러 식당에 갔다. 여종업원이 오고 부모가 주문을 했다. 곧바로 다섯 살짜리 딸이 말을 했다. "나는 핫도그, 감자튀김, 콜라를 먹을래." "안 된다. 애야." 아빠가 끼어들면서 여종업원에게 말했다. "애는 미트로프와 으깬 감자, 우유를 먹을 거예요." 여종업원은 미소를 띠고 아이를 보면서 말했다. "그래요 공주님, 핫도그를 어떻게 해드릴까요?" 여종업원이 자리를 떴을 때 가족은 어안이 벙벙하여 할 말을 잃고 앉아 있었다. 잠시 후 소녀가 눈을 빛내며 말했다. "그녀는 내가 진짜라고 생각해."

내가 이 얘기를 워싱턴 D.C.에서 매주 열리는 명상 모임에서 했을 때 나의 어머니가 거기에 와 계셨다. 수업이 끝난 후 차를 몰고 함께 집으로 돌아오던 중 어머니는 나를 향해 울음 섞인 목소리로 말했다. "그 식당의 소녀가 바로 나란다." 조부모는 지금까지 단 한 번도 어머니를 있는 그대로 보지 않았다. 외동딸인 어머니는 마치 부모가 원하는 사람이 되기 위해 자기가 세상에 있는 것처럼 느꼈다. 그녀의 가치는 오로지 그녀가 얼마나 부모를 잘 대표하고 자랑스럽게 만드는가에 달려 있었다. 그녀는 그들의 물건이었다. 그녀의 의견과 느낌은 중요하지 않았다. 왜냐하면 어머니가 말했던 것처럼 조부모는 그녀를 '그녀 자체'로 보지 않았기 때문이다. 그녀의 정체성은 다른 사람을 기쁘게 하는 것과, 그렇게 못했을 경우 남들이 자신을 좋아하지 않을 거라는 두려움에 기초했다. 어머니가 경험한 바에 의하면, 그녀는 어떤 꾸며냄이나 노력 없이 사랑받고 존중받을 가치가 있는 진짜 사람이 아니었다.

나를 보러 오는 내담자들의 대부분은 이상적인 부모의 자질을 잘 알고 있다. 그들은 부모가 진정으로 함께하고 사랑할 때, 아이에게 선함의 모범을 보일 수 있다는 걸 안다. 부모의 선함을 그대로 닮음으로써 아이들은 생애 초기의 안정감과 신뢰감을 발달시킬 뿐 아니라, 타인과 친밀하게 지내는 능력과 자발성도 기를 수 있다. 내담자들은 자신의 상처를 돌아보면서 어린 시절 자신이 갈망하던 사랑과 이해를 제대로 받지 못했음을 깨닫는다. 그리고 아이들과의 관계에서도 이상적인 부모에 전혀 미치지 못한다는 것을 알게 된다. 즉 자신들이 얼마나 부주의하고, 습관적으로 판단을 내리며, 화를 내고, 자기중심적인지 알게 된다.

불완전한 우리 부모 역시 불완전한 부모들 밑에서 컸다. 두려움, 불안정, 욕망이 세대에 걸쳐 전승된다. 부모는 자신들이 중요하게 생각하는 방식으로 자녀들이 성공하기를 바란다. 또한 아이들이 특별하기를, 다시 말해 경쟁적인 우리 문화에서 남보다 더 똑똑하고, 더 많이 성취하고, 더 매력적이기를 원한다. 부모는 아이들을 두려움(좋은 대학에 들어가지 못하고 성공하지 못할 수도 있다는 두려움)과 욕망(아이들이 자신들의 뜻을 잘 따라주기를 바라는 욕망)의 필터를 통해 본다.

우리 문화의 전달자로서, 부모는 보통 아이들에게 분노와 두려움이 나쁘다고, 즉 그들의 소망과 좌절을 표현하는 자연스러운 방식이 바람직하지 않다고 전한다. 야단치는 상황에서의 메시지는 "너는 나쁘다. 너는 걸림돌이다. 너는 쓸모없다."이다. 그러나 덜 극단적인 상황에서조차 우리 대부분은 자신의 욕구와 두려움과 견해가 별 영향력이 없다는 것과, 소속감을 느끼려면 달라지고 더 잘해야 한다는 것을 학습한다.

명상 집중수련 기간에 참가했던 제프가 마지막 좌선 때 갑자기 떠오른 기억에 관해 내게 말했다. 그는 일곱 살 때 형과 놀다가 다쳤다. 제프는 부엌에서 일하고 있던 엄마에게 울면서 달려갔다. 그는 엄마를 졸졸 따라다니면서 형의 잘못을 바로잡아달라고 간청했다. 엄마가 갑자기 일을 멈추고 돌아섰는데, 손을 허리춤에 올린 채 얼굴에는 짜증과 경멸의 표정이 역력했다. 제프는 엄마가 실제로 무슨 말을 했는지 기억하지 못했다. 그러나 그녀의 표정 전체가 그에게 "그렇게 못나게 굴지 말아라."라고 말하고 있었다.

제프는 어른이 돼서야 엄마가 번잡한 대가족에서 성장했기 때문에 아이들도 스스로 자립해야 한다고 배웠다는 것을 이해하게 되었다. 제프가 칭얼거리거나 치댈 때, 엄마는 그의 '나약함'에 화가 났던 것이다. 우리 문화는, 특히 남자들에게 자립심과 독립성을 강조해왔다. 그렇게 이해하긴 했지만 제프는 여전히 의존하는 것이 매력 없고, 바람직하지 않고, 심지어 나쁜 일이라고 느꼈다. 많은 사람들이 그러는 것처럼, 의존과 관련된 모든 느낌은 부끄러움을 불러왔다. 심지어 의존이라는 단어조차 그를 주눅 들게 만들었다.

우리의 부모와 문화는 우리에게 뭔가 근본적인 잘못이 있다는 가르침을 통해 에덴 동산의 메시지를 전달한다. 우리의 본성에 대한 이러한 관점을 내면화할 때, 우리는 무가치감의 트랜스에 빠지게 된다. 우리는 사회가 원하는 사람이 되고, 에덴 동산에 다시 들어갈 수 있을 만큼 충분히 선해지려고 노력하면서 몇 년, 몇 십 년을 보내게 된다.

불안을 오히려 강화하는
우리의 습관적 전략들

우리는 무가치감이라는 원초적 고통을 피하기 위해 갖은 노력을 다한다. 자신의 결함이 자신이나 남에게 노출될 때마다, 우리는 추방당한 아담과 이브처럼 벌거벗은 몸뚱이를 가리려고 초조하게 반응한다. 우리 각자는 결점을 감추고 우리에게 있다고 믿는 잘못을 벌충하기 위한 특별한 전략들의 조합을 개발하는 데 많은 시간을 들이고 있다.

끊임없이 자기개선 프로젝트에 착수한다. 우리는 완벽한 몸과 용모에 대한 대중매체의 기준을 만족시키려고 흰머리를 염색하고, 주름을 제거하고, 끊임없이 다이어트를 시도한다. 직장에서는 더 좋은 직위를 얻기 위해 자신을 밀어붙인다. 훈련하고, 다양한 교육과정을 이수하고, 명상을 하고, 목록을 작성하고, 자원봉사를 하고, 워크숍에 참가한다. 분명 이 모든 활동을 유익을 얻기 위해 할 수 있지만, 많은 경우에 "뭔가 만족스럽지 않다."라는 걱정스런 암류에 휩쓸려 움직인다. 우리가 누구이며 무엇을 하고 있는지를 맘 편히 즐기기보다는, 우리 자신을 이상적인 모습과 비교하며 그 차이를 줄이려고 애쓴다.

실패를 무릅쓰기보다는 뒤로 물러나서 안전을 도모한다. 나라얀이 열 살쯤일 때 아이는 새로운 일을 시도하는 걸 극도로 꺼리는 단계를 겪었다. 그 아이는 항상 모든 일을 잘하고 싶어 했고, 어떤 활동이 연습을 요한다고 느끼면 겁을 먹었다. 나는 삶에서 가장 찬란한 순간들에는 언제나 약간의 위험이 내포되어 있으며, 실수는 불가피하다는 것을 말해주려 노력했다. 테니스 레슨이나 음악회에 참여해서 삶의 지평을 넓히라고 아들에게 제안할 때마다 나는 저항에 부딪혔다. 그 아이를 새로운 뭔가에 참여하도록 하려는 나의 헛된 시도가 있을 때마다 나라얀은 만화 〈심슨〉의 주인공 호머 심슨의 말을 인용하여 대꾸했다. "시작은 실패로 가는 첫 걸음이다."

안전을 도모하는 태도는 인생의 거의 모든 국면에 포함되어 있는 위험한 상황을 회피하도록 한다. 그럴 경우 일에서 리더십이나 책임감을 가질 수 없을 것이고, 상처받을 것이 두려워 남과 깊이 친해지지 못할 것이며, 창의성을 표현하거나 진심을 드러내거나 놀거나 애정을 쏟는 데도 주저할 것이다.

지금 이 순간의 경험으로부터 물러선다. 우리는 삶에서 일어나는 일에 대한 스토리를 지어내 끊임없이 자신에게 전하는 식으로 두려움과 수치심의 생생한 느낌에서 벗어나려 한다. 우리는 특정한 핵심주제를 가지고 살아간다. 핵심주제에는 해야 할 일, 제대로 하지 못한 일, 앞에 놓인 문제뿐 아니라, 남들이 우리를 어떻게 보는지, 남들이 우리의 요구를 얼마나 들어주었는지(혹은 들어주지 않았는지), 남들이 우리를 어떻게 방해하거나 실망시켰는지와 같은 것도 들어 있다. 아들에게 다음과 같은 전보를 보낸 유태인 엄마에 관한 오래된 농담이 있다. "걱정을 시작해라. 자세한 내용은 그 다음에 따라온다." 우리는 막연한 불안 상태로 살고 있기 때문에 머릿속에는 시도 때도 없이 재난 시나리오가 흘러 다닌다. 지금이 아니라 미래에 초점을 두고 사는 것이 자신의 삶을 관리하고 실패에 단단히 대비하는 태도라는 착각을 일으킨다.

계속 일을 한다. 바쁜 상태를 유지하는 것은, 사회적으로 용인된 고통 회피 방법이다. 방금 소중한 사람을 잃은 사람이 "바삐 일하면서 잘 지내고 있다."고 말하는 걸 자주 들어봤을 것이다. 만약 우리가 멈춘 다면, 자신은 혼자이며 완전히 무가치하다는 참을 수 없는 느낌에 빠져 들 위험과 마주하게 된다. 그래서 허둥지둥 우리 자신의 시간, 몸, 마음 을 잔뜩 채운다. 새로운 것을 사거나 아무 생각 없이 잡담에 몰두한다. 틈이 생기자마자 이메일을 확인하고, 음악을 틀고, 간식을 먹고, 텔레비 전을 본다. 우리 마음속에 도사리고 있는 취약성과 결핍의 느낌을 숨겨 주는 것이면 무엇이든 한다.

자신에 대한 최악의 비평가가 된다. 우리 마음의 방송국에선, 우리는 항상 일을 망치는데 다른 사람들은 훨씬 더 효율적이고 성공적 으로 삶을 관리하고 있다고 끊임없이 해설을 한다. 우리는 대개 부모가 그만두고 떠난 자리를 이어받아, 자신의 결함을 스스로에게 예리하게 상기시킨다. 만화가 줄스 파이퍼(Jules Feiffer)는 이렇게 말했다. "나는 자 랄 때 아버지의 모습, 언어 습관, 자세, 걸음걸이, 생각, 그리고 아버지에 대한 어머니의 경멸을 물려받았다." 자신이 무엇이 잘못되었는지를 훤 히 알고 있다는 것은, 자신의 충동을 통제하고 약점을 감추어 자신의 성 품을 개선하고 있다는 느낌을 준다.

타인의 잘못에 초점을 둔다. 세상은 자기들이 옳다고 생각하는 사람들로 나뉜다는 말이 있다. 자신이 부적합하다고 느끼면 느낄수록 잘못을 인정하는 일이 더 거북해진다. 남을 탓하면 일시적으로 실패의 부담에서 해방된다.

이 모든 전략들은 사실 무가치감의 트랜스를 지속시키는 바로 그 불안정감을 강화시킬 뿐이다. 우리가 실패할 수 있다거나 자신이나 타인에게 어떤 문제가 있다는 스토리를 스스로에게 걱정스럽게 말하면 할수록, 결함의 느낌을 생성하는 신경회로는 더욱 더 굵어진다. 우리가 패배를 숨길 때마다 자신이 불완전하다는 두려움은 더욱 커지게 된다. 우리가 남에게 깊은 인상을 주려 하거나 그를 능가하려고 할 때, 우리가 그 자체로 충분히 선하지 않다는 근본 믿음이 강화된다. 이것이 우리가 건강한 방식으로 경쟁하거나, 일에 전폭적인 노력을 기울이거나, 자신의 능력을 알고 즐기는 것이 가능하지 않음을 의미하는 것은 아니다. 하지만 우리의 노력이 자신에게 결함이 있다는 두려움에 의해 추진될 때 무가치감의 트랜스는 더 깊어진다.

타인을
적으로 만들기

이 장의 대부분은 우리가 어떻게 두려움 때문에 자신을 공격하고 자신을 적, 즉 문제의 근원으로 만드는지에 초점을 맞췄다. 이 감정들은 또한 밖으로 투사되어 타인을 적으로 만든다. 두려움이 클수록 적대감은 더욱 강렬하다. 우리를 결코 진심으로 존중해주지 않았던 부모, 우리의 성공을 방해하는 직장 상사, 우리의 권력을 빼앗아가는 정치집단, 우리 삶을 위협하는 국가가 적이 된다. 이러한 '우리 대 그들'의 세계에서 무가치감이라는 악은 '저기 외부'에 있다.

　　가족의 분열이든 몇 세대에 걸친 종교집단 간의 오랜 전쟁이든, 적을 만드는 일은 우리에게 통제감을 준다. 즉 우리는 우월감을 느끼고, 옳다고 느끼고, 문제에 관해 뭔가를 하고 있다고 믿는다. 분노를 적에게 향하게 하는 것은 일시적으로 자신의 두려움과 취약감을 감소시킨다.

실제 위협이 존재하지 않는 것은 아니다. 우리가 스스로를 위험하게 할 수도 있고, 타인들이 우리를 해칠 수도 있다. 그렇지만 우리가 미움과 폭력으로 몰아세우고, 자신과 혹은 서로 간에 전쟁을 한다면 더 많은 두려움, 반발, 고통을 만들어낼 것이다. 이러한 두려움과 소외의 트랜스로부터 자유로워지기 위해서는 자신의 취약점에 대해 지혜로운 마음으로 반응해야만 한다.

왜 우리는
트랜스에 빠지는가?

2,500여 년 전 인도 북부에서, 붓다는 보리수 아래서 밤새도록 명상을 한 후에 완전한 깨달음을 얻었다. 그는 자신의 마음이 열리고 자유로워졌기 때문에 위대한 도(道)를 발견했다는 걸 알았다. 붓다는 며칠 후 첫 설법에서 인류의 영적 도정에서 새로운 시대를 여는 가르침을 주었다. 역사적으로 중요한 이 순간에, 붓다는 우리 고통의 근원으로 가서 그것을 분명하게 바라보는 것이 자유의 시작이라고 가르쳤다. 이것이 붓다가 설한 사성제(四聖諦) 가운데 첫 번째 가르침인 고제(苦諦), 즉 고통 혹은 불만족은 보편적이며 그것의 존재를 완전히 인식하는 것이 깨달음의 첫 단계라는 지혜다.

붓다는 밤새도록 깨어서 자신의 고통을 깊이 관찰했다. 그의 놀라운 통찰은 모든 고통이나 불만족은 우리를 분리된 개별 존재로 보는 잘못된 이해에 기인한다는 것이었다. 이러한 '자기'의 지각은 욕망과 혐오의 끝없는 반복 속에 우리를 가둔다. 우리의 존재감을 이런 식으로 제한하면, 우리의 본질이자 모든 생명과 우리를 연결해주는 사랑 의식을 잊게 된다.

우리가 경험하는 '자기'는 익숙한 생각, 정서, 행동 패턴의 집합이다. 마음은 이것들을 한데 묶어서 시간이 가도 연속성을 갖는 한 독립된 개인의 사적인 스토리를 만들어낸다. 우리가 경험하는 모든 것은 이러한 '나의' 스토리에 포함되고 '나의' 경험이 된다. '내'가 두려운 것이고, '내'가 욕망하는 것이다. 태국의 불교 명상 스승이자 작가인 아잔 붓다다사(Ajahn Buddhadasa)는 경험에 '자기'라는 의미를 부여하는 이런 습관을 "나-내세우기(I-ing)"와 "나의-내세우기(my-ing)"라고 지칭했다. 우리는 우리가 생각하고 느끼는 모든 것과 우리에게 일어나는 모든 일을 어떤 식으로건 자기에 속하거나 자기에 의해 야기된 것으로 해석한다.

우리에게 가장 습관적으로 일어나는 강력한 느낌과 생각이 우리가 '나'라고 생각하는 것의 핵심을 정의한다. 만약 무가치감의 트랜스에 붙잡혀 있다면 우리는 그 핵심을 결함이 있는 것으로 경험한다. 나-내세우기와 나의-내세우기를 통해 삶을 개인적으로 받아들이면 "뭔가 잘못됐어."라는 보편적인 의미가 "난 뭔가 잘못됐어."로 쉽게 굳어진다.

내가 무가치하다는 느낌이 들어 그 느낌을 자세히 들여다볼 때, 가끔은 내게 실제로 무엇이 어떻게 부족한지 짚어낼 수 없는 경우가 있다. 하지만 다른 사람으로부터 '분리된 나'라는 바로 이 느낌이 내게 문제가 있다는 근본 가정을 이끌어낸다. 이것이 나를 불안하게 만들고 분주하게 만드는 배후의 속삭임일지도 모른다. 이것은 또한 깊은 외로움일수도 있다. '내'가 된다는 것은 내가 어디에 소속되는 것이나 완전해지는 것으로부터 멀어지는 것일 수도 있기 때문이다.

우리가 분리되고 불완전하고 위험에 처해 있다는 믿음은 자연의 오작동이 낳은 결과가 아니다. 오히려 이런 지각은 인간을 포함한 모든 생명들의 경험에 내재된 특성이다. 선(禪) 수행을 하는 생물학자이자 작가인 데이비드 달링(David Darling)에 따르면, 가장 원시적인 단세포 생명체조차 "그들 자신과 바깥세상 간에 장벽, 다시 말해 뚜렷하고 지속가능한 경계를 설정해 놓았다. …… 이렇게 해서 이원론, 즉 자기와 나머지 세상의 분리에 대한 믿음이 형성된다." 이러한 분리의 실존적 의미는 놀랍도록 다양하고 신비로운 세계의 주제다. 단세포 개체는 위협적인 것을 밀어내고 자신을 향상시켜줄 것을 향해 간다. 우리 인간도 이와 같은 기본반사를 갖고 있지만, 우리의 탐욕과 혐오는 대단히 복잡한 신체적, 정신적, 정서적 활동의 집합체를 통해서 작용하며, 그것들 중 대부분은 우리의 일상적 의식 밖에 있다.

욕구와 두려움은 우리를 보호하고 번창하게 돕는 진화적 설계의 일부로서 매우 자연스러운 에너지다. 그러나 그것들이 우리 정체성의 핵심이 될 때, 우리는 존재의 충만함을 못 보게 된다. 기껏해야 우리는 우리 본연의 존재의 한 조각, 즉 불완전하고, 위험에 처하고, 나머지 세계로부터 분리된 것으로 지각되는 조각에만 자신을 동일시하게 된다. 만약 우리의 존재감이 의존감과 불안정감으로 정의된다면, 우리가 동시에 호기심 많고, 유머 있고, 배려심 있는 존재이기도 하다는 사실은 잊히고 만다. 우리에게 자양분이 되는 호흡, 우리를 통합해주는 사랑, 위대한 아름다움, 그리고 살아 있는 모든 존재가 공유하는 경험인 연약함을 잊게 된다. 가장 근본적으로는 우리의 불성인 순수한 의식, 즉 밝은 깨어있음을 잊게 된다.

있는 그대로 받아들이면……

많은 사람들이 내게 말하기를, 그들의 인생이 얼마나 오랫동안 자기혐오와 수치심의 감옥에 갇혀 있었는지를 마침내 알 수 있게 되었을 때 슬픔만이 아니라 삶이 주는 희망도 느끼게 된다고 했다. 악몽에서 깨어나는 것처럼, 우리의 감옥을 볼 수 있을 때 우리는 우리의 잠재력 역시 볼 수 있다. 7세기의 저명한 선사인 승찬(僧璨) 스님은 참된 자유란 "불완전함에 대해 근심이 없는" 것이라고 가르쳤다. 이는 인간의 존재와 모든 생명을 있는 그대로 받아들인다는 뜻이다. 불완전함은 우리 개인의 문제가 아니며 존재의 자연스러운 부분이다. 우리 모두는 욕구와 두려움에 사로잡히고, 무의식적으로 행동하며, 병이 들고 약해진다. 불완전함을 편하게 생각할 때, 우리는 더 이상 달라지려고 하거나 잘못된 것을 두려워하는 데 빠져 우리 삶의 순간들을 잃어버리지 않게 될 것이다.

　　로렌스(D. H. Lawrence)는 서구문화를 뿌리째 뽑혀서 허공에 뿌리를 둔 거대한 나무 같다고 기술했다. 그는 "우리는 위대한 욕구들의 좌절로 죽어가고 있고, 내적 자양분과 회복의 위대한 원천으로부터 단절되었다."라고 썼다. 우리가 근본적으로 선하다는 진실을 깨닫고, 전체 생명과 우리의 본래적 연결성을 재발견할 때, 우리는 살아난다. 우리의 "위대한 욕구들"은 서로 사랑으로 관계 맺고, 매 순간과 온전하게 존재함으로 관계하며, 우리 내부와 주변의 아름다움 및 고통과 관계 맺을 때 충족된다. 로렌스가 말한 것처럼 "우리는 우리 자신을 우주에 다시 심어야 한다."

비록 분리되고 무가치하다는 느낌의 트랜스가 인간 존재의 조건에 내재해 있는 속성이긴 하지만, 깨닫는 능력 또한 그러하다. 자신과의 전쟁을 멈추고 그 대신 우리 삶을 현명하고 자비로운 마음과 연결하는 것을 학습함으로써 트랜스의 감옥으로부터 해방될 수 있다. 이 책은 우리 삶을 감싸 안는 과정에 관한 것이다. 우리가 근본적 수용의 계발을 학습하면, 잊고 있던 소중한 전체성, 깨어있음 및 사랑의 느낌이라는 정원을 재발견하게 된다.

무가치감의 트랜스 인식하기

무가치감의 트랜스를 지속시키는 믿음과 두려움을 인식할 때 자유가 시작된다. 몇 분 동안 잠시 모든 것을 멈추고 당신의 어떤 면을 습관적으로 거부하고 밀어내고 있는지 생각해보도록 한다.

●

나의 몸을 있는 그대로 수용하는가?

- 아플 때 나 자신을 탓하는가?
- 충분히 매력적이지 못하다고 느끼는가?
- 머리 모양새가 불만족스러운가?
- 얼굴과 몸이 나이 들고 있다는 것이 당황스러운가?
- 나 자신을 너무 뚱뚱하다거나 말랐다거나 신체적으로 건강하지 않다고 판단하는가?

나의 마음을 있는 그대로 수용하는가?

- 나 자신을 충분히 지적이지 않다고 판단하는가? 유머와 재미가 없

다고 판단하는가?

- 강박적인 사고를 한다고 나 자신을 비난하는가? 반복적이고 지루한 마음을 품었다고 나 자신을 비난하는가?

- 나쁜 생각, 즉 천박하거나 비판적이거나 탐욕스러운 생각을 한다고 나 자신을 부끄럽게 생각하는가?

- 마음에 잡념이 많다고 나 자신을 열등한 명상가라고 생각하는가?

나의 정서와 기분을 있는 그대로 수용하는가?

- 울어도 괜찮은가? 불안정하고 취약하다고 느껴도 괜찮은가?

- 우울해지면 나 자신을 비난하는가?

- 질투를 느끼는 것을 수치스럽게 생각하는가?

- 참을성이 없고 과민하고 편협하다고 나 자신을 비판하는가?

- 화가 나거나 걱정을 하면 내가 영적으로 발전하지 못하고 있다는 신호로 느껴지는가?

행동 방식 때문에 나 자신을 나쁜 사람이라고 느끼는가?

- 자기중심적이거나 남에게 상처를 주는 방식으로 행동할 때 나 자신을 미워하는가?

- 분노의 폭발을 수치스러워하는가?

- 강박적으로 먹을 때 나 자신을 역겹게 느끼는가? 담배를 피우거나 술을 너무 많이 마실 때 나 자신을 역겹게 느끼는가?

- 이기적이고 종종 다른 사람을 우선적으로 배려하지 않기 때문에

나 자신이 영적으로 진화되지 않았다고 느끼는가?

- 가족과 친구들과 관계하는 방식에서 항상 충분하지 못하다고 느끼는가?

- 친밀감을 느낄 수 없기 때문에 나 자신이 뭔가 잘못되었다고 느끼는가?

- 충분히 성취할 수 없어서, 일에서 눈에 띄거나 특별하지 않아서, 나 자신을 싫어하는가?

●

타인이 우리를 봐주길 원하는 방식과 그들이 우리에게서 보지 않기를 바라는 것을 숙고해보면, 우리 자신의 트랜스를 가장 분명하게 지각할 수 있다. 당신이 최근에 시간을 같이 보낸 누군가를, 당신이 좋아하고 존경하지만 잘 알지는 못하는 누군가를 마음에 그려보라.

이 사람이 당신에 관해 알아주기를 가장 원하는 것은 무엇인가?
(예를 들어 당신이 사랑스럽고, 너그럽고, 매력적이라는 것)

이 사람이 당신에 관해 지각하지 않기를 바라는 것은 무엇인가?
(예를 들어 당신이 이기적이고, 불안정하고, 질투가 많다는 것)

●

하루를 살면서 이따금 멈춰서 자신에게 물어보라. "이 순간 나 자신을 있는 그대로 수용하고 있는가?" 자신을 판단하지 말고, 단지 자신의 몸, 정서, 생각, 행동과 어떻게 관계하고 있는지를 의식해보라. 무가치감의 트랜스를 의식할 수 있게 되면, 우리 삶을 압도하던 그 트랜스는 힘을 잃기 시작한다.

2

근본적 수용: 지금 이 순간 있는 그대로 받아들이기

지난 밤, 잠을 자면서
꿈을 꾸었다. 불가사의한 착각!
내 가슴 안쪽 여기에
벌통이 있었다.
그리고 황금벌들이
내 오래된 실패들로부터
흰 벌집과
달콤한 꿀을 만들고 있었다.

— 안토니오 마차도(Antonio Machado)

신기한 역설은
내가 나 자신을 있는 그대로 수용할 때,
내가 변화할 수 있다는 것이다.

— 칼 로저스(Carl Rogers)

● 　　　　모히니는 워싱턴 D.C. 국립동물원에 몇 년 동안 살았던 제왕 백호였다. 거기 있는 동안 모히니는 쇠창살과 시멘트 바닥으로 이루어진 가로세로 4미터의 전형적인 오래된 사자 우리에서 대부분을 살았다. 모히니는 비좁은 우리에서 가만히 있지 못하고 앞뒤로 왔다 갔다 하며 시간을 보냈다. 결국 생물학자들과 직원들은 모히니를 위한 새로운 보금자리를 만들기로 하고 함께 작업을 했다. 수천 평방미터에 걸쳐서 언덕, 나무, 연못과 여러 가지 초목들이 조성되었다. 사람들은 흥분과 기대에 차 모히니를 새롭고 넓은 환경에 풀어놓았다. 그러나 너무 늦은 듯했다. 호랑이는 즉각 울안의 구석에서 은신처를 찾았고, 거기서 나머지 생을 살았다. 모히니는 그 구석에서 가로세로 4미터 영역의 잔디가 다 벗겨질 때까지 왔다 갔다 했다.

아마 삶에서 가장 큰 비극은 자유가 가능한데도 오랜 습관에 얽매여서 시간을 흘려버리는 일일 것이다. 우리는 무가치감의 트랜스에 빠져서 자기판단과 불안, 불안정과 불만족 안에 자신을 가두는 데 익숙해 있다. 모히니처럼, 타고난 권리인 자유와 평화에 접근할 수가 없다. 우리는 주저 없이 사람들을 사랑하고, 진심을 느끼고, 주변의 아름다움을 즐기며, 춤추고 노래하기를 원할 수 있다. 하지만 우리는 매일 삶을 협소하게 유지하려는 내면의 목소리를 듣는다. 수백만 달러짜리 복권에 당첨되거나 완벽한 사람과 결혼을 할지라도, 우리가 충분히 좋다고 느끼지 않는 한 우리 앞에 있는 가능성을 즐길 수가 없다. 그러나 모히니와 달리, 우리는 자신의 신념과 두려움으로 스스로를 가두고 있다는 것을 배워서 깨달을 수 있다. 귀중한 삶을 낭비하고 있다는 것을 알 수 있다.

자신의 우리 밖으로 나오는 것은, 순간순간의 경험을 깨어있음과 배려로 감싸 안아서 자신과 자신의 삶에 관한 모든 것을 절대적으로 수용하는 일에서 시작한다. 모든 것을 절대적으로 수용한다는 것은, 어느 순간에든 우리 몸과 마음 안에서 일어나고 있는 것을 통제하거나 판단하거나 회피하지 않고 의식한다는 의미다. 이는 자신이나 다른 사람의 나쁜 행동을 참고 견디는 것을 의미하지는 않는다. 이는 우리의 현재 순간의 실제 경험을 수용하는 내면 과정이다. 저항 없이 슬픔과 고통을 느끼는 것을 의미한다. 누군가 혹은 무언가에 대해 바람이나 싫어함을 느끼되, 그 느낌이나 그에 따른 행동에 대해 자기 자신을 판단하지 않는 것이다.

내면에서 일어나고 있는 것을 분명히 인식하고, 열린 마음과 친절함과 사랑의 마음으로 바라보는 것을 나는 '근본적 수용'이라고 부른다. 만약 우리가 경험의 어떤 부분을 억제하고 있다면, 만약 우리 존재와 느낌의 어떤 부분에 대해 마음을 닫고 있다면, 무가치감의 트랜스를 지속시키는 두려움과 분리의 느낌을 부채질하게 된다. 근본적 수용은 바로 이 트랜스의 기반을 직접 해체하는 것이다.

근본적 수용은 조건화된 반응에 역행한다. 신체적, 정서적 고통이 발생했을 때, 우리는 반사적으로 몸을 긴장시키고 근육을 수축시킬 뿐만 아니라 마음까지 수축시켜서 저항한다. 무엇이 잘못되었는지, 그것이 얼마나 오래 지속될지, 뭘 해야 할지, 고통이 얼마나 우리의 무가치감을 반영하는지에 모든 주의를 빼앗겨버린다. 요통이나 편두통 같은 신체적 고통은, 자신을 제대로 돌보지 못하고 제대로 먹지 못하거나 충분히 운동하지 못하고 있다는 자기비난으로 이어질 수도 있다. 이 고통은 우리를 희생자로 느끼게 만들어서, 우리 몸은 믿을 수 없는 것이며 뭔가가 항상 잘못될 거라고 말한다. 마찬가지로 우리는 감정적 고통을 우리의 판단과 스토리 들을 통해 증폭시킨다. 두려움이나 화 혹은 질투를 느낀다는 것은 뭔가가 잘못되었고 우리 자신은 약하거나 나쁘다는 것을 의미한다.

우리가 스토리들 속에서 길을 잃을 때, 실제 경험과의 접촉은 끊어진다. 미래에 기대거나 과거를 재탕하는 것은 지금 이 순간의 살아 있는 경험을 사라지게 한다. "제대로 하려면 더 해야 해." 혹은 "나는 불완전해. 행복하려면 더 많이 필요해."라는 생각에 쫓겨서 살 때 트랜스는 심화된다. 이러한 주문은 삶이 지금과 달라야 한다는 트랜스 신념을 강화한다.

일이 잘 진행되고 있을 때도, 우리는 자신이 그럴 자격이 있는지 질문하거나 지금 뭔가 나쁜 일이 일어나려 한다고 두려워한다. 가장 좋아하는 맛의 아이스크림을 한 입 먹자마자, 죄책감 없이 혹은 체중 증가

없이 먹으려면 얼마만큼 먹고 그만 두어야 하는지를 계산하기 시작한다. 우리는 아름다운 경치 앞에 서서, 필름이 다 떨어졌다고 걱정을 하거나 시골로 이사를 해야 하지 않을까 생각하기 시작한다. 명상을 하고 있을 때 평온과 평화의 기분 좋은 시간을 경험하면, 곧바로 이것을 어떻게 계속 유지할 수 있는지를 궁금해 하기 시작한다. 우리의 즐거움은 우리의 소유를 유지하는 것에 대한 불안과 손을 뻗어 더 많이 가지려는 강박에 오염된다.

수용의 두 날개 펼치기

무가치감의 트랜스에 사로잡혀 있을 때 우리는 내면에서 무슨 일이 일어나고 있는지를 명확히 깨닫지도, 친절을 느끼지도 못한다. 우리 자신에 대한 관점은 뒤틀리고 편협하며, 가슴은 삶에 대항하느라 딱딱해진다. 우리가 그 순간의 경험에 관심을 기울이며 자신의 스토리들을 내려놓고 고통이나 욕구를 부드럽게 감싸 안을 때, 근본적 수용이 펼쳐지기 시작한다. 진정한 수용의 두 날개는 명확히 보기와 우리의 경험을 자비로 감싸 안기인데, 이 둘은 거대한 새의 두 날개만큼이나 상호의존적이다. 두 날개는 함께할 때 우리를 날 수 있게 하고 자유롭게 할 수 있다.

명확히 보기의 날개는 흔히 불교 수행에서 마음챙김(mindfulness)이라 기술된다. 이것은 순간순간의 경험에서 일어나고 있는 것을 정확하게 알아차리는 의식의 특징이다. 예를 들어 두려움을 마음챙김할 때, 질주하는 생각과 긴장되어 떨리는 몸과 도망가고 싶다는 욕구를 의식한다. 그리고 자신의 경험을 어떤 방식으로 조절하려 하거나 없애버리려 하지 않으면서 이 모든 것을 의식한다. 주의는 모든 조건에서 자유롭게 열려 있는 상태다. 고통이 끝나기를 바라거나 다른 뭔가를 할 수 있기를 바랄 때조차, 지금 일어나고 있는 모든 것과 기꺼이 함께한다. 그 욕구와 생각은 우리가 수용하고 있는 것의 일부가 된다. 경험을 간섭하지 않기 때문에, 마음챙김은 삶을 '있는 그대로' 보게 한다. 이와 같이 우리 경험의 진실을 인식하는 것이 근본적 수용의 고유한 특성이다. 만약 우리가 수용하고 있는 것을 명확히 볼 수 없다면 경험을 진실로 수용할 수 없다.

근본적 수용의 두 번째 날개인 자비는 우리가 지각한 것과 부드럽고 호의적인 방식으로 관계하는 능력이다. 두려움이나 슬픔의 감정에 저항하는 대신에 아이를 보듬는 어머니의 사랑으로 자신의 고통을 감싸 안는다. 주의를 끌려는 욕구 혹은 초콜릿이나 섹스에 대한 욕구를 비난하거나 멋대로 충족시키기보다 부드러움과 배려로 감싼다. 자비는 우리의 경험을 존중한다. 이 순간의 삶과 있는 그대로 친해지게 한다. 자비는 우리의 수용을 전면적이고 완전하게 만든다.

명확히 보기와 자비의 두 날개는 분리될 수 없고, 둘 모두 우리가 트랜스에서 자유로워지는 데 반드시 필요하다. 그들은 함께 기능하며 서로를 강화한다. 우리가 사랑하는 사람에게 거절을 당한 경우, 무가치감의 트랜스가 강박적 사고에 빠져들게 해서 상처 준 사람을 원망하는 동시에 우리가 결함이 많기 때문에 버림을 받았다고 믿게 만든다. 우리는 격정적인 분노와 비통한 슬픔과 수치심 사이를 오가는 멈추지 않는 그네에 붙잡혀 있다고 느낄 수 있다. 근본적 수용의 두 날개는 무섭게 돌아가는 자동반응의 소용돌이로부터 우리를 자유롭게 한다. 또한 말과 행동을 선택하는 데 지침이 될 수 있는 균형과 명확성을 찾는 데 도움이 된다.

만약 근본적 수용의 과정에서 마음챙김의 날개만을 취하더라도, 가슴 통증과 얼굴을 붉히는 분노를 명확히 의식할 수는 있을 것이다. 우리가 스스로에게 자신은 희생자이고 항상 혼자이며 사랑받지 못할 것이라고 말하는 스토리를 명확히 알 수 있을 것이다. 그러나 또한 무엇보다 그런 상황에 처하게 된 자기 자신에게 화가 나서 괴로움이 더할 수도 있다. 그렇기 때문에 참된 치유를 이끌어내기 위해서는 마음챙김과 자비가 함께해야 한다. 자비는 분노나 실망을 밀어내거나 판단하는 대신에, 부드럽고 친절하게 자신의 벌어진 상처와 함께할 수 있게 해준다.

마찬가지로 마음챙김은 자비와 균형을 유지시켜준다. 만약 마음에서 우러난 배려가 자기연민으로 번지기 시작해서, 열심히 노력했지만 좀처럼 원하는 것을 얻을 수 없었다는 또 다른 스토리가 생겨나더라도, 마음챙김이 우리가 빠져들고 있는 함정을 볼 수 있게 해줄 것이다.

두 날개는 우리가 매 순간을 있는 그대로 경험하도록 함께 돕는다. 이럴 때 뭔가 변화가 일어나기 시작한다. 더 자유롭다고 느끼고, 선택의 폭이 열리고, 우리가 얼마나 앞으로 나아가고 싶어 하는지 더 분명하게 보게 된다. 근본적 수용은 무의식적인 자기혐오와 비난의 습관을 치료하고 변화시켜서 그로부터 자유롭게 한다.

근본적 수용은 순간순간의 경험을 대상으로 하지만 생각과 느낌,

행동과 사건의 패턴들처럼 우리 삶의 경험을 만들어내는 것들에도 명확하고 친절한 주의를 기울일 수 있다. 우리는 행동을 이끌어내는 의도를 더 잘 알아차리게 된다. 또한 자신과 타인 모두에게 영향을 끼치는 행위의 결과를 알아차리게 된다. 불교심리학에서는, 이와 같은 더 넓은 시야를 수용적 알아차림에 포함해서 "명확한 이해(clear comprehension)"라고 부른다.

우리가 자주 화를 내고 경멸하고 무시하는 태도로 아이들을 대하고 있음을 알아차리게 됐다고 가정해보자. 우리는 자신의 의도를 점검하기 시작할 수 있고, 수용을 통해 그때 일어나는 생각과 느낌에 열리기 시작한다. 어쩌면 너무 힘들어서 아이들의 요구를 들어줄 수 없다고 느끼기 때문에 아이들을 밀쳐내고 싶어 한다는 것을 깨달을 수도 있다. "나는 지쳐 있고, 나 자신의 인생을 지키려고 노력하고 있어." 이 생각에 덧붙여서 복부에 물결처럼 퍼지는 팽팽한 긴장감과 목이 꽉 막히는 감각을 느낄지도 모른다. 또한 자기가 아이들에게 저지른 행동의 실제 결과를 보거나 알 수도 있다. 아이들이 우리 앞에서 움츠러든 적이 있는가? 아이들이 우리 주변에서 말수를 줄이고 두려워하는 것을 알았을 때, 우리는 가슴에 슬픔이 차오름을 느낄 수도 있다. 또한 화내는 행동이 자신의 몸과 마음에 어떤 영향을 주는지, 충동적으로 마구 해댄 다음에 스스로를 얼마나 외롭고 형편없다고 느끼는지 알 수 있다.

명확한 이해를 통해 얻게 된 더 넓은 시야는 예외 없이 우리를 자신의 가장 깊은 의도로 들어가게 한다. 우리는 고통을 받거나 고통을 주기를 원하지 않는다. 무엇보다도 아이들이 우리가 그들을 얼마나 사랑하는지 알아주기를 원한다는 것을 깨달을 수도 있다. 이 갈망 또한 명확히 보기와 친절로 마주한다. 이렇게 상황의 전체 맥락을 근본적 수용으로 봄으로써, 우리는 점차로 행동을 가슴에 동조시킬 수 있게 된다.

비수용이 바로 트랜스의 특징이기 때문에, 꼼짝할 수 없다고 느낄 때 근본적 수용을 향한 첫걸음을 어떻게 내딛을 수 있을지 궁금할 수 있다. 근본적 수용은, 우리가 아무리 길을 잃었다 할지라도 우리의 본질인 불성은 온전하게 남아 있다는 것을 기억하도록 믿음을 줄 수 있다. 우리 의식의 본질은 일어나고 있는 것을 아는 것이다. 우리 마음의 본질은 보살피는 것이다. 우리는 끝없는 바다처럼, 우리를 통해 일렁이는 삶의 파도를 감싸 안는 능력을 지니고 있다. 바다가 자기의 심의 바람에 거세게 흔들려도, 우리는 집으로 가는 길을 찾을 수 있다. 파도 한가운데서 광대하게 깨어있는 의식을 발견할 수 있다.

우리가 언제 판단하고 저항하고 집착하는 습관에 사로잡히고, 고통과 즐거움의 수준을 통제하려고 얼마나 노력하는지를 인식하는 것으로 근본적 수용의 기초를 쌓을 수 있다. 우리가 스스로에게 냉혹하게 등을 돌릴 때 얼마나 괴로운지를 알고, 삶을 사랑하려는 의도를 기억하는 것으로 근본적 수용의 기초를 쌓을 수 있다. 우리에게 뭔가 잘못되었다는 스토리를 내려놓으면, 실제로 일어나고 있는 것을 명확하고 친절한 주의로 어루만지기 시작하게 된다. 우리의 계획이나 환상을 해방시키고, 이 순간의 경험에 관대해진다. 우리가 즐거움을 느끼든 고통을 느끼든, 수용의 두 날개는 늘 변화하는 삶을 그 자체로 존중하고 소중하게 여기도록 한다.

트랜스의 괴로움
마주하기

처음 요가와 명상 훈련을 시작했을 때, 나는 수용이 영적인 삶의 중심임을 깨닫지 못했다. 결코 만족스럽지 않다는 느낌 때문에 내가 갈망하는 평화와 자유에 도달하지 못한다는 것을 단지 부분적으로만 의식했었다. 결국 나는, 오랜 습관과 조건화에서 깨어나기 위해 정서적으로 나 자신을 해체하는 경험을 하게 되었다. 나의 개인적 스토리를 둘러싼 상황들이 평범하지 않음에도, 많은 사람들이 그 내면의 드라마가 그들 자신의 것과 같다고 내게 말했다.

나는 이십대 후반에 대학을 마치고 수행공동체에서 8년간 생활했다. 요가와 명상 정규수업을 진행하면서 임상심리학 박사과정에 다녔고, 풀타임 상담 훈련에서 내담자를 보고 있었다. 그 때문에 나는 바깥 세상의 삶과 아슈람에서의 삶 사이에서 자주 스트레스를 받았다. 때로 나의 스승은 공동체에 더 많은 힘을 쏟지 않는다고 나를 꾸짖었고, 나는 일을 너무 많이 벌이는 게 아닌가 하는 죄책감을 느꼈다. 그러나 두 세계가 모두 가치 있었고, 어느 한쪽을 포기한다는 것은 상상할 수 없었다.

스승의 제안으로, 나는 그 몇 년 전에 수행공동체의 한 남자와 결혼을 한 상황이었다. 함께한 첫날부터 우리는 아이 갖기를 간절히 원했다. 비록 할 일은 너무 많았지만, 마침내 내가 임신했을 때 우리는 꿈이 이루어진 것에 흥분했다. 우리는 휴식과 영적 자양분을 위해 나의 심리치료 훈련을 한 달 정도 쉬는 것이 좋을 것 같다는 데 동의했다. 나는 캘리

포니아 남부 사막에서 스승이 이끄는 요가와 명상수련회에 참여하기로 결정했다.

수련회에 참여하고 2주쯤 되었을 때, 나는 심하게 하혈을 했다. 친구가 나를 가까운 병원으로 데리고 갔고, 엄마가 되려 했던 나의 꿈은 유산으로 끝이 나고 말았다. 나는 아기를 잃은 슬픔을 가눌 길이 없었다. 병원 침대에 누워서 잘못된 상황을 이해해보려고 발버둥쳤다. 힘든 요가와 심한 더위 때문이었을까? 수련회장으로 돌아온 나는 전화 메시지를 통해 그사이 있었던 일과 나의 걱정을 스승에게 전했다. 하지만 스승에게서 아무런 대답도 듣지 못했다.

이틀을 침대에 누워서 몸을 추스르고, 몹시 슬퍼하며 기도했다. 셋째 날, 나는 그날 모임에 참석하기로 결정했다. 나는 내가 영감을 받을 수도 있으며, 나의 영적 가족들과 있을 때 편안해질 거라고 생각했다.

사막의 뜨거운 저녁, 수백 명의 사람들이 거대한 개방형 텐트 아래서 조용히 명상을 하면서 스승이 도착하기를 기다리고 있었다. 스승의 차가 멈추는 것을 보고, 우리는 모두 일어서서 성가를 부르기 시작했다. 요가 수행자들을 거느리고 스승이 텐트로 들어왔고, 앞에 놓인 방석 위에 앉았다. 성가를 마친 후 우리는 자리에 앉아서 스승이 정성스레 준비된 음식 접시에 놓인 과자와 포도를 먹는 것을 조용히 지켜보았다. 그의 시선이 가르침을 열렬히 기다리면서 그를 올려다보고 있는 수많은 얼굴들을 훑고 지나갔다. 문득 스승이 나를 응시하고 있다는 것을 깨달았다. 침묵을 깨고 그가 내 이름을 불렀다. 그 이름은 몇 년 전 내가 그의 가르침을 따르기로 결심했을 때 그가 내게 주었던 산스크리트 이름이었다. 일어서라고 하는 그의 목소리가 내 귓가에서 울렸다.

그런 모임에서 스승은 때때로 공개적으로 특정 수련생에게 말을 걸곤 했다. 그래서 나는 그가 내가 어떤지 살피는 것이라 생각했다. 그런데 아니었다. 그러기는커녕 그는 내가 직업적인 야망과 이기심 때문에 내 아기의 죽음을 자초했다고 귀에 거슬리는 톤으로 선언했다. 나는 배를 걷어차인 것 같은 고통의 충격으로 뱃속이 뒤틀렸다. 나는 얼어붙은 채 망연자실 서 있었고, 그는 계속해서 내가 섹스는 좋아서 했지만 아이를 정말 원한 것은 아니었다고 잔인하게 말했다. 그건 악몽이 틀림없었다. 확실히 그가 아슈람 밖의 내 생활을 개인적으로 비난하긴 했었지만, 결코 그토록 잔인하게 분노와 모욕을 준 적은 이전에는 없었다.

나는 자리에 앉았고 수치심에 얼굴이 화끈거렸다. 몇 년 전부터 그에 대해 의심을 품기 시작했는데, 내 믿음은 이제 완전히 배신당했다. 생생하고 깊은 고통의 구멍이 내 안에서 모든 것을 집어 삼키기 시작했다. 나는 몸을 떨면서, 그의 목소리가 주위 어딘가에서 웅얼거리는 것을 듣긴 들었지만 이해할 수는 없었다.

강연이 끝난 후 그의 차가 떠나고, 친구 몇 명이 나를 둘러싸고 무슨 말을 해야 할지 몰라 머뭇거리며 있었다. 나는 그들 눈에 비친 혼란을 알 수 있었다. "그는 틀림없이 영적 성장에 도움을 주기 위해 이런 식으로 가르침을 주었을 거야." "우리 스승은 틀릴 리가 없어. …… 그렇지만 뭔가 옳은 것 같지는 않아." 나는 그들의 위로가 감사했지만 그냥 사라지고 싶은 마음이 더 컸다. 몇 년 전 부상당한 젊은 군인이 전쟁에서 돌아온 후 배신자라는 소문이 돌아 마을에서 추방당한 얘기를 읽은 적이 있다. 작은 가방에 옷가지와 음식을 챙겨서 절름거리며 떠나면서, 그는 모든 사람이 자기를 쳐다보고 있으며 심지어 불쌍하게 여기고 있음을 느낄 수 있었다. 그게 지금 내가 느끼는 것이었다. 굴욕감으로 걷잡을 수 없게 된 나는 동료 요가 수행자들의 눈을 피해 군중의 가장 자리로 비켜났다. 150명의 군중 모두가 나를 판단하거나 불쌍하게 여기며 앉아 있는 것처럼 느껴졌다. 나는 혼자 있고 싶은 마음이 절실했다. 이처럼 비참하게 느끼면서 어떻게 그 사람들과 같이 있을 수 있겠는가?

나는 울면서 유카 나무로 둘러싸인 곳에 자리 잡은 작은 성소를 찾아갔다. 딱딱한 맨바닥에 앉아서 몇 시간 동안 큰 소리로 울었다. 어떻게 이런 일이 일어날 수 있단 말인가? 나는 아기를 잃었고 스승은 나를 비난했다. "그가 옳았나?" 나의 온몸은 내게 아기에 관한 한 그가 틀렸다고 말했다. 그런데 나의 어떤 점 때문에 그가 그토록 맹렬하게 나를 몰아세웠을까? 내가 그토록 허약한 상태였는데도 말이다. 어쩌면 그는 내가 남긴 전화 메시지에 기분이 상해서 내가 자신의 프로그램과 가르침의 지혜에 도전하고 있다고 믿었을 수도 있다. 어쩌면 그는 내가 그에 관해 의심을 품고 그를 완전히 믿지 않았다는 것을 알았을 수도 있다. 그렇다고 해서 그토록 앙심을 품고 미움을 가져야 하는가? 내가 정말 그가 말한 만큼 나쁜가?

내 가슴은 두려움과 슬픔으로 찢어졌다. 내 세계로부터 단절되고 나 자신의 존재로부터 멀어진 느낌이었다. 나는 올바른 영적 길 위에 있는가? 내가 어떻게 공동체에 계속 머물면서 그런 스승에게 아무런 의문을 품지 않고 몰두할 수 있겠는가? 이 길을 더 이상 따를 수 없다면 내 결혼은 어떻게 될 것인가? 여길 떠나서 내 삶의 전부인 영적 가족을 잃는 것을 견딜 수 있겠는가?

　나를 둘러싼 세상이 닫혀버리자 나는 오래되고 익숙한 절망에 사로잡혔다. 그의 말이 나를 나 자신의 추악함의 구덩이로 내던진 데다, 이제는 내 안의 목소리도 내게 근본적으로 결함이 있다고 확신하고 있었다. 내 기억의 한도 내에서, 나는 내 가치를 증명하려고 노력해왔다. 십대 시절 어느 날 저녁 식탁에서, 변호사인 아버지와 벌인 토론에서 설득력 있는 주장으로 아버지를 감동시켰을 때 매우 자랑스럽게 느끼고 안도했던 나 자신을 기억했다. 내가 선생님들이나 권위를 가진 사람들과의 관계에서 이와 동일한 방식의 행동을 즐겼다는 것을 기억했을 때, 가슴이 내려앉았다. 침대에 누워 진토닉 한 잔을 옆에 놓고 미스터리 소설을 읽고 있는 어머니의 이미지가 떠올랐을 때, 우울, 불안과 싸우던 어머니에 대한 기억이 밀려옴을 느꼈다. 강하고 확신에 차 보이려는 내 강박은 아마도 내 안에 있는 어머니와 동일한 기류들을 피하려는 노력이었을 것이다. 나는 정말로 배려심 많은 사람이었던가? 아마 내담자나 친구들을 돕는 것은 단순히 칭찬이나 인정을 얻는 수단이었을 뿐인지도 모른다. 박사학위를 따고, 좋은 요가 수행자가 되고, 착해지려고 했던 나의 모든 노력은 불안정하고 결함 있는 사람의 스토리에 모두 딱 들어맞았다. 나에 관한 한 그 어떤 것도 순수하다거나 믿을 만하다고 느껴지지 않았다.

　괴로움과 절망 속에서, 나는 그전에 많은 시간을 함께했던, 내가 사랑의 존재라고 부르는 존재를 떠올렸다. 조건 없이 사랑하고 깨어있는 이 의식은 내게 항상 안식처였다. 내가 "사랑의 존재"라고 속삭이고 이 사랑 의식에 연결되고픈 갈망을 느꼈을 때, 뭔가가 일어나기 시작했다. 처음에는 너무 희미해서, 내가 길을 잃고 혼자가 아니라는 느낌뿐이었다. 괴로움의 가마솥에 완전히 빠지는 대신에, 내 안과 주변에서 열림과 자비를 느끼기 시작했다. 내 세계의 공간이 더 넓어지고 있었다.

나는 밤새도록 상처의 고통과 커지는 열린 마음 사이를 오갔다. 비난의 목소리가 더 커지려고 할 때마다, 그 배려의 존재를 기억할 수 있다면 비난을 들어도 그걸 믿지 않을 수 있음을 알았다. 내가 이기적으로 행동하거나 내가 아닌 무엇인 척하는 스토리가 몇 차례 떠올랐을 때, 나는 그 생각들을 내려놓을 수 있었고, 단지 가슴에서 아리는 타박상 정도만을 느꼈다. 저항하지 않고 고통에 마음을 열자, 내가 경험하는 모든 것이 유연해지고 더 부드러워졌다.

내 마음속에서 새로운 목소리가 들렸다. "스승이 주장한 것처럼 내게 결함이 있다 할지라도, 나는 나 자신을 완전히 수용하기를 원한다." 나의 노력과 불안정이 내가 '에고에 붙잡혀 있음'을 의미할지라도, 나는 나 자신을 따뜻하게 보듬고 존중하고 싶었지 비난하고 싶지는 않았다. 나의 이기적이고 비판적인 면까지도 조건 없이 수용하고 싶었다. 나는 이러한 끊임없는 모니터링과 비판을 멈추고 싶었다.

나는 "나 자신을 있는 그대로 사랑하고 수용하기를."이라고 기도하는 나 자신을 발견했다. 그리고 마치 내가 나를 부드럽게 감싸 안고 있는 것처럼 느끼기 시작했다. 나를 통해 움직이는 모든 삶의 파도를 함께 수용할 수 있었다. "나는 뭔가 잘못되었어."라고 말하는 두려움의 목소리조차 수용되어 이 깊고 진정한 보살핌을 오염시킬 수 없었다.

모든 것이 산산이 무너질 때
근본적 수용의 문이 열린다

바나드 대학 졸업을 앞둔 4학년 학생들에게 연설을 해줄 졸업생 몇 명
이 선발되었는데, 그중에 내 어머니가 들어 있었다. 일흔다섯 살 생일
직전의 어느 날, 어머니는 자신을 인터뷰하기로 되어 있는 학생에게서
전화를 받았다. 젊은 리포터는, 알코올 중독으로 고통받는 사람들을 돕
는 다양한 활동을 하고 있는 거대한 비영리단체를 이끄는 어머니의 노
고에 대한 칭찬으로 말을 시작했다. 후에 어머니는 내게 씁쓸하지만 재
미있었다는 듯이 말했다. "그녀가 어떻게 이처럼 멋진 분야에서 일하게
되었는지 물었을 때, 나는 이 진지한 학생에게 말했지, '바바라 양, 나도
내 마음대로 술을 마셨었네.'"

　내가 어렸을 때 어머니는 정서적 고통을 둔화시키려고 술을 마셨
었다. 갈수록 더 불안하고 비참해진 어머니는 가족에 대한 사랑에서만
유일하게 의미와 목적을 발견했다. 그러다가 내가 열여섯 살쯤 되었을
때, 어머니는 우리 가족이 자신의 음주로 고통받는다는 사실을 더 이상
피할 수 없었다. 어머니의 몸에 밴 부정하기, 비밀로 하기, 남을 기쁘게
하기 등의 전략은 더 이상 통하지 않았다. 그녀의 삶은 완전히 통제를
벗어났다. 어머니는 바닥을 치고 있었다.

　알코올 중독자 갱생회(AA)의 12단계 프로그램에서는 중독으로
부터 진짜 회복이 가능해지는 전환점으로 '바닥 치기'를 얘기
한다. 이 모임의 도움을 받아 어머니는 병을 인정하고 대응할 수 있었
다. 고통을 대면하고 불안과 수치심을 수용하고 개방함으로써, 어머니

는 삶의 의미와 다시 연결되었다. 몇 년 간의 회복기를 거치면서 어머니는 실재하지 않았고 주의를 받지도 못했던 어린 소녀로서의 정체성을 극복하기 시작했다. 그녀는 소속감이 남을 기쁘게 하려는 노력에 달려 있는 것이 아님을 배웠다. 이제 어머니는 깊고 진실한 배려의 샘에서 솟아난 힘으로 일을 하고 인간관계를 맺는다. 그러나 트랜스에서 깨어나기 위해서 어머니는 질주를 멈추고 고통을 수용해야 했다.

이슬람 신비주의 시인 루미(Rumi)는 우리의 상처와 깨어있음 간의 관계를 분명히 알았다. 그는 "외면하지 마라. 붕대를 감은 곳에 시선을 유지하라. 거기가 당신에게 빛이 들어가는 곳이다."라고 조언했다. 우리가 부정하거나 피하지 않고 붕대 감긴 부분을 직접 볼 때, 우리의 인간적 취약성에 유연해진다. 우리의 주의가 지혜와 자비의 빛이 들어오게 한다.

이렇게 해서 큰 괴로움의 시간은 심오한 영적 통찰과 개방의 시간이 될 수 있다. 우리 모두는 누구나 삶에서 모든 것이 무너지는 것처럼 보이는 시기를 맞은 적이 있다. 이때 우리 삶의 근간을 이루던 모든 믿음이 의지처에서 떨어져 나간다. 삶을 사는 방식을 이해했다고 생각했다가 이제는 폭풍 치는 바다에서 길을 잃었다고 느낀다. 폭풍이 잦아들면, 우리는 삶을 새롭고 놀랍도록 분명하게 보기 시작한다.

시간이 지나면서, 나는 사막 수련회에서의 경험을 스승의 배신으로 보기보다는 내가 자신을 얼마나 배신했는가를 보여주는 창으로 보기 시작했다. 그의 공격에 직면해서 내 습관적 방어 전략이 무너졌고, 나는 바닥을 쳤다. 내가 극심한 고통으로 거꾸러지는 동안, 나와 수년 동안 함께 살아왔던 무가치감의 고통이 드러난 것이었다. 결함이 있는 사람이라는 두려움은 나의 트랜스의 뿌리에 깔려 있었고, 내가 가치 있음을 증명하기 위해 오랜 기간 많은 순간들을 희생했었다. 동물원의 호랑이 모히니처럼, 나를 온전하게 살지 못하게 하는, 스스로 만든 감옥에 살고 있었다. 불완전함에 대한 모든 느낌과 두려움에 근본적 수용을 적용하는 것은 내가 스스로를 자유롭게 할 수 있었던 유일한 방법이었다. 붕대 감은 부분에 주의를 기울이면서 나는 나 자신과 나의 삶을 신뢰하기 시작했다.

근본적 수용에 대한 흔한 오해들

근본적 수용 훈련은 우리의 비수용적 문화에 역류해서 흐르기 때문에 이해하기 어려울 수 있다. 마치 체념이나 방종 혹은 나쁜 행동에 대한 변명처럼 들릴 수 있다. "나는 근본적 수용을 훈련하고 있다. 그러니 나를 직장에서 책임감이 없다거나, 집에서 재미없고 둔감하다고 판단하지 마라." 근본적 수용은 매우 강력한 영향을 주는 훈련이기 때문에, 잠재적으로 혼동을 가져올 수 있는 부분을 더 자세히 짚고 넘어가야 한다.

근본적 수용은 체념이 아니다. 근본적 수용에 관한 가장 큰 오해는, 자신을 있는 그대로 그냥 수용하면 변화와 성장의 동기를 잃을 거라는 생각이다. 수용은 나쁜 습관을 지속하기 위한 변명으로 오해받을 수 있다. "그게 바로 내 방식이야. 받아들이든지 말든지 알아서 해." 또는 긍정적인 방향으로 변화하기를 원하면서도 "나는 내 방식이 있어. 나는 어떻든 결코 변하지 않을 거야."라고 결론을 내릴 수도 있다. 수용은 자신을 정확하게 있는 그대로 두기로 체념하는 것이라고 말할 수도 있는데, 지금 그대로의 상태라고 할 때 대개는 충분히 좋지는 않은 상태를 의미한다. 그러나 심리학자 칼 로저스(Carl Rogers)는 중요한 통찰을 제시했다. "신기한 역설은 내가 나 자신을 있는 그대로 수용할 때, 내가 변화할 수 있다는 것이다." 우리의 본질적 속성은 깨어나서 번성하는 것이다. 우리 경험의 모든 부분에 대해 근본적 수용을 적용하는 것은, 진정한 지속적 변화로 가는 길을 여는 근본적 변화임을 나는 거듭 확인했다. 이 책에는 외견상 다루기 어려워 보이는 상황이나 깊이 자리 잡은 습관이 근본적 수용과 만나서 어떻게 변화되는지를 보여주는 많은 사례가 실려 있다.

근본적 수용은 자신의 한계로 자신을 정의하는 것이 아니다. 움츠러드는 것의 변명이 아니다. 아마도 우리는 자신이 정말 원하는 직업에 맞는 자격증이나 경험을 갖추지 못했기 때문에 그 직업에 지원조차 할 수 없을 거라고 스스로에게 말할 것이다. 아마도 우리는 과거사에 비추어, 친밀한 관계를 맺는 데 소질이 없어서 독신으로 지내게 되리라고 결론을 내릴 수도 있다. 우리의 평가가 어느 정도는 진실일 수도 있다. 하지만 근본적 수용은 두려움에 기초한 스토리에게 우리 삶을 정지시키는 힘을 주지 않으면서, 우리의 능력과 한계에 명확하고 친절한 주의를 기울이도록 한다.

신체적 도전에 대해서도 마찬가지다. 만약 우리가 교통사고를 당했고, 그 결과 허리 아래가 마비되었다면? 결코 다시 걸을 수 없을 거라는 말을 들었을 때, 수용은 우리가 운명 앞에 스스로 절망하여 체념하는 것을 의미하지는 않을까? 우리는 온전하고 행복한 삶의 가능성을 포기할 것인가? 근본적 수용은 스스로 움직일 자유를 잃은 엄청난 슬픔을 부정하는 것을 의미하지 않는다. 대신 우리의 느낌과 반응을 온전히 존중할 것이다. 새로운 제약이 일, 성생활, 육아, 집안일에 끼칠 수 있는 즉각적 효과를 솔직하게 평가할 것이다. 그러나 근본적 수용은 또 다른 중요한 진실, 즉 삶에 내포된 끝없는 창의성과 가능성 또한 간과하지 않음을 의미한다. 변화의 진실, 즉 우리 삶이 어떻게 진행될지 모른다는 것을 수용하여 활기차고 의욕적으로 앞으로 나아갈 수 있도록 희망에 스스로를 개방하게 된다. 영화배우 크리스토퍼 리브가 승마 사고로 전신이 마비된 후 그토록 아름답게 보여줬던 것처럼, 우리도 온 마음을 회복에 쏟을 수 있다. 물리치료에, 많은 인간관계를 지속하는 데, 우리가 경험하는 모든 것으로부터 성장하고 배우는 데 최선을 다해 볼 수 있다. 실제로 리브는 노력을 통해 그전에 불가능하게 여겨졌던 수준까지 회복되었다. 근본적 수용의 명확성과 친절함으로 실제 경험을 마주함으로써, 우리 상황이 무엇이든 간에 여전히 자유롭게 창조적으로 살고 온전히 사랑할 수 있음을 발견한다.

근본적 수용은 방종이 아니다. "나는 내가 이런 욕망이나 갈망을 품고 있다는 것을 수용한다. 고로 나는 그대로 행동할 것이다."라고 말하지 않는다. 우리의 욕구를 부정하거나 억압하지 않는 것이 중요하긴 하지만, 무엇이 우리를 추동하며 행동의 결과가 무엇인지를 의식하는 것 역시 중요하다. 예를 들어 우리가 니코틴에 중독되어 있는 경우,

근본적 수용은 담배를 피우고 싶다고 느낄 때마다 얼른 담배를 피워 물라는 의미가 아니다. 그보다는 우리가 '담배를 피워야 할 때' 느끼는 갈망과 긴장을 명확히 인식하고 자비를 보내는 것이다. 우리는 스트레스에서 벗어나 휴식이 필요하다고 설득하는 스토리들에 주목한다. 우리 몸에서 동요가 일어나며 입에서 담배의 기억을 음미한다. 담배가 해롭다는 진실을 부정하지 않으면서 경고 문구를 읽는다. 만약 다시 담배를 피운다면, 변명이나 죄의식에 빠지지 않도록 한다. 변명이나 죄의식이 일어나면 그것을 주목하고 마음챙김으로 수용한다. 근본적 수용의 깨어있음과 친절로 흡연의 모든 과정을 마주하면, 더 현명한 선택으로 나아갈 수 있게 된다.

근본적 수용은 우리를 수동적으로 만들지 않는다. 최근에, 환경운동을 하는 친구가 만약 자신이 환경이 악화되는 것을 수용했다면 더 이상 변화를 위한 적극적인 행동가일 수 없었을 거라고 말한 적이 있다. 내가 치료과정에서 만난 학대받던 한 여성은, 만약 자기가 남편이 자기를 대하는 방식을 수용했다면 스스로를 돌보는 능력을 잃었을 거라고 말했다. 수련생들은 자주 내게 도전한다. "근본적 수용이 히틀러의 인간 대량학살을 수용하거나 지구상에 존재하는 인종차별주의, 전쟁, 기근을 그야말로 허용하는 것 아닌가? 근본적 수용은 우리가 세상의 괴로움에 반응하지 않는 것을 의미하는가?"

우리가 인간의 잔혹한 행위에 분노하거나 환경 악화에 절망할 때, 우리는 그것들에 관해 뭔가를 하기 위해 힘차고 당당하게 움직이게 된다. 자신의 행동이나 타인의 행동이 고통을 야기한다는 것을 알 때, 자연스럽게 변화하기 시작한다. 삶에서 이같이 강력한 반응은 영적 수행과 치유요법을 추구하도록 하고, 어떤 정치단체를 선택할지, 누구와 시간을 보낼지, 어떤 프로젝트에 착수할지, 어떻게 아이들을 양육할지를 결정하도록 안내한다. 하지만 근본적 수용으로부터 나타나는 결정 및 행위와, 특정한 결과에 대한 두려움으로부터 반사적으로 튀어나오는 결정 및 행위 간에는 차이가 있다.

근본적 수용은 지금 이 순간 자신의 경험을 현명한 행위의 첫 단계로 인정한다. 우리는 행동하거나 대응하기 전에 오염된 지구에 대한 슬픔, 야생동물 멸종에 대한 분노, 학대받은 경험에 대한 수치심, 타인이 우리를 어떻게 생각할지에 대한 두려움, 우리 자신의 둔감성에 대한 죄의식을 느끼고 수용할 수 있어야 한다. 어떤 상황이든 간에 우리의 개인 체험은 근본적 수용의 근본 영역이다. 이것이 변화를 이끌어내는 행동의 기저에 깔려 있는 진정한 깨어있음과 친절을 길러내는 영역이다.

세상에서 매우 존경받는 몇몇 사회운동가는 그들의 활동 기반을 근본적 수용에 두었다. 인도의 간디, 미얀마의 아웅 산 수치, 아프리카의 넬슨 만델라와 같은 인물들은 모두 감금의 고통을 겪었고, 자신들이 받는 탄압에 무력감, 외로움, 불안을 경험했다. 그들은 분노 반응의 잠재적 고통을 명확히 이해했고, 사람들을 이롭게 하려는 자신들의 의도를 계속 마음챙김했다. 자신들의 고통을 부정하거나 그것에 습관적으로 반응하지 않고 수용함으로써, 비통함이나 자기연민 없이 평화와 정의를 위해 스스로 자유롭게 활동했다. 이들을 포함한 많은 사람들이 괴로움을 경감시키려는 노력의 중심에 근본적 수용을 두는 것의 힘을 보여준다.

근본적 수용은 '자기'를 수용하는 것을 의미하지 않는다. 이따금 불교를 배우는 수련생들에게 우리 자신을 수용하고 사랑하는 것에 대해 말할 때, 그들은 어떻게 이것이 무아(無我, anatta)에 대한 불교의 가르침에 맞을 수 있는지를 묻는다. 자기 수용이라는 바로 그 생각은, '자기'라는 잘못된 개념을 긍정하는 것 아닌가? 붓다가 가르친 것처럼 '자기'에 대한 습관적 지각은 정신적 구조물로서, 일을 발생시키고, 희생을 당하고, 쇼를 통제하는 하나의 실체에 대한 개념이다. 하지만 우리가 "나는 나 자신을 있는 그대로 수용한다."고 말할 때, 선하거나 악한 자기에 관한 스토리를 수용하고 있는 것이 아니다. 그보다는 우리가 '자기'라고 해석하는 즉시적이고 정신적이고 감각적인 경험을 수용하는 것이다. 친숙한 욕구와 두려움, 판단하고 계획하는 사고를 삶의 흐름의 일부로 보고 있는 것이다. 그것들을 이런 방식으로 수용하면 경험이란 사실 비개인적인 것임을 깨닫게 되어 우리 자신을 결함이 있고 제한된 자기에 동일시하는 함정에서 자유로워진다.

래디컬(radical, 근본적)이란 말은 라틴어 radix에서 유래되었고 '뿌리나 근원으로 가다.'라는 뜻이다. 근본적 수용은 우리를 우리가 누구인지의 뿌리 혹은 기원으로, 우리 존재의 원천으로 돌아갈 수 있게 한다. 우리가 아무런 걸림 없이 관대하고 깨어있을 때, 우리는 무가치감과 분리의 트랜스를 곧바로 소멸시킬 수 있다. 일어났다 사라지는 생각과 느낌의 물결을 수용하면, 우리는 우리의 가장 깊은 본성이자 우리의 원래 본성이 깨어있음과 사랑의 끝없는 바다임을 인식하게 된다.

지금 이 순간 있는 그대로
수용한다는 것은?

완전함에 다다르기 위해서는 사다리를 올라가야 한다는 전통적인 관념과는 대조적으로, 심리학자 칼 융(Carl Jung)은 영적인 행로를 "전체성으로 나아가기"라고 기술한다. 감정의 파도를 정복하고 본래적으로 불순한 자기를 없애려 하는 데서 방향을 돌려, 깨지고 엉망이고 신비롭고 활기 넘치게 살아 있는 등등의 모든 실존적 특징으로 나타나는 이 삶을 감싸 안는다. 조건 없이 수용하는 깨어있음을 기르면, 더 이상 우리 자신과 싸우거나 제멋대로이고 불완전한 자기를 판단과 불신의 감옥에 가두는 일은 없을 것이다. 대신에 진짜로 온전히 살아 있게 되는 자유를 발견할 것이다.

내가 사막의 성소에서 경험했던 수용은 나 자신에 대한 신뢰를 극적으로 깊어지게 했지만, 이 경험을 통합하는 일은 점진적으로 이루어졌다. 나의 '집'인 동부 해안의 아슈람으로 돌아가서, 나는 더 밝은 눈으로 삶을 보고 있는 것처럼 느꼈지만, 결국 떠날 준비를 하기까지는 거의 2년이 걸렸다. 남자, 여자, 아이 할 것 없이 모두가 나의 영적 가족이었다. 공동체를 포기하는 것은 굉장한 상실이었다.

아슈람에서 발을 점점 빼는 동안, 거기서의 내 삶이 완벽의 사다리를 오르고 결점을 숨기려는 나의 경향성을 강화했다는 사실이 매우 분명하게 보이기 시작했다. 또한 이제는 나 자신에 대해 많이 의심하거나 비판하지 않기 때문에, 내가 직면하고 싶지 않았던 공동체의 근본적인 문제를 더 이상 부정할 수 없었다. 내 남편은 이미 아슈람의 삶에 환멸을 느끼고 있었고, 우리는 결국 떠날 시간이 되었다는 데 동의했다. 내가 정식으로 스승에게서 벗어났을 때, 스승은 내가 자신을 외면하고 이 영적인 길을 떠난다면 나머지 내 삶은 불모지가 될 거라고 경고했다. 운명의 장난인지, 우리의 결정을 알리고 수련복을 돌려준 지 며칠 안 돼서 나는 다시 임신을 했다. 나는 큰 행복을 느끼며 나라얀의 탄생을 고대했고 그곳을 떠나기로 한 우리의 결정을 결코 후회한 적 없었지만, 그 많은 상실의 고통은 꽤 오랫동안 내게 남아 있었다.

돌아보면, 붓다의 가르침이 이 고통스러운 변화를 이겨내도록 나를 안내했다는 사실이 분명해진다. 아슈람에서 탈퇴했다는 것을 느끼면서, 나는 다른 영적 전통에 관한 책들을 읽기 시작했다. 나는 특히 불교에 마음이 가서, 위빠사나(vipassanā)라고 불리는 불교의 마음챙김 명상을 시험 삼아 해보기 시작했다. vipassanā란 붓다 시대의 언어인 팔리어로 '명확하게 보기'라는 뜻이다. 내가 느끼는 괴로움을 분명하게 인정하고, 그것으로부터 깨어나는 방법을 제공하는 가르침에 기초한 훈련이다.

아슈람에서의 명상은 평화로움, 에너지, 황홀감의 상태를 얻기 위한 것이었다. 우리는 호흡이나 신성한 산스크리트 경구에 집중함으로써 마음을 고요하게 하곤 했다. 이것도 의미 있는 훈련이긴 했으나, 이 명상은 내가 정서적 소용돌이 속에 있을 때 기껏해야 그저 일시적으로 괴로움을 덮어버리는 것임이 확실했다. 나는 실제로 일어나고 있는 것과 함께하지 못하고 나의 내적 경험들을 조작하고 있었다. 그러나 불교의 위빠사나(마음챙김) 훈련은 내게 그저 마음을 열고 변화하는 경험의 흐름이 나를 통해 흘러가도록 허용하라고 가르쳤다. 그 결과 나는 가혹한 자기비판이 마음에서 일더라도 그것이 그저 지나가는 생각임을 알수 있었다. 비록 그런 자기비판이 집요하고 상습적인 방문객일 수도 있지만, 그것이 진실이 아니라는 깨달음은 내게 놀라운 자유를 줬다. 불안이나 외로움의 느낌에서 길을 잃었을 때, 사랑과 자비 명상은 사막 성소에서 느꼈던 그 친절함으로 되돌아올 수 있게 나를 안내해줬다. 나는 더 이상 고통에서 벗어나려고 발버둥치지 않았다. 그 대신 내가 느꼈던 괴로움과 보살핌으로 관계 맺는 법을 배우고 있었다. 시작한 그 순간부터 이 훈련은 나의 본성처럼 느껴졌던 사랑, 열림, 수용의 의식으로 나를 이끌어줬다.

몇 년 동안 혼자서 명상을 한 후에, 나는 매사추세츠 주에 있는 통찰명상회에서 첫 번째 침묵수행에 참여했다. 나는 내가 제자리로 돌아왔음을 알았다. 저녁 강연이 끝날 무렵, 스승이 말한 뭔가가 나를 크게 두드렸다. 그것은 내가 오랫동안 투쟁해온 괴로움의 핵심을 짚었다. 나는 이 말을 기억한다. "우리가 수용할 수 있는 것의 경계는 우리 자유의 경계다." 뒤이은 침묵 동안, 마음속에서 불현듯 떠오르는 기억들을 통해 내가 얼마나 많은 삶의 경험들을 방어적으로 대해왔는지를 깨달았다. 나와는 다른 사람들, 나를 위협하거나 내게 너무 많은 부담을 주는 사람들을 막기 위해 세운 벽들을 느낄 수 있었다. 나는 내가 신체적으로 불편한 것을 아주 싫어하고, 두려움과 외로움을 느끼는 것도 아주 싫어한다는 것을 깨달았다. 다른 사람에게 상처를 주는 것에 대해, 비판적이고 강박적이며 이기적인 것에 대해 나 자신을 용서하지 못한다는 것을 깨달았다.

스승과 대부분의 수련생들이 홀을 떠났을 때, 나는 고요한 정적 속에 남아 있었다. 모든 경계가 사라지고 삶이 단지 나를 통해 살아지도록 한다는 것이 어떤 것인지 알고 싶었다. 내가 편안하게 열렸을 때, 나의 가슴과 마음은 고통스럽게 느껴지고 잘못된 것처럼 보였던 모든 것에 대한 친절함으로 가득 찼다. 가벼운 자기비판에서 극심한 수치심의 고통까지, 내가 삶과 벌였던 모든 논쟁이 나의 참된 거처인 사랑과 깨어있음으로부터 나를 분리시켰다는 것을 깨달았다.

그 후로 여러 번, 특히 긴장하거나 자기판단에 사로잡혔을 때, 멈춰서 나 자신에게 물었다. "삶을, 이 순간을 정말 있는 그대로 수용한다는 것은 어떤 것일까?" 마음속에 어떤 영화가 재생되건 간에, 경험을 수용하려는 바로 그 의도는 주의를 깊게 하고 가슴을 부드럽게 만든다. 나를 통해서 흘러가는 실제 경험의 물결과 더 친해질 때, 마음속에서 계속되는 논평은 나를 놓아주고 몸의 긴장은 녹아내리기 시작한다. 깨어있으면서 삶이 있는 그대로 존재하도록 놔두는 것을 다시 시작할 때마다 생생한 안착의 느낌, 변화하는 경험의 흐름에 다시 들어오는 느낌을 경험한다. 이 '내버려둠'이, 경이로움으로 채워지고 온전하게 살아 있게 하는 관문인 것이다. 작가 스톰 제임슨(Storm Jameson)은 이렇게 말했다.

이 순간 당신을 짓누르는 유일한 하나의 세계가 있다. 이 순간 지금 여기, 당신이 살아 있는 유일한 한 순간이 있다. 삶을 사는 유일한 방법은 매 순간을 반복될 수 없는 기적으로 수용하는 것이다.

우리 모두 근본적 수용을 배울 수 있다. 명확한 인식과 자비로운 깨어있음의 두 날개는 우리가 본질적으로 누구인지를 드러내준다. 그러나 우리는 트랜스 속에서 쉽게 길을 잃기 때문에, 우리의 가슴과 마음을 깨우기 위해서는 진지한 결심과 효과적인 훈련이 모두 필요하다. 이 책이 제공하는 가르침과 명상은 여러 세기 동안 진정한 평화와 자유를 찾는 사람들을 안내해온 풍부한 영적 유산이다. 완벽을 다투는 대신 이 신성한 근본적 수용의 길에서 우리는 자신을 전체로서 사랑하는 방법을 발견한다.

위빠사나(마음챙김) 수행

마음챙김 능력을 기르는 불교 수행을 위빠사나라고 부른다. 이 말은 붓다 당시의 언어인 팔리어로 '명확하게 보기' 혹은 '통찰'을 의미한다. 이 훈련을 아래에 간단히 소개했다. 익숙해질 때까지 녹음해서 듣거나 누군가에게 읽어달라고 해서 들을 수 있다.

●

졸리거나 멍하지 않은 또렷한 의식으로 자리에 편안히 앉는다. 등을 바로 펴되 긴장하지 않도록 한다. 눈을 감고 손은 편안하게 힘을 빼고 내려놓는다. 자신의 몸을 머리끝에서 발끝까지 마음의 눈으로 천천히 살펴본다. 긴장된 부분에 이르게 되면 부드럽게 긴장을 푼다.

보통 우리는 여러 가지 생각에 빠져서 길을 잃고 헤매기 쉽다. 그래서 위빠사나 수행은 호흡에 집중하는 것을 먼저 한다. 호흡을 마음챙김의 주요 단서로 사용하면, 마음이 고요해져서 당신을 통해 일어나는 삶의 변화하는 흐름에 깨어있을 수 있다.

심호흡을 몇 차례 한 다음 자연스럽게 호흡한다. 호흡을 가장 쉽게 느낄 수 있는 부위에 주목한다. 숨이 코에서 들어오고 나갈 때 느낄 수 있다. 콧구멍 주위나 인중 근처에서 숨이 드나드는 걸 느끼기 쉽다. 혹은 가슴의 움직임이나 배가 불렀다 꺼졌다 하는 것을 느낄 수도 있다. 이 가운데서 호흡이 가장 뚜렷하게 느껴지는 한 곳을 정해 호흡 감각에 주의를 둔다.

호흡을 통제하거나 호흡에 집착할 필요는 없다. '올바른' 호흡법은 없다. 호흡은 코나 배에서의 감각 변화로 느껴진다. 편안하되 깨어있는 의식으로 매순간 호흡에 따른 감각의 변화를 느껴본다.

마음속에 이런저런 생각들이 계속 떠오를 것이다. 생각은 적이 아니다. 마음에서 생각을 쫓아낼 필요는 없다. 그보다는 한 생각에 빠져 계속 이야기를 만들며 헤매지 말고, 생각이 떠오르는 순간 그것을 알아차린다. 생각이 떠오른 걸 알아차리면 바로 "생각, 생각."이라고 부드럽고 친절하게 마음속으로 이름을 붙여도 좋다. 그런 다음 어떤 판단도 하지 말고, 곧바로 호흡으로 돌아온다. 호흡이 홈베이스, 즉 온전한 깨어 있음의 장소가 되게 한다. 지나가는 차 소리, 따뜻하거나 차가운 느낌, 배고픔의 감각 등 다른 경험이 느껴질 수 있지만, 굳이 쫓아내려 하지 말고 그냥 의식의 배경에 내버려둔다.

만약 어떤 특정한 감각이 강해져서 계속 신경이 쓰이면, 호흡 대신에 이 감각을 마음챙김의 주요 대상으로 삼는다. 따뜻함이나 차가움, 따끔거림, 쑤심, 비틀림, 찌름, 떨림을 느낄 수도 있다. 부드럽고 열린 의식으로, 감각을 단지 있는 그대로 느낀다. 그 감각들은 유쾌한가, 불쾌한가? 그것들에 온전히 주의를 기울이면 더 강해지는가, 사라지는가? 그것들이 어떻게 변하는지 알아차려본다. 그런 감각들이 누그러지면 다시 호흡 마음챙김으로 돌아온다. 만약 그 감각들이 너무 불쾌해서 마음의 균형과 평정이 흐트러진다면, 주의를 다시 호흡으로 돌려도 괜찮다.

  유사한 방식으로 두려움, 슬픔, 행복, 흥분, 비탄 등의 강한 감정을 마음챙김할 수 있다. 떠오르는 감정에 매달리거나 저항하지 말고, 또렷이 깨어서 부드럽게 경험을 바라본다. 이 감정이 몸에서 어떤 감각들로 느껴지는가? 어디서 그 감정이 가장 강하게 느껴지는가? 한 곳에 고정되어 있는가, 움직이는가? 얼마나 큰가? 생각이 불안하고 생생한가? 생각이 반복적이고 둔한가? 마음이 닫혀 있는가, 열려 있는가? 주의를 기울일 때 감정이 어떻게 변하는지를 알아차림한다. 더 강해지는가, 더 약해지는가? 다른 상태로 변하는가? 분노에서 슬픔으로? 행복에서 평화로? 감정이 누그러지면 주의를 다시 호흡으로 돌린다. 만약 감정이 당신을 압도한다고 느끼거나 주의를 어디에 둘지 혼란스러우면 편안하게 호흡으로 돌아온다.

●

마음챙김을 훈련할 때 일어나는 특정한 신체적 감각, 정서적 느낌, 생각은 그렇게 중요한 것이 아니다. 근본적 수용의 씨를 심는 것은, 그 대상이 무엇이든 간에 기꺼이 멈춰서 우리 경험에 주의를 기울이는 행위를 통해서 이루어진다. 점차로 우리가 명상을 할 때든 일상생활에서든 지나가는 경험에 대해 명료하고 부드럽게 관계 맺는 능력이 길러지게 된다.

3

신성한 멈춤: 지혜의 나무 아래에서의 휴식

충분하다.
이 몇 단어들이면 충분하다.
이 단어들로 충분하지 않다면,
이 호흡이면 충분하다.
이 호흡으로 충분하지 않다면,
이렇게 여기 앉아 있는 것만으로 충분하다.

삶에 이렇게 열려 있음을
우리는 거부해왔다.
수없이 수없이
바로 이 순간까지

바로 이 순간까지

− 데이비드 화이트(David Whyte)

● 1950년대 미국 공군의 소수 정예 비행사들이 여태껏 시도한 적 없는 고도를 비행하는, 생사가 걸린 과제를 수행하게 되었다. 지구의 고밀도 대기권을 넘어섰을 때, 그들은 일반적인 공기역학 법칙이 더 이상 작용하지 않는다는 것을 발견하고 두려움을 느꼈다. 톰 울프(Tom Wolfe)는 자신의 책 『불굴의 용기(*The Right Stuff*)』에서 그 상황을 이렇게 기술했다. "비행선이 반질반질한 포마이카 조리대 위에 있는 시리얼 그릇처럼 나선형으로 미끄러지는 것 같더니 이내 굴러 떨어지기 시작했다. 선회하면서 다이빙하는 것이 아니라 빙글빙글 돌면서 굴러 떨어졌다."

이런 상황에 처음으로 직면했던 비행사들은 죽을힘을 다해 교정에 교정을 반복하면서 비행선을 안정시키려 했다. 하지만 그들이 통제장치를 미친 듯이 조작하면 할수록 비행선은 더욱 더 제멋대로 움직일 뿐이었다. 그들은 어쩔 줄 몰라 하면서 지상에 있는 통제 팀에게 소리쳤다.

"다음은 어떻게 해야 되나?" 그들은 죽음으로 곤두박질치는 것 같았다.

이러한 비행실험이 문제를 해결하지 못한 채 몇 차례 더 반복되다가, 마침내 척 이거라는 비행사가 해결책을 발견했다. 그의 비행선이 공중제비를 돌 때 이거는 조종석 옆으로 거칠게 내동댕이쳐졌고 의식을 잃은 채로 지구를 향해 곤두박질치고 있었다. 11킬로미터를 낙하하던 비행선은 지구의 고밀도 대기권에 재진입했고, 거기서 표준운항장치가 실행될 수 있었다. 이거는 의식을 되찾고 운항을 안정시켜 무사히 착륙했다. 그가 이 절망적인 상황에서 발견한, 목숨을 구하는 유일한 방법은 아무것도 하지 않는 것이었다. 통제장치에서 손을 떼면 된다. 이 해결책은 울프가 지적했던 것처럼, "유일한 선택"이었다. 이 방법은 모든 훈련을 부정하고 심지어는 기본 생존본능에 역행하는 것이었지만, 효과가 있었다.

살다보면 우리는 자주 통제할 수 없는 상황, 어떤 방법도 통하지 않는 상황에 놓인 자신을 발견하게 된다. 속수무책으로 제정신이 아닌 상태에서 현재 상황을 해결하려고 미친 듯이 노력한다. 아이들의 학업성적이 떨어지면 우리는 아이가 대열에서 이탈하지 않도록 잇따라 위협을 가한다. 어떤 이가 상처 주는 말을 하면 재빨리 반격을 가하거나 뒤로 물러난다. 작업 중에 실수를 하면 재빨리 그것을 은폐해버리거나 그것을 보상하기 위해 비상한 노력을 기울인다. 우리는 감정이 많이 올라오는 상황에 직면하면 미친 듯이 해결책을 만들어내려고 한다. 실패를 두려워할수록 우리의 몸과 마음은 더 격렬하게 작동하게 된다. 우리는 하루를 움직임의 연속으로 채운다. 마음속으로 계획을 세우고, 걱정하고, 습관적인 대화를 하고, 머리를 매만지고, 긁고, 정돈하고, 전화하고, 간식을 먹고, 군것질하고, 버리고, 사고, 거울을 본다.

만약 이렇듯 바쁜 와중에 우리가 의식적으로 통제장치에서 손을 뗀다면 어떤 일이 일어날까? 척 이거는 의식을 잃고서야 통제하려는 강박을 차단할 수 있었다. 만약 우리가 정신적 계산과 분주함을 의도적으로 멈추고 단지 잠시 멈춰서 내면 경험을 알아차린다면 어떨까?

멈춤을 학습하는 것이 근본적 수용 훈련의 첫 단계다. 멈춤은 활동 정지며, 더 이상 어떤 목표를 향해 나아가지 않을 때 잠시 일로부터 떨어지는 시간이다. 미친 듯이 통제장치를 작동시키던 비행사와 달리, 우리는 "다음은 어떻게 해야 되나?"라고 묻는 것을 멈춘다. 멈춤은 거의 모든 활동 중에 일어날 수 있고, 잠깐 동안이나 몇 시간 혹은 몇 시즌 동안 지속될 수 있다. 앉아서 명상을 하면서 현재 진행 중인 일에서 잠시 멈출 수 있다. 명상 중에는 생각을 내려놓고 주의를 호흡으로 다시 돌리기 위해 멈출 수 있다. 일상적인 삶에서 벗어나서 피정을 시작하거나, 자연에서 시간을 보내거나, 안식년을 갖기 위해 멈출 수 있다. 대화를 진정으로 경청하면서 타인과 함께하기 위해서 말하려던 것을 내려놓고 멈출 수 있다. 갑자기 가슴이 뭉클하거나, 아주 기쁘거나, 슬픔이 느껴질 때 그 느낌들이 우리 가슴을 계속 울리도록 허용하면서 멈출 수 있다. 멈출 때는 우리가 생각하고, 말하고, 걷고, 쓰고, 계획을 세우고, 걱정하고, 먹는 등 무엇을 하고 있든지 간에 하던 것을 그저 중단한 다음 진심으로 존재하고, 주의를 기울이고, 몸을 고요하게 한다. 당신은 이것을 바로 지금 시도해볼 수 있다. 읽기를 멈추고 거기 앉아서 '아무것도 하지 않으면서' 단지 지금 경험하고 있는 것을 알아차린다.

멈춤은 본래 시간제한이 있다. 우리는 활동을 다시 시작한다. 그러나 이제는 증가된 존재감과 향상된 선택 능력이 함께한다. 예를 들어 초콜릿을 한입 베어 물기 전에 멈출 수 있으면, 흥분하여 안달이 난 기대감과 아마도 배경으로 자욱하게 깔린 죄책감과 자기판단을 인식할 수 있을 것이다. 그런 다음 초콜릿을 먹기로 하고 맛의 감각을 충분히 음미할 수도 있고, 초콜릿을 먹지 않기로 결정하고 그 대신 달리기를 하러 갈 수도 있다. 멈출 때 우리는 그 다음에 어떤 일이 일어날지 모른다. 그러나 습관적 행동을 멈춤으로써 우리의 욕구와 두려움에 대한 새롭고 창의적인 반응의 가능성을 열게 된다.

물론 멈추는 것이 적절하지 않은 때도 있다. 만약 아이가 번잡한 거리로 달려 나간다면, 그때는 멈추면 안 된다. 또한 누군가가 우리를 때리려 하는데도 그냥 거기 가만히 서 있으면 안 된다. 차라리 재빨리 자신을 방어할 방법을 찾아야 한다. 만약 비행기를 놓칠 것 같으면 탑승구를 향해 달려가야 한다. 그러나 일상의 삶에서 떠밀려 가는 속도와 습관적 통제의 많은 부분은 생존을 위한 것도 아니고 잘살기 위한 것도 아니다. 그것은 뭔가가 잘못되었다거나 충분치 않다는 막연한 불안감으로부터 발생한다. 심지어 실패나 상실 혹은 죽음에 직면해서 두려움이 발생할 때도 우리의 본능적 긴장과 분투는 대개의 경우 효과적이지도 현명하지도 않다.

조종 장치에서 손을 떼고 멈추면, 우리를 몰아가는 욕구와 두려움을 명확히 볼 수 있게 된다. 멈춤의 순간 동안, 뭔가가 결핍되었다거나 잘못되었다는 느낌이 어떻게 우리를 미래에 열중하게 하는지를 의식하게 된다. 이를 통해 우리는 어떻게 반응할지에 대한 근본적 선택지를 제공받는다. 우리는 경험을 통제하려는 헛된 시도를 계속하거나 근본적 수용의 지혜와 함께 자신의 취약성을 대면할 수도 있다.

사막 수련회에서 멈춤을 수행하는 동안 나는 내가 트랜스의 스토리와 고통에 얼마나 깊게 갇혀 있는지를 알기 시작했다. 그대로 가만히 있으면서 다른 활동이 나를 점유하지 않도록 함으로써, 나는 몇 년 동안 피하려고만 했던 수치심과 두려움을 대면했다. 멈춰서 격렬한 고통을 수용하는 것은 내가 트랜스의 손아귀에서 풀려날 수 있는 사실상 유일한 방법이었다.

대개 멈춤이 가장 필요한 순간은 바로 그렇게 하기가 가장 힘들다고 느낄 때다. 분노가 폭발할 때, 슬픔에 압도당했을 때, 욕망으로 가득 찼을 때 멈추는 것은 우리가 원하는 바가 아닐 것이다. 대기권 밖으로 나간 비행사처럼, 조종 장치를 내버려두는 것은 원하는 것을 얻는 기본적이고 본능적인 방법을 거스르는 것처럼 보인다. 그 순간 멈춘다면 우주 공간을 향해 무력하게 떨어지는 것처럼 느껴질 수 있다. 우리는 무슨 일이 일어날지 알지 못한다. 우리는 생생한 분노, 슬픔, 욕망에 사로잡힐까 두려워한다. 그렇지만 그 순간의 실제 경험에 마음을 열지 않으면, 근본적 수용은 불가능하다.

선(禪) 스승이자 작가인 샬롯 조코 벡(Charlotte Joko Beck)은 영적인 삶의 "비밀"은 "우리가 일생 동안 피하려 했던 것으로 돌아가 지금 이 순간 몸이 경험하는 바에 머무는 것에 있다. 비록 그것이 굴욕적이고, 실패하고, 버림받고, 부당하다는 느낌일지라도."라고 가르쳤다. 신성한 멈춤의 기술을 통해 우리는 경험으로부터 숨지 않는 능력, 도망가지 않는 능력을 기른다. 우리는 우리의 타고난 지성, 본래의 현명한 가슴, 어떤 일에건 마음을 여는 능력을 믿기 시작한다. 멈춤의 순간에, 마치 꿈에서 깨어난 것처럼 트랜스는 물러가고 근본적 수용이 가능해진다.

도망가면 트랜스는
더 깊어진다

자신의 그림자가 두려워 도망치려 했던 남자에 관한 얘기가 있다. 그는 그림자를 떼어낼 수만 있다면 정말 행복할 거라고 믿는다. 그는 자신이 아무리 빨리 달려도 그림자가 결코 단 한 번도 떨어지지 않는다는 것을 알고 점점 더 고통스러워한다. 그는 포기하지 않고 점점 더 빨리 달리다 결국 탈진으로 급사한다. 만약 그가 그늘로 들어가 앉아서 쉬기만 했더라면 그림자는 사라졌을 텐데 말이다.

우리 자신의 그림자는 자기 존재를 이루는 요소들 중 수용할 수 없는 것으로 경험되는 부분들로 만들어진다. 우리는 어릴 때부터 가족과 문화를 통해, 인간 본성의 어떤 자질은 가치 있고 어떤 것들은 눈살을 찌푸리게 한다는 것을 배운다. 우리는 수용받고 사랑받기를 원하기 때문에 다른 사람의 마음을 끌고 소속감을 보장해줄 자기를 만들려고 한다. 그런데 우리는 금기시되는 정서에 속하는 타고난 공격성, 의존성, 두려움 등을 불가피하게 표현할 수밖에 없고, 우리 삶에서 중요한 사람들은 이것에 반응을 보이게 된다. 우리는 이들에게 가볍게 욕을 먹거나, 무시당하거나 혹은 외상적으로 거부당하는 방식으로 상처를 입게 된다.

다른 사람들에게 거부를 당하게 하는 감정들을 상습적으로 쫓아내다보면 그림자가 우리 정신 내에서 힘을 갖게 된다. 우리는 어린아이 같은 흥분을 묻어두고 잊어버리며, 분노를 무시해서 그것이 우리 몸에서 긴장의 매듭이 되게 하며, 끝없는 자기판단과 책망으로 우리의 두려움을 덮어씌운다. 그림자는 수치심에 뿌리를 두고 있으며 기본적으로 불완전하다는 느낌에 묶여 있다.

스스로 결함이 있고 사랑스럽지 않다고 깊이 느끼면 느낄수록 우리는 그림자의 수중에서 더 필사적으로 벗어나려고 한다. 그런데 우리가 두려워하는 것으로부터 달아나면 내면의 어둠은 더 커진다. 우리 존재의 일부를 거부할 때마다 근본적 무가치감을 스스로에게 확신시키게 된다. "나는 그렇게 화를 내면 안 돼."라는 생각의 밑에는 "그렇게 하면 내게 뭔가 결함이 생겨."라는 생각이 있다. 모래지옥에 빠진 것처럼, 잘못에서 빠져나오려는 필사적인 노력은 우리를 더 깊이 빠져들게 한다. 그림자를 피하려고 할 때 우리의 정체감은 불안하고 부족한 자기로 굳어진다.

로라가 심리치료를 받으러 나를 찾아왔을 때, 그림자로부터 숨는 그녀의 행동 때문에 결혼생활이 거의 파괴된 상태였다. 남편 필립은 그녀를 "나의 사소한 실수에 일격을 가하려고 설치된 지뢰"라고 불렀다. 그들이 처음 데이트를 시작했을 때 필립은 그녀의 세심함과 놀라운 안목에 매료되었다. 간호사인 로라에게 환자들이 그러는 것처럼, 필립 역시 그녀가 보내는 위로의 손길과 자신의 안녕을 챙겨주는 걸 사랑했다. 로라는 필립과 즐거운 시간을 보냈고 필립의 지성과 기지를 좋아했다. 그러나 결혼 몇 달 후부터 필립의 예리한 성격과 신랄한 유머가 자신을 향한 무기처럼 느껴지기 시작했다. 필립은 그녀가 운전하는 방식이나 설거지하는 방식에 대해 지적을 하곤 했는데, 그때마다 그녀는 상처를 받고 굴욕감을 느끼곤 했다. 그녀 내면의 모든 것들이 자신이 완전히 무능하다는 느낌으로 무너지기 시작했다. 심판을 받는 것에 대해 화가 자주 끓어올랐고, 아무런 경고도 없이 그에게 분노를 폭발시키곤 했다. 폭언을 퍼붓는 것이 수치심의 그림자로부터 벗어나려는 로라의 주요 전략이었다.

모든 항목에서 그들의 결혼생활의 친밀감이 거의 사라졌다. 심지어 그들은 좀처럼 말도 하지 않았다. 변호사인 필립은 말을 잘해서 모든 것이 그녀의 잘못인 것처럼 보이게 만들 수 있었다. 이럴 때면 로라는 결국 그에게 악을 쓰고 뛰쳐나가곤 했다. 치료를 위해 나를 찾아올 때쯤 그녀는 결론을 내렸다. "말할 필요조차 없어. 그는 이성적인 사람이고, 난 항상 완패야."

사실, 첫 치료회기 전날 밤에도 그들의 관계에서 전형적인 일이 발생했다. 로라는 그날 병원에서 지도간호사와 격한 논쟁을 했고, 그 자리에서 일을 그만두었다. 저녁식사를 하면서 필립에게 그날 있었던 일에 대해 말하고 있었는데, 그의 얼굴에 짜증이 비쳤다. 그때 전화가 울렸고 그가 전화를 받으며 서재로 향했다. 로라는 그를 따라가서 문 쪽에 서서 통화가 끝나기를 기다렸다. 그러나 필립은 전화를 끊자마자 텔레비전을 켰다. 로라는 비아냥거리는 목소리로 말했다. "당신은 '내' 뉴스가 아니면 아무 뉴스에나 관심이 있군요." 필립은 화가 나서 되쏘아붙였다. "나단이었어. 내가 뉴스에서 뭔가를 잡아내야 한다고 말하더군. 왜 당신은 내 모든 행동을 당신에 대한 모욕으로 해석하는 거지? 만약 당신이 지도간호사와 하고 있었던 것이 이런 거라면 그녀도 아마 당신이 그만두는 게 반가웠을 거야." 얼굴이 확 달아오른 그녀는 그를 노려보면서 소리질렀다. "당신이 무슨 생각을 하는지 다 알아. …… 왜, 그걸 말하지 그래. 당신은 내가 떠나면 좋겠지? 맞지? 그거지? 안 그래?" 그녀는 선반에서 법률 책 하나를 집어 들어 텔레비전을 향해 던지며 악을 썼다. "내가 없어지기만 원하는 거지! 아마 당신이 원하는 대로 될 거야!" 두 번째 책이 그의 머리 근처까지 날아갔다. 그날 밤 그들은 각자 다른 방에서 잤다.

로라는 변덕스럽고 비판적인 엄마로부터 자신을 보호하는 걸 익히며 자랐다. 둘이 같이 있을 때면 1분 정도 행복하다가 엄마가 방 청소를 안 한다거나 앞머리가 끔찍하다며 그녀를 맹렬히 공격하곤 했다. 로라는 십대가 되면서 호르몬과 신체 화학작용이 극적으로 변화하는 바람에 더 이상 자신의 상처와 화를 억제하는 것이 불가능해졌다. 엄마가 옷차림, 축 처진 자세, 못난이들을 친구로 선택하는 것, 너무 멍청해서 괜찮은 4년제 대학에 못 들어간 것 등에 대해 질책하곤 할 때, 로라는 소리 지르며 말대꾸를 하고 욕을 퍼부었으며 친구 집에서 밤을 샜다. 실제 그녀는 "제대로 하는 게 아무것도 없다."는 엄마의 거듭되는 비난을 피하기 위해 될 수 있는 한 많은 시간을 집 밖에서 보냈다. 엄마가 근처에 있거나 함께 말다툼을 할 때, 로라는 자신의 강한 분노에 스스로도 놀랐다. 그녀는 마치 자신의 내면에 악마가 사는 것처럼 느꼈는데, 기회만 주어지면 누군가를 칼로 베고 죽일 수도 있을 것 같았다. 그즈음에 로라는 집을 나왔고 폭언을 퍼붓는 것이 삶의 방식이 되어버렸다.

처음 몇 번의 치료회기 동안에 로라는 자신이 친구, 가족, 직장 동료 등 대부분의 인간관계에서 방어적이고 쉽게 상처받는다는 것을 느꼈다고 말했다. 어디서든 이어지는 똑같은 드라마가 있었다. 만약 누군가가 자신을 비난한다고 느끼면 그녀는 그들을 피하거나 일시적으로 혹은 영원히 관계를 끊는 분노에 찬 공격을 폭발시켰다. 지도간호사가 그녀를 불러서 같은 구역 내 다른 간호사와의 갈등에 대해 예리한 질문을 던지자, 로라는 노골적으로 적대감을 드러내며 자신을 방어했다. 지도간호사가 차분한 대화를 나눌 수 있도록 진정하라고 말했을 때, 로라는 일을 그만두겠다고 말하고 나와버렸다.

어떤 상황에서든지 "충분히 좋지 않다."는 원초적인 느낌이 발동하면, 로라는 자신을 방어하는 것 외에는 아무것도 할 수 없었던 어린 시절로 내던져졌다. 누구나 마음 안의 불안이나 상처 부위를 자극당하면 자신의 트랜스로 완전히 퇴행하게 된다. 이때 우리는 느끼고 생각하고 말하고 행동하는 것을 선택할 수 없게 된다. 그보다는 자신을 방어하고 생생한 상처를 감추는 가장 습관적인 방식으로 반응하는 '자동기계'가 된다.

모든 중독이 그런 것처럼, 우리가 고통으로부터 자신을 보호하기 위해 취하는 행동들은 고통을 지속시킬 따름이다. 우리의 도피 전략은 뭔가가 잘못되었다는 느낌을 증폭시킬 뿐만 아니라, 치료를 위해서 자기 내면 가운데 주의를 가장 필요로 하는 부분에 주의를 기울이지 못하게 한다. 칼 융이 전한 핵심적 통찰 가운데 하나처럼, 우리 마음에서 만나거나 느끼지 못하는 부분이 모든 신경증과 고통의 원천이다. 로라의 폭언은 자신이 실제로 얼마나 수치스러워하고 상처받는지를 느끼지 못하게 했다. 게다가 이 '방어'는 자신의 통제력 상실에 대해 더욱 더 수치스럽게 느끼도록 만들 뿐이었다. 결국 그녀는 악순환에 빠져서, 수치스럽게 느끼면 느낄수록 자신을 보호하고 수치심을 감추기 위해 다른 사람에게 더욱 공격적으로 행동하게 되었다. 우리가 습관적으로 회피하는 두려움과 수치심을 만나고 느낄 때 트랜스에서 깨어나기 시작한다. 그 결과 우리 스스로를 자유롭게 하여 주어진 상황에 대해 진정한 평화와 행복을 가져오는 방식으로 반응하게 된다.

도망가기를 멈추면
지금 이 순간의 삶에 깨어있게 된다

후에 붓다가 된 고타마 싯다르타는 히말라야 산맥 기슭에 있는 아름다운 왕국을 다스리는 부유한 왕의 아들이었다. 싯다르타가 태어날 때, 왕의 제사장은 그가 속세를 떠나서 성인이 되거나 위대한 왕이자 통치자가 될 거라고 예언했다. 싯다르타의 아버지는 아들이 자신의 발자국을 따르게 하기로 결심했다. 세상의 고통을 알면 왕자가 영적인 수행으로 돌아설 것을 안 왕은 왕자의 주변을 미녀와 재화와 계속된 유흥으로 둘러쌌다. 친절하고 아름다운 사람들만이 그를 가까이서 보살피도록 허용되었다.

물론 왕자를 삶의 고통으로부터 보호하려는 왕의 계획은 실패했다. 전해오는 얘기가 말해주듯이, 스물아홉 살이 된 싯다르타는 마차를 모는 찬나에게 궁궐 밖으로 몇 차례 외출할 것을 요구했다. 아들의 의도를 눈치챈 왕은 왕자를 위해 거리를 청소하고 아름답게 꾸미며, 병자나 가난한 자들을 숨기라고 신하들에게 명령했다. 그러나 신들은 이것이 싯다르타를 깨닫게 할 기회라고 보고 다른 계획을 세웠다. 신들은 병자, 노인, 시체로 가장하여 그에게 나타났다. 싯다르타가 그런 고통이 살아있는 존재의 필연적인 부분이라는 것을 깨달았을 때, 삶을 편안한 것으로 보던 그의 관점은 산산조각이 났다. 인간 존재가 그런 고통에 직면해서 어떻게 행복과 자유를 찾을 수 있는가를 알아내기로 결심한 싯다르타는 화려한 궁전과 부모님, 아내, 아들을 떠났다. 싯다르타는 밤의 어둠 속에서 출발하여 자신의 가슴과 영혼을 자유롭게 해줄 진리를 찾는 여정을 시작했다.

우리들 대부분은 궁궐 벽 안에 자기 자신을 봉쇄하려고 노력하면서 오랜 시간을 보낸다. 우리는 지속적인 행복을 가져다줄 것으로 여겨지는 즐거움과 안전을 쫓는다. 그러나 아무리 행복하다 해도 삶에서 불가피하게 헤어짐, 사랑하는 이의 죽음, 치명적인 질병 등의 위기를 겪을 수밖에 없다. 고통을 피하고 경험을 통제하려 할 때 우리는 자신의 느낌으로부터 멀어져서 종종 분명한 신체적, 정서적 요구들을 무시하거나 부정하게 된다.

싯다르타는 즐거움에 너무 빠져 있었기 때문에, 처음에는 그러한 즐거움을 부정하는 쪽을 자유로 가는 길로 보았다. 그는 고행자 무리에 합류하여 혹독한 금욕을 훈련하기 시작했다. 스스로에게서 음식과 잠을 빼앗고 엄격한 요가 수련법을 따랐다. 몇 년이 지난 후에 싯다르타는 몸이 쇠약해지고 병들었음에도, 자신이 갈구하던 영적 해탈에 더 가까워지지 못했음을 알게 됐다. 그는 고행자 무리를 떠나서 근처 강둑으로 나아갔다. 싯다르타는 거의 죽은 듯이 거기 누워서 큰 소리로 외쳤다. "분명히 깨달음으로 가는 또 다른 길이 있을 거야!" 그가 눈을 감았을 때, 꿈같은 기억이 떠올랐다.

봄갈이 연례행사에서 그의 유모는 그를 들판 가장자리에 있는 로즈애플 나무 아래에서 쉬라고 하고 자리를 비웠었다. 나무 그늘에 앉은 어린 싯다르타는 일하고 있는 사람들을 바라보았는데, 그들의 얼굴에서는 땀이 비 오듯 흘러내리고 있었다. 그는 쟁기를 끄느라 수고하는 황소들을 보았다. 잘린 풀과 막 뒤집힌 흙에서 죽어가고 있는 곤충과 흩어진 알들을 볼 수 있었다. 모든 살아 있는 존재가 경험하는 고통에 대해 싯다르타는 슬픔을 느꼈다. 싯다르타는 이 자비의 친절함으로 깊게 마음이 열림을 느꼈다. 위를 올려보다가 갑자기 하늘이 너무도 찬란하게 푸르다는 생각이 들었다. 새들은 자유롭고 우아하게 잠깐 내려오다가 높이 솟구쳤다. 공기는 로즈애플 꽃의 달콤한 향기로 가득했다. 삶의 흐름과 성스러운 신비에는 광대한 기쁨과 슬픔의 여지가 있었다. 그는 완벽한 평화를 느꼈다.

이 경험을 기억해낸 싯다르타는 해탈에 이르는 길에 대해 완전히 다른 이해를 갖게 되었다. 만약 훈련받지 않은 어린아이가 노력 없이 타고난 방식으로 자유를 맛볼 수 있었다면, 그런 상태는 인간 존재의 자연스러운 부분임이 틀림없다. 아마도 투쟁을 멈추고, 아이 때 했던 것처럼 삶 전부를 친절하고 열린 의식으로 마주한다면 깨어날 수 있을 것이다.

무엇이 어린 시절의 이 심오한 깨어있음을 가능하게 했을까? 삶을 자세히 들여다보자. 그러면 그런 깨어있음의 순간이 대개 고요하거나 고독한 시간에 일어난다는 것을 알 수 있을 것이다. 그 순간 우리는 일상의 분주함에서 한 발 물러나 '새로운 국면'의 개방성과 선명함 속으로 들어간다. 싯다르타가 유모들의 정신없는 수다에 둘러싸여 있었거나 다른 아이들과 놀이를 하고 있었다면, 그 심층적 경험에 주의를 기울이고 마음을 열 수 없었을 것이다. 로즈애플 나무 아래 멈춰서 휴식을 취하는 순간에는 즐거움을 쫓아가지도, 세상의 고통을 밀어내지도 않았다. 멈춤을 통해 편안하게 본연의 깨어있음과 내면의 자유로 들어갈 수 있었다.

어린 시절 경험으로부터 영감을 얻은 싯다르타는 영원한 자유에 대한 마지막 탐구를 시작했다. 강에서 목욕을 한 후에, 마을 처녀가 내민 죽을 받아먹고 잠이 들었다가 경이로운 꿈을 꾸었다. 잠에서 깨어 생기를 되찾고 건강해진 그는, 지금은 보리수로 알려진 인도보리수 아래 다시 한번 조용히 앉아서 완전한 자유를 경험할 때까지 그대로 고요하게 있기로 결심했다.

보리수 아래 앉아 있는 붓다의 모습은 멈춤의 힘을 묘사하는 위대한 신화적 상징 중 하나다. 싯다르타는 더 이상 쾌락에 집착하거나 어떠한 경험으로부터 도망가려 하지 않았다. 그는 변화하는 삶의 흐름에 자신을 완전히 맡겼다. 어떤 경험을 붙잡지도 밀어내지도 않는 이러한 태도를 우리는 '중도(中道)'라고 알고 있다. 중도는 멈춤을 통해 일깨운 깨어있음의 특징이다. 멈추는 순간 우리도 싯다르타처럼 삶이 우리에게 가져다주는 모든 것에 열려 있게 된다. 이전까지는 알지도 느끼지도 못했던 우리 마음의 측면들에 대해서도 그렇다.

싯다르타는 보리수 아래 멈춰 있기로 결심했을 때, 마라(Māra)라는 신으로 대변되는 인간 본성의 어두운 측면과 완전히 맞닥뜨렸다. 산스크리트로 māra는 '망상'을 의미하는데, 우리를 갈망과 두려움에 얽어매고 깨달음의 본성을 흐리게 하는 꿈 같은 무지를 뜻한다. 전승되는 얘기에서 마라는 심한 폭풍, 매혹적인 미인, 성난 악마, 대규모 군대 등의 여러 가지 모습으로 나타난다. 요부가 나타났을 때, 싯다르타는 엄청난 유혹을 확실하게 인식할 수 있었지만 미동도 없이 앉아서 몸과 마음에서 일어나는 갈망을 쫓아가 붙잡지도 밀어내지도 않았다. 마라가 거대한 발톱과 독니를 가진 악마로 변신해서 공중에서 급강하하며 그를 공격했을 때, 싯다르타는 도망가거나 맞서 싸우려 하지 않고 용감하게 그리고 마음챙김하며 자신이 느끼는 두려움에 마음을 열었다. 대응하는 대신 주의를 기울임으로써, 그는 우리를 고통 속에 가두는 분리된 자기의 망상 너머를 보았다.

밤새도록 싯다르타는 마라의 군대에 공격당하면서 탐욕과 증오의 화살 세례를 받았다. 그가 열리고 애정 어린 가슴으로 각각을 마주하자 그것들은 꽃송이로 변하여 그의 발쪽에서 부드럽게 흩날렸다. 시간이 갈수록 향기로운 꽃잎 더미가 두텁게 쌓였고, 싯다르타는 점점 더 평화롭고 또렷해졌다.

새벽이 올 때쯤 마라는 자신의 최대 도전을 공표했다. 마라는 싯다르타에게 자유의 자리를 차지할 권리가 있다는 걸 변호하라고 요구했다. 그에 대한 대답으로, 싯다르타는 땅바닥에 손을 대고 땅에게 자신이 수천 번 살았던 자비의 생애를 증언할 것을 요청했다. 땅은 강한 긍정의 뜻으로 흔들렸고, 어둠과 천둥이 하늘을 가득 채웠다. 마라가 두려워하며 도망치자 마지막 망상의 자취가 그를 따라 사라졌다. 이렇게 하여, 샛별이 수평선에 반짝이는 다이아몬드처럼 나타났을 때 싯다르타는 자유를 얻었다. 그는 순수한 본성, 사랑의 빛나는 의식을 깨닫고 깨달은 이, 즉 붓다가 되었다.

근본적 수용 훈련은 보리수 아래에서 우리가 멈추는 일로부터 시작된다. 붓다가 마라와의 대면에 자신을 기꺼이 열었던 것처럼, 우리 또한 멈춰서 매 순간 삶이 우리에게 제공하는 것에 열려 있을 수 있다. 이렇게 함으로써 우리는 틱낫한 스님의 말처럼 "삶과의 약속을 지킨다."

내면의 괴물과 만났을 때
멈추는 기술

치료회기 동안 로라는 말로 자기에게 화상을 입힌 엄마를 "용"이라고 불렀다. 한번은 엄마에 관해 얘기를 나눈 후에 시각화 유도 작업을 한 적이 있었다. 그 과정에서 로라는 자기가 실제 용과 싸우고 있는 걸 보았다. 로라는 땅바닥을 기어서 바위 뒤에 숨었다가 나무 위로 기어 올라가 숨고 있었다. 비열하고 사나운 용은 그녀가 어디에 숨건 그녀를 찾아냈다. 로라는 불타는 듯한 입김으로부터 도망치려고 그 눈을 피해 계속 몸부림쳤다. 이 드라마에 빠져든 그녀는 자신은 너무 나약하고, 도망치려고 애쓰는 데 지쳤으며, 반격하기에는 자신이 너무 작게 느껴진다고 말했다. 나는 그녀에게 원하는 것이 무엇인지 물었다.

"포기요, 도망가는 것을 멈추는 것이요."

"그렇게 하면 어떻게 되지요?"

"나도 몰라요. 아마 죽겠죠. 너무 아플 거예요."

"무엇이 그렇게 아프게 할까요?"

로라는 1~2분쯤 조용히 앉아 있다가 대답했다. "나는 더 이상 엄마가 없다는 것을 알게 될 거예요. 사실 그녀는 정말 용이에요. 나를 사랑하는 사람은 아무도 없어요. 내가 너무 끔찍해서 사랑받을 수 없어요." 용 대신에 진짜 엄마, 즉 그녀를 돌봐주는 엄마가 나타날 거라는 희망에 매달려왔다는 것을 깨닫고 로라는 흐느껴 울기 시작했다. 진실에 의해 불타는 것보다 도망가는 것이 더 나았다. 자신이 나쁘고 사랑받을 수 없다고 느끼는 것보다 도망가는 것이 더 나았다. 그러나 이제 희망을 박탈당한 로라는, 자기가 피하려고 전 생애를 허비한 바로 그 느낌으로 되돌아가고 있었다.

정신적 분주함과 끊임없는 활동을 멈출 때까지, 우리는 자신이 실제로 무얼 경험하고 있는지 알 방도가 없다. 우리도 로라처럼 대체로 그것을 피하는 방법을 안다. 반면 멈추는 일은 두려울 수 있다. 보리수 아래 앉아서 마라의 화살을 맞는 것은 용기와 결심이 필요한 일이다. 로라는 자신의 삶을 이끌어온 패턴에서 벗어나기 위해서 둘 다가 필요할 것이다. 나는 그녀에게 용이 실제로 어떻게 생겼는지 아느냐고 물으면서 치료회기를 마쳤다. 그녀가 공격받는다고 느낄 때 싸우거나 도망가는 대신에 용의 눈을 바라본 적이 있을까?

다음 치료회기 때 나는 로라에게 멈춤의 기술이라고 부르는 것을 통해 내면적 힘의 자리에서 용과 대면하는 걸 배울 수 있다고 말했다. 두려움과 분노가 북받칠 때, 그녀는 밖으로 향하는 모든 활동을 멈추고 내면으로 경험하고 있는 것에만 주의를 기울일 수 있다. 고통을 만났을 때 소리치거나 뛰쳐나가는 대신에 멈출 수 있다면, 현명하게 대응하도록 이끌어줄 내적 힘을 발견할 것이라고 그녀에게 일러줬다. 우리는 치료회기에서 멈춤 훈련을 시작했다.

나는 로라에게 눈을 감고 최근에 병원에서 대립했던 장면을 머릿속에 그리면서, 지도간호사가 그녀가 잘못했음을 넌지시 지적할 때 어떤 느낌이었는지 가능한 한 생생하게 떠올려보라고 했다. 그 강렬한 느낌의 한가운데 멈춰서 아무것도 행하거나 말하지 않는다면 어떨지 상상해보라고 제안했을 때, 그녀는 입을 꽉 다물고 턱을 떨기 시작했다. 그녀의 몸이 경직된 것을 알고 나는 길게 심호흡을 하는 것이 좋겠다고 부드럽게 말했다. "마음속에서 어떤 생각이 진행되고 있죠, 로라?" 로라는 주저 없이 "그 여자는 몹쓸 여자예요. 왜 그 여자는 내가 문제를 일으켰다고 짐작했을까요? 그 여자는 무슨 일이 있었는지 알지도 못했어요!" 그녀는 잠시 입을 다물더니 비통하게 덧붙였다. "그 여자는 내 엄마처럼 내가 일을 망치고 있거나 잘못을 저지르고 있다고 느끼게 만들었어요."

내가 그녀의 몸에서 지금 무엇이 의식되는지 물었을 때 그녀는 말했다. "얼굴이 불타고 있어요. …… 가슴에서는 폭발할 것처럼 부풀어 오른 거대한 압력이 느껴져요." 나는 그녀에게 멈춰서 그 느낌들을 계속 경험할 수 있는지 물었다. 갑자기 그녀는 버럭 소리를 질렀다. "옳지 않아요. 어떻게 해야 하나요? 내가 봉이 돼서 사람들이 나를 모욕하게 해야 하나요?" 로라는 눈을 크게 뜨고 눈물을 쏟아내기 시작했다. "타라, 누군가가 나를 비난하면 참을 수가 없어요. 정신을 잃어요. …… 그들과 싸워야만 한다는 느낌이 와요. 만약 멈추면 무너져버릴까 두려워요." 로라는 흐느끼면서 얼굴을 손으로 감싸 쥐고 말했다. "나 자신이 수치스러워요. 이건 내가 원하는 모습이 아니에요."

멈춤 훈련을 처음으로 할 때는, 수년간 행동을 좌우해왔던 원초적인 느낌에 쉽게 휘말릴 수 있다. 점차적으로 편해진다는 것이 중요하며, 다른 사람의 지지를 받을 수 있으면 좋다. 로라가 치료에서 했던 것처럼 최근에 있었거나 있을 법한 상황을 속으로 그려보면서 훈련하는 것이 유용하다. 그럴듯한 상황을 만났을 때 시작하기 좋은 방법은, 그 상황에서 한 발 물러나 멈춤을 훈련할 조용하고 안전한 장소를 찾는 일이다. 몇 번의 심호흡으로 몸과 마음을 의식적으로 이완하면서 시작하면 도움이 된다.

로라는 단지 1분간의 멈춤으로 시작했다가 점차적으로 몇 년간 의식하는 것을 피해왔던 불안정감 같은 강렬한 느낌의 파도와 함께 있는 법을 학습해나갔다. 그러나 로라가 멈춤을 실질적 피난처, 즉 고통에 지배되거나 압도되는 느낌 없이 고통을 의식할 수 있는 장소처럼 느낄 수 있기까지는 더 많은 치료회기가 필요할 것이다. 결국 멈춤은 그녀로 하여금 깊고 솔직하게 자기 자신에게 돌아가도록 할 것이다.

흥미롭게도 투우에는 피신과 회복의 장소로서 멈춤과 아주 유사한 것이 있다. 사람들은 황소가 싸움 중에 경기장에서 자신만의 특별한 안전구역을 발견할 수 있다고 믿는다. 황소는 거기서 기운과 힘을 되찾을 수 있다. 이 장소와 내면의 상태는 케렌시아(querencia)라고 불린다. 황소가 흥분하여 대응하는 한, 칼자루는 투우사가 쥐고 있다. 그러나 황소가 케렌시아를 발견하면 기운을 되찾고 두려움을 잊는다. 투우사의 관점에서 이 상태에 도달한 황소는 정말 위험하다. 왜냐하면 황소가 자신의 힘을 이용할 수 있게 됐기 때문이다. 화가 나서 미친 듯이 적을 비난할 때마다, 로라는 더 균형을 잃게 되고 그에 더해 두려움과 수치심의 덫에 꼼짝없이 걸려들곤 했다. 로라의 투우사인 마라의 힘은 지배력을 계속 유지한다. 그녀가 멈춤을 통해 케렌시아를 발견하는 법을 익힌다면 더 안정되고 효과적인 방법으로 상황에 대응할 수 있게 될 것이다.

어느 날 로라가 내게 와서 뭔가가 진정으로 바뀌었다고 말했다. 생일날 오빠의 가족들과 저녁식사를 할 때 그녀의 엄마가 언제 새로운 간호사 자리를 알아볼 건지 묻기 시작했다. 로라가 대답할 기회를 잡기도 전에 엄마는 몸을 앞으로 기울인 채 날카롭고 비꼬는 목소리로 말했다. "빤해. 어디서 행운이라도 굴러들어오기를 기다리고 있는 거야." 마치 로라의 침묵을 계속하라는 녹색불로 받아들인 양 엄마는 공격을 확대했다. "그래, 필립이 너를 평생 부양하게 할 계획이라도 짜고 있는 거냐?"

로라는 심장이 심하게 두근거렸지만 멈춰서 몇 번 심호흡을 했다. 마치 비수에 찔리고 그녀 안에 있는 모든 것들이 고함을 치며 분노를 표출하기를 원하는 것처럼, 가슴에서 열이 후끈 치밀어 오르는 것을 느꼈다. 그러나 그녀는 그렇게 하지 않고 단지 이렇게 말했다. "모르겠어요, 엄마." 그리고 의자에 등을 기대고 편안히 앉았다. "알았다." 자신의 화에 불을 붙일 기름을 거의 받지 못한 데 놀란 듯 엄마가 대꾸했다. 그리곤 몸을 돌려 그녀의 오빠와 얘기를 했다.

로라는 그 다음에 무슨 일이 있었는지 알지 못했다. 그녀가 멈춤을 계속했을 때, 몸이 떨리고 흔들리는 게 느껴졌다. 가슴이 터져버릴 것만 같았다. 그녀는 마음속에서 소용돌이치는 혼란스런 얘기에 주목했다. "로라, 일을 망치는 사람. 로라, 화만 내는 미치광이." 이 혼란의 와중에 그녀는 내면의 속삭임을 들었다. "끔찍한 느낌이군. …… 그러나 나는 이 느낌을 다룰 수 있어." 그녀는 우리가 함께한 치료회기 중에 여러 번 이런 혼란을 느꼈고, 그것이 견딜 만하고 오래가지 않는다는 것을 알았다. 로라는 편안해졌을 때 가슴과 목이 천천히 넓게 열리는 것을 느꼈다. 날카로운 상처가 사라지기 시작했고, 그 자리에서 깊은 슬픔의 느낌이 일어났다. 이 모든 느낌들이 펼쳐지도록 놔두자, 마치 그녀 안의 상처 부위들이 부드러운 보살핌을 받는 것처럼 느껴졌다.

더 이상 트랜스에 얽매이지 않게 되자 로라는 몇 가지 선택 가능한 대안들을 생각할 수 있었다. 그녀는 남은 저녁 시간을 거기 머물 수도 있었고 집에 갈 수도 있었다. 엄마와 마주하고 자신이 왜 일을 찾지 못했는지 말하거나, 상황이 흘러가는 대로 내버려둘 수도 있었다. 엄마에게 어떤 반응을 하든, 그건 이제 자기 자신에게 반응하는 새로운 방식에서 솟아날 것이다. 멈춤을 통해 로라는 자신이 느끼는 모든 것을 수용할 수 있게 되었고, 놀라울 정도의 따뜻함과 친절함이 그녀와 함께했다.

엄마를 유심히 보던 로라는 연민이 솟아오름을 느꼈다. 로라는 스스로의 불안정감에 사로잡혀 있는 한 여인을 보았다. 그녀의 말은 통제력을 잃고 굴러 떨어졌고, 손은 주먹을 꽉 쥐고 있었다. 로라는 그날 저녁 늦게 엄마와 헤어질 무렵에는 실제로 엄마의 눈을 보고 팔을 만지며 미소 지을 수 있었다.

로라는 엄마 안에 있는 용과 자기 자신 안에 있는 용, 둘 다와 마주했다. 그녀는 엄마의 불같은 겉모습에서 상처받은 인간을 발견했다. 이와 유사하게 로라의 용은 그녀 자신의 취약성, 나쁜 존재라는 두려움, 수치심을 보호하고 있었다. 로라는 날카로운 비늘 아래에서 자신의 부드럽고 친절한 가슴을 발견했다. 시인 릴케는 우리 모두가 대면하고 있는 용들에 대한 깊은 이해를 표현했다. "우리가 모든 종족의 시초에 만들어진 고대 신화, 즉 마지막 순간 공주로 변하는 용에 관한 신화를 어찌 잊을 수 있겠는가. 아마도 우리 삶 속의 모든 용은 우리가 단 한 번 아름다움과 용기를 가지고 행동하기를 기다리고 있는 공주일 것이다. 아마도 우리를 두렵게 하는 모든 것의 가장 깊은 본질은 우리의 사랑을 원하는 무기력한 존재일지도 모른다.

관계의 해법은
멈춤에 있다

멈추는 걸 배운 로라는 멈춤에 이어서 어떤 종류의 전략이 결혼생활을 치료하는 데 도움이 될 수 있을지 기꺼이 탐구하려 했다. 그녀가 자동반응의 습관을 깨뜨리는 데 시간이 좀 걸릴 것임을 알았지만, 우리는 치료 회기 동안 그녀가 필립에게 비난받았다고 느꼈을 때 발생할 수 있는 여러 가지 시나리오를 탐색했다. 만약 자신이 폭발하려고 한다는 것을 느낀다면, 그에게 잠깐 물러서 있을 시간이 필요하니 조금 후에 얘기하자고 멈춰서 제안할 수 있다. 그런 다음 다른 방으로 가서 자신이 어떤 얘기의 덫에 걸려들었는지, 어떻게 느끼고 있는지를 알아차릴 수 있다. 만약 그녀가 대꾸를 해서 언쟁을 시작했다면 멈춤으로 싸움을 중단시키고, 조금 있다가 필립에게 자신이 경험한 것을 얘기하는 것을 선택할 수도 있다. 그가 무엇을 느끼고 있는지 물어보는 것도 좋다. 심지어 멈춤 이후 충분히 편안해졌을 때 그녀가 그와 손을 잡고 잠시 동안 그저 말없이 있는 시간도 상상했다.

그녀가 멈춤 후에 필립에게 자신이 느끼고 있는 것을 말하려고 처음으로 시도했을 때, 필립은 준비가 되어 있지 않았다. 대화가 항상 험악한 장광설로 분출되곤 했기 때문에, 그는 그녀의 말허리를 잘랐다. "로라, 나는 당신의 끝없는 드라마에 지쳤어. 우리가 이것을 또 겪어야 해?" 그는 대답을 기다리지도 않고 신문을 집어 들고 방을 나갔다. 그 주에 로라는 내게 물었다. "타라, 나 혼자만 해서 이게 효과가 있을까요?" 물론 결혼생활 패턴을 바꾸기 위해 모든 것을 로라 혼자 해서 될 일은 아니었지만, 그녀가 시작을 할 수는 있었다.

사람 사이의 관계에서 단지 한 사람만이 멈춤과 근본적 수용에 대한 개방성을 훈련할지라도, 고통스러운 교착상태에서 둘 다를 자유롭게 할 잠재력이 생긴다. 멈춤은 변하기 어려운 상호작용 패턴을 중단시킨다. 아주 잠깐만이라도 판단과 오해의 악순환을 멈출 때, 문제 뒤에 숨어 있는 무의식적 신념과 느낌을 깨달을 수 있게 된다. 그런 통찰은 자연스럽게 더 현명한 선택을 할 수 있게 한다. 한쪽 파트너가 상처 주는 지적을 하지 않기로 혹은 더 주의 깊게 듣기로 선택할 때, 다른 파트너는 더 편안해지고 덜 방어적이 될 수 있다. 멈춤이 제 기능을 못하는 관계를 반드시 회복시킨다고 할 수는 없지만, 해결책에 가까워지는 데는 예외 없이 도움이 된다.

멈춤은 로라가 남편과 진실한 의사소통을 할 수 있는 문을 열어줬다. 그 전환점은 필립이 어느 날 저녁 그녀에게 함께 휴가를 보내기 위해 일주일을 전부 뺄 수는 없겠다고 말했을 때 마련됐다. 그들은 즉시 전형적인 언쟁 중 하나를 시작했다. 그 와중에 로라가 멈춤을 기억해 냈다. 그녀는 천천히 조용한 목소리로 "나는 당신이 나와 같이 있기를 진심으로 원하는 게 아닐 거라는 똑같은 두려움을 다시 느끼고 있어요. 내가 이렇게 느낄 때는, 당신이 나를 정말 배려한다는 신호가 필요해요."

처음에 필립은 짜증을 냈다. "그래, 로라. 내가 당신의 손상되기 쉬운 자기를 '세심하게' 대하려고 비상한 노력을 기울이지 않으면 당신이 화를 낼 거 같아. 나는 당신의 분노에 인질로 잡히고 싶지 않아." 그의 말은 그저 공기 중에 떠돌 뿐이었다. 로라가 자신을 방어하려 뛰어들지 않은 것이다. 그때 필립의 내면에서 뭔가 변화가 일어난 것 같았다. 잠시 후 좀 더 부드러운 목소리로 그가 덧붙였다. "당신이 요구할 때는 다정하기가 어려워. 당신이 내게 당신을 안심시키고 비판을 취소해야 한다고 요구하면, 뭐랄까…… 마치 조종당하는 것처럼 느껴져. 그러나 맹세코, 로라 당신에게 친절하지 못한 내 자신이 싫을 따름이야." 이 마지막 부분은 로라도 상상하지 못했던 것이었다. 그녀는 자신이 그에게 감정을 폭발시킬 때 얼마나 수치스럽게 느끼는지를 간신히 말했다. 긴 침묵 후에 그녀가 말했다. "필립, 이렇게 소원하게 지내는 것이 얼마나 힘이 드는지 몰라요." 저녁이 끝날 무렵에 둘은 부부관계 상담사를 만나는 것이 도움이 될 거라는 데 합의했다.

시간이 지나 필립과 로라는 따뜻하고 즐거운 애정을 되찾을 수 있었다. 필립을 향한 단단한 분노의 굴레로부터 자유로워진 로라는 자신의 관능성이 깨어남을 느꼈고, 그들은 다시 한번 강렬한 친밀감을 공유했다. 로라는 그들의 결혼생활이 회복될 수 있었던 것은 멈춤의 힘 덕분이라고 생각했다. 멈춤의 기운은 흡인력이 있어서, 필립 역시 느긋하게 반응하면서 자신이 진정으로 느끼고 있는 것을 알아차리고 수용하기 시작했다. 그들 모두에게, 멈춤의 개방성으로부터 나온 말과 행동이 애정과 신뢰를 증가시키는 것으로 나타났다.

귀중한 자유의
순간들

우리는 멈춤을 반복해서 훈련함으로써 근본적 수용을 익힌다. 언어적 격분으로 폭언을 퍼부으려고 하는 바로 그 순간에, 그러지 않게 된다. 불안을 느낄 때, 텔레비전을 켜거나 전화를 걸거나 정신적 강박에 걸리는 대신 조용히 앉아서 불편함이나 초조함을 느낀다. 이 멈춤에서 생각과 행동을 내려놓고, 몸과 가슴과 마음에서 일어나고 있는 것과 친해진다.

멈춤이라는 기법은 낯설거나 어색하거나 보통의 우리네 삶과 맞지 않는다고 느껴질 수 있다. 그러나 실제로는 샤워할 때, 걸을 때, 운전할 때처럼 우리가 집착을 내려놓고 단순히 삶을 있는 그대로 의식할 수 있는 많은 순간들이 있다. 우리는 봄에 신록을 보면서 멈출 수 있고, 슈퍼마켓에서 생기 있는 아기의 얼굴을 보면서 멈출 수 있다. 우리가 붙잡고 있던 문제를 마침내 이해할 때, 멈춤은 우리 몸과 마음이 편안해지는 한숨 같은 것이다. 긴 하루의 끝에 침대에 누워 모든 것을 내려놓을 때 자연스러운 멈춤을 경험할 수 있다.

우리는 규칙적인 활동들 중에도 의도적으로 멈출 수 있다. 나는 대개 차에서 내리기 전에, 멈춰서 내 안에서 그저 일어나고 있는 것을 느낀다. 때로는 전화를 끊고 나서, 그 다음 일을 하지 않고 그냥 앉아서, 호흡을 하며 소리를 듣는다. 혹은 집안 청소를 잠시 멈추고 틀어놓은 음악을 그냥 듣기도 한다. 산 정상이나 지하철에서, 다른 사람과 같이 있거나 혼자 명상을 하는 동안에 멈춤을 할 수도 있다.

아잔 붓다다사(Ajahn Buddhadasa)는 이같이 자연스러운 혹은 의도적인 짧은 멈춤을 "일시적 열반"이라 부른다. 우리는 경험을 붙잡거나 그것에 저항하지 않는 모든 순간에 자유를 만난다. 그는 이러한 멈춤의 순간이 없다면 "살아 있는 것들은 죽거나 제정신이 아니게 될 것이다. 우리는 차분함, 온전함과 편안함의 시간이 있기 때문에 살 수 있다. 사실 그것들은 우리의 집착과 두려움의 불꽃보다 더 오래 지속된다. 우리를 존재하게 하는 것은 바로 이것이다."

멈춤은 우리 삶의 경험을 충만하고 의미 있게 만든다. 유명한 피아니스트인 아서 루빈스타인(Arthur Rubinstein)은 언젠가 이런 질문을 받았다. "어떻게 해서 당신은 그렇게 음을 잘 다루나요?" 그의 대답은 즉각적이고 열정적이었다. "내가 남들보다 음을 더 잘 다루지는 않지만 멈춤은 잘 다룹니다. 아! 예술이 머무는 곳은 거기입니다." 악보의 쉼표처럼, 멈춤의 순수한 고요함은 전경이 선명하고 생생하게 드러나도록 배경이 된다. 멈춤에서 생겨난 순간은, 잘 연주된 음표처럼, 참되고 온전하고 진실한 우리의 모습을 반영한다.

멈춤은 근본적 수용으로 가는 관문이다. 멈춤 속에서 우리는, 항상 자신을 관통해 흘러가지만 습관적으로 간과하는 삶에 자리를 내주고 주의를 기울이게 된다. 우리 가슴과 의식 본연의 자유를 깨닫는 것은 보리수 아래의 휴식에서다. 붓다가 그랬듯이, 도망가지 말고 온전한 깨어 있음으로 지금 여기에 도달하도록 노력해야 한다.

신성한 멈춤

신성한 멈춤은 우리를 현재 순간과 다시 연결시킨다. 특히 우리가 분투와 집착에 빠져서 미래에 기대고 있을 때, 멈춤은 지금 여기에만 존재하는 신비와 활력으로 우리를 인도한다.

●

당신이 책을 읽거나 빨래를 하거나 음식을 먹거나 컴퓨터로 일을 하는 등 어떤 목표지향적인 행동을 할 때 잠시 멈추어보자. 하던 행동을 멈추고 편안하게 앉아서 눈을 감고 시작해보자. 우선 천천히 심호흡을 몇 차례 한다. 숨을 내쉬면서 다음에 할 일에 관한 모든 생각과 걱정을 내보낸다. 온몸의 긴장도 함께 내보낸다.

고요히 멈추어서 당신이 경험하고 있는 것을 알아차리자. 몸에서 어떤 감각이 느껴지는가? 마음속 스토리에서 벗어나려 할 때 불안하거나 초조한가? 멈추었던 행동을 다시 시작하고 싶은 욕구가 느껴지는가? 이 순간 당신의 내면에서 일어나는 모든 것을 허용할 수 있는가?

매 시간마다 혹은 활동을 시작하고 끝낼 때 잠깐씩 멈춤으로써, 신성한 멈춤을 일상적 삶에 들여놓을 수 있다. 앉아 있을 때나 서 있을 때, 누워 있을 때도 멈출 수 있다. 심지어 산책을 하거나 운전할 때처럼 이동 중에도 눈을 뜨고 감각이 깨어있는 상태에서 내적으로 멈출 수 있다. 일이 안 풀리거나 자신이 단절되었다는 느낌이 들 때마다 멈추고, 이완하고, 바로 지금의 경험에 주의를 줌으로써 그 순간에 삶을 새롭게 시작할 수 있다.

시험 삼아 매일 하는 일 한 가지를 선택해서 일주일간 그 활동을 시작하기 전에 멈춤을 시도해보라. 이를 닦을 때, 전화를 걸 때, 차에서 내릴 때, 차 한 모금을 마실 때, 컴퓨터를 켤 때마다 잠깐씩 멈춰서 이완하고 내면에서 일어나고 있는 것에 의식을 둔다. 멈춤을 끝낸 후에 활동으로 돌아왔을 때 변한 게 있는지 알아차린다.

4

조건 없는 친절: 근본적
수용의 정신

인간의 삶은 여인숙이다.
매일 아침 새로운 여행자가 온다.

기쁨, 슬픔, 비열함 등
매 순간의 경험은
예기치 못한 방문자의 모습이다.

이들 모두를 환영하고 환대하라!

어두운 생각, 수치스러움, 원한……
이들 모두를 문 앞에서 웃음으로 맞이하고
안으로 초대하라

찾아오는 누구에게나 감사하라.
이들은 모두
영원으로부터 온 안내자들이다.

– 루미(Rumi)

●   일흔에 가까운 제이콥은 알츠하이머 중기다. 임상
심리학자이자 20년 이상 명상가로 활동한 그는 자신의 능력이 나빠지
고 있다는 것을 잘 의식하고 있었다. 이따금 그의 마음은 완전히 텅 비
곤 했다. 몇 분 동안 단어를 떠올릴 수가 없었고 완전히 방향감각을 잃
었다. 종종 자신이 무엇을 하고 있었는지 기억하지 못했고, 음식을 자르
고, 옷을 입고, 목욕을 하고, 장소를 이동하는 것 같은 기본적인 일을 할
때도 도움이 필요했다.

    아내의 도움으로 제이콥은 내가 지도하고 있는 10일간의 명상수
련회에 참석했다. 이틀째에 제이콥은 나와 첫 번째 면담을 가졌다. 수
련생들이 정기적으로 선생과 갖는 이런 만남은 수행을 점검하고 개인
지도를 받는 기회다. 이 시간 동안 제이콥과 나는 수련회와 집 둘 다에
서 일이 어떻게 진행되고 있는지에 관해 얘기했다. 그는 자신의 병에 대
해 흥미로워하고, 슬퍼하고, 감사하고, 심지어 쾌활한 태도를 보이기까

지 했다. 그의 회복탄력성에 호기심이 생겨서, 무엇이 그를 그처럼 수용적으로 만들었는지 물었다. 그는 "그 무엇도 잘못된 것으로 느껴지지 않아요. 모든 것에 슬픔과 약간의 두려움을 느끼지만, 진짜 삶으로 느껴요."라고 대답했다. 그러고는 병 초기에 겪었던 경험에 대해 한 가지 얘기를 들려주었다.

제이콥은 지역모임에서 가끔 불교 강연을 했었는데, 한번은 백여 명의 명상 수련생들 모임에서 연설을 하기로 했었다. 그는 자신이 사랑하는 가르침을 전달하려고 긴장과 열의를 느끼며 행사장에 도착했다. 단상에 앉은 제이콥은 자기 앞에 있는 기대에 찬 얼굴들을 보았다. 그런데 갑자기 자신이 뭘 말하고 행하려고 했는지 기억이 나질 않았다. 자신이 어디에 있는지 왜 거기에 있는지 알 수가 없었다. 그가 알 수 있었던 것은 심장이 미친 듯이 뛰고 있고 마음이 혼란으로 빙글빙글 돌고 있다는 사실이 전부였다. 제이콥은 손바닥을 가슴에 모으고 지금 일어나고 있는 것들을 큰 소리로 이름을 붙이기 시작했다. "두려움, 당황스러움, 혼란스러움, 실패자라는 느낌, 무력감, 떨림, 죽어가는 느낌, 기운 없음, 길을 잃은 느낌." 그는 몇 분 더 앉아서 고개를 약간 숙이고 경험에 대해 이름붙이기를 계속했다. 몸이 이완되고 마음이 고요해지기 시작했을 때, 그 상태에 대해서도 역시 큰 소리로 표현했다. 마침내 제이콥은 고개를 들었고, 모여 있는 사람들을 천천히 둘러보고 사과를 했다.

많은 수련생들이 울고 있었다. 누군가는 이렇게 말했다. "어느 누구도 지금껏 이처럼 우리를 가르친 적이 없습니다. 당신의 존재는 가장 심오한 가르침이었습니다." 그는 자신의 경험을 밀어내거나 불안을 심화시키지 않고 자신이 훈련해온 대로 용기 있게 의식의 경험들에 그저 이름을 붙였고, 무엇보다도 자신의 경험을 있는 그대로 받아들였다. 근본적으로 보면, 그는 두려움과 혼란의 느낌에 어떠한 저항도 하지 않았다. 무엇도 잘못된 것으로 만들지 않았다.

근본적 수용을 훈련할 때, 우리는 일단 멈춰서 내면에서 일어나는 것이 무엇이든 이 같은 조건 없는 친절로 마주한다. 질투나 분노를 적으로 만드는 대신에, 어떤 경험이든 그것을 알아차리고 친절하게 보살피는 방식으로 주의를 기울인다. 무엇도 잘못된 것은 없다. 어떤 일이 일어나든 단지 '진짜 삶'일 따름이다. 이 같은 조건 없는 친절이 근본적 수용의 정신이다.

내가 가장 좋아하는 붓다의 얘기 중 하나는 깨어있는 친절한 마음의 힘을 보여준다. 붓다가 깨달음을 얻은 아침에 마왕 마라는 당황하며 도망갔지만, 단지 일시적으로만 낙담한 듯 보였다. 붓다가 인도 전역에서 깊이 존경을 받게 되었을 때조차 마라는 예기치 못한 모습으로 계속 나타났다. 붓다의 충성스런 수행원인 아난다는 항상 스승에게 어떤 해로운 일이 일어나지 않도록 살폈는데, 때때로 마왕이 다시 돌아왔다고 당황하며 알리곤 했다. 붓다는 마라를 무시하거나 쫓아내는 대신 "마라여, 나는 너를 본다."라고 말하면서 그의 존재를 고요하게 인정하곤 했다. 그러고 나서 그에게 차를 권하며 귀빈으로 대접했다. 붓다는 마라에게 편히 앉도록 방석을 권하고, 흙으로 빚은 찻잔 두 개에 차를 채워 그들 사이에 놓인 낮은 탁자에 놓은 다음에라야 자신의 자리에 앉았다. 마라는 잠시 동안 앉아 있다가 가곤 했으나, 붓다는 내내 자유롭고 흔들리지 않았다.

마라가 고통스러운 정서나 무시무시한 스토리의 형태로 우리를 찾아올 때, 우리는 "마라여, 나는 너를 본다."라고 말하고 모든 인간의 가슴에 살고 있는 갈망과 두려움의 실체를 명확하게 알아차릴 수 있다. 이 경험들을 자비의 따뜻함으로 수용함으로써, 우리는 두려워하며 쫓아내는 대신 그에게 차를 대접할 수 있다. 진실을 보고, 본 것을 친절로 감싼다. 이것이 제이콥이 혼란을 받아들였을 때 용감하게 보여주었던 조건 없는 친절이다. 우리의 상처와 두려움을 알아차리고 감싸 안을 때마다 이러한 각성된 마음이 드러난다.

스스로에게 좋을 때만 친구가 되고 어두운 부분은 밀어내거나 무시하는 우리의 습관은 매우 확고하다. 그러나 우리는 좋은 친구를 이해와 자비로 대하듯이 우리 내면의 삶을 대하는 법을 배울 수 있다. 티베트 불교계의 매우 존경받는 스승인 페마 초드론(Pema Chödrön)은, 영적 수행을 통해 "우리는 우리 자신이나 우리 삶과 될 수 있는 한 가장 깊은 수준에서 친구가 되기를 배우고 있다."고 말한다. 우리는 자신의 경험에 저항하지 않고 가슴을 열고 기꺼이 마라에게 차를 대접할 때 자신과 친구가 되는 것이다.

"마라여, 나는 너를 본다": 질문하기와 이름붙이기

나의 친한 친구인 칼은 사업에 실패하고 여덟 달 동안 마라와 불편한 만남을 가졌다. 그는 명문대학에서 MBA를 수료하고, 성공적인 컴퓨터 소프트웨어 사업을 일구기 위해 몇 년 간 열심히 일했다. 오랜 동료 두

명이 폭발적으로 성장하는 온라인 세상에서 수익성 좋은 틈새시장을 보장하는 기회를 제안했을 때, 칼은 자신의 사업자금과 주식을 전환해서 거기로 들어갔다. 소매 웹사이트를 운영한 첫 3년간 동업자들은 2천만 달러가 넘는 순이익을 올렸다. 4년째 되는 해에 주식이 곤두박질치고 사업은 망했다. 칼은 파산신청을 했다. 그는 어린 두 자녀를 둔 마흔다섯 살의 가장이었으며 갚아야 할 엄청난 대출금이 있었다.

자신뿐만 아니고 많은 사람들 역시 시장변동성 때문에 무너지고 있다는 것을 알긴 했지만, 칼은 처참한 손실이 자기 책임이라고 느꼈다. 사람들은 경제가 무너지고 있고 인터넷 기반 IT사업이 위험한 사업이라는 것을 알고 있었다. "왜 나는 몰랐을까? 탐욕이 시각을 흐렸을까? 과연 지금 누가 나를 존중하겠는가?" 가장 힘들 때는 아내나 친구들마저 더 이상 자신을 사랑하지 않을지도 모른다는 생각이 들었다.

자신이 정성 들여 만든 삶이 다 망가질 때, 우리도 칼처럼 어째서 실패했는지, 더 잘할 수 있었던 것은 무엇이었는지, 어떻게 아무도 도와주지 않는지 등의 스토리로 자신을 비난하고 고문한다. 물론 이런 반응은 우리 자신을 트랜스 속으로 더 깊이 빠지게 할 뿐이다. 이 상태에서는 판단에 정신이 팔려 감정의 생생한 고통을 인식할 수조차 없다. 깨어나는 과정을 시작하기 위해서는, 주의를 깊게 하고 실제 경험과 마주해야 한다.

정신을 멍하게 하는 트랜스를 뚫고 나갈 수 있는 마음챙김의 한 도구가 '질문하기'다. 우리가 스스로에게 자신의 경험에 관해 질문할 때, 주의가 동원된다. 먼저 머리끝에서 발끝까지 자신의 몸을 마음의 눈으로 훑어 내려가면서 무엇이 느껴지는지 알아차린다. 특히 목, 가슴, 배,

위장에서 무엇이 느껴지는지를 알아차린 다음, "무슨 일이 일어나고 있지?"라고 질문한다. 또한 "바로 지금 무엇이 내 주의를 원하지?" 혹은 "무엇이 수용을 요청하고 있지?"라고 질문할 수도 있다. 그런 다음 진정한 관심과 배려를 가지고 우리의 가슴, 몸, 마음의 소리에 주의를 집중한다.

질문하기는 분석적 파헤침이 아니다. "왜 이런 슬픔을 느끼는가?"를 이해하려는 것이 아니다. 이는 단지 더 많은 생각들을 불러일으킬 뿐이다. 현재 상황을 야기한 원인을 이해하기 위해서 과거로 더 거슬러 올라가 스토리를 파헤치는 서양심리학의 접근과 달리, 질문하기는 정확하게 현재 있는 그대로의 우리 경험에 깨어있는 것을 목적으로 한다. 질문이 자신이 잘못되었다고 느끼는 것에 관한 판단과 사고를 드러낼 수도 있지만, 즉각적인 느낌과 감각에 초점을 맞추도록 한다.

나는 가끔 스스로 나쁜 엄마라는 느낌을 가질 때가 있다. 내가 일을 할 때 아들 나라얀이 자꾸 방해를 하면 야단을 치기 때문이다. 이때 멈춰서 나 자신에게 무엇을 수용받고 싶은지 질문을 하면, 내가 이러한 자기판단 아래에 깔려 있는 피곤함과 걱정에 빠져 있음을 알아차릴 수 있다. 그리고 위가 수축되고 입이 꽉 다물어진 것을 느낄 수 있다. 이것은 친숙한 느낌, 바로 두려움이다. 두려움을 가지고 있을 때, 나는 모든 것을 할 수 있는 에너지가 없는 건 아닐까, 실패하지는 않을까 두려워한다는 것을 알아차리게 된다. 내 심장을 딱딱하게 만든 이 두려움이 지금 나의 주의를 필요로 하는 것이다. 내가 마라를 깨닫는 순간, 그 두려움의 힘이 어느 정도 감소되고, 이와 함께 자기판단도 감소된다. 스스로를 스트레스를 받고 분투하는 부족한 인간이라고 가정한 자기 정체성에도 그다지 얽매이지 않는다. 걱정이 사라지진 않았지만, 만약 나라얀이 다시 다가온다 해도 짜증보다는 애정으로 맞을 것 같다.

중요한 것은 진심에서 우러난 조건 없는 친절의 태도로 질문에 접근하는 것이다. 만약 조금이라도 싫은 마음으로 스스로에게 주의를 원하는 것이 무엇인지 질문한다면, 자기판단이 깊어질 따름이다. 곤경에 처한 친구를 대할 때와 똑같은 친절과 배려를 가지고 자기 자신에게 질문하는 것을 배우는 데는 훈련이 필요하다.

어느 날 나는 칼이 어떻게 지내는지 보려고 그의 집을 방문했다. 그는 마른 몸을 의자에 털썩 앉으며 지치고 냉소적인 말투로 얘기를 했다. 나는 잠시 동안 듣고 있다가, 그가 과거에 대한 비통함과 미래에 대한 두려움에 얽매여 있음을 알고 부드럽게 질문했다. "칼, 바로 지금 무슨 일이 일어나고 있죠? 당신 내면에서 가장 주의를 필요로 하는 것이 무엇인가요?" 그는 나를 흘긋 쳐다봤는데, 아마 약간 놀란 듯했다. 하지만 간단명료하게 말했다. "나는 완전한 실패자인 것 같아요." 이어서 그는 자신의 몸과 마음을 지배하고 있는 불안을 끊임없이 돌아가는 생각, 식은땀, 갑작스레 심장이 조이는 느낌 등으로 묘사했다. "이런 불안이 사라지질 않아요, 타라. 매일 밤 불안 때문에 잠을 이루기 어려워요. 나는 완전히 매듭으로 묶여 있어요. …… 내장도 매듭으로 묶여 있는 것 같아요." 몇 분 후에 그는 관심을 가져준 데 대해 내게 감사했다. "이렇게 소리 내서 말하는 게 도움이 되네요."

이름붙이기 혹은 주목하기는, 칼이 했던 것처럼 뭐가 뭔지 모를 때 적용해볼 수 있는 전통적 마음챙김 훈련의 또 다른 도구이다. 주목하기는, 질문하기와 마찬가지로 배려와 너그러움을 가지고 사고, 감정, 감각의 흐름을 알아차리도록 도와준다. 예를 들어 강연하기 전에 불안하고 단절된 느낌이 들면, 나는 대개 멈추고서 나 자신에게 무슨 일이 일어나고 있는지 혹은 무엇이 내 주의를 요구하는지를 질문한다. 마음속으로, 내가 의식하고 있는 것에 부드럽게 이름을 붙인다. "두려움, 두려움, 긴장, 긴장." 만약 내 강연이 지루해서 호응을 못 얻을 것 같다는 생각에 두려움을 느낀다는 것을 알아차린다면, 단순히 "실패에 대한 스토리, 거부의 두려움."이라고 한 다음 "판단, 판단." 하면서 이름붙이기를 계속한다. 만약 이 같은 두려움의 암류를 주목하지 않고 무시한다면, 그것이 강연으로 옮아가서 부자연스럽고 가식적인 방식으로 강연을 하게 된다. 강연 전에 커지는 불안에 이름을 붙이는 간단한 행위는 나의 의식을 열어준다. 불안이 여전히 존재할 수 있지만 주목하기를 통해 키워진 배려와 각성은 나를 더 편안하게 느끼게 해준다.

질문하기처럼, 주목하기도 우리의 내면적 삶에 조건 없는 친절을 전할 수 있는 기회가 된다. 만약 두려움이 일어날 때 그 두려움에 "두려움! 잡았다!"라고 이름 붙이며 와락 덤벼든다면 더 많은 긴장을 만들어낼 뿐이다. 경험에 이름을 붙이는 것은 불쾌한 경험을 붙잡거나 치워버리려는 시도가 아니다. 오히려 "마라여, 나는 너를 본다."라고 부드럽고 온화하게 말하는 방법이다. 이러한 근본적 수용의 태도는 우리 존재의 연약하고 두려움 많은 면들이 안심하고 스스로를 드러내게 해준다.

전통문화에서, 이름붙이기는 치료과정에서 의미 있는 역할을 한다. 병을 야기한 혼령이 아무리 강력해도, 무당이 그들의 이름을 댈 수 있다면 제압할 수 있다. 혼령은 더 이상 희생자를 통제할 수 없게 되고, 그 결과 치료가 일어난다. 이와 유사하게 서양심리학에서는 보이지 않고 의식적으로 이름을 붙이지 못하는 우리 정신의 측면이 삶에 통제력을 행사한다고 주장한다. 마라의 군대가 일어나기 시작할 때 이름붙이기를 하면, 더 이상 그들에게 사로잡혀 이리저리 내몰리지 않게 된다. 심지어 그들을 두려움이 아니라 친절로 대하면 그들의 힘이 약해지기까지 한다.

질문하기와 주목하기 훈련은 실제로 우리가 고통받고 있다는 사실에 깨어있게 하는 방법이다. 우리는 자신의 스토리에 빠져들어 자신의 실제 경험을 사실상 부정할 수 있다. 나는 때때로 며칠씩 안달하며 스스로에 대해 이런저런 판단을 하며 보내다가, 문득 멈춰서 나의 가슴과 나를 단절시켜온 감정과 믿음에 비로소 주의를 기울이기도 한다. 멈춰서 무슨 일이 있는지 보면, 내가 불안과 자기불신의 고통에 사로잡혀 있다는 것을 깨닫게 된다.

많은 내담자나 수련생과 작업을 하면서, 그들이 마침내 자신이 얼마나 고통 속에 있는지를 표현했을 때 중요한 관문에 도달하는 경우를 본다. 이 분기점은 자기연민을 느끼거나 자신의 삶에 관해 불평하는 것과는 전혀 다르다. 얼마나 많은 문제를 가지고 있는지에 초점을 두는 것과도 다르다. 오히려 우리가 함께 살고 있는 고통의 정도를 알고 느끼는 것이 우리를 우리 자신의 가슴과 다시 연결시켜준다.

칼을 방문했던 날, 나는 칼에게서 이것이 일어나는 것을 볼 수 있었다. 그가 자신을 강하게 붙잡고 있는 불안을 표현한 후에, 내가 본 것을 그에게 알려줬다. "칼, 당신이 경험하고 있는 고통은 나에게도…… 또 누구에게라도 힘들 거예요. 당신의 몸은 불안에 붙잡혀 있어요. 당신은 실패감과 수치심으로 가득 차 있어서 가족과 함께 있을 때도 편안함을 느낄 수가 없어요. 이 고통은 몹시 커요. …… 이것이 당신에게 얼마나 상처가 되는지 알 수 있어요." 그가 자신의 고통의 깊이를 인정하기 시작했을 때, 눈에 눈물이 가득 고였다. "사실이에요." 그가 조용히 말했다. "마음이 너무 아파요." 그리고는 몇 달 만에 처음으로 칼은 실컷 울었다.

우리는 고통받고 있다는 것을 깨닫게 되면 자유로워진다. 자기판단은 서서히 줄어들고 자신을 친절로 대할 수 있게 된다. 칼이 울음을 멈췄을 때, 그의 얼굴은 부드러워졌고 몸은 이완되었다. 그의 목소리에서 모든 비통함이 사라졌다. "나는 실패한 것에 대해 너무 화가 나 있었어요. …… 나는 나에게 성공한다는 것이 얼마나 중요하고 실패한 것이 얼마나 힘들게 하고 있는지를 무시하고 있었어요."

우리가 친구를 대하듯 자기 자신을 조건 없는 친절로 대할 수 있을 때, 우리는 고통을 부정하는 것을 멈추게 된다. 우리가 자기 자신의 옆에 앉아서 자신의 경험에 대해 질문하기, 경청하기, 이름붙이기를 하면, 우리는 마라를 분명히 보게 되고 우리 앞의 고통에 친절로 마음을 열게 된다.

마라에게 차 대접하기: "예스"라고 말하는 훈련

몇 년 전 일주일간의 위빠사나 수련회 중반에 부정성의 늪에 빠져 있는 나 자신을 발견했다. 당시 나는 내 삶 주변의 모든 것을 혐오감으로 대응했다. 수련회 교사들은 말이 너무 많았고, 춥고 흐린 날씨는 마음에 안 들었으며, 동료 명상가는 생각 없이 내 쪽으로 재채기를 해댔고, 나는 이미 짜증나는 축농증을 앓고 있었다. 제대로 된 것이 아무것도 없었다. 특히 나 자신이 그랬다. 혐오감에 지친 나는 모든 것에 저항하는 대신에 모든 것에 동의하기로 결심했다. 의식에 떠오르는 것에 무엇이든 조용히 "예스(yes)"라고 속삭이며 맞이하기 시작했다. 다리의 고통에 예스, 비난하는 생각에 예스, 재채기와 짜증과 흐린 회색 하늘도 예스.

처음에 예스는 기계적인 데다 마지못해 하는 진실하지 못한 것이었지만, 그렇더라도 매번 예스를 하자 그때마다 뭔가 편안해지는 것을 느낄 수 있었다. 오래지 않아 나는 그것을 즐기기 시작했다. 붓다처럼 나도 마라를 다과에 초대하고 있다고 생각하며, 내가 느끼고 있는 것을 수용할 뿐만 아니라 적극적으로 환영하려고 했다. 더 부드럽고 더 친절한 톤으로 예스를 하기 시작했다. 심지어 이따금은 미소가 피어나기도 했다. 나의 전체 드라마가 우스꽝스럽게 보이기 시작했다. 몸과 마음은 점점 더 가벼워지고 더 열리기 시작했다. 심지어 비강의 압력조차 편해지기 시작했다. 어두운 "노(no)"의 구름이 어떠한 성냄과 짜증까지도 담아낼 무제한의 공간을 가진 "예스"의 넓은 하늘로 바뀌었다. 비판적인 생각이 계속해서 생겨났고, 예스와 함께 계속 스쳐 지나갔다. 오래가지 않을 술책을 사용하고 있다는 생각이 마음속에 떠올랐을 때, 그 스토리에 예스라고 말하자 그 생각은 사라졌다. 나는 어떤 것에도 저항하거나 집착하지 않았다. 기분과 감각과 사고가 근본적 수용의 친절한 하늘에서 일어나고 사라졌다. 나는 삶에 대한 무조건적 동의로부터 오는 내면의 자유를 느꼈다. 마라를 다과회에 초대한 것이다.

감정적 고통에 저항하는 대신에 경험에 예스를 말할 수 있을 때, 근본적 수용의 정신에 생기가 감돌게 된다. 에마뉘엘의 가르침을 대표하는 팻 로드거스트(Pat Rodegast)는 다음과 같이 썼다. "중압감과 함께 걸으세요, 예스라고 말하며. 슬픔에 예스. 은밀히 속삭이는 갈망에 예스라고 말하세요. 두려움에 예스. 사랑은 벽과 울타리를 옆으로 치워버리고 문을 열고 예스라고 말하는 겁니다. …… 지금 순간에 대해 그저 예스라고 말하면 천국에 있게 됩니다." 우리가 두려움이나 취약성, 탐욕이나 동요를 느끼는 것에 동의하는 순간, 조건 없는 친절한 가슴으로 우리 삶을 감싸 안게 된다.

내가 수련생들에게 예스 훈련을 소개하면, 대개는 혼란스러워하거나 이의를 제기한다. "혹시 이 훈련은 힘든 삶의 현실을 적당히 얼버무리는 '긍정적 사고'의 또 다른 가벼운 버전 아닌가요?" 그들이 이의를 제기한 것처럼, 분명히 우리는 경험하는 모든 것에 예스라고 할 수는 없다. 만약 우리가 누군가의 마음을 아프게 하고 싶다면 어떨까? 혹은 우울을 심하게 경험하고 있다면 어떨까? 예스라고 말하는 것이 그런 상태를 더 키우지는 않을까?

예스 말하기는 성난 생각을 좋다고 여기거나 어떤 감정 속에 가라앉는 것을 의미하지 않는다. 우리는 해로운 충동을 따라 행동하면서 예스라고 말하지 않는다. 우리에게 해를 줄 수 있는 외부 상황에 예스라고 말하지도 않는다. 만약 누군가가 우리를 함부로 대하고 있다면 분명히 강하게 "노"를 해야 하고, 미래에 자기 자신을 보호하기 위한 현명한 한계선을 그어놓아야 한다. 그러나 그런 경우에도, 내면에서 일어나는 두려움, 분노, 상처의 경험에 대해서는 예스를 말할 수 있다. 예스는 우리의 사고와 감정이 자연스럽게 일어나고 사라지도록 기꺼이 허락하는 내적 수용 훈련이다.

수련생들은 때때로 이렇게 묻는다. "만약 우리가 자신에 대한 미움으로 가득 차 있을 때, 친절한 수용을 적용하는 것은 자신이 실제로 느끼고 있는 것을 단지 덮어버리는 것이 아닌가요?" 이는 좋은 질문이다. 타인과의 관계를 통해 알고 있는 것처럼, 우리는 무수히 많은 판단과 혐오감을 품고 있으면서도 친절하게 행동할 수 있다. 여기서 중요한 것은, 우리가 불편을 느끼는 방식에 친절한 주의를 기울일 수 있는가다. 경험하고 있는 것을 명확하게 보고 거대한 "노"의 힘 앞에 "예스"를 말할 수 있는가? 만약 그렇게 할 수 없더라도, 최소한 친절하려고 노력할 수는 있다.

예스를 불쾌한 감정을 없애고 기분을 더 좋게 만드는 기법으로 오해하기도 쉽다. 예스 말하기는 경험을 조작하는 방법이 아니라 있는 그대로의 삶에 열려 있도록 돕는 방법이다. 내가 수련회에서 경험했던 것처럼 예스를 말해서 기분이 더 가볍고 행복해질 수도 있긴 하지만, 꼭 그렇게 되는 것은 아니다. 예를 들어 만약 슬픈 느낌에 예스라고 말하면, 그것이 전면적인 비통함으로 확대될 수도 있다. 그러나 우리 경험이 어떻게 펼쳐지는지에 상관없이 지금의 경험에 동의함으로써, 우리는 경험이 마음 안에서 충분히 표현되고 움직일 수 있는 공간을 제공한다.

그러나 나는 수련생들에게 내면의 경험에 예스라고 말하는 것이 언제나 현명한 일인 것은 아니라고 주의를 준다. 만약 우리가 과거에 정신적 외상을 경험했다면, 오래된 두려움의 감정이 별안간 일어날 수 있다. 조건 없는 친절로 경험을 마주하는 특정 순간에 균형감각이나 회복

탄력성을 가지고 있지 않을 수 있는데, 이때 예스를 시도하게 되면 두려움에 함몰될 수도 있다. 이때는 친구의 위안을 구하거나, 격렬한 운동을 하거나, 처방된 약을 복용하는 등의 방법으로 두려움을 감소시키는 것이 더 좋을 수 있다. 당분간은 너무 과하다고 느껴지는 것에는 "노"라고 말하고, 우리가 균형을 유지할 수 있도록 하는 것에만 "예스"라고 말하는 것이 우리 스스로에게 줄 수 있는 가장 자비로운 대처법이다.

내면의 삶에 예스 메시지를 전하는 많은 방법들이 있다. 고통스러운 감정에 대해 속으로 혹은 부드럽게 소리를 내서 "괜찮아" 혹은 환영의 의미로 "안녕"이라고 속삭일 수 있다. 예스는 이미지거나 제스처일 수 있다. 내 친구는 나타나는 것을 향해 마음속으로 합장하고 절을 하는 심상을 만든다. 그녀는 자신을 붙잡는 불안, 화, 죄의식을 느낄 때, 그것에 진정한 존경의 의미로 절을 하는 상상을 한다. 나는 때로 손을 가슴에 가볍게 올려놓고 내게 일어나고 있는 것이 무엇이든 수용과 배려의 메시지를 보낸다.

틱낫한 스님은 그의 예스 훈련을 "미소 요가"라고 부른다. 그는 우리가 명상을 하고 있든 빨간 신호등에 멈춰서 있든, 하루에도 여러 번 입가에 가볍지만 진정한 미소를 지으라고 제안한다. 틱낫한 스님은 자신의 책에서 이렇게 말한다. "입가에 지은 작은 미소의 꽃봉오리가 의식에 자양분을 주어 당신을 기적처럼 편안하게 합니다. …… 미소는 당신과 당신 주변 사람들에게 행복을 가져다줍니다." 마음을 열게 하고 편안하게 하는 미소의 힘은 현대 과학으로 입증되었다. 미소를 만드는 데 사용되는 근육은 실제로 안전하다는 생화학적 신호를 신경계로 보내서 도망가거나 싸우거나 얼어붙는 반응을 안전하게 이완시킨다. 미소는 두려움 없이 경험을 기꺼이 받아들이는 조건 없는 친절의 예스이다.

틱낫한 스님은 샌프란시스코 선 센터를 방문했을 때, 수련생들이 엄격한 영적 규율을 철저히 따르는 것을 보았다. 그의 방문이 끝날 즈음에 수련생들이 수행에 조언을 구하기 위해 모였다. 엷은 미소를 띠고 그는 다음과 같이 제안했다. "매일 아침 조금 늦게 일어나고…… 더 많이 미소 지어야 합니다."

우리 삶에 "예스"라고 말하기

예스 말하기 훈련의 대상은 우리의 즉각적인 경험에 한정되지 않는다. 우리가 살아가는 전체 삶에 예스라고 말할 수 있다. 우정에, 육아에, 외모에, 성격에, 일에, 영적인 길에 예스라고 말하도록 한다. 하지만 우리는 대체로 완벽함을 추구하기 때문에, 한 걸음 물러서서 "우리가 어떻게 하고 있나?"를 볼 때 우리 삶이 별로 잘 돌아가는 것 같지 않게 느껴진다. 마라가 나타나서 훌륭하고 가치 있게 사는 기준에 대한 그림자를 드리우고 있는 것이다.

선(禪)을 가르치는 선생인 에드 브라운(Ed Brown)은 뛰어난 요리사이자, 자연식품 요리로 유명한 샌프란시스코의 그린스 레스토랑의 설립자다. 그러나 에드가 타사자라 산에 있는 수행센터의 요리사로 있었던 초기에는 그에게 문제가 있었다. 여러 요리법을 시도하고 다양한 재료를 써도 제대로 된 비스킷이 만들어지지 않았던 것이다. 나중에 알게 되었지만, 그의 도달할 수 없는 기준은 여러 해 전에 만들어진 것이었다. 자라면서 그는 필스버리 비스킷을 사랑했고, 머릿속에 필스버리 비스킷의 상을 만들어 놓았다.

마침내 어느 날 깨달음이 왔다. 무엇과 비교해서 '제대로'가 아니란 말인가? 오, 이런, 내가 깡통 포장된 필스버리 비스킷을 만들려고 하고 있었군! 그러다가 미리 숨겨진 어떤 기준과 비교하지 않고 내 비스킷을 실제로 맛볼 수 있는 절묘한 순간이 왔다. 나의 비스킷은, 밀과 버터 향이 나고 바삭바삭했으며, (릴케의 시에 적혀 있듯이) "빛나고 소박하고 진실했다." 그것들은 비교할 수 없을 만큼 생생하고, 분명하고, 강렬했다. 사실 기억 속의 어떤 맛보다도 훨씬 더 만족스러웠다.

이런 경험은 가슴 떨리는 해방감을 준다. 삶이 있는 그대로 좋다는 것을 깨닫는 순간 우리는 감사하게 된다. 멋지게 만들고 아름답게 포장한 제품과 자신도 모르게 비교하는 것만으로도 우리는 결핍감을 느낀다. 더러워진 그릇, 골치 아픈 느낌, 우울, 화 없이 비스킷(혹은 삶)을 만들려고 했을 때 나는 무척 좌절했었다. 그런데 현재 순간의 경험이 얼마나 복잡하고 다면적인지 또 얼마나 불가해한지를 실제로 맛보며 음미하게 된 것이다.

온통 불완전하고 골치 아픈 삶에 예스라고 말하는 것에는 아주 대담하고 자유로운 뭔가가 있다. 단지 그렇게 할 수 있다는 희미한 가능성만으로도 즐거움이 몰려온다. 그러나 우리가 평생 '필스버리 비스킷'을 만들려고 노력하는 한 완벽주의 습관은 우리를 놓아주지 않는다. 불신과 회의가 생기기 시작할 때, 삶을 무조건적으로 받아들이는 자세를 포기하고 싶을지도 모른다. 잘못된 듯 보이는 것에 의해 회의감이 들 때마다 다시 수용의 자세로 돌아가는 훈련이 필요하다. 그러나 에드가 지적한 것처럼, 우리가 자신을 미리 상정한 완벽함의 기준과 비교하는 것을 멈추면, '오늘의 비스킷', 즉 우리가 살고 있는 지금 이 순간의 삶을 온전하게 맛보고 탐색하고 감사하며 진가를 인정할 수 있게 된다. 삶을 바라보는 고정된 생각을 내려놓을 때, 우리는 있는 그대로의 삶에 자유롭게 온 마음을 다해 "예스"를 말하게 된다.

"예스"의 힘

고요하게 앉아서 눈을 감고 천천히 심호흡을 한다. 화가 나거나 두렵거나 슬픈 현재의 상황을 떠올려보자. 그것은 파트너와의 갈등일 수도 있고, 사랑하는 사람의 상실이나 아이들과의 힘겨루기 또는 오랫동안 괴롭혀온 질병일 수도 있고, 지금은 후회하는, 예전에 상처를 준 행동일 수도 있다. 스토리의 핵심과 좀 더 온전하게 접촉할수록 몸과 마음의 느낌을 더 잘 감지할 수 있다. 이 상황에서 가장 강렬한 감정을 일으키는 것은 무엇인가? 마음속에 어떤 장면이 떠오를 수도 있고, 예전에 했던 어떤 말이 생각날 수도 있다. 이 상황이 당신에게 어떻게 인식되며, 당신의 미래에 어떤 의미를 갖는지에 관해 당신이 갖고 있는 믿음이 무엇인지를 깨달을 수도 있다. 특히 배와 가슴, 목에 어떤 느낌이 느껴지는지 주의해서 살펴보라.

당신이 경험을 거부할 때 어떤 일이 일어나는지 직접 보기 위해서, "노"라고 말하는 실험을 해보자. 당신이 선택한 상황에서 고통을 느끼게 되면, 그 느낌에 대해 마음속으로 "노"라고 말해보자. 두려움, 화, 수치심, 슬픔과 같은 불쾌한 감정에 대해 "노"라고 말한다. "노"라는 말에 당신이 경험하는 것을 밀어내고 거부하는 '부정'의 에너지를 실어라.

당신이 "노"라고 말할 때 몸에서 어떤 저항이 일어나는지 알아차려라. 어떤 긴장이나 압박이 느껴지는가? "노"라고 말할 때 그 고통스러운 느낌이 어떻게 되는가? 심장에 어떤 느낌이 드는가? 만약 앞으로 몇 시간이나 몇 주 혹은 몇 달 동안 계속 '싫다'는 생각과 거부의 감정으로 생활하게 된다면 당신의 삶이 어떻게 될지 상상해보라.

천천히 심호흡을 몇 번 하면서 긴장을 풀어보자. 눈을 살짝 떠도 좋고 자세를 조금 바꾸어도 좋다. 잠시 동안 좀 전에 선택했던 고통스러운 상황을 다시 떠올리면서 그 장면과 말, 신념 그리고 느낌을 기억한다.

이번에는 보리수 아래에 앉아서 마라에게 차를 대접하는 붓다가 바로 당신 자신이라고 상상하라. 당신이 경험하는 모든 것에 "예스"라고 말해보라. 마음속에 떠오르는 여러 가지 느낌에 모두 "예스"라고 말하라. 고통스러운 상황이 떠올라 두렵거나 화가 나면서 "노"의 파도가 몰려와도 괜찮다. 그래도 좋다. 이것은 모두 자연스러운 반응이다. 이런 모든 반응을 더욱 폭넓은 "예스"로 받아들여라. 고통에도 "예스", 그 고통이 사라지길 원하는 마음에도 "예스", 어떤 생각이든 어떤 느낌이든 모두 "예스, 예스"라고 말하라. 그 말을 할 때의 느낌에 주의를 기울여보라. 긴장이 풀리면서 몸이 부드러워지고 가슴이 열리며 변하는가? 마음이 더 넓어지고 여유가 생기는가? 불쾌한 느낌에 "예스"라고 말할 때 그 느낌이 어떻게 변하는가? 더 강해지는가 더 옅어지는가? "예스"라고 하면 마음은 어떻게 변하는가? 앞으로 사는 동안 어쩔 수 없이 고난과 슬픔을 겪더라도 모두 "예스"라고 받아들일 수 있다면, 몇 시간이나 몇 주, 몇 달 후 당신의 경험은 어떻게 변해 있을까?

이제 모든 생각을 내려놓고 편안하면서 또렷한 의식으로 깨어있으라. 당신 마음에 어떤 감각, 느낌, 소리, 모습이 떠오르든 부드럽게 "예스"라고 말하라.

어려움을 직면하고
그 실체에 이름을 붙이기

마음속으로 이름붙이기를 하면 주의가 더욱 깊어지게 된다. 그 결과, 깨어있는 치유적인 자세로 고통스러운 감정이나 강렬한 느낌을 더 잘 마주할 수 있게 된다.

●

편안히 앉아서 눈을 감고 몇 차례 심호흡을 한다. 당신이 고심하고 있는 상황이나 쟁점이 있는가? 대인관계의 갈등이나 경제적 압박 혹은 일터에서 느끼는 스트레스에 초점을 둘 수 있다. 스스로에게 물어보자. "나는 이것을 어떻게 느끼고 있나?" 그러고 나서 당신의 몸을 고요히 바라보라. 특히 목과 가슴, 배에 주의를 기울여보라. 그 부분에 긴장이나 압박 혹은 뜨거움이 느껴지는가?

　당신의 경험을 한 단어로 표현해보자. 슬픔, 초조함, 불안, 두려움? 무엇이든 좋다. 정확한 표현을 찾으려고 지나치게 애쓸 필요는 없다. 그저 마음속에 떠오르는 단어를 알아차리고, 그 말을 속으로 부드럽게 반복해보자. 때로는 당신이 경험하고 있는 복합적인 느낌들을 표현할 적합한 단어가 없을 수도 있다. 그럴 때는 뒤섞인 여러 가지 느낌 가운데 가장 강렬한 느낌에 이름을 붙여라. 중요한 것은 정확한 단어로 이름을 붙이는 것이 아니라, 그 순간에 실제로 느껴지는 것에 주의를 유지하는 것이다.

경험에 이름을 붙이고 난 뒤, 몸에서 느껴지는 감각을 세심하게 살펴보면서 자신에게 조용히 물어보자. "이게 옳은가? 이 단어가 내가 느끼고 있는 것을 제대로 표현하고 있나? 그렇지 않다면, 다른 어떤 말로 표현할 수 있을까?" 이렇게 계속 되풀이해보자. 당신이 경험하는 것에 마음속으로 이름을 붙이며, 그것이 정확한지 확인하기 위해 몸의 느낌에 주의를 기울여라.

잠시 생각에 빠져 길을 잃고 헤맬 수도 있다. 그걸 알아차리면 바로 '계획, 강박, 공상' 등등의 이름을 붙이고 나서 다시 당신의 몸에 주의를 기울여라. 그러다가 어떤 강한 감정이나 느낌이 떠오르면 얼른 알아차리고 이름을 붙여라.

●

거의 대부분, 즉 95퍼센트 정도의 주의를 당신의 경험을 느끼는 데 기울여라. 나머지 5퍼센트 정도의 주의만 이름붙이기에 사용하라. 경험에 이름붙이기를 가볍고 부드럽게 한다면 온화하고 수용적인 분위기가 만들어질 것이다.

삶을 미소로 감싸 안기

살짝 미소를 머금은 자비로운 붓다의 모습을 불상이나 불화에서 볼 수 있다. 온갖 슬픔과 기쁨이 모두 담긴 고요한 미소를 띠고 있다. 이렇게 미소 짓는 마음으로 명상을 하면, 우리에게 본래부터 존재하는 조건 없는 친절이 깨어난다.

●

편안히 앉아서 눈을 감고 자연스럽게 호흡하면서 몸의 긴장을 푼다. 자신의 몸에서 가장 긴장된 부분을 찾아서 부드럽게 긴장을 풀어준다. 이제 당신 주변의 소리를 들으면서 지금 앉아 있는 공간을 알아차려보자. 마음속으로 부드러운 미소를 떠올려보자. 그 미소와 함께 부드러움, 친절함, 열림, 편안함이 어떻게 일어나는지 알아차린다. 부드럽고 편안한 미소가 당신의 마음을 가득 채우고 주변으로 퍼져나가는 것을 느껴보라.

이제 두 눈가에 미소를 그려보자. 눈가에 생겨나는 감각을 느껴보자. 이마와 눈 주위 근육을 부드럽게 이완시킨다. 마치 따뜻한 물속에 두 눈이 부드럽게 떠 있는 것처럼 느껴질 것이다. 계속해서 눈 주위의 모든 부위를 부드럽게 한다. 편안하고 환한 느낌이 느껴지는가?

붓다의 고요한 미소처럼 당신의 입가에 살짝 미소를 지으며 얼굴의 긴장을 풀어보자. 턱의 긴장을 풀고 혀끝은 가볍게 입천장에 붙인다. 눈가의 부드러운 미소와 입가의 고요한 미소를 가만히 느껴보라.

당신의 목에 미소를 그려보고 무엇이 느껴지는지 지켜보라. 편안함과 열림이 느껴질 것이다. 긴장이 완전히 사라지지 않았다면 계속해서 미소를 가만히 지켜보라. 눈가의 부드러운 미소와 입가의 고요한 미소, 목의 편안한 미소를 가만히 느껴보라.

천천히 미소를 가슴으로 내려보내라. 심장이 고동칠 때마다 온몸으로 미소가 퍼져나가는 모습과 느낌을 상상해보라. 그 안에 어떤 느낌이 있든지 따뜻하게 열린 미소 속에 떠다니게 하라. 계속 긴장을 풀면서, 심장 속의 미소가 온몸 구석구석으로 편안함을 보내는 걸 느껴보라. 어깨를 지나 팔로, 몸통을 지나 다리 아래로 편안한 느낌이 물결치듯 흘러간다. 배꼽, 생식기관, 척추의 꼬리뼈에도 미소의 열림과 공명을 느낄 수 있는가?

미소를 그리며 생겨난, 넓고 친절한 의식 안에서 편안하게 쉬어라. 어떤 생각이나 감각, 감정이 일어날 때 그것을 조건 없는 친절로 어떻게 포용하는지 느낄 수 있는가? 만약 당신의 마음이 산만해지거나 긴장하게 되면, 당신의 마음이나 눈, 입, 가슴에서 다시 한번 부드러운 미소를 떠올려보라.

이 방법을 꾸준히 연습해보라. 그러면 일상생활에서 언제 어디서나 가슴을 다시금 일깨우는 간단하면서도 강력한 방법이 미소라는 걸 알게 될 것이다. 지금까지 설명한 '온 몸에 미소 짓기'를 전부 실행하기 어렵다면, 생각날 때마다 붓다와 같은 고요한 미소를 지어보는 연습을 하는 것도 좋다.

5

몸과 가까워지기:
근본적 수용의 기반

배우고 규칙적으로 훈련할 때
깊은 영적 목적, 평화, 마음챙김과 명확한 이해,
예지력과 지식, 지금 여기에서의 행복한 삶,
최고의 지혜와 깨달음에 이르게 하는
한 가지가 있다.
그 한 가지는 무엇인가?
그것은 몸에 집중하는 마음챙김이다.

– 붓다, 『사념처경(四念處經)』 가운데서

●　　　　　　아들 나라얀이 8학년 중반쯤일 때, 아들과 나는 서로 분노와 고통의 대치 상태에 놓여 있다는 것을 깨닫게 됐다. 아들은 학교에서 유급을 했고, 컴퓨터 게임, 숙제, 전화 시간, 잠자는 시간에 관한 규칙을 놓고 나와 매일 싸웠다. 내가 감시하고, 상기시키고, 야단치면 칠수록 나라얀은 귀머거리가 되거나 방어적이고 심술궂게 변했다. 내가 참다못해 그에게 밧줄을 줬을 때, 목매다는 것을 주저하지 않았다. 그 애 방은 친구들의 심야 비디오 게임방이자 아지트로 빠르게 변해갔다. 최소한 나는 그 친구들이 나쁜 영향을 줄 거라고 걱정하지는 않았다. 나는 그들을 좋아했고 그들 대부분은 우등생 그룹에 속해 있었다. 그러나 그랬기 때문에 나는 나라얀에 대해 더욱 더 크게 좌절할 수밖에 없었다.

매일매일 삶에서 화가 모든 틈과 균열로부터 새어 나오는 것 같았다. 나라얀이 친구 집에서 나오기를 몇 분 동안 기다려야 하는 경우에

나는 차에 앉아서 속을 태우곤 했다. 만약 나라얀이 개에게 먹이 주는 일이나 고양이 배설물 치우는 일을 까먹으면, 책임감이 없다고 그 애를 맹렬히 비난하곤 했다. 그 애가 내게 피자를 주문해달라고 하면 보복하는 마음으로 "글쎄, 네 방 청소도 안 해놓았는데 내가 왜 그래야 하지?"라고 대응했다.

옳고 그름의 스토리에 완전히 빠진 나는 나라얀이 규칙을 어길 때마다 화가 나서 그 애 방에 불쑥 들어가곤 했다. 이러한 스토리 각본에서 생겨나는 요구와 위협은 서로를 점점 멀게 느끼도록 만들 뿐이었다. 분명히 내 방법은 효과가 없었다.

어느 날 밤 자려고 누워 있다가, 순식간에 지나가버리는 세월과 오래지 않아 아들이 성인이 되어 집을 떠날 일에 대해 생각을 하게 됐다. 나라얀이 자신의 십대를 되돌아본다면 서로의 오해와 분노가 우리가 함께한 시간을 집어삼켰다는 것을 알게 될 거라는 생각이 들었다. 이런 고통스러운 예측은 매우 충격적이었다. 다른 방법을 시도해야 했다. 나는 정기적으로 멈춤의 기술을 사용했지만, 지난 몇 주 동안은 내 자동반응에 사로잡혀서 그 기술을 우리 상황에 적용하는 걸 잊고 있었다. 나는 나라얀과의 다음 만남 전에 멈춤을 실천하기로 결심했고, 그것이 아들과 함께할 때 내가 좀 더 깨어있고 다정해지는 데 도움이 되기를 희망했다.

다음 날 저녁, 나라얀이 숙제를 시작하기로 동의했던 시간이 30분쯤 지나서 나는 그 애의 방문 앞에 이르렀다. 닫힌 문을 통해 나라얀이 가장 좋아하는 컴퓨터 게임인 〈에버퀘스트〉 소리가 작게 들려왔다. 현란한 화면에 시선을 집중하고 손가락을 재빠르게 움직이고 있을 그 애를 상상하니 내 안에서 분노가 솟아오르기 시작했다. 나는 다시금 그 애가 우리의 합의를 무시하고 몇 시간 동안 게임에 빠져 있다는 것을 알았다. 컴퓨터 화면으로 거대한 바위를 집어 던지는 나 자신을 상상했다. 되풀이되는 환상이었다.

그러나 나는 그냥 기다렸다. 그 멈춤에서 나는 내 몸에서의 느낌과 감각을 알아차리기 시작했다. 분노로 가슴과 목에 압력이 증가하는 것이 느껴졌다. 어깨와 손에는 힘이 들어갔고, 턱은 앙다물어졌다. 심장이 두근거리고 얼굴에 열이 오르는 것이 느껴졌다. 끔찍하게 불편했다. 방을 박차고 들어가서 분노를 발산하는 일이 훨씬 쉬울 것 같았다.

비난이나 현재 상황에서 물러남을 통해 삶을 통제하려는 모든 전략들은 우리를 바로 그런 순간의 생생한 경험으로부터 차단시키는 목적을 갖고 있다. 우리는 멈춤을 통해, 반사적 생각과 행동에 매몰되는 대신 몸에서 일어나고 있는 것을 직접 의식하게 된다. 이때 우리는 마음과 몸이 서로 연결되어 있음을 알기 시작한다. 분노가 일면 몸은 긴장되고 가슴은 터질 듯한 압박감으로 가득 찬다. 두려움이 일면 복부에서 꽉 묶은 매듭을 느끼거나 가슴이나 목이 바짝 죄는 느낌이 온다. 수치심이 일 때는 얼굴이 불타오르고, 어깨는 축 처지고, 피하거나 숨고 싶은 신체적 충동을 느낀다. 몸의 감각은 삶의 모든 양상을 직접 경험하는 시작점이다.

그날 밤 내가 나라얀의 방문 밖에 서서 내 안에서 일어나고 있는 것을 느끼고 '내버려두기'를 하는 동안, 감각들이 서서히 바뀌기 시작했다. 마치 손으로 심장을 꽉 쥐고 있는 것처럼 분노로 폭발하려던 가슴의 압박은 내면의 깊은 슬픔으로 미묘하게 바뀌었다. 나는 "내가 뭔가를 두려워한다."는 것을 깨달았다. 곧바로 내 마음속에서 단어들이 튀어나왔다. "나는 나라얀이 인생에 실패해서 성취감을 느끼지 못하고 결국에 불행해질까봐 두려워. 그 애가 텔레비전, 비디오, 컴퓨터에 그렇게 중독된 것은 모두 내 잘못이야. 나는 그 애를 실망시켰고, 그 애가 건강하게 살도록 안내하거나 격려하지도 못했어."

나는 실패한 부모가 되는 익숙한 옛 스토리가 반복되려는 것을 느낄 수 있었다. 다른 때 같으면 이런 트랜스에서 쉽게 길을 잃었겠지만, 나는 내 몸에 대해 깨어있기로 결심했다. 내가 가슴속 수치심의 상처에 주의를 집중하기 직전에, 그 스토리의 또 다른 일부가 자기주장을 했다. "나는 허용 범위를 정하고 아들을 안내하려고 노력해왔어. …… 그 애가 듣지 않은 거야. 내가 이렇게 느끼는 것은 그 애 잘못이야." 치밀어 오르는 열기와 압박감이 파도처럼 팔을 타고 내려갔을 때 나는 거의 나라얀의 방으로 뛰어 들어갈 뻔했지만, 겨우 내 몸에서 이는 맹렬한 느낌에 주의를 돌렸다.

나는 가라앉는 느낌, 즉 가슴을 압박하는 심한 통증을 의식하기 시작했다. 이 통증이 더 강해지자 내 눈가가 촉촉해지는 게 느껴졌다. 스토리는 더 이상 그 애가 잘못했다거나 혹은 내가 잘못했다는 것에 관한 것이 아니었다. 나는 우리 사이에서 일어났던 일들을 알아차리고 있었다. 그의 테스토스테론은 폭력적인 비디오 게임과 영화를 끌어당겼고, 그걸 싫어하는 나는 우리 사이에 깊은 구덩이를 만들어냈다. 가득 찬 슬픔에 마음이 열리면서 비난과 실패의 스토리가 물러가는 것이 느껴졌다. 그 자리에 심장과 마음에서 자라난 애정이 자리했고, 그 무엇보다 중요한 것은 내가 아들을 사랑하고 있다는 사실임을 이해하게 되었다.

문을 열었을 때 무슨 일이 일어날지 알지 못했지만, 나는 나라얀과 함께 하는 순간에도 이러한 알아차림, 이러한 열리고 친절한 깨어있음이 함께하기를 바랐다. 나는 그와 수용적인 마음으로 만나고 싶었다.

아들 방문을 노크한 후 웅얼거리는 듯한 "들어와요." 소리를 듣고 서, 그 애의 방으로 천천히 걸어 들어갔다. 나라얀은 여전히 컴퓨터 화면에 주의를 고정하고 있었지만, 내가 그냥 서서 쳐다보고 있다는 것을 깨닫고는 가책을 느끼는 눈으로 나를 올려다보았다. "이제 막 끝내려고요, 엄마. 그런데 지금 몇 시예요?" 시간을 말해주면서 아들의 손목에는 시계가 없고 서랍장 위에 시계가 놓여 있음을 보았다. 침묵이 이어졌다. 지금 아들의 표정은 다음과 같이 질문하고 있었다. "화나셨어요? 죄송해요. …… 시간 가는 걸 잊었어요. 하지만 숙제를 끝마칠게요. 정말이에요. 별로 안 많아요."

나는 아들 가까이로 의자를 끌어다 앉았다. "괜찮다, 애야. 하지만 우리 얘기 좀 해야겠구나." 나는 공부습관에 대해 그리고 함께 정한 합의를 존중하는 것에 대해 말했다. 새로운 얘기는 아니었다. 하지만 나는 다르게 느꼈다. 나는 나의 호흡, 자세, 내 손이 놓여 있는 위치 등을 의식했다. 그 애의 주의가 산만해지는 듯 보일 때 내 얼굴이 어떻게 굳어지는지를 알아차렸다. 나라얀이 말할 때 나는 경청했다. 게임을 마스터하는 것이 아들에게 얼마나 중요한지를 들었다. 전혀 피곤하지 않은데도 "불을 끄고 자야" 하는 것에 대한 아들의 불만을 공감할 수 있었다. 몸을 알아차림하는 것이 나로 하여금 나라얀과 함께하고 그 애를 존중할 수 있게 해주었다. 그 애의 이마에 입을 맞추고 방을 나올 때 우리 사이에는 기분 좋은 따뜻한 느낌이 있었다.

근본적 수용을 삶에 적용하는 건, 우리 몸에서 지속적으로 일어나는 감각을 의식하는 것과 같이 가장 기본적 수준에서 시작한다. 헨리 데이비드 소로는 "가능한 한 당신의 삶이 흐르는, 물길 가까이에 살라."고 썼다. 내 몸을 알아차리며 살게 되면서 습관적 반응의 뿌리를 발견하기 시작했다. 그동안 나는 두려움과 슬픔을 만들어내는 불쾌한 감각을 회피하고 있었다. 마음챙김으로 감각의 움직임에 마음을 열자, 분노와 스토리에 의한 통제가 자연스럽게 느슨해졌다.

이것이야말로 깨어있음이 우리를 트랜스로부터 깨우는 방식이다. 이렇게 우리는 괴로움을 영속시키는 습관적 반응으로부터 스스로를 근본적으로 자유롭게 한다. 일어나는 감각들을 근본적 수용으로 마주하면 집착과 저항에서 길을 잃지 않게 되고, 우리를 분리시키는 스토리들에서 자유로워지는 과정이 시작된다. 우리는 온전하게 존재하고, 살아있고, 삶의 모든 부분과 연결되는 것의 기쁨을 맛본다. 이것이 붓다의 약속이었다. 몸 마음챙김은 이승에서의 행복과 충만한 영적 깨달음을 가져다준다.

몸과 함께 사는 법을 배우기

우리는 의식하든 의식하지 못 하든 우리 몸을 통해 삶을 경험한다. 그럼에도 불구하고 우리는 대개 세상에 관한 자신의 생각에 마음을 빼앗겨서 직접적인 감각 경험의 많은 부분을 놓친다. 심지어 강한 바람, 지붕

위의 빗소리, 공기 중의 향기를 느낄 때조차 그것을 온전히 알아차릴 만큼 충분히 길게 경험을 유지하지 못한다. 대부분의 순간에 우리는 일어나고 있는 일에 대해 판단하고 다음에 할 일을 계획하는 내면의 대화에 매몰되어 있다. 친구를 반갑게 포옹하지만, 얼마나 오래 껴안고 있어야 할지 혹은 포옹을 끝낸 다음 무슨 말을 해야 할지 등을 계산하느라 포옹의 신체적 접촉을 충분히 느끼지 못한다. 우리는 온전히 존재하지 못하고 서둘러 포옹을 해치워버린다.

주말 워크숍에 참가한 한 노인이 자신을 "머리로 사는 사람"으로 묘사했다. 많은 사람들이 몸과 소통하지 않는 데 너무 익숙해져서 온통 정신적 세계에만 산다. 심지어 그들은 몸과 마음이 서로 연결되어 있다는 사실조차 믿기 어려울지도 모른다. 여자 교도소에서 프로그램을 진행할 때, 한 수감자는 자신이 고통이나 분노 속에 있을 때만 자신의 몸을 의식한다고 말했다. 극심한 고통이나 섹스에서처럼 극도로 강렬한 쾌감의 느낌이 아니라면 신체적 감각은 포착하거나 깨닫기 어려운 것으로 보일 수 있다. 이것이 트랜스 상태의 기본 특징이다. 트랜스 상태에서 우리는 그 순간의 경험과 부분적으로만 함께한다.

작가이자 현대의 영적 스승인 하미드 알리(Hameed Ali)는 만약 우리가 우리 몸을 의식하지 않고 산다면 온전히 살아 있는 것이 아님을 상기시켜준다.

진심으로 자신을 탐구하라. 당신은 여기 있는가, 없는가? 당신은 당신 몸에 존재하는가, 의식하지 못하는가, 아니면 단지 일부분만을 의식하는가? 내가 "당신은 당신 몸에 존재하는가?"라고 할 때의 의미는 "당신은 당신 몸을 완전히 채우고 있는가?"이다. 나는 당신이 당신 발에 존재하는지, 아니면 단지 발을 가지고 있는지 알고 싶다. 당신은 발에 사는가, 아니면 발은 단지 당신이 걸을 때만 사용하는 것인가? 당신은 당신 배에 존재하는가, 아니면 당신이 배를 가지고 있다고 애매하게 알고 있을 뿐인가, 아니면 배는 단지 음식을 소화하는 곳인가?

당신은 정말로 손에 존재하는가, 아니면 거리를 두고 그것들을 움직이는가? 당신은 당신 세포 안에 존재하고, 당신 몸에 살며, 몸을 가득 채우고 있는가? 만약 당신이 당신 몸에 있지 않다면, 이 순간 당신의 경험에는 어떤 의미가 있는가? 당신은 당신이 미래에 여기에 있을 수 있도록 준비하고 있는가? 자신에게 "이런저런 조건이 되면 시간이 날 거야, 그러면 여기 있을 거야."라고 말하면서 조건들을 설정하고 있는가? 만약 당신이 여기 있지 않다면, 무엇을 위해 그렇게 하고 있는가?

나는 대학 2학년 때 수강한 초급 요가 반에서 내 몸이 다양한 감각으로 살아 있다는 것을 처음 깨달았다. 요가 수업의 끝 무렵에 선생님은 우리에게 책상다리를 하고서 손은 무릎이나 다리 위에 자연스럽고 편안하게 내려놓고 조용히 바닥에 앉으라고 했다. 우리는 심호흡을 몇 번 했는데, 그 호흡은 마음에서 나와서 몸으로 들어가는 자연스러운 통로를 제공한다는 설명을 들었다.

그런 다음 그녀는 우리 몸의 살아 있음을 탐색해보라고 했다. "당신의 의식 전부를 손에 둡니다." 그녀가 말했다. "내면으로부터 손을 느끼면서 손을 이완하고 부드럽게 합니다." 그녀는 우리로 하여금 안에서부터 손가락 하나하나, 손바닥, 손등, 손목을 주의 깊게 천천히 느끼도록 했다. 나는 처음에는 따끔거림을, 그 다음에는 손에서 뛰는 맥박의 느낌과 열감을 느꼈다. 손의 감각을 느끼며 이완함에 따라 손의 모양이나 경계가 사라지는 것 같았다. 지각할 수 있는 것은 오직 밤하늘에서 움직이는 빛의 점들처럼 느껴지는 변화하는 에너지의 장이었다. 문득 이같이 생생한 살아 있음이 의식적 자각이 없을 때도 항상 함께하고 있었다는 것을 깨달았다. 나는 삶의 많은 부분을 놓치고 있었던 것이다.

이어서 선생님은 우리 몸 전체에서 이러한 깨어있음과 살아 있음을 탐색해보라고 했다. 어깨에서 뭉친 부분을 알아차리자, 단지 내가 주의를 준 데 대한 반응으로 잠깐 사이에 부드러워졌다. 팔을 타고 퍼져 내려오는 따끔거리는 따뜻함을 느낄 수 있었다. 배가 단단하게 조여 있는 것을 알아차렸을 때 그 부위 또한 편안해졌다. 에너지가 가슴을 통해 위로, 다리를 통해 아래로 흐르는 것을 느낄 수 있었다. 나의 온몸은 에너지가 살아서 호흡하는 장이었다. 나는 감사의 파장을 느꼈다. 바로 그 순간에 내 세계는 뚜렷하게 확장되었고 눈부시게 생기가 돌았다. 그 당시에는 몰랐지만 선생님은 내게 명상을 소개했던 것이다.

모든 명상수행 전통에서는 일반적으로 몸을 안정시키고 고요하게 하는 자세를 취한다. 우리가 요가수업에서 했던 가부좌가 그런 것이다. 우리는 조용히 있을 때 떨림, 박동, 압력, 열감, 빛, 맛, 이미지, 소리 등이 변화하는 경험의 흐름을 더 쉽게 알아차릴 수 있다. 그러나 우리가 명상하기 위해 눈을 감았을 때 흔히 경험되는 것은 흥분, 불안, 초조, 분노 같은 감정의 파도와, 끊임없는 지적과 판단, 과거 기억과 미래의 스토리들, 걱정과 계획의 끊임없는 연속이다.

붓다는 지속적인 정서적, 정신적 자동반응을 "폭포"라고 불렀는데, 그 이유는 그 강력한 힘에 의해 우리가 너무 쉽게 지금 이 순간의 경험으로부터 휩쓸려 가버리기 때문이다. 불교와 서양심리학 모두 이것이 어떻게 발생하는지 얘기하고 있다. 마음은, 우리가 무엇을 경험하든 그것을 유쾌하거나 불쾌한 것 혹은 중립적인 것으로 즉각적이고 무의식적으로 평가한다. 기분 좋은 흥분을 야기하는 생각이나 짜릿짜릿한 감각은 유쾌한 것으로, 나쁜 냄새나 갑작스런 큰 소리는 불쾌한 것으로, 호흡을 알아차리는 것은 대개 중립적인 것으로 평가한다. 유쾌한 감각이 일어나면 반사적으로 그것들을 쫓아가 붙잡고 계속 보유하려고 한다. 대체로 우리가 계획을 세울 때 이렇게 하는데, 거기에는 흥분과 갈망의 감정 에너지가 들어간다. 불쾌한 감각을 경험할 때는 위축되고 그것을 피하려고 한다. 그 과정 역시 동일하다. 우리는 걱정스레 계획을 세우고, 두려움과 초조함을 느낀다. 중립적인 것은 좀 더 강하거나 자극적인 경험을 주는 다른 것으로 주의를 돌리게 하는 신호다.

사람, 상황, 마음속 생각들에 대한 우리의 반응은 실제로는 몸에서 일어나고 있는 감각들에 대한 반응들이다. 누군가의 무능함을 참지 못하고 비난을 할 때 사실은 우리 자신의 불쾌한 감각들에 반응하고 있는 것이다. 우리가 누군가에게 마음이 끌려 열망과 환상으로 가득 찰 때 사실은 유쾌한 감각에 반응하고 있는 것이다. 우리의 자동반응적인 생각, 정서, 행동의 소용돌이는 이와 같이 감각에 대한 자동반응으로부터 나타난다. 이들 감각이 인식되지 않으면, 우리 삶은 자동반응의 폭포에 휩

쏠리게 된다. 우리는 생생한 깨어있음으로부터, 온전한 의식으로부터, 우리의 가슴으로부터 단절되는 것이다.

이 트랜스로부터 깨어나기 위해서 붓다는 '몸에 집중하는 마음챙김'을 추천했다. 사실 붓다는 신체적 감각을 마음챙김의 첫 번째 기초로 여겼다. 그 이유는 그것이 느낌과 생각에 내재되어 있고, 의식과정의 바탕이기 때문이다. 유쾌하거나 불쾌한 감각은 너무 빠르게 정서와 정신적 스토리의 연쇄반응을 촉발시키기 때문에, 생각이 일어나는 것을 알아차리면 즉시 즉각적인 감각 경험으로 주의를 돌리는 것이 수행에서 중요하다. 우리는 등 아래쪽에 불편함을 느끼면서 속으로 "얼마나 오래 지속될까? 어떻게 없앨 수 있을까?"라고 걱정하는 소리를 들을 수도 있다. 또는 가슴에서 유쾌한 짜릿함, 편안한 열림을 느끼면서 "어떻게 이 상태에 이르렀는지…… 그것을 다시 경험할 수 있을지."를 매우 궁금해 할 수도 있다. 우리는 이런 스토리를 바라보고 그냥 내려놓은 다음, 몸의 살아 있는 감각으로 돌아가는 훈련을 한다.

감각에 마음챙김하지 않으면 자동반응의 연쇄를 잘라낼 수 없다. 현대 위빠사나 명상의 스승인 고엥카(S.N. Goenka)는 다음과 같이 경고했다. 예를 들어 만약 우리가 지나가는 생각에 마냥 주의를 기울인다면, "내면 깊은 곳에서는 마음의 일부가 계속해서 자동반응을 하게 된다. 생각에는 감각도 함께 있기 때문에, 이 근원을 놓치지 말아야 한다."

명상과 관련한 붓다의 기본 가르침은, 변화하는 감각의 흐름을 붙잡으려 하거나 변화시키려 하거나 저항하지 말고 마음챙김하라는 것이었다. 붓다는 감각을 마음챙김하는 것이 관련 없는 사람처럼 거리를 두고 관찰하는 것을 의미하지 않는다는 점을 분명히 했다. 오히려 우리는 마음챙김할 때 몸에서 일어나는 것을 직접 경험한다. 이를 테면 손을 외부의 대상으로 보는 것이 아니라, 주어진 순간에 손이라는 에너지를 주의 깊게 느낀다. 우리는 몸을 안으로부터 밖으로 경험하는 것을 훈련한다.

감각을 직접 경험하는 대신 "등에 통증"이 있다는 식으로 생각을 할 수 있다. 우리에게는 몸에 대한 정신적 지도가 있는 것 같다. 우리가 등이라고 부르는 것에 대해서도 마찬가지다. 그런데 무엇이 '등'인가? 우리가 심상을 그냥 내려놓고 등 부위로 직접 의식을 가지고 들어가면 어떻게 될까? 유사하게, 고통에 그와 같은 명칭을 붙이지 않으면 고통은 어떻게 될까?

우리가 마음챙김의 주의를 기울이면, 고통에 대한 순간순간의 경험이 정말 어떤 것인지를 살피고 알아차릴 수 있다. 아마 작은 부위에 국한된 듯 보이는 압박과 아픔을 느낄 것이다. 주의를 더 기울이면 열감이나 긴장감을 알아차릴 수도 있다. 욱신거리거나 갑작스레 쿡쿡 쑤시는 감각 혹은 당기고 비틀리는 감각을 의식하게 될 수도 있다. 어쩌면 감각들은 더 이상 어느 한 곳에 딱 머물지 않고 널리 퍼져서 돌아다니기 시작할지도 모른다. 주의를 계속 기울이면 흐르는 듯한 감각들이 느껴지면서 분명해졌다가 서로 섞이고 사라졌다가 다른 곳에서 나타나는 것을 알아차릴 수도 있다.

경험에서 이러한 끊임없는 변화를 보는 것은, 감각에 마음챙김할 때 얻게 되는 가장 심오하고 분명한 깨달음 중 하나다. 우리는 경험에는 결코 확실하거나 고정된 것이 없다는 것을 알게 된다. 감각의 세계는 끊임없이 변화하고 있다. 감각은 나타나고 사라지며, 강도, 특징, 위치도

수시로 변한다. 우리가 신체적 경험에 긴밀한 주의를 기울인다면, 그것이 한 순간도 가만히 있지 않다는 것을 알게 된다. 처음에는 이 사실이 불편하고 심지어 두렵기까지 할 수 있다.

우리가 자신의 스토리를 내려놓으면, 우리는 의지할 기반도 없고, 자기 위치를 알게 하는 자리도 없고, 일어나고 있는 일에서 숨거나 피할 방법도 없다고 느끼게 된다. 명상수련회에서 한 수련생이 내게 말하기를, "몇 초 이상 감각에 마음챙김하다보면 불안해지기 시작해요. 조심해야 할 것 같고 어깨 너머를 살펴봐야 할 것처럼 느껴져요. 내가 생각해봐야 하는데 못 보고 넘어간 중요한 것이 있는 것처럼 느껴져요."라고 했다. 우리는 생각하고 판단하고 계획함으로써 습관적인 경계상태를 유지하지 않으면 뭔가 나쁜 일이 일어날 거라고 느끼기 쉽다. 하지만 이것이야말로 삶에 저항하도록 옭아매는 습관이다. 우리가 어떤 것도 계속 붙잡고 있을 수 없다는 것을 깨달을 때 경험을 통제하려는 노력을 느슨하게 할 수 있게 된다.

감각은 항상 변화하고 움직이고 있다. 만약 우리가 감각에 저항하거나 계속 붙잡으려고 하고, 감각들에 맞서서 몸을 바짝 긴장하거나 우리 자신에게 스토리들을 말함으로써 감각들의 자연스러운 전개와 변형 과정을 습관적으로 방해하고 제약한다면, 이는 강물의 진행을 둑으로 막거나 우회시키는 것과 같다. 감각이 유쾌하면 강물을 흐르게 놔두기 쉽다. 그러나 유쾌하지 않다면, 즉 감정적으로나 신체적으로 고통스럽다면 우리는 움츠리고 도망가려고 한다. 이를 알고 근본적 수용으로 고통과 마주하는 법을 익히는 것은 가장 도전적인 훈련이자 자유로워지는 훈련 중의 하나다.

고통은 불가피하지만
괴로움은 선택이다

첫 임신 때, 남편과 나는 산파의 도움을 받아 약은 쓰지 않고 가정분만을 하기로 결정했다. 우리는 출산이 자연스러운 과정이라고 생각했고, 내가 고위험군이 아니었기 때문에 병원이 아닌 따뜻하고 친숙한 집에 있기를 원했다. 내 희망은 가능하면 깨어있음을 유지하며 출산을 하는 것이었다. 고통이 클 수도 있다는 것은 알았지만 명상과 요가 훈련이 자연스러운 흐름과 함께하도록 도와줄 거라고 믿었다.

진통이 시작되었을 때, 나는 원기가 있었고 준비도 되어 있었다. 고통에 저항하면 더 나빠질 뿐이라는 것을 알았기 때문에 긴장을 풀고 호흡을 하면서 소리 내는 것을 참지 않았고, 내 몸의 지능이 하는 대로 내버려두었다. 여느 동물처럼 생각을 하지 않고 몰두하면서, 내게 펼쳐지는 드라마에 본능적으로 반응하고 고통을 자연스러운 과정의 일부로 보았다.

그러나 갑자기 뭔가가 바뀌었다. 아기의 머리가 보이기 시작할 때 고통의 수준이 급격히 상승했다. 더 이상 호흡으로 다스릴 수 있는 상황이 아니었다. 이 엄청난 고통은 뭔가가 잘못되어가고 있다는 것을 의미하는 게 틀림없다는 생각이 들었다. 온몸이 긴장됐고, 깊고 느린 호흡은 공황 상태의 얕고 빠른 호흡으로 바뀌었다. 모든 자신감은 사라졌고 긴장 없이 고통의 파도를 맞겠다는 결심은 잊혀졌다.

진화적 설계의 모든 면이 그런 것처럼, 우리가 고통이라고 부르는 불쾌한 감각은 똑똑한 생존 장치의 일종이다. 고통은 주의를 달라는, 자신을 돌보라는 우리 몸의 신호다. 존 카밧진(Jon Kabat-Zinn) 박사는 매사추세츠 대학의 스트레스 감소 클리닉에서 만성적이고 극심한 고통으로 고통받는 환자들에게 마음챙김 훈련을 가르치는 것으로 세계적으로 유명하다. 그는 다음과 같이 썼다.

질병이나 정신적 고통의 증상들과 그것에 대한 당신의 느낌들은 당신의 몸 혹은 마음에 관해 뭔가 중요한 것을 말해주고 있는 메신저로 볼 수 있다. 옛날에는 왕이 전달된 메시지가 맘에 들지 않을 때 메신저를 죽이는 경우도 있었다. 당신의 증상들 혹은 느낌들을 원치 않는 것이라고 해서 억압하는 것은 이와 마찬가지다. 메신저를 죽이고 메시지를 부정하거나 그에 대해 격분하는 것은 치료에 다가서는 현명한 방법이 아니다. 적절한 피드백 회로를 완성해야 하고, 자기조절과 균형을 회복할 수 있는 핵심적 연결을 무시하거나 파괴해서는 안 된다. 증상들이 있을 때 우리가 진정으로 해야 할 일은, 증상들의 메시지를 들을 수 있는지 그리고 실제로 듣고 기꺼이 받아들여서 연결을 완전하게 만들 수 있는지를 아는 것이다.

때로 우리가 받은 메시지는 즉각적인 행동을 요구하기도 한다. 타는 듯한 뜨거움은 불에서 손을 뺄 것을 요구하는 것이고, 힘이 없고 두통이 오는 것은 뭔가 먹는 행동을 요구하는 것이며, 격렬한 가슴 통증과 가빠진 호흡은 119에 전화할 것을 요구하는 것이다. 때로 고통은 상처가 더 심해지지 않도록 자신을 보호하기 위해 휴식하고 가만히 있으라고 요청하기도 한다. 출산을 할 때의 고통은 진통이라는 힘든 과정에 절대적으로 집중하게 하고 본능적으로 참여하게 한다. 우리가 죽어갈 때, 고통은 고요하고 평화로운 내면의 안식처를 찾도록 우리를 안내해주는 지도 모른다. 마치 죽음에 임박한 동물이 외딴 곳을 찾아가는 것처럼 말이다. 만약 우리가 두려워서 혼란스러워하지 않고 고통을 수용한다면 우리는 그것의 메시지를 듣고 명확하게 반응할 수 있을 것이다.

그럼에도 내가 출산 중에 경험했던 것 같은 극심한 고통은, 한편으로는 건강한 과정의 일부지만 우리의 불안을 유발한다. 내가 두려움으로 반응했을 때, 불쾌한 감각에 뭔가 잘못되었다는 느낌과 믿음이 더해졌다. 내 몸과 마음은 근본적 수용을 실행하지 못하고 고통에 저항하고 싸우는 방식으로 반응했다.

고통을 두려워하는 게 인간의 자연스러운 반응임에도 불구하고, 고통을 나쁘거나 잘못된 것으로 생각하는 경향이 특히 우리 문화에서 두드러진다. 우리는 몸을 신뢰하지 않기 때문에, 자연계를 통제하는 바로 그 방식으로 고통을 통제하려 한다. 고통을 제거하는 것이면 무엇이든 하는 게 옳다고 가정하며 진통제를 사용한다. 이는 출산과 생리, 흔한 감기와 질병, 노화와 죽음 등 모든 고통에 해당된다. 우리 사회의 문화적 트랜스에서 고통은 자연스러운 현상이라기보다는 적으로 여겨진다. 고통은 우리가 허용하고 기꺼이 받아들여야 하는 무엇이 아니라 우리가 죽이려 하는 메신저다.

강렬한 출산의 순간에 나는 고통과 대립하며 완전히 교전 중이었다. 두려움과 저항으로 고통에 반응하는 것을 많이 봐온 산파는 즉각 나를 안심시켰다. "잘못된 건 없어요. …… 모든 게 완전히 자연스러운 것이고, 단지 고통스러울 뿐이에요." 그녀는 내가 충분히 이해할 수 있도록 여러 번 말을 반복했고, 타는 듯한 고통, 폭발할 것 같은 압력, 찢김과 탈진 중에 나는 다시 깊게 호흡하고 긴장을 푸는 것을 기억해낼 수 있었다. 그것은 단지 고통일 뿐, 잘못된 것이 아니었다. 그리고 나는 마음을 열고 그것을 수용할 수 있었다.

삶이란 고통을 느끼는 것을 포함한다. 때로는 극심한 고통을 겪기도 한다. 알다시피 고통이 항상 건강한 탄생의 기쁨으로 끝나는 것은 아니다. 때로는 결코 끝나지 않기도 한다. 고통이 손상의 신호일 때, 우리 몸을 자유롭게 움직이는 능력의 상실이나 죽음으로 이어질 수도 있다. 고통과 상실 간의 매우 실제적인 연관성을 생각해볼 때, 고통이 뭔가 잘못되었다는 것을 의미한다는 신념을 갖는 것은 당연하다. 우리가 두려움으로 반응하고 강박적으로 고통을 통제하거나 없애려 하는 것도 당연하다.

그러나 내가 출산과정에서 배운 것처럼, 고통(pain)이 반드시 괴로움(suffering)을 가져올 필요는 없다. 붓다는 우리가 경험에 연연해하거나 저항할 때, 삶이 지금과 달라지기를 원할 때 괴롭다고 가르쳤다. "고통은 불가피하지만 괴로움은 선택이다." 고통스러운 감각이 일어날 때, 그것들을 회피하지 않고 명확하게 깨어서 맞이하면 고통이 단지 고통이라는 것을 알 수 있다. 고통에 자동반응하는 대신에 마음챙김할 때, 희생당하고 괴로웠던 자기의 경험으로 움츠러들지 않는다. 감각에 두려움으로 반응하고 그것들을 '잘못된' 것으로 지각하는 것은 트랜스를 불러일으킨다. 붓다의 가르침처럼, 우리가 이 근본적 수준의 경험에 집착하거나 저항할 때 자동반응의 폭포를 활성화하게 된다. 두려움은 그 자체가 불쾌한 감각으로 이루어져 있으며 고통을 악화시킨다. 따라서 우리는 원래의 고통에서뿐 아니라 두려움의 고통에서도 벗어나고 싶어 한다. 사실 고통의 두려움은 흔히 고통스러운 경험의 가장 불쾌한 부분이다. 존 카밧진이 말하는 것처럼, "당신이 경험하고 있는 감각을 순수하고 단순한 감각으로 보고 느낄 때, 감각에 대한 생각들은 그 순간 당신에게 쓸모없으며, 그 생각들이 실제로는 필요 이상으로 사태를 악화시킬 수 있음을 알게 될 것이다." 우리가 신체적 감각을 두려운 것으로 평가할 때, 고통은 단지 고통이 아니라 그로부터 벗어나야 하는 잘못되고 나쁜 무엇이다.

우리의 두려움은 흔히 스토리의 그물망 전체로 빠르게 확산된다. 나는 4년 동안 만성질환과 싸웠다. 가장 힘든 부분 중 하나는 아픈 것이, 내가 누구인지 그리고 나 자신을 얼마나 '적절하게' 보살피지 못했는지에 대한 지적이 되었다는 점이다. 피로나 소화불량을 경험할 때마다 내 마음은 스토리와 해석으로 넘쳐났다. "뭔가 아주 잘못됐어. …… 어쩌면 심각하게 아픈 건지도 몰라." 나는 내가 어떻게 문제를 일으켰는지를 곱씹곤 했다. "면역체계가 망가졌어. 너무 심하게 밀어붙이고 충분한 수면도 취하지 않았고…… 홍차를 너무 많이 마셔대서 산이 내 위장에 영향을 줬음에 틀림없어." 피로감이나 위경련의 파도와 함께 개인적인 나약함, 수치심의 느낌이 일어나곤 했다. 고통은 나쁜 것이었다. 그것은 나의 고통이었고 내가 결함이 있는 사람임을 보여주는 신호였다.

습관적으로 고통에 관한 자신의 스토리에 몰두할 때, 변화하는 감각의 흐름을 있는 그대로 경험하는 것을 스스로 방해하게 된다. 고통을 중심으로 근육이 수축하고 우리의 스토리가 고통을 적으로 인식하게 되면, 고통은 계속 재생산되고 요지부동인 덩어리로 굳어진다. 우리의 저항은 실제로 결국 새로운 층의 증상들과 괴로움을 만들어낼 수 있다. 아마도 판단과 걱정들이 고통에 저항하며 내 근육을 더욱 긴장시켜 탈진을 심화시켰을 것이다. 우리가 몸을 버리고 고통에 관한 두려움으로 만들어진 스토리를 취한다면 고통은 우리 몸에 갇히게 된다.

극심한 고통이 느껴지면 두려움이 증가하면서 "뭔가 잘못됐다."는 생각이 고통과의 긴박하고 즉각적인 전투를 부추긴다. 내 친구는 디스크 일부가 느슨해져서 척추를 압박하게 됨에 따라 극심한 고통을 겪었다. "누군가 내 왼쪽 다리에 기름을 붓고 불을 붙이는 것처럼 느껴져." 그 고통은 수그러들지 않고 온 정신을 빼앗기 때문에, 그는 그 극심한 고통에서 도망치기 위해 할 수 있는 모든 것을 했다. 한때는 강력한 두 가지 마취제, 스테로이드, 소염제 및 강력한 진정작용을 하는 두 가지 근육이완제를 복용하기도 했는데, 약물은 그를 잠시 곯아떨어지게 만들곤 했지만 깨어나면 다음 복용 시까지 극심한 고통이 다시 계속됐다. 그는 내게 보낸 편지에 이렇게 썼다. "고통은 독특한 특성이 있어. 고통이 강하면 강할수록 나머지 세상을 덜 의식하게 돼. 만약 고통이 더 심해지면 결국 까다로운 결투에 갇힌 나와 고통만이 남게 돼."

신체적 고통에 대해 근본적 수용을 하지 않고 두려움과 저항으로 반응하면, 뒤이어서 일어나는 자동반응의 연쇄는 엄청나게 강렬할 수 있다. 뭔가 잘못되었다고 믿는 순간 우리의 세계는 움츠러들고, 우리는 고통과 싸우려고 애쓰다가 자기 자신을 잃게 된다. 고통이 정서적일 때도 동일한 과정이 발생한다. 우리는 외로움, 슬픔, 분노라는 불쾌한 감각에 저항한다. 고통이 신체적이든 정서적이든, 두려움으로 반응할 때 우리는 현재에서 물러나 트랜스의 괴로움으로 들어가게 된다.

고통이 정신적 외상을 일으킬 정도로 심할 때 트랜스는 완전해져서 사라지지 않게 된다. 희생자는 두려움이 너무 커서 몸의 고통으로부터 도망친다. 그 결과 몸과 마음을 이어주는 의식의 연결이 끊어지게 된다. 이것을 해리(解離, dissociation)라고 부른다. 우리 모두는 어느 정도 자신의 몸으로부터 단절되어 있다. 하지만 우리가 늘 존재하는 지각된 위협으로 인한 두려움에 얽매여 산다면, 우리의 길을 되찾아 가는 것은 길고 까다로운 과정이 될 수 있다.

내 것이 될 수 없는
학대받은 몸

어린 시절 로잘리는 아버지로부터 심하게 학대받았다. 로잘리의 아버지는 술에 취하면 그녀의 속옷 속으로 손을 뻗거나 밤에 그녀의 침대로 올라와서 절정에 이를 때까지 몸을 문질러대곤 했다. 그녀가 저항하면 그는 그녀를 때리거나 더 심하게 그녀를 위협했다. 만약 그녀가 도망치거나 숨으려 하면, 격분한 그는 그녀를 쫓아와 잔인하게 때렸다. 엄마와 이혼하기 전까지 로잘리의 아버지는 그녀에게 두 번이나 성관계를 강요하기까지 했다. 그런 심각한 외상은 평생 지속될 수 있는 정서적, 신체적 영향을 남긴다. 로잘리가 나를 만나러 왔을 때, 그녀는 서른다섯 살에 독신이었고 약간의 거식증 상태였다. 그녀는 이미 여러 형태의 치료를 거쳤지만 여전히 굶는 다이어트를 했다 말았다 했고, 잦은 불안 발작으로 고통받았다. 그녀의 몸은 마르고 경직되어 있었다. 그리고 알고 있는 모든 사람을 불신했다.

　로잘리는 자신을 좋다고 하는 모든 사람이 실제로는 자신을 이용하려 하는 것이라고 믿었다. 그녀는 자신과 함께 어울렸던 어떤 사람은 단지 혼자서 파티에 가기 싫었기 때문에 친하게 지낸 것으로 생각한다고 말했다. 매력적이고 남자들에게 인기가 있던 여성과 함께한 적도 있었는데, 그녀가 그렇게 한 것은 자기 옆에 있는 것이 "그녀의 에고를 살려주기" 때문임이 틀림없다고 생각했다. 로잘리는 데이트 상대를 찾는데는 문제가 없었지만 결코 친밀감을 오래 지속시키지 못했다. 버림을 받는 굴욕을 원치 않았기 때문에, 그녀는 내리막길로 접어들고 있다는 신호가 감지되면 대개 관계를 곧바로 깨버렸다. 로잘리는 심지어 오랜 기간 알고 지내는 사람들과도 일정한 거리를 유지했다. 그녀가 정기적으로 한바탕 불안을 겪을 때도, 그녀는 마치 일이 잘 돌아가고 있는 것처럼 행동하거나 잠시 사라지곤 했다.

　로잘리가 종종 사람들과 함께 시간을 보낼 수 있는 유일한 방법은 마리화나에 취하는 것이었다. 마리화나에 취해 있는 동안에는 모든 것이 괜찮아 보였다. 하지만 이제는 잠들기 위해 밤마다 마약에 취해야 한다고 했다. 만약 마리화나나 수면제를 복용하지 않으면 한밤중에 극심한 공포로 깨어나곤 했다. 항상 똑같은 꿈을 꿨다. 그녀는 좁고 어두운 장소에 숨어 있었고, 끔직하고 제정신이 아닌 누군가에게 막 발견되려는 참이었다.

　신경심리학에 따르면, 외상적 학대는 우리의 생리현상과 신경체계 및 뇌의 화학적 성질에 영향을 줘서 지속적인 변화를 야기한다고 한다. 정상적인 기억 형성과정에서 우리는 각각의 새로운 상황을 우리가 형성한 일관성 있는 세계관의 관점에서 평가한다. 심리적 외상의 경우, 이 인지과정은 고통스럽고 강렬한 자극의 폭발로 합선을 일으킨다. 세상이 작동하는 방식에 관한 이해에 맞춰보며 '경험을 처리'하고 그것으로부터 배우는 대신에, 신체 감각과 시각 이미지를 통해 더 원초적인 형태로 입력된다. 심리적 외상은 충분히 소화되지 못한 채 우리 몸 안에 갇혀 있다가 아무 때고 의식으로 뚫고 올라온다. 실제로 외상적 사건을 겪었던 사람은 위협을 경험한 후 몇 년이 지나도 그 일이 계속 일어나고 있는 것처럼 사건을 다시 체험한다.

처리되지 않은 고통은 자기보호 체계를 영구적인 경계상태로 유지하게 한다. 갑작스럽게 침투하는 기억과 아울러, 위협적이지 않은 다양한 상황들이 몸에 저장된 높은 수준의 고통과 두려움을 활성화할 수도 있다. 자신의 파트너가 짜증이 나서 목소리를 높이는 일이 벌어지면 과거 상처들, 즉 우리 몸에 살아 있는 모든 공포, 분노, 아픔이 있는 힘껏 활개를 치게 될 수 있다. 지금 위협이 실제로 있든 없든 우리는 절대적인 위협을 느끼고, 이 고통으로부터 벗어나려는 충동에 사로잡힌다.

이 심각한 고통을 헤쳐 나가기 위해서, 외상적 사건의 희생자들은 자신의 몸으로부터 스스로를 분리하여 신체 감각에 대한 민감성을 무디게 만든다. 어떤 사람은 마치 자기가 자기 몸을 떠나 먼 거리에서 삶을 경험하는 것처럼 '실제가 아니라고' 느끼기도 한다. 그들은 몸에서 두려움과 고통의 감각을 느끼지 않을 수 있다면 무엇이든 한다. 공격적으로 대들거나, 우울하고 혼란스러워서 꼼짝 못할 수도 있다. 자살할 생각을 가질 수도 있고 의식을 잃을 때까지 술을 마시기도 한다. 과식하고, 약물을 사용하고, 정신적 강박으로 자기 자신을 잃어버린다. 그럼에도 고통과 두려움은 사라지지 않는다. 오히려 배경에 도사리고 있다가 시시때때로 갑자기 마음을 압도해버린다.

해리는 보호막이긴 하지만 괴로움을 일으킨다. 우리 몸을 떠나는 것은 집을 떠나는 것이다. 고통을 거부하고 존재의 기반을 떠남으로써 외로움, 불안, 수치심 등 분리의 부작용을 경험한다. 앨리스 밀러(Alice Miller)는 몸 안에 있는 것을 피할 방법은 없으며, 그것에 주의를 기울이거나 그 결과에 고통스러워하거나 둘 중 하나라고 말한다.

어린 시절에 관한 진실은 우리 몸에 저장된다. 비록 그것을 억압할 수는 있지만 결코 바꿀 수는 없다. 우리의 지적 능력은 기만당하고, 느낌은 조작되고, 생각은 혼란스러워지고, 몸은 약물에 속을 수 있다. 그러나 언젠가 우리 몸은 그 청구서를 제시할 것이다. 왜냐하면 우리 몸은, 아직 영적으로 온전해서 어떤 타협이나 변명도 허용하지 않을 어린아이처럼 순수하므로, 우리가 진실을 더 이상 회피하지 않을 때까지 괴롭힘을 멈추지 않을 것이기 때문이다.

로잘리와 내가 함께 작업을 시작했을 때, 때가 온 것이 분명했다. 그녀의 몸이 청구서를 제시하고 있었다. 처음 몇 번의 치료회기 동안 그녀는 자기 삶의 얘기를 쏟아냈다. 그녀는 매우 똑똑했고 자신의 문제와 그 원인을 쉽게 표현할 수 있긴 했지만, 마치 다른 사람의 삶에 관해 말하고 있는 것 같았다. 우리가 대화할 때 그녀는 몸의 느낌을 의식하지 못한다고 말했지만, 일상에서 그녀는 간혹 공포 혹은 분노에 둘러싸였다. 그런 경우에는 몸에서의 그 느낌들이 너무 강렬해서 죽고 싶을 정도였다.

나는 함께 노력하면 그녀가 몸에서 좀 더 안전감을 느낄 수 있으며, 이것이 이전에 받았던 치료들이 주지 못한 효과를 줄 수 있을 것이라고 설명해주었다. 그녀는 선선히 동의했고 이후 몇 주 동안 기초 작업을 했다. 나는 로잘리를 가능한 한 깊게 이해하려고 했고, 그녀가 나를 안전하고 편안하게 느끼도록 했다. 그녀가 준비되었을 때, 나는 여행을 하자고 제안했고 그녀의 의식적 자각 밖에 있는 내면적 삶을 탐험하기 시작했다.

내면여행을 하기로 한 날, 나는 로잘리가 편안하게 앉아서 눈을 감도록 했다. 나는 최면적 심상을 통해 길고 구불구불한 계단을 천천히 내려가 그 끝에 닫힌 문에 도달하도록 그녀를 안내했다. 그리고 그녀에게 매 걸음마다 이런저런 생각을 내려놓고 점차로 이완되고 호기심을 느끼도록 암시를 주었다. 계단 맨 아래에 도착할 즈음에 로잘리의 몸은 매우 평온했고 눈꺼풀은 떨렸으며 얼굴은 약간 상기되었다. 내가 문을 보았는지를 묻자 그녀는 고개를 끄덕였다. 나는 문 뒤에서 치료에 중요한 무엇, 즉 무의식적 마음의 선물을 발견할 것이라고 말해주었다. 나는 그녀가 무엇을 경험하든 안전하다는 것을 상기시켜주었다. 우리가 여기 함께 있고, 그녀가 원하면 언제든지 돌아올 수 있었다. 그녀에게 준비가 되면 언제든 문을 열 수 있다고 말했다.

로잘리가 경직되었다. 나는 "무엇이 보이나요?"라고 부드럽게 물었다. 그녀의 목소리는 속삭임에 가까웠다. "어린 소녀요. 그녀는 옷장 안에…… 숨어 있어요."

무엇으로부터 숨어 있는지를 묻자 로잘리는 머리를 약간 흔들었다. 잠시 후 나는 그녀가 몇 살인지 물었다. "일곱 살이에요." 그녀가 대답하며 재빨리 말을 이어갔다. "그녀의 아빠예요. 그가 그녀를 찾아서 아프게 할 거예요." 나는 그녀에게 어린 소녀가 지금 안전하다고 다시 말해주었고, 긴장을 풀고 다음에 일어나는 일을 단지 주목하기만 하면 이 소녀를 도울 수 있는 방법을 발견할 수 있을 거라고 말해주었다. 그녀가 좀 더 편안하게 호흡을 하는 걸 보고, 어린 소녀가 지금 무엇을 하고 있는지 물었다. "기도하고 있어요. 그녀는 그것이 너무 상처가 되고, 더 이상 참을 수 없다고 말하고 있어요."

나는 잠시 기다리다가 그녀에게 부드럽게 물었다. "로잘리, 어린 소녀가 그 모든 고통을 다룰 수 있게 도와주려면 어떻게 해야 할까요?"

그녀는 얼굴을 찡그렸다. "그녀는 혼자예요. …… 거기에 아무도 없어요." 그녀의 말이 느려졌다. "그녀를 보살펴줄 누군가가 필요해요."

"누가 그것을 가장 잘할까요?" 내가 물었다. 그녀는 다시 멈추더니 집중했다. 갑자기 그녀의 얼굴에 놀랍고 재미있다는 표정이 가득 찼다. "착한 요정이에요! 어린 소녀와 함께 있는 그녀를 볼 수 있어요. …… 그녀가 옷장 안에 소녀와 함께 있어요." 로잘리는 잠시 기다렸다가 전했다. "그 요정은 푸른빛에 둘러싸여 있고, 황금 마술지팡이를 흔들고 있어요."

"로잘리, 요정이 어린 소녀를 위한 메시지를 갖고 있나요? 뭔가 말하고 싶어 하나요?"

그녀는 끄덕였다. "그녀가 도와줄 수 있다고 말하고 있어요. 그녀는 계속되고 있는 끔찍한 일을 잠시 잊게 해줄 뭔가를 할 수 있어요. 덕분에 그녀가 자라서 더 강해지면 그 일을 다룰 수 있을 거예요."

　　나는 잠시 멈췄다가 부드러운 말투로 요정이 어떻게 그렇게 할 것인지를 물었다. 로잘리의 음성은 조용하고 침착했다. "마술지팡이로 그녀 몸의 여러 부위들을 건드리면 그것들이 변해서 모든 끔찍한 느낌들을 견딜 수 있을 거라고 말해요." 그녀는 멈춰서 마음속으로 들으며 계속했다. "좋은 요정은 그렇게 하는 것이 힘들기는 하지만, 그녀 안에서 일어나고 있는 것을 통제해야만 살아남을 수 있다고 조용히 말하고 있어요."

　　오랜 침묵 후에 나는 로잘리에게 무슨 일이 있어났는지 물었다. "음, 요정이 어린 소녀의 분노와 두려움을 소녀의 배에 집어넣고, 그것이 거기에 머물 수 있도록 붕대로 매놓았어요. 그리고 성적인 느낌들로 인해 소녀가 더 이상의 문제에 말려들지 않도록 소녀의 골반과 질에 마술 자물쇠를 잠갔어요." 로잘리는 몇 번 불안정한 호흡을 했다. 내가 부드럽게 물었다. "그밖에 다른 건 없나요?"

　　그녀의 뺨으로 눈물이 흘러내리기 시작했다. "그녀가 소녀에게 가슴이 찢어지는 고통을 느끼지 않을 수 있게 가슴을 단단히 조여야 한다고 말했어요." 로잘리는 침착했고 말을 계속했다. 그녀의 목소리에는 약간 더 힘이 들어갔다. "요정은 소녀의 목이 매우 두꺼운 벽으로 둘러쳐진 요새여서 큰 소리를 질러 도움을 요청하거나 분노에 차 비명을 지르지 않을 거라고 말했어요." 로잘리는 차분해졌고 나는 그녀와 그저 말없이 앉아 있었다.

　　"아주 잘하고 있어요." 내가 그녀에게 말했다. 그리고 부드럽게 덧붙였다. "요정이 당신에게 알려주기를 원하는 게 더 있나요?" 로잘리는 고개를 끄덕였다. "언젠가 어린 소녀가 더 이상 이 모든 것을 억누르지 못 하는 날이 오면 소녀의 몸이 이 비밀을 풀어놓기 시작할 거라고 말해요. 소녀는 오랫동안 붙잡고 있었던 모든 것에서 손을 놓을 거예요. …… 그리고 소녀는 진심으로 온전한 진짜이기를 원하기 때문에, 그렇게 할 거예요." 로잘리는 어깨를 들썩이며 부드럽게 흐느끼기 시작했다. "그녀가 방금 어린 소녀에게 걱정하지 말라고 말했어요. 소녀가 자기 자신을 다시 발견할 때까지 소녀를 보살펴주고 지탱해줄 사람을 발견할 거예요."

로잘리는 의자에 기대앉았고, 나는 지금은 무슨 일이 일어나고 있는지 물었다. "좋은 요정이 어린 소녀를 팔로 감싸고 침대로 데려가고 있어요." 잠시 후 그녀는 속삭이듯 말을 이었다. "요정은 소녀가 잠에서 깨면 일어났던 일을 잊을 거라고 말해주고 있어요. 하지만 소녀는 준비가 되면 기억할 거예요." 로잘리는 차분했고 목소리는 부드러웠다. "좋은 요정이 방금 소녀에게 말했어요. '그때까지 그리고 항상 사랑한다.'고."

마치 소중한 책의 마지막 장을 방금 끝낸 것처럼 로잘리는 내가 소파에 놓아둔 숄을 끌어다가 몸에 두르고 몸을 동그랗게 말고 누웠다. "이래도 괜찮죠?" 그녀가 속삭였다. "잠시 그냥 쉬고 싶어요." 그녀의 얼굴은 마치 지금이 그녀가 아주 오랜만에 얻게 된 첫 번째 진짜 편안한 순간인 것처럼 평화로워 보였다.

로잘리는 내면여행 이후로 몇 주 동안 천천히 고치를 찢고 나온 것 같았다. 심지어 몸의 움직임도 더 가볍고 부드러워졌다. 나는 그녀의 '요정 얘기'를 내 명상 수업 중에 공유해도 괜찮은지 물었다. 그녀는 이 말에 행복해했다. 그녀는 기꺼이 자신이 느꼈던 내면의 자유를 다른 사람들도 느끼기를 원했다. 내가 그 얘기를 했을 때, 많은 사람들이 마치 자신이 얼마나 자신의 몸을 떠나 있었는지, 자신의 에너지를 가둬 놓았는지, 온전하게 살아 있지 못했는지를 깨달은 것처럼 눈물을 흘렸다. 이 얘기를 통해 사람들은 자신의 깊은 상처를 직면하지 않은 것에 대해 스스로를 용서하는 것이 가능해졌고, 참을 수 없는 고통에 직면했을 때 마음의 평안을 구하는 것은 자연스러운 일임을 이해하게 되었다.

우리 삶에는 참을 수 없는 신체적, 정서적 고통으로부터 움츠려 피하는 것 외에는 아무런 선택권이 없는 시기가 있지만, 그 고통이 저장된 몸의 부위와 우리의 의식이 다시 연결될 때 치유가 일어난다. 우리 모두와 마찬가지로 로잘리도 자유를 향해 나아가기 위해서는 두려움에 갇힌 고통을 근본적 수용으로 마주하는 것이 필요하다. 우리가 아무리 깊이 상처를 받아도 우리 몸으로, 온전함으로 돌아오라고 부르는 내면의 목소리를 들을 때 우리의 여행은 시작된다.

몸으로 돌아오는
치유 여행

로잘리는 내면여행을 통해 자신에게 일어났던 일들을 이해하고 자신을 자유롭게 할 수 있는 방법을 알게 되었다. 이후 여러 번 만나면서 그녀가 몸과 더 친해질 수 있는 기법을 탐구하는 작업이 이루어졌다.

나는 먼저 그녀에게 '몸 명상'을 소개하고, 발, 다리, 몸통, 어깨, 팔,

손, 목, 머리 등 몸의 각 부위에 위아래로 천천히 주의를 기울이도록 지도하였다. 로잘리에게 숨을 들이마시면서 주의를 기울이고 있는 몸의 부위로 에너지와 빛을 보내고, 숨을 내쉬면서 완전히 내려놓고 이완하는 모습을 그려보라고 격려했다. 각 신체 부위에 주의를 기울일 때, 거기서 어떤 감각이 느껴지든 알아차리고 있는 그대로 받아들이라고 제안했다.

로잘리가 복부와 골반 부위의 안쪽에서 감각이 잘 느껴지지 않는다고 말했을 때, 나는 그녀에게 자신을 치료해줄 것처럼 느껴지는 색깔이 무엇인지 물었다. 그녀는 즉시 요정 주변에 일렁이던 푸른빛을 기억해냈다. 나는 그녀에게 그 푸른빛으로 목욕하는 상상을 하며, 매 호흡마다 그 푸른빛이 감각이 잘 안 느껴지는 부위를 씻어내게 하라고 말했다. 얼마 후 로잘리는 초조하게 말했다. "어떤 움직임이 느껴져요. 따끔거리는 느낌도요." 그리고는 "우선은 그걸로 충분해요."라고 말했다. 그녀가 새롭게 깨어난 그 부위에 주의를 오랫동안 지속할 수는 없었지만, 그녀는 자신의 첫 번째 노력을 자랑스러워했다. 그 결과 매우 위험하다고 느꼈던 장소로 다시 들어갈 용기를 갖게 되었다.

다음 만남에서 로잘리는 몹시 들떠 흥분해 있었다. 새로 만난 남자 때문이었다. 그러나 그 다음 주에 흥분은 불안으로 바뀌었고, 그녀의 몸은 두려움으로 경직되어 보였다. 그녀는 진짜로 그 남자를 좋아했고 잃고 싶지 않았다. "타라, 만약 이 두려움을 평화로 만들 수 없다면 난 못 견딜 거예요." 로잘리는 자기 몸의 경험을 근본적 수용으로 마주해야 함을 알았다.

나는 그녀에게 멈춰서, 몸을 느끼면서 주의와 수용을 가장 많이 요구하는 곳이 어디인지 의식해보라고 제안했다. 이는 로잘리에게 새로운 경험이었다. 이제까지 그녀는 비교적 편안할 때 몸을 마음챙김했었다. 그것은 안전했다. 그러나 생생한 두려움을 느끼는 것은 많은 고통스러운 것들과 연결되어 있다. 그녀는 눈을 감고 침묵하며 고요해졌다. 잠시 후 그녀는 손을 배 위에 올려놓았다. "이 안이," 그녀가 말했다. "정말 두려워요. …… 토할 것 같아요." 나는 그녀에게 손으로 부드럽게 어루만지며 따뜻함을 전하면 그 불쾌한 감정을 완전히 의식할 수 있을 거라고 격려했다. 또한 그 부위를 안으로부터 느끼면서 일어나고 있는 것을 단지 알아차릴 수 있는지 물었다.

로잘리는 몇 번 심호흡을 하고 소파에 깊숙이 기대앉았다. 이후 몇 분 동안 그녀는 경험하고 있는 것에 이름을 붙였다. 배 중심부에서 속 쓰림과 쥐어짜는 듯한 긴장감, 심호흡과 함께 가슴이 오르내리는 느낌, 배에 단단히 뭉친 것이 느슨해져서 풀리는 느낌, 복부 전반에 퍼지는 떨림과 뛰는 느낌, "아마 그는 좋은 사람일 거야."라는 생각, 찌르는 듯한 두려움, 떨림, 혼자 옷장에 있는 어린아이의 이미지, "이것을 견딜 수 없어."라는 생각, 가슴과 목구멍에 퍼지는 열감, 목을 조이는 느낌, 푸른빛을 들이마심, 목이 열리고 부드러워짐, 슬픔이 용솟음침. 그녀가 마침내 얼굴을 들었을 때 그녀의 눈은 반짝이고 있었다. "이 모든 것이 내 안에서 일어나고 있어요. 나는 그 작은 소녀를 팔로 감싸 안고 있어요." 잠시 후 그녀가 계속했다. "이 고통을 수용할 수 있을 것 같고 무엇을 느끼든 다스릴 수 있을 것 같아요."

불교심리학과 서양의 경험치료 둘 다에서, 변화하는 감각의 흐름을 경험하고 수용하는 이 과정은 변화의 연금술의 핵심이다. 몸의 감각과 우리가 스스로에게 말하는 스토리의 조합인 정서는 계속해서 괴로움을 일으키지만, 우리가 그 정서들이 머무는 우리 몸의 자리에서 그것들을 경험하면 그러기를 그친다. 정서와 직접 연결되어 있는 몸의 경험에 지속적으로 주의를 기울이면, 몸과 마음에 봉인되어 있던 그 정서와 연결된 과거의 감각들과 스토리들의 '억압이 풀린다.' 과거의 심한 상처, 두려움, 분노의 층들은 의식의 빛을 받아 사라지기 시작할 것이다. 로잘리처럼 몸에 저장된 과거의 고통을 느끼고 해방시킬 때, 깨어있고 친절한 가슴으로 현재의 느낌을 마주하는 것이 점점 더 쉬워진다. 루미가 썼던 것처럼 "고통의 치유제는 고통 안에 있다."는 것을 발견하게 된다.

로잘리가 자신의 고통을 '치유'적 관점에서 살펴보기 위해서는 어느 정도 안전함을 느낄 필요가 있었다. 내면여행 이후로 그녀에게 기본적인 신뢰감이 생겨났다. 우리 관계가 그녀에겐 안식처였다. 그녀는 내가 그녀를 정말 걱정하고 있음을 믿었고, 자신의 몸으로 다시 들어갈 때 나의 지지에 의존했다. 그녀가 경험한 요정은 그녀 자신의 내면적 지혜, 자신을 보호하려는 욕구, 깨어있고 온전해지려는 열망을 드러낸 것이다. 마음챙김으로 감각에 마음을 여는 위험을 실제로 감수하는 것이야말로 그녀에게 생겨난 신뢰감의 가장 깊은 뿌리가 되었다. 그녀가 내면으로부터 자신의 몸을 느끼며 가장 두려운 감각조차 수용할 수 있게 됨에 따라, 그녀는 그 감각 속에서도 편안해질 수 있는 자신의 능력에 더욱 확신을 가질 수 있었다. 그녀는 무엇이 올라오든 다룰 수 있었다. 고통과 함께 있었던 덕분에 이러한 치유법을 발견할 수 있었다.

신체적 경험에 근본적 수용을 적용하는 것을 학습하는 과정은 대개 점진적으로 이루어진다. 만약 우리 몸에 봉인된 거대한 두려움의 저장고가 있다면, 로잘리가 했던 것처럼 그냥 "발끝을 강물에 집어넣기", 즉 감각을 느끼다가 필요하면 발을 빼는 방식으로 시작한다. 어떤 때는 전혀 고통이 없이 맞닥뜨릴 수도 있고, 또 어떤 때는 고통이 극심할 수도 있다. 우리 몸과 가까워지기 위해서, 신체 혹은 정서의 압도적인 고통에 오랫동안 주의를 집중해야만 하는 것은 아니다. 특히 지쳤다고 느낀다면 휴식을 취하면서 주의를 다른 곳으로 돌리는 것이 현명하고 자비로운 일이다. 만약 명상을 하고 있다면 고통이나 두려움에 자비를 보내거나(11장 참조), 호흡에 주의를 기울이며 몸을 최대한 이완할 수도 있다. 만약 일상생활 중에 너무 엄청난 감각이 일어난다면 음악을 들을 수도 있고, 친구와 얘기를 하거나 소설을 읽을 수도 있다. 특히 매우 어려운 부분을 마주할 때, 우리 경험을 깨어있음과 배려로 유지하도록 도와줄 명상 스승이나 치유자 혹은 심리치료사의 도움이 필요할 수도 있다. 착한 요정이 약속했던 것처럼 마침내 우리 몸으로 돌아오는 것은 통과의례일 수 있다. 우리가 감각의 장에 온화한 주의를 기울일 때, 우리를 두려움에 묶어두었던 자동반응적 스토리와 정서로부터 자유로워진다. 우리 몸에 의식을 둠으로써 우리의 삶과 영혼을 되찾게 된다.

삶이 우리를 통해
살게 하기

약 2년 정도 만성질환을 앓고 있는 중에 나는 6주간의 위빠사나 명상수련회에 참여한 적이 있다. 전에도 여러 번 장기 수련회에 참여한 적이 있었는데, 침묵으로 채워진 긴 시간이 좋았다. 이 수련회는 아름다운 뉴잉글랜드의 가을에 진행되었고, 그런 아름다움 속에서 명상할 기회를 갖는다는 것이 아주 기뻤다. 질병과의 투쟁 때문에도 나는 오로지 좌선과 걷기 명상에 전념할 수 있는 수련회를 고대했었다. 명상 스승들이 전해 줄 얘기와 가르침을 통해 깨닫게 될 영감이 필요했다. 수련회는 나의 몸과 마음에 대해 더 수용하고 깨어있게 할 귀중한 기회가 될 것이었다.

처음 며칠은 순조롭게 지나갔다. 내 마음은 고요해지기 시작했고 나는 수련회의 리듬에 순조롭게 자리를 잡았다. 그런 첫 주의 주말쯤에 복통이 일기 시작했고, 나는 너무 기진맥진해서 명상홀로 걸어갈 힘조차 좀처럼 낼 수가 없었다. 나는 이 증상들에 익숙했다. 많은 검사를 한 후 의학계는 그것들에 만성피로라는 두루뭉술한 표현의 꼬리표를 붙이고, 내게 과민성 장증후군이 있다고 말했다. 지금 시점에서는 불편과 화해하는 것이 관건이었다. 나는 다소 억지로 "괜찮아. 나는 불쾌한 감각과 함께 작업하기 위해 여기 있는 거야."라고 생각했다.

이후로 24시간 동안 나는 배에서 일어나는 열감과 경련, 팔다리의 무거운 느낌에 주목했다. 그 느낌들을 수용적 주의를 통해 경험하려는 노력은 어느 정도는 성공적이었다. 그러나 다음 날 증상들이 사라지지 않았을 때, 나는 습관적 스토리에 사로잡혀서 두려움, 수치심, 우울의 격정에 빠져 있는 자신을 발견했다. "나와…… 내 삶의 방식은 뭔가 잘못됐어. 결코 좋아지지 않을 거야." 그리고 그 밑에는 더 깊은 두려움이 있었다. "나는 결코 행복하지 못할 거야." 익숙한 트랜스가 나를 지배하려는 위협이 느껴졌고, 나는 그것을 나의 주의를 좀 더 깊게 하라는 신호로 받아들였다.

수련회 둘째 주 초의 맑고 상쾌한 오후, 나는 숲으로 들어가서 한 줄기 햇볕을 발견할 때까지 걸었다. 방에서 가져온 따뜻한 담요로 몸을 감싸고 나무에 기대앉았다. 나뭇잎으로 덮인 땅은 안정감 있고 부드러운 방석이었다. 자연 속에 앉아 있으니 기분이 좋아졌다. 땅, 나무들, 바람, 하늘의 소박함에 편안함을 느꼈다. 나는 나 자신의 자연, 즉 내 몸을 통해 살고 있는 감각의 변화하는 흐름에 주의를 기울이기로 마음먹었다.

긴장을 해소하기 위해 시간을 좀 들인 후에 내 몸을 빠르게 스캔했다. 통증과 쓰림, 가라앉는 피로감이 느껴졌다. 즉시 나는 내 몸에서 나와 마음속으로 들어갔다. "우와…… 아직도 정말 아프군." 다시 한번 뭔가 정말 잘못되었다는 생각으로 위축된 나의 마음을 보았다. 두려움이었다. 두껍고 단단하게 꼬인 밧줄이 내 목과 가슴을 동여매고 있는 것처럼 느껴졌다. 심호흡을 하면서 아픔에 대한 생각을 내려놓고 마음을 사로잡은 두려움을 그저 느꼈다. 어떤 경험이 일어나든 그것을 "이 또한 마찬가지"의 태도로 마주하리라고 결심했다. 모든 것을 수용할 생각이었다.

몇 분이 지나자, 나는 밀어내려는 생각 없이 감각들을 느끼고 있었다. 단지 목과 가슴을 누르는 무게와 복부에서 조이는 아픔을 느끼고 있었다. 불편함이 사라지지는 않았지만 뭔가가 점차로 변화하기 시작했다. 내 마음은 더 이상 긴장되거나 처지지 않았고, 더 또렷하고 집중되고 완전히 열렸다. 주의가 깊어지면서 나는 내 몸 구석구석의 감각을 움직이는 에너지로 지각하기 시작했다. 그것은 따끔따끔하고, 박동하고, 진동했다. 유쾌하든 불쾌하든 그 모두가 나를 통해 어우러지는 동일한 에너지였다.

느낌과 생각이 나타나고 사라지는 것에 주의를 기울이자, 그것들이 그냥 제멋대로 오고 간다는 것이 점차 분명해졌다. 감각은 난데없이 나타났다가 허공으로 사라졌다. 그것들을 소유하고 있는 자아는 인지할 수 없었다. 진동, 박동, 따끔거림을 느끼는 '나'는 없었다. 불쾌한 감각에 짓눌린 '나'가 없었다. 생각을 만들어내거나 명상하려고 노력하는 '나'가 없었다. 삶은 단지 일어나고 있었고, 현상들이 마법처럼 나타난 것이었다. 모든 지나가는 경험을 "이 또한 마찬가지"의 개방성으로 수용하자, 몸과 마음 안의 어떠한 경계나 견고함의 느낌도 사라졌다. 감각, 정서, 생각은 날씨처럼 의식의 하늘에서 그저 왔다갔다 움직이고 있었다.

눈을 떴을 때 나는 뉴잉글랜드 가을의 아름다움에 감격했다. 나무들은 지면에서 높이 솟아 있었고, 노랗고 빨간 나뭇잎들은 선명한 푸른 하늘과 대비되었다. 색깔들은 내 몸을 통해 전개되는 생생하고 감각적인 삶의 일부로 느껴졌다. 바람 소리는 나타났다 사라졌고, 나뭇잎은 땅으로 춤추듯 떨어졌으며, 새는 가까운 나뭇가지에서 날아올랐다. 전체 세계가 움직이고 있었다. 내 안의 삶처럼, 어떤 것도 고정되지도 견고하지도 막혀 있지도 않았다. 나는 의심할 여지없이 내가 세상의 일부임을 알았다.

그 다음 복부 경련을 느꼈을 때, 나는 그것이 단지 자연 세계의 또 다른 일부임을 깨달을 수 있었다. 계속 주의를 기울이는 사이, 내 안에서 일어났다가 지나가는 통증과 압력이 땅의 단단함, 떨어지는 낙엽과 다르지 않음을 느낄 수 있었다. 거기에는 그저 고통이 있었고…… 그것은 땅의 고통이었다.

우리가 정신적 개념으로부터 자유롭고 감각이 깨어있을 때, 우리가 경험하는 소리, 냄새, 모습, 진동은 우리를 모든 곳의 모든 삶과 연결한다. 그것은 나의 고통이 아니라 땅의 고통이다. 나의 살아 있음이 아니라 단지 삶이다. 열려 있고 강렬하며, 신비롭고 아름다운 삶이다. 감각의 변화무쌍한 춤을 근본적 수용으로 마주함으로써, 우리는 본래 우리가 이 세계에 속해 있었음을 발견하게 된다. 우리는 '개별 존재가 아니다(no thing).' 즉 어느 일시적인 경험에 한정되지 않는다. 우리는 전체 안에 있는 '전부(everything)'다.

로저 키이스(Roger Keyes)의 시 〈호쿠사이가 말하기를(Hokusai Says)〉에서 현명한 일본 예술가의 가르침은, 우리가 삶을 살고 있으며 삶의 충만함에 마음을 여는 능력이 우리에게 있음을 상기시켜 준다.

호쿠사이가 말하기를, 주의 깊게 보라.
그가 말하기를, 주의를 기울이고 알아차려라.
그가 말하기를, 계속 바라보고 호기심을 유지하라.
그가 말하기를, 바라봄에는 끝이 없다.

그가 말하기를, 모든 것은 살아 있다.
조개, 건물, 인간, 물고기,
산, 나무, 숲이 살아 있다.
물이 살아 있다.

만물은 자신의 삶이 있다.

만물은 우리 안에 살아 있다.

그가 말하기를, 당신 안의 세계와 함께 살아라…….

중요한 것은 당신이 관심을 갖는 것이다.

중요한 것은 당신이 느끼는 것이다.

중요한 것은 당신이 알아차리는 것이다.

중요한 것은 삶이 당신을 통해 산다는 것이다.

보고, 느끼고, 삶이 당신의 손을 잡게 하라.

삶이 당신을 통해 살게 하라.

우리가 신체적 경험에 저항하는 것으로부터 삶에 근본적 수용을 도입하는 쪽으로 변화할 때, 우리는 트랜스에서 깨어나게 된다. 우리 삶의 온전함과 신비에 문을 열게 된다. 매 순간 깨어서 '내버려둘 때' 우리는 편안하다. 18세기의 위대한 선 스승인 하쿠인(白隱) 선사는 "바로 이곳이 정토고, 바로 이 몸이 붓다."라고 썼다. 정토는 지금 여기에 항상 존재하는 소중한 깨달음의 장소다. 우리 몸을 통해 삶을 근본적 수용으로 마주할 때 감각, 느낌, 생각의 변화하는 흐름을 바라보는 우리가 붓다, 즉 '깨달은 이'다. 만물이 살아 있고, 온 세상이 우리 안에 살아 있다. 삶이 우리를 통해 살게 할 때, 우리의 참된 본성이 무한하게 열리는 것을 경험하게 된다.

몸의 감각에 깨어있기

마음챙김으로 하는 바디스캔(body scan)은 현재에 깨어있기 위한 중요한
방법이다.

●

편안히 앉아서, 눈을 감고 몇 차례 길게 심호흡을 한다. 자연스럽게 호
흡하면서 몸과 마음의 긴장을 푼다.

　편안하고 열린 의식으로, 머리끝에서 발끝까지 온몸을 서서히 빈
틈없이 스캔해보자. 먼저 정수리에 주의를 둔다. 특별히 뭔가를 찾으려
고 하지 말고 가만히 그곳의 감각을 느낀다. 그런 다음 서서히 아래로
내려오면서 머리 뒤쪽, 머리 양 옆과 두 귀의 감각을 느껴보자. 이마, 눈,
코, 뺨, 턱, 입으로 내려오면서 감각을 느껴보자. 원하는 만큼 천천히 그
러나 빈틈없이 스캔한다.

　바디스캔을 하면서 주의를 안내하기 위해 눈을 사용하지 않도록
주의한다. 그렇게 하면 긴장을 유발할 뿐이다. 몸의 특정 부위가 무감각
하거나 그곳에서 알아차릴 수 있을 정도의 감각이 느껴지지 않는 것은

흔한 일이다. 이완되어 편안하게 잠시 그 부위에 주의를 유지한다.

몸을 스캔하는 데에 눈을 사용하지 않도록 조심한다. 주의집중하는 곳을 눈으로 보게 되면 이완되기는커녕 긴장될 뿐이다. 단지 몸 안으로부터 몸을 느낌으로써 감각을 직접 느끼도록 한다. 몸의 어떤 부분에 감각이 전혀 안 느껴지거나 알아차리기 힘들 정도의 감각만 있는 것은 흔한 일이다. 긴장을 풀고 편안하게 그 부위에 잠시 주의를 유지한다. 주의가 깊어지면 다음에 이 부위를 스캔할 때 점차 감각이 더 잘 느껴진다는 것을 알 수 있을 것이다.

이미지나 생각들이 자연스럽게 떠오를 수 있다. 그것들이 지나가는 것을 알아차리고 다시 부드럽게 감각으로 주의를 되돌린다. 모든 생각을 내려놓고 당신의 몸이 살아 있음을 있는 그대로 경험하라.

목구멍과 목 주위에 주의를 기울이며 어떤 감각이든 판단하지 말고 알아차리자. 몸의 내부로부터 양쪽 어깨에 각각 주의를 기울여보자. 서서히 팔을 따라 아래로 내려오면서 몸의 감각과 살아 있음을 느껴본다. 편안하게 놓인 두 손을 마음으로 느껴본다. 손가락 하나하나를 안으로부터 느껴보고 이어서 손바닥, 손등을 차례로 느껴본다. 그러면서 따끔거림이나 박동, 압박감 또는 따뜻하거나 차가운 느낌을 알아차린다. 당신의 몸이 생생히 살아 있는 것을 느껴보라.

이제 당신의 의식을 가슴에 두고, 가슴 전체에서 감각을 느껴본다. 천천히 의식을 배로 내려보낸다. 부드럽고 수용적인 태도로 복부의 감각을 느껴본다.

이제 등으로 주의를 옮겨서 양쪽 어깨뼈 주위의 감각을 느껴본다.

서서히 아래로 내려와 등의 중간과 아래쪽을 살펴보고 나서 이젠 척추 전체를 느껴본다. 계속해서 몸 아래로 훑어 내려와 골반, 엉덩이, 생식기관의 감각을 느껴본다. 실제로 어떤 감각이 느껴지는가? 천천히 다리 전체를 위에서 아래 방향으로 안으로부터 감각을 느껴본다. 발과 발가락의 감각을 살펴보자. 당신의 몸이 의자나 방석 혹은 바닥에 닿는 부분에서 느껴지는 촉감과 압력, 온도를 느껴보자.

이제 당신의 주의를 확장시켜서 온몸을 느껴보자. 변화무쌍한 감각이 일어나는 공간으로 당신의 몸을 의식해보자. 우리 몸의 모든 세포, 모든 장기에 생명과 생기를 불어넣는 미묘한 에너지의 장을 느낄 수 있는가? 당신이 경험하는 것 중에 고정되어 변하지 않는 것이 있는가? 감각의 중심이나 경계선이 있는가? 이러한 감각을 갖고 있는 불변의 자기가 있는가? 있다면 어느 위치에 있는가? 무엇이 혹은 누가 경험을 인식하는가?

당신의 온몸을 알아차리며 편안히 휴식하고 있을 때, 어떤 강한 감각이 일어나면 부드럽게 주의를 기울여보라. 당신이 느끼는 경험을 조종하거나 조작하지 마라. 어떤 것도 좋다고 집착하거나 싫다고 밀쳐내지 마라. 단지 변화무쌍한 감각의 춤에 자신을 열고, 안에서부터 밖으로 당신이 살아 있음을 느껴보라. 만약 특별히 주의를 기울여야 할 감각이 없다면, 한 번에 온몸에서 에너지를 느낄 수 있도록 열린 상태를 유지한다.

만약 어떤 생각이 떠오르게 되면, 생각이 떠올랐음을 알아차리고 부드럽게 "생각, 생각."이라고 이름을 붙여라. 그런 다음 살아 있음의 에너지장과 다시 연결하라. 생명이 당신 안에서 살아 있게 하고, 당신이라는 살아 있는 존재를 알아차리면서 그 속에 머물러라.

●

머리끝부터 발끝까지 혹은 발끝에서 머리끝까지로 이어지는 바디스캔은 한 차례 명상을 하는 동안 여러 번 반복해서 할 수 있다. 온몸을 스캔하고 난 뒤 몇 분 동안 온몸 전체에 주의를 기울여 알아차리다가 다시 순차적으로 몸을 스캔해도 된다. 첫 번째 스캔은 천천히 하고, 그 다음에는 조금 더 빠르게 스캔해도 좋다. 한 번만 스캔한 다음 가장 두드러진 감각에 주의를 기울이다가 그 감각이 수그러들면 몸 전체의 감각에 주의를 기울이는 방식으로 훈련을 계속할 수도 있다. 온몸이 편안하고 깨어있는 상태를 유지하는 데 도움이 되는 것을 찾아보라.

일상생활을 하면서도 가능한 한 자주 당신의 몸을 경험해보라. 어깨, 손, 배의 긴장을 풀고 편안하게 하면 쉽게 당신의 몸을 느낄 수 있다. 매일 겪게 되는 여러 가지 상황 속에서 당신의 몸에 어떤 감각이 일어나는지 알아차려보자. 화가 날 때 어떤 감각이 느껴지는가? 스트레스를 받거나 시간에 쫓길 때는 어떤가? 누군가에게 비난받거나 모욕을 당했을 때는? 흥분했을 때나 행복할 때는 또 어떤가? 골똘히 생각에 빠져 있을 때와 순간순간 달라지는 감각을 느끼고 있을 때는 어떤 차이가 있는지 주의 깊게 살펴보라.

고통의 근본적 수용

불쾌한 감각에 저항을 멈추고 자동적으로 반응하지 않으며 그 감각에 주의를 기울여보라. 그러면 고통에 대한 근본적 수용을 계발할 수 있게 된다. 만약 당신이 지금 육체적인 고통으로 괴롭다면 이 훈련이 매우 도움이 될 것이다.

편안한 장소를 찾아서 앉거나 눕는다. 잠시 자연스럽게 호흡하면서 고요하고 편안하게 쉰다. 천천히 부드럽게 몸을 스캔하면서 이마와 턱의 긴장을 풀고 어깨에 힘을 빼고 두 손은 편안히 놓는다. 온몸에서 불필요하게 긴장하는 곳은 하나도 없게 한다.

몹시 불편하거나 고통스런 느낌이 강해서 신경이 쓰이는 곳은 어디인가? 그 부위에서 느껴지는 불쾌한 감각을 분명하게 느끼면서 수용하라. 당신이 이 고통을 온전히 알아차리면서 어떤 일이 생기는지 살펴보라. 매우 미세하지만, 고통을 거부하려는 시도가 있는가? 고통을 잘라내고 차단하고 도망치려고 하는 시도가 있는가? 두려워하고 있는가?

고통에 저항하기 위해서 몸과 마음이 마치 꽉 움켜쥔 주먹처럼 단단히 긴장하고 있는 걸 알아차릴지도 모른다. 불쾌한 감각을 그대로 허용하면서 당신의 주의를 지금 현재에 유지하라.

고통에 저항하는 모든 반응을 누그러뜨리면서 저항의 주먹을 펴고 손을 벌려라. 넓게 열린 의식과 연결되면 될수록 현재의 감각과 더욱 더 함께할 수 있고, 어떤 감각이든 자연스럽게 드러나도록 받아들일 것이다. 당신의 의식이 마치 부드러운 공간이 되어 고통을 둘러싸고 있는 것처럼 느껴보라. 그래서 불쾌한 감각이 그 의식의 공간 속을 떠다닐 수 있게 한다.

이렇게 열린 마음으로, 지금 고통이 느껴지는 부위에서 변하는 감각에 더욱 주의를 기울여보라. 실제로 어떻게 느껴지는가? 불에 덴 듯 화끈거리고, 아리고 쓰라리며 욱신거리고 찢어지듯 아프고 쿡쿡 찌르는 듯한가? 고통이 마치 꽉 묶인 매듭처럼 느껴지는가? 엄청난 무게에 짓눌려 찌그러지는 것처럼 느껴지는가? 불쾌한 감각이 더욱 강렬해지는가 아니면 점차 약해지는가? 감각에 주의를 기울여 살펴보면 그 감각이 어떻게 변하는가? 자동적으로 반응하지 말고 부드럽게 살펴보라. 단단한 덩어리처럼 느껴지던 고통스러운 감각이 점차 부드럽게 풀리면서 자연스러운 변화의 춤을 추게 하라.

고통에 대한 저항이 생기게 되면 긴장을 풀면서 모든 것을 수용하는 느낌으로 다시 살펴보라. 불쾌한 느낌이 없는 부분을 포함해서 몸 전체를 느껴보라. 당신의 몸을 열린 공간이 되게 하라. 그 안에서 불쾌한 감각은 일어났다 사라지고, 약해졌다 강해지고, 움직이며 변한다. 어떤 집착도 긴장도 없다. 의식의 바다에 머물며, 모든 고통스러운 감각을 열린 받아들임 안에서 떠다니도록 하라.

●

고통이 너무 심할 때 자동적으로 반응하면서 자기 자신을 판단하려 들지 마라. 당신을 편안하고 안락하게 하는 어떤 방법이든 써서 자신을 보살펴라. 한 번에 단 몇 분 동안이라도 고통에 대한 마음챙김을 훈련하면, 점차 평정심이 증가할 것이다. 불쾌한 감각에 저항하지 않고 더 쉽게 마음을 열 수 있게 된다.

6

우리가 진정으로
원하는 것은
무엇인가?

그저 좋아하는 것을 하고 있을 때
인간은 자유롭지 않다.
인간은 오직 내면 가장 깊은 곳의,
자기가 좋아하는 것을 할 때만 자유롭다.
그리고 내면 가장 깊은 곳의 자기에
도달하는 길이 있다!
그것은 뛰어드는 것이다.

– 로렌스(D.H. Lawrence)

사랑하는 사람이 서로를 간절히 원하는 것부터
순례자가 진리를 찾는 것까지,
모든 움직임은 움직이는 자로부터 나온다.
모든 갈망은 우리를 바다로 끌어들인다.

– 루미(Rumi)

●   고등학교 세계학 수업에서 처음 불교를 접했을 때 나는 불교를 무시해버렸다. 집착에 대해 엄격하고 쾌락을 거부하는 불교는 내 삶과 무관해 보였기 때문이다. 물론 우리 모두 괴로울 수는 있겠지만, 왜 그것을 곱씹어야 하는가? 당시는 1960년대 후반이었고, 우리 대부분에게 쾌락주의는 일종의 종교였다. 우리는 욕구 중독자들이었다. 불교는 내게 낭만적 관계의 추구를 멈추고, 친구와 좋은 시간 보내기를 포기하고, 마리화나의 황홀경을 피하고, 모험적인 삶을 관두라고 말하는 것 같았다. 나에게 욕구로부터의 자유란 인생을 즐기는 것이었다.

몇 년 후에 나는 붓다가 결코 욕구 자체를 문제로 본 것은 아님을 알게 되었다. 욕망이 괴로움의 원인이라고 할 때, 붓다는 살아 있는 존재인 우리가 자연스레 갖게 되는 욕구와 필요가 아니라 스쳐 지나가야 할 경험에 집착하는 우리의 습관을 말한 것이었다. 그것을 이해하는 과정에서 나는 여기저기 발을 헛디뎌 넘어졌으며, 여러 차례 나의 잘못된 착각과 집착을 발견했다. 욕구는 때로 폭군처럼 나를 지배했다. 또 어떤 때 나는 욕구의 힘에 저항하여 나 자신을 모질게 만들면서 무섭게 싸움을 벌였다. 그러다가 결국 나는 구석구석 배어 있는 강력한 욕구의 에너지와 현명하게 관계 맺는 것이 조건 없는 사랑으로 가는 길임을 알게 되었다.

예상했겠지만, 내가 처음으로 이 가능성을 어렴풋이 알게 된 건 욕망의 온상인 낭만적 사랑의 관계에서였다. 영적 공동체를 떠나고 몇 년 후 나는 남편과 이혼했다. 우리의 결혼생활에서 요가 수련법은 굉장히 중요한 바탕이었지만 개인 관계는 별로 중요하지 않았다. 우리는 좋은 친구였지만 친밀한 배우자가 되기에는 좋은 짝이 아니었다. 이혼을 하고 얼마 지나지 않아, 나는 내가 찾고 있는 바로 그 사람처럼 보이는 남자를 만났다. 몇 번 가볍게 만났을 뿐인데 나는 그에게 완전히 빠져버렸다.

초반에 급격하게 관계가 발전하는 중에 나는 일주일 기간의 한겨울 명상수련회를 떠났다. 불교 명상을 수행해온 6년 동안 나는 수많은 수련회에 참석했고, 거기서 얻게 되는 명확함과 깨어있음의 상태를 사랑했다. 그러나 이번에는 마음챙김의 깨어있음 근처에도 가지 못하고, 즉시적이고 강렬한 공상의 즐거움에 끌리고 있었다. 나는 '위빠사나 로맨스'에 폭 빠져 있었다.

수련회의 침묵과 금욕 속에서도, 마음은 잘 알지도 못하는 한 사람에 대한 굉장히 에로틱한 세계를 건설할 수 있다. 대개 위빠사나 로맨스의 대상은 우리의 주의를 끄는 또 다른 명상가다. 며칠 동안에 우리는 머릿속으로 연애하고, 결혼하고, 함께 가족을 이루는 모든 관계를 경험할 수 있다. 내가 집에서 데리고 온 공상의 남자와 빠진 강력한 위빠사나 로맨스는, 모든 걸 내려놓고 지금 여기로 다시 돌아오는 내 최선의 전략들을 모두 무력화시켰다.

　나는 이완하고 호흡에 주의를 기울이면서 몸과 마음에서 일어나고 있는 것을 알아차리려고 노력했다. 두 번의 마음챙김 호흡을 완성하기도 전에, 내 마음은 다시 한번 가장 좋아하는 주제로 되돌아가곤 했다. 상상 속에서 우리는 서로 엄청나게 끌리고 있음을 인정하고 주말 동안 함께 블루리지 산맥으로 가고 있었다. 같이 명상을 한 다음 열정적인 사랑을 나누는 상상을 했다. 또한 올드래그 산의 정상으로 하이킹을 가서 초봄의 기색과, 우리가 진정한 영혼의 반려자가 되는 것을 만끽하는 상상을 했다.

　그러다가 죄의식에 휩싸여 내가 어디에 있는지를 기억해내곤 했다. 이따금 주위를 둘러보고 명상홀의 평온함과 위엄을 확인했다. 나는 현재에 머무는 것의 자유와 즐거움, 그리고 스토리와 환상 속에 사는 것의 괴로움을 떠올렸지만 내가 빠져 있는 공상에는 흠집 하나 나지 않았다. 공상은 거의 즉시 다시 튀어 나왔다. 공상이 사라지기를 바라면서, 수련센터 주변의 눈길에서 오랜 시간 걷기 명상을 했다. 그러나 마음이 끊임없이 들끓어댔다. 방종한 사람처럼 절제력이 없다는 데 대해 스스로 부끄러웠다. 무엇보다 절망스러웠던 것은 내가 귀중한 시간을 낭비하고 있다는 사실이었다. 이번 수련회는 나의 영적 수행을 심화시킬 기회였는데, 나는 욕구에 사로잡혀서 먼 미래에 있었다.

　강렬한 욕구의 고통은 수련회에서 더 분명했지만, 그런 욕구의 영향은 일상생활에서도 너무나 익숙한 것이었다. 나는 새로운 관계의 초기에 전화를 기다리며 며칠씩 보내는 것이 무엇인지 잘 알고 있었다. 수련생, 친구, 선생 등 누군가에게 내가 지적으로나 영적으로 깊은 인상을 주길 원하면서 함께한 시간이 어색하고 진실하지 못했다는 느낌으로 남는 것이 무엇인지 잘 알고 있었다. 논문을 쓰기 위한 문헌조사를 마치는 데 너무 몰두한 나머지 아들과의 놀이시간을 계속 뒤로 미루는 것이 무엇인지 잘 알고 있었다. 심리학 자격증을 따려고 노력하며, 좋은 파트너를 발견하기를 바라며, 책 제안서를 마무리하려 버둥거리며 내 삶의 얼마나 많은 시간을 미래에 기대서 보내왔는가! 내가 이 열망을 갖지 말아야 했다는 것이 아니라, 미래의 모습을 목표로 삼는 것이 불편하고 조화롭지 못했다는 것이다. 이런 상태가 최고조에 이르렀을 때는 신경이 너무 날카로워져서 주변의 아름다움을 음미하지도 못했고, 열망에 사로잡혀 사랑하는 사람의 말을 진심으로 듣거나 그 사람과 즐거운 시간을 보내지도 못했다. 지금 현재 일어나고 있는 실제 소리, 느낌, 감각을 의식해야 할 수련회에서, 나의 강박적인 욕구하는 자기는 미래에 사로잡힌 길을 계속 가고 있었다.

　며칠 후 나는 스승과 중요한 면담을 가졌다. 내가 얼마나 감정에 압도되었는지를 얘기했을 때 그녀가 물었다. "당신은 욕구와 어떻게 관계 맺고 있나요?" 나는 깜짝 놀랐다. 욕구는 나의 적이었고, 나는 전투에서 지고 있었다. 그녀의 질문은 내게 마음챙김 수행의 핵심으로 돌아가는 길을 알려주었다. 중요한 것은 "무슨 일이 일어나고 있는가?"가 아니라 "경험과 어떻게 관계 맺는가?"다. 그녀는 내게 경험과 싸우는 것을 중단하고, 대신 욕구하는 마음의 본질을 살피라고 충고했다. 그녀는 무슨 일이 일어나든 수용할 수 있으며, 다만 거기서 길을 잃지 말아야 함을 상기시켜주었다.

　욕구는 대개 불편하긴 해도 나쁜 것은 아니다. 자연스러운 것이다. 욕구의 끌어당김은 생존 장치의 일부다. 그것은 우리가 먹고, 성행위를 하고, 일하러 가고, 하고 있는 일을 잘하도록 유지해준다. 또한 욕구는 책을 읽고, 대화를 나누고, 자비로운 의식을 깨달으면서 살게 도와주는 영적 수행을 할 마음을 우리에게 준다. 괴로움을 일으키는 삶의 에너지가 심오한 깨달음을 위한 연료가 되기도 한다. 욕구는 그것이 우리의 정체성을 장악해버릴 때만 문제가 된다.

　붓다가 말한 '중도'의 가르침은 욕구에 붙잡히거나 욕구에 저항하지 않고 욕구와 관계 맺는 것이다. 이 가르침은 음식과 성, 사랑과 자유 등 욕구의 모든 종류와, 약한 선호부터 가장 강렬한 열망까지 욕구의 모든 강도에 적용된다. 욕구에 마음챙김할 때 욕구를 구체적인 의식으로 경험할 수 있고, 욕구의 감각과 생각을 일어나고 사라지는 현상으로 인식할 수 있다. 쉽지는 않지만 근본적 수용의 명확한 바라봄과 자비를 기를 때, 이 자연적인 힘에 온전히 열리고 그 속에서도 여전히 자유로울 수 있다.

욕구란
무엇인가?

달라이 라마는 강연을 시작할 때, 모든 사람은 행복해지기를 원하고 아무도 괴롭기를 바라지 않는다는 말을 자주 한다. 행복 욕구는 근본적으로 생존 욕구다. 이 욕구는 자연계 전반에서 사물이 형성되는 방식에도 작용한다. 원자를 끌어 모아 분자를 만들고 태양계가 은하계에서 계속 돌게 잡아두는 끌어당김의 보편적인 힘이, 정자와 난자를 만나게 하고 사람들이 함께 공동체를 꾸리게 한다. 불교 승려이자 학자인 월폴라 라홀라(Walpola Rahula)는 이 원시적 욕구가 "모든 생명들을 움직이는······ 심지어 전체 세계를 움직이는 엄청난 힘으로서, 세상에서 가장 위대한 힘이고 가장 위대한 에너지"라고 말한다.

우리 인간에게 있는 행복 욕구는 여러 가지 욕구들을 충족시키는데 초점이 맞춰져 있다. 심리학자 에이브러햄 매슬로(Abraham Maslow)에 따르면 우리의 욕구는 기본적인 생물학적 추동에서 영적인 갈망까지 위계적으로 배열된다. 안전, 음식과 성, 정서적 인정과 유대감, 정신적 참여와 창조적 활동, 교감과 자기실현 등과 같은 몸, 마음, 영혼의 욕구들은, 충족되었을 때 만족과 쾌감을 주지만 거부당하면 결핍되고 좌절되고 불완전하다는 느낌을 준다. 우리는 생존하고 번창하고 충족되게 하는 경험을 구한다.

문제는 어떤 경험이 아무리 만족스럽다 할지라도 변하기 마련이라는 점이다. 붓다는 이것을 첫 번째 숭고한 진리로 꼽았다. "실존은 본질적으로 불만족스럽다." 고등학교에서 이 가르침을 "삶은 고통이다."라는 가장 일반적인 번역으로 처음 들었을 때, 나는 당연히 삶이 비참하고 괴로운 것에 불과하다는 의미로 받아들였다. 그러나 괴로움에 대한 붓다의 이해는 더 미묘하고 더 심오하다. 우리의 기분, 몸, 일, 사랑하는 사람, 우리가 살고 있는 세계 등 우리 삶의 모든 것들이 끊임없이 변화하기 때문에 우리는 불편하다. 아름다운 저녁노을, 달콤한 맛, 사랑하는 사람과의 친밀한 순간, 우리가 '나'라고 부르는 육체와 정신의 바로 그 존재까지 그 어떤 것도 계속 잡고 있을 수 없다. 모든 것은 왔다 가기 때문이다. 어떠한 영구적 만족도 없기 때문에 우리는 계속해서 또 다른 연료와 자극의 주입을 필요로 하고, 사랑하는 사람으로부터의 재확인, 치료, 운동, 명상을 원한다. 더 나은 뭔가가 되고 다른 뭔가를 경험하도록 계속해서 자기 자신을 몰아붙인다.

만약 우리의 욕구가 단순하고 일시적으로 만족될 수 있다면, 우리의 대응방식도 단순해진다. 목마르면 마시고, 피곤하면 자고, 외로우면 친구와 대화할 뿐이다. 그러나 알다시피 이렇게 단순한 것은 극히 드물다. 우리의 욕구는 대부분 그렇게 쉽게 만족되지 않는다. 무가치감의 트랜스에 붙잡힌 우리의 욕구는 결국 불완전함에서 오는 불안을 완화시키는 데 고착된다. 불가능하다는 것을 알면서도 모든 것을 완벽하게 마무리 짓고 실수하지 않으려고 분투한다. 일, 자녀 양육, 인간관계, 건강, 외모 등 삶의 모든 국면에서 항상 충분히 좋다고 느끼고 싶어 한다. 다른 사람들이 항상 행복하고 건강하며, 우리를 사랑하고 존중하기를 원한다. 그러나 이런 일들은 일어나지 않기 때문에, 우리는 뭔가가 빠졌거나 잘못되었다는 느낌에 끌려 다닌다. 우리를 괴롭히는 매일의 욕구는 우리가 편안해지고 더 근원적인 갈망을 의식하지 못하게 방해한다. 우리는 미래가 현재 순간에 얻지 못하는 만족을 제공해주기를 희망하며 끊임없이 다음 순간에 기댄다.

욕구(desire)라는 단어의 라틴 어원인 desidus는 '별로부터 멀리'라는 의미다. 이것을 내가 좋아하는 방식으로 해석하면, 별은 모든 생명의 에너지 원천이고 순수한 의식의 표현이다. 이 살아 있음과 깨어있음은 우리가 가장 깊이 열망하는 것이다. 우리는 자기의 별 안에 있기를, 우리 자신의 본성을 깨닫기를 열망한다. 하지만 우리의 욕구는 사라질 수밖에 없는 것에 습관적으로 집착하기 때문에, 우리는 '별로부터 멀리' 있다고 느낀다. 다시 말해 삶으로부터, 우리 존재의 핵심인 의식과 사랑으로부터 멀리 있다고 느끼는 것이다. 존재의 원천으로부터 멀리 있다고 느끼면, 우리는 욕구와 욕구를 만족시키는 방식을 자신과 동일시하게 된다.

거짓 욕구의
출현

크리스는 여태껏 자기를 칭찬하거나 심지어 "잘했어."라고 말해주는 사람 하나 없는 가정에서 성장했다. 그의 부모는 그의 쾌활함과 유머를 좋게 보지 않았다. 그들은 크리스의 타고난 음악적 재능을 좀처럼 알아차리지 못했다. 그는 손에 잡히는 거의 모든 악기를 연주할 수 있었다. 크리스는 다섯 살 때 일어난 매우 고통스러운 사건을 기억하고 있다. 그의 부모는 거실에서 오랜 시간 서로 얘기를 나누고 있었다. 혼자인 듯한 기분에, 크리스는 주의를 끌려고 장난감 상자에서 새 아코디언을 꺼내 부모님 앞에서 연주하기 시작했다. 이 방해에 짜증이 난 크리스의 부모는 크리스에게 방에 가서 연주하라고 말했다. 크리스가 꼼짝하지 않자, 그들은 곧바로 침실로 들어가서 문을 닫아버렸다. 그는 닫힌 문 앞에 서서 계속 연주를 했다. 부모가 크리스를 가르치려고 그랬을 수도 있겠지만, 크리스는 굴욕감과 버려졌다는 느낌을 받았다. 결국 그는 바닥에 몸을 웅크리고 잠이 들었다.

나와 함께 상담하기 시작할 즈음 크리스는 이리저리 옮겨 다니며 몇몇 영적 스승들과 공부를 하고 있었는데, 그는 그 이유가 부분적으로 "결코 그들 중 어느 누구에게도 진실로 이해받는다고 느낄 수 없었기 때문"이라고 말했다. 가장 최근에 크리스는 한 랍비와 시간을 보내면서 자신이 스스로를 매우 미성숙하고 불안정하게 느낀다는 것을 알게 되었다. 그는 교당의 사교 모임에서 기타를 연주하고 유대교 신비주의 수업에서 자신의 지식을 과시하여 환심을 사려 했다. 그가 기회 있을 때마다 랍비에게 말을 걸면 랍비는 매우 친절하게 대해주었다. 그러나 크리스는 자신이 중요하다거나, 자신이 안 나타나면 랍비가 알아챌 것이라는 느낌을 받지는 못했다.

크리스는 자신이 특별한 사람으로 부각되지 않으면 스스로 무가치하다고 믿었다. '넘버 원'에 대한 욕구는 데이트, 우정, 업무에까지 확장되었다. 자신이 주의의 초점이 아닐 때면 스스로 무시당하거나 거부당하고 있다고 느꼈다. 치료과정 중 이 점을 인정하는 것은 그에게 당황스러운 일이었다. 그는 자신이 외부의 인정에 그토록 연연하는 것은 뭔가 잘못된 거라고 느꼈다. 크리스는 자신의 의존감과 불안정감 때문에 삶에서 사랑을 발견하지 못하게 되는 것이 두려웠다. "그것은 여자들을 떠나게 해요. 여자들은 그것을 감지하자마자 흥미를 잃을 겁니다." 사람들에게 공공연한 요구나 재확인을 하지 않는 방법을 배우기도 했지만 별 도움이 안 되는 것 같았다. "그것은 내 '느낌'입니다." 그가 말했다. 그 욕구가 충족되지 못했다는 느낌이 스스로를 매력이 없고 거부당할 만하다고 느끼게 만들었다.

자기에 대한 느낌은, 모든 경험의 밑바탕인 강한 유쾌 혹은 불쾌 감각에 대한 자동반응에서 생겨난다. 크리스처럼 사랑의 주의를 원할 때, 우리는 몸에서 특정한 감각을 느낀다. 흥분과 열린 마음뿐만 아니라 심장 주변에서 느껴지는 열망의 통증 같은 것들까지 말이다. 우리의 욕구에 "아니오."라는 대답이 돌아올 때, 우리는 신체가 수축하는 느낌을 더욱 강렬하게 받으며, 숨고 싶은 욕구인 수치심과 두려움의 위협을 느낀다. 이러한 욕구와 계속된 좌절을 경험할 때 우리는 "욕구는 우리를 두려움과 수치심으로 이끈다."는 오래 지속되는 연합을 만든다. 우리 몸에 갇힌 이 강렬한 반작용적 느낌 덩어리는 욕구하는 자아의 역동적인 핵을 형성한다.

우리는 아잔 붓다다사(Ajahn Buddhadasa)가 말한 "나-내세우기(I-ing)"와 "나의-내세우기(my-ing)"를 통해 이러한 지속적인 느낌과 자신을 동일시한다. 욕구의 긴장과 흥분이 일어나면, 우리는 이것을 친밀감에 대한 나의 열망, 접촉과 주의에 대한 나의 갈망으로 경험한다. 동일한 방식으로, 내가 거절당할 때 그것은 나의 두려움과 수치심이다. 우리가 무슨 일이 일어나고 있는가에 관한 스토리를 스스로에게 말할 때 욕구하는 자기의 느낌이 강화된다. "그토록 많이 원하는 걸 보니 내가 뭔가 잘못됐어. 나는 왜 내가 원하는 것을 이미 갖고 있지 않은 거지? 세상은 나에게 앙심을 품고 있어. 그래서 나는 결코 어떤 것도 얻지 못할 거야."

만약 육체적 생존에 대한 심각한 위협이 없다면, 욕구하는 자기는 주로 정서적 생존과 웰빙에 초점을 맞춘다. 누구나 사랑받고 이해받고 싶은 기본 욕구가 좌절되었을 때 두려움과 수치심을 경험한 적이 있을 것이다. 만약 크리스처럼 친밀한 관계에 대한 욕구가 지속적으로 무시되거나 이해받지 못하면, 그 욕구는 더 강해지고 우리는 상대의 관심을 더욱 간절하게 받고 싶어 하게 된다. 우리는 두려움과 수치심이라는 고통스러운 느낌으로부터 벗어나려고 노력하면서 살아가게 된다. 즉 우리의 몸으로부터 단절되고, 감각을 제대로 느끼지 못하고, 자기판단과 강박적 사고에 빠져든다. 이는 단지 우리의 욕구와 수치심을 증가시킬 뿐이다. 자동반응의 순환은 그 자체로 계속 반복되고, 근본적으로 결핍되고 분리되고 무가치한 욕구하는 자기로서의 정체감은 더 깊어진다.

우리가 정서적 욕구를 직접 충족시킬 수 없을 때, 욕구하는 자기는 그것을 대체물로 만족시키는 전략을 개발한다. 무가치감의 트랜스 기저에 깔려 있는 모든 전략들과 마찬가지로, 사랑과 존중을 쟁취하는 데 목표를 두는 이 전략은 우리의 주의를 흡수하고 고착화한다. 우리도 크리스처럼 타인에게 재능과 지식으로 감명을 줘서 주의를 끌 수 있다. 끊임없이 돈을 벌거나 권력을 갖도록 스스로를 몰아붙일 수도 있다. 필사적으로 성적인 정복을 추구할 수도 있다. 혹은 도움이 되고 쓸모 있고 남이 필요로 하는 사람이 되어야 한다는 강박관념에 시달릴 수도 있다. 우리는 흔히 정서적 욕구를 음식, 술, 약물 등의 더 즉각적인 쾌감으로 충족시키려고 한다. 그것들이 '효과가 있으면' 이들 전략은 유쾌한 감각을 일시적으로 급증시켜 즉각적 만족감을 제공한다. 또한 수치심과 두려움의 생생한 고통을 완전히 가려버리거나 무감각하게 만든다. 그러나 그것은 우리의 욕구를 진정으로 충족시키는 것이 아니기 때문에 우리의 괴로움은 지속되고, 그와 함께 쾌감이나 안도감을 주는 그 어떤 것에 대한 의존 역시 계속된다.

우리가 원하는 것을 얻기 위해 가장 자주 사용하는 전략들도 '자기'라는 느낌을 만든다. 과식, 경쟁, 비위 맞추기 등을 '나'라고 느끼는 것이다. 대체물 추구에 몰두하여 인생을 소모하면 할수록, 우리는 우리의 진정한 욕구인 사랑과 소속감에 대한 깊은 열망으로부터 점점 더 멀어지게 된다.

대체물 추구에
빠지다

십대 이후로 줄곧, 생산적인 사람이 되려고 노력하는 건 나의 욕구하는 자기가 펼친 핵심 전략이었다. 끝내야 할 논문이든, 지불해야 할 계산서 무더기든, 깨끗한 부엌이든 간에 생산적 활동은 우리가 불안정감을 느낄 때 자신의 가치를 느끼기 위해 가장 쉽게 접근할 수 있는 도구다. 생산적 활동은 단지 창조적이고 삶에 공헌하려는 자연스러운 욕구가 아니라, 내가 부적격하다는 두려움과 나 자신을 증명하려는 욕구가 부추긴 것이다. 이 전략에 걸려들 때 나는 낮뿐 아니라 밤늦게까지 생산적이기 위해 필요한 힘을 얻으려고 홍차에 의지한다. 그 대가로 나는 성급해지고 참을성이 없어지고 사랑하는 것들로부터 멀어지게 된다. 끊임없이 나 자신을 또 다른 일을 하도록 재촉하며 몰아댈 때, 나는 몸으로부터 단절된다. 일중독 때문에 자기중심적이 되고 스스로를 나쁘다고 느낀다는 것을 아는 것만으로는 나를 늦출 수 없다. 한 가지 일을 더 처리하는 것이 내가 원하는 것, 즉 나를 더 낫게 느끼기 위한 가장 믿을 만한 방법으로 보인다.

심리치료 학회에 참석했다가 나는 정곡을 찌르는 포스터를 보았다. 노숙자 두 명이 공원벤치에 앉아서 한 사람이 다른 사람에게 말하고 있었다. "내가 왕년에는 전용 제트기를 타고 다녔고, 애스펀에 콘도가 있었고, 《포춘(Fortune)》지 선정 500대 기업 중 하나의 CEO였다네. …… 그래서 카페인 없는 커피로 바꿨지." 우리의 대체물이 그토록 매력적인 이유를 이해하는 것은 어렵지 않다. 그것들은 비록 우리의 가장 심층적 욕구를 다루지는 않지만 우리를 떠받쳐 넘어지지 않게 하고, 잠시지만 유쾌한 감각을 준다. 대체물을 추구하는 노력을 하면 주의가 거기에 사로잡히기 때문에, 자신이 사랑받지 못한다거나 무가치하다는 느낌에서 오는 생생한 감각을 잠시나마 못 느끼게 된다. 일을 성취해내면 자신이 부적합하다는 느낌에서 일시적으로 벗어날 수 있다. 그러나 카페인이 없는 커피로 바꾼 경영자처럼, 나의 욕구하는 자기가 생산적이지 않으면 모든 것을 잃을까 두려워 마음속으로는 나를 몰아세운다.

직업은 보통 생존에 필요한 기본 욕구들을 해결하는 데 필요하지만, "어디서 어떻게 일하는가?"는 대체 만족감의 또 다른 핵심 영역이다. 일은 사랑과 존경을 얻기 위한 간접 수단이 된다. 일에서 아무런 의미를 못 느끼며 자신의 직업을 싫어할 수도 있지만, 우리는 인정받고 싶은 욕구와 관계의 욕구를 자신이 얼마나 일을 잘하느냐와 연결시킨다. 남자에게서 특히 더 그렇긴 하지만, 우리들 대부분은 무가치감에서 오는 두려움을 보상하기 위해 일에 매달린다. 이 전략은 돈이나 권력을 통해, 근면함과 유능함으로 얻은 표창장을 통해, '뭔가 해냈다는' 만족감을 통해 제 할 일을 한다. 그러나 우리는 이 대체물들이 결코 우리의 깊은 열망을 만족시키지 못한다는 사실을 간과하여 그것들 속에서 길을 잃을 수 있다.

우리에게 의미가 있으며 창조적으로나 영적으로 만족스런 활동을 하고 있을 때조차도, 그런 활동들은 욕구하는 자기의 해결되지 못한 욕구를 대리만족시키기 위해 이용될 수 있다. 이런 일은 내가 명상 강연이나 연수회를 준비하거나 불교 수행 관련 논문을 쓸 때 가장 자주 일어난다. 불교의 가르침이 내게 귀중하고 그것을 남들과 공유하기를 좋아한다는 것을 의식하고 있을 때는, 내가 하고 있는 일에 나 자신을 열정적으로 던질 수 있다. 불안이나 좌절감이 일어나면 그것을 수용으로 해결할 수 있다. 그러나 때때로 불안정과 무가치감의 목소리가 나오고, 나는 그것을 듣게 된다. 이때 갑자기 글을 쓰거나 발표 준비를 하는 것이 사랑과 존경을 얻거나 잃는 문제와 연결되면서, 일에 대한 나의 전체 경험이 변화한다. 욕구하는 자기가 상황을 지배하는 것이다. 항상 진심으로 노력하려고 하지만, 이제 그 노력은 두려움에 휩싸인다. 나는 '충분히 잘해서' 보상을 얻으려고 초조하게 애쓴다. 일이 내 가치를 입증하려는 전략이 될 때, 내가 하고 있는 일에 대한 사랑은 온통 흐려진다.

만약 욕구하는 자기가 주도권을 잡으면, 어떤 일에도 자유롭고 즐겁게 우리 자신을 맡길 수 없게 된다. 그리고 욕구하는 자기에게 에너지를 공급하는 근본 욕구와 두려움을 처리하지 않는 한, 욕구하는 자기가 모든 활동과 인간관계에 스며들어 있을 것이다.

로렌스(D.H. Lawrence)는 다음과 같이 썼다. "그저 좋아하는 것을 하고 있을 때 인간은 자유롭지 않다. 인간은 오직 내면 가장 깊은 곳의 자기가 좋아하는 것을 할 때만 자유롭다." 당장의 만족감을 얻으려는 동기로 "그저 좋아하는 것"을 한다면, 우리는 계속 끌려다니는 느낌을 받을 것이다. 생산성이나 열중도가 아무리 높아도, 어떠한 큰 인정을 받더라도 무가치감의 트랜스를 타개할 수 없으며, "내면 깊은 곳의 자기"와 만날 수 없다. 로렌스가 지적한 것처럼, 내면 깊은 곳의 자기가 좋아하는 것을 한다는 것은 "뛰어드는 것"이다. 우리 가슴의 열망을 듣고 반응하기 위해서는 헌신적이고 진정한 깨어있음이 필요하다. 대체물을 쫓아가는 껍데기 세계에 사로잡혀 있을수록, 뛰어드는 것은 더 어려워진다.

중독된 욕구가
우리 삶을 장악할 때

내가 '위빠사나 로맨스'를 경험하며 알게 된 것처럼, 욕구가 강해질 때 마음챙김은 사라진다. 윌라 캐더(Willa Cather)는 "단지 하나의 큰 덩어리, 욕구만 있을 뿐이다. 욕구가 클 때 그 앞에서 모든 것은 작아진다."고 말한다. 욕구를 생명력으로 존중할 수 있지만, 그것이 삶을 장악하면 괴로움을 야기한다. 음식에 대한 자연스러운 갈구는 아이스크림, 사탕, 감자칩 같은 음식, 기분 좋은 음식 혹은 우리의 느낌을 무디게 하는 음식에 대한 통제할 수 없는 열망이 될 수 있다. 성과 애정에 대한 갈망은 우리를 규정하고 기쁘게 해주는 어떤 사람에 대한 고통스러운 의존이 될 수 있다. 집과 옷에 대한 욕구는 세 채의 집과 신지도 않은 새 신들로 가득 찬 신발장을 소유하도록 강요하는, 채워질 수 없는 탐욕이 될 수 있다. 소속되고 사랑받으려는 근본적인 열망은 대체물에 대한 끈질긴 갈망이 된다.

만약 우리가 몹시 좌절했거나 곤궁하다면, 우리의 고착된 욕구는 극단으로 치달아 채울 수 없게 된다. 우리는 열망에 지배되고, 전체 삶은 이 에너지의 힘에 장악된다. 온종일 모든 상황에서 모든 사람에게 욕구하는 자기를 표출한다. 인도에는 소매치기가 성자를 볼 때 성자의 주머니만 본다는 얘기가 있다. 만약 우리가 갈망에 장악되어 있다면, 우리 앞에 누가 혹은 무엇이 있든 상관없이 그것이 우리의 욕구를 만족시킬 수 있느냐 하는 것만을 본다. 이러한 갈망은 우리의 몸과 마음을 깊은 트랜스로 끌어들인다. 앞에 놓인 것을 즐기지 못하고 터널시야(tunnel vision)(터널 속에서 터널 입구를 바라보는 모양으로 시야가 제한되는 것 – 옮긴이)로 세상을 살아가게 한다. 가을 낙엽의 색깔이나 시 한 구절은 우리 삶에 크게 뚫린 구멍이 있다는 느낌을 증폭시킬 뿐이다. 아이의 미소는, 고통스럽게도 우리에게 아이가 없다는 것을 상기시킬 뿐이다. 우리의 갈망이 더 강렬한 자극이나 무감각한 안도를 추구하도록 몰아가기 때문에 소박한 즐거움을 외면한다.

중독된 갈망을 행동으로 옮기지 않고 견디기란 매우 어렵다. 오스카 와일드(Oscar Wilde)는 다음과 같이 썼다. "나는 어떤 것도 참을 수 있지만 유혹만은 예외다." 유혹은 우리가 그토록 강렬하게 갈망하는 즐거움을 경험할 것이라는 정서적 약속이다. 흡연, 강박적인 과식, 약물이나 관계 중독과 싸워본 사람이라면 이 신체적이고 정신적인 욕구의 강력한 힘을 안다. 우리는 담배를 포기하려 하지 않으면서, 동시에 기분 좋은 산책을 하고 편안한 음악을 듣고 심호흡을 하고 싶어 한다. 우리는 우리가 원하는 것을 원할 뿐이다. 마약이 일시적 대체물이라는 것을 머리로는 알고 있지만, 여전히 그것을 해야 한다고 느낀다.

명상을 배우는 수련생인 사라는 몇 년째 과식증과 싸우고 있었는데, 음식을 어떻게 조절할지 모르는 공황상태에서 열흘간의 불교 수련회에 참석했다. "충분히 먹을 수 있을까? 제공되는 음식을 좋아할까? 너무 많이 먹게 되지는 않을까?" 그녀는 긴 식탁에 앉아서 대화 없이 침묵하며 남들 앞에서 먹는다는 것이 두려웠다. 왠지 주위 사람들이 자신을 보고 섭식장애를 가졌다고 말할 것 같아 두려웠다. 참을 수 없는 수치심을 느끼게 될 거라고 상상했다.

수련회에서 처음 며칠간은 음식이 그녀 의식의 중앙무대에 있었다. 식사를 알리는 종소리가 나면, 그녀는 명상홀에서 나와서 천천히 식당을 향해 걸어갔다. 그녀는 내게 자신의 마음챙김이 가식이었다고 말했다. 그녀는 마치 저항할 수 없는 자석에 끌려가는 느낌이었다. 줄을 서서 음식을 기다리는 동안 그녀는 불안과 흥분으로 마음을 졸였다. 접시에 담아 온 것을 먹으면서도 무언가 더 가지러 갈 계획을 세우곤 했다. 사라는 음식이 맛있고 양도 충분하다는 것을 알고는 두 번, 때로는 세 번도 가져다 먹었다. 그녀는 원래 자리에 앉지 않고 자리를 바꿔서 추가로 1인분을 더 받곤 했다.

첫 면담에서 사라는 강박과 갈망으로 "마음 가운데가 구멍이 숭숭 뚫린" 것 같다고 말했다. 그녀는 그 같은 실패에 대해, 너무도 "영적이지 못한"데 대해 극심한 수치심을 느꼈다. 가장 힘든 건 자신이 아무리 먹는 것을 통제하려고 해도, 어떤 계획을 세워도 스스로 과식을 멈출 수가 없다는 사실이었다. 무엇보다도 자신을 통제하려는 매일매일의 헛된 시도가 스스로를 실패자로 느끼게 했다.

우리는 흔히 욕구에 붙잡혀 있는 자신을 좋아하지 않는데, 욕구가 통제를 벗어나거나 우리 삶을 장악하면 이 싫음은 전면적인 혐오로 바뀐다. 우리는 폭식이나 폭음이 우리의 몸과 인간관계를 망친다는 것을 잘 안다. 끝없는 성취에 중독될 때 자신의 아이들에게 상처를 준다는 것을 잘 안다. 의존감과 불안정감에 지배될 때 친밀한 관계를 망치게 되는 것을 본다. 한 수련생이 말한 것처럼, "욕구하는 자기는 내 최악의 적이다." 우리가 욕구 때문에 스스로를 미워하는 이유는 욕구하는 자기가 우리의 전체 삶을 장악했기 때문이다.

자기혐오의 고통으로부터 필사적으로 벗어나기 위해, 우리는 욕구하는 자기에게 잔인하고 몰인정한 메시지를 보낸다. 음식이나 휴식 혹은 다른 사람의 위로를 차단하는 식으로, 욕구하는 자기를 벌주려 할 수도 있다. 삶을 망치고 있는 자신의 한 부분을 너무나도 간절히 파괴하기를 원해서 무모하게 자신의 몸이나 마음에 상처를 줄지도 모른다. 사라의 경우처럼 고통스러운 수치심이 우리를 장악하면, '내면 가장 깊은 곳의 자기가 좋아하는 것'을 느끼지 못하게 된다. 애당초 우리를 중독으로 몰고 간 사랑에 대한 갈망과는 단절되는 것이다.

욕구하는 자기를 거부하는 것이
성장의 증표일까?

에덴 신화에서 신은 동산을 만들고 그 한복판에 맛있고 위험한 과일이 달린 선악과나무를 떨어뜨렸다. 그런 다음 그 가까이에 인간을 두고, 이 호기심 많고 과일을 사랑하는 창조물들이 선악과를 맛보는 것을 금지했다. 이는 고의로 계획된 일이었다. 이브는 당연히 과일을 움켜잡았고, 그런 다음 수치심을 느꼈고, 그렇게 한 것에 대해 벌을 받았다.

우리는 마음 안에서 이런 상황을 매일 경험한다. 우리 문화는 자신을 편안하게 유지하고, 바르게 살고, 물건을 소유하고, 다른 사람들보다 더 잘나고, 멋있어 보이고, 인정받으며 살기를 권장한다. 우리는 이기심을 부끄러워해야 한다는 말과, 하고 싶은 대로 다 하게 놔두면 자기중심적이 되어 죄를 짓는 결함이 있다는 말도 듣는다.

유대-기독교, 불교, 힌두교, 이슬람교, 유교 등 대부분의 주류 종교는 우리의 욕구, 열정, 탐욕이 고통을 야기한다고 가르친다. 이것이 분명 진실일 수 있긴 하지만, 욕망의 위험성에 관한 일방적 가르침은 흔히 자기혐오를 심화시킨다. 우리는 신체적, 정서적 존재의 갈망을 초월 혹은 극복하거나 어떻게든 관리하라는 조언을 듣는다. 야성적이고 강력한 우리 본연의 열정을 믿지 말라고, 그것들이 통제를 벗어나는 것을 두려워하라고 가르침을 받는다. 오드르 로드(Audre Lorde)는 말한다. "우리는 자신의 깊은 열망을…… 두려워하도록 길러졌다. 그리고 깊은 열망에 대한 두려움은 우리가 그것들을 의심하게 만들고, 우리를 고분고분하고 충실하고 복종적이게 만들며, 스스로 만든 많은 억압들을…… 받아들이게 한다."

　영적 순수성을 욕구의 제거와 동일시하는 것은, 불교를 공부하는 수련생들에게서도 보이는 보편적인 오해다. 이것은 현대에만 나타나는 쟁점은 아니다. 불교 가르침의 맥락에서 깨어있음과 욕구 간의 관계를 이해하려는 노력은 붓다 시대 이래로 계속되어왔다. 중국 선(禪)과 관련해 전해 내려오는 다음 얘기는 이를 보여준다.

　나이 든 여인이 한 승려를 20년간 자신의 땅에 있는 오두막에 살게 하면서 지원했다. 오랜 시간이 흘러 승려가 장년기에 접어들자, 그녀는 그 승려가 어느 정도의 깨달음에 도달했을 것이라고 생각했다. 그래서 그를 시험해보기로 했다.

　그녀는 자기를 대신해서 아름다운 젊은 처녀에게 승려의 식사를 가져다주게 했다. 그녀는 처녀에게 승려를 따뜻하게 포옹하라고 지시했다. 그런 다음 그가 어떻게 반응하는지를 보고하라고 했다. 처녀는 돌아와서, 승려가 마치 얼어붙은 듯이 꼼짝도 하지 않고 그냥 서 있었다고 말했다. 얘기를 들은 후 나이 든 여인은 승려의 오두막으로 향했다. 그녀는 승려에게 처녀의 따뜻한 몸이 그에게 닿았을 때 무엇을 느꼈는지 물었다. 그는 다소 씁쓸하게 대답했다. "겨울철 바위 위의 고목나무처럼 전혀 따뜻하지 않았습니다." 나이 든 여인은 화가 나서 그를 밖으로 내쫓고 오두막을 불태우면서 소리쳤다. "어쩌다 내가 이런 사기꾼에게 그 많은 세월을 낭비했단 말인가?"

　어떤 면에서 승려의 반응은 고결한 듯 보일 수도 있다. 결국 그는 유혹을 거부했고, 심지어 욕구를 뿌리째 뽑아낸 것 같이 보였다. 하지만 나이 든 여인은 그를 사기꾼으로 생각했다. 그가 경험한 것처럼 젊은 처녀를 "겨울철 바위 위의 고목나무처럼" 느끼는 것이 영적 훈련의 목표일까? 처녀의 젊음과 사랑스러움을 감상하는 대신에, 자연스러운 성적 반응이 일어나고 그것에 반응하지 않으면서 사라짐을 알아차리는 대신에, 승려는 문을 닫아버렸다. 이는 깨달음이 아니다.

나는 욕구를 경험하는 것이 영적으로 성장하지 못한 신호라고 생각하는 수많은 명상 수련자들을 만나왔다. 특정 충동에서 주의를 떼면 그 충동의 강도가 감소하는 게 사실이지만, 맛있는 음식, 놀이, 오락, 성적인 만족 같은 단순 쾌감에 대한 지속적인 욕구가 저급한 충동에 얽매여 있다는 당혹스러운 증거일 필요는 없다. 또한 그런 수련생들은 '영적인 사람'은 오직 자기 내면의 자원들을 유일한 귀의처로 삼으므로 친구나 스승에게 위안이나 도움을 요청하지 않을 것이라고 가정한다. 여러 해 동안 영적 훈련을 수행해왔지만, 자신이 외로우며 친밀감을 열망하고 있음을 결코 스스로 인정하지 않는 사람들도 있다.

선 얘기 속의 승려가 보여준 것처럼, 만약 욕구를 밀어내버리면 내면의 부드러움과 단절되고 삶에 냉담해져서 "겨울철 바위"처럼 된다. 욕구를 거부하는 것은 사랑과 살아 있음의 원천을 거부하는 것이다.

"내 잘못이 아니다"

다음 면담에서, 사라는 위빠사나 수련회 참여를 결정하기 전 몇 년 동안 '익명의 과식자(Overeaters Anonymous, OA)'라는 12단계 회복 프로그램에 참여했다고 말했다. 그녀는 OA에서 의미 있는 진전을 보였었다. 그녀는 강한 열망을 느꼈을 때 냉장고로 직접 가는 대신 자신의 스폰서에게 전화를 했다. 이 방법은 내가 '보조 멈춤'이라고 부르는 것이다. 그들은 그녀가 느끼고 있는 것을 함께 살펴보고, 어떻게 반응할지에 대한 선택지들을 탐색할 수 있었다. 그럼에도 불구하고 폭식은 계속되었다. 그리고 OA 모임에 가서 자신을 강박적 과식자로 소개할 때마다, 그녀는 자신의 정체성을 중독자에 더욱 묶어두는 것같이 느꼈다. 사라는 OA의 12단계 중 회복 프로그램 11단계인 명상과 기도가 중독의 손아귀에서 자신을 해방시켜줄지도 모른다는 희망을 품고 수련회에 왔다.

수련회에서 며칠을 보낸 사라는 자기 자신을 전보다 훨씬 더 믿지 못하고 있다고 말했다. 수련회에서는 일상적 삶의 번잡함이 없었기 때문에 중독의 힘과 수치심의 강도가 그전보다 더 강력해진 것 같았다. 멈춤을 시도하고 음식을 향한 열망에 주의를 기울일 때마다 그녀가 느꼈던 불안은 견디기 힘들 정도였다. 몸의 모든 세포가 그 안의 엄청나게 큰 구멍을 채우기 위해 손을 뻗는 듯 보였다. 사라는 자신이 뭔가 크게 잘못되어서 결코 고칠 수 없을 거라고 확신했다.

나는 사라에게 눈을 감고 자신의 경험 중에 주의를 필요로 하는 가장 힘든 부분을 느껴보라고 말했다. 그녀는 말이 떨어지기 무섭게 내가 자기에 대해 좋은 인상을 갖기를 원한다고 말했다. 나는 그 욕구가 어떤 것인지 몸에서 느껴지는 느낌으로 알아차림하도록 격려했다. "가슴이 뛰어요."라고 그녀가 말했다. 계속해서 그녀에게 자연스럽게 나타날 모든 감정, 이미지, 단어에 열린 상태를 유지하라고 조언했다. 너무 고통스럽거나 강렬한 감정이 북받칠 때는 조용히 자신에게 "이 또한"이라고 속삭이면서 몸의 감각에 부드럽게 주의를 기울이라고 일렀다.

사라는 나와 함께 앉아서 자신에게서 펼쳐지는 흐름을 부드럽게 명명했다. "위장의 과민함. 내가 훈련을 제대로 못하는 것 같다는 두려움. 분노. 내가 당신의 시간을 너무 많이 빼앗고 있다는 생각. 틀림없이 당신은 나를 한심한 사람으로 여기고 있다는 또 다른 생각. 심장 주변의 쥐어짜는 듯한 아픔. 이것은 누군가 내게 주의를 기울이거나 배려할 때 항상 느끼는 아픔이라는 또 다른 생각. 열망. 떨림. 나는 사랑받고 싶다. 슬픔……." 우리는 사라가 판단이나 느낌의 흐름을 존중하며 주의를 기울이는 동안 5분 정도 더 함께 앉아 있었다. 마침내 그녀는 평온한 순간을 더 많이 알아차리기 시작했다. 면담을 마치기 전, 나는 그녀에게 혼자서도 이런 방식의 훈련을 계속하라고 제안했다. 너무도 강력한 열망이 올라올 때는 이렇게 하기가 어려울 것이다. 그러나 비록 잠깐일지라도 깨어있음을 유지할 수 있다면, 그녀는 큰 차이를 만들어낼 수 있는 과정에 시동을 걸게 될 것이다. 그녀가 내게 감사하고 떠날 때 나는 그녀의 눈에서 한 줄기 희망의 빛을 볼 수 있었다.

나흘 후, 면담하러 찾아 온 사라는 더 평온해 보였다. 눈엔 생기가 있었다. 그녀는 어느 늦은 오후에 명상을 하면서, 면담에서 했던 것처럼 내면 경험의 흐름을 꽤 오랫동안 알아차림했다고 말했다. 그러는 동안 그녀는 자신의 느낌 때문에 스스로를 형편없이 보는 평상시의 생각에 많이 빠지지 않았다. 심지어 티타임에 먹으려고 굽고 있는 쿠키 냄새를 맡고 입에 침이 고이고 위가 조여와도 알아차림을 잃지 않았다. 사라는 그저 고요히 앉아서 일어나고 있는 것을 명명하며 그것들이 사라지기를 원하는 대신 "이 또한"이라고 말하는 것만으로, 가장 강력한 열망조차도 결국 진정된다는 것을 보기 시작한 것이다. 그녀는 말했다. "갑자기 내 모든 욕구와 생각과 느낌들이 끝없이 변화하고 있는 행렬이라는 것이 분명해졌어요." 그런 다음 놀랍다는 표정으로 덧붙였다. "내가 하고 있는 게 아니에요."

현실은 통제할 수도 없으며 늘 변화하는 것이라는 이 경험이 사라가 자신과 관계 맺는 방식을 극적으로 변화시킨 돌파구였다. 그녀는 내면에서 진행되는 것을 통제하지 않았고, 결코 그리해 본 적도 없었다. 열망으로 가득 채우려고 한 적도 없었다. 그녀는 단지 빗발치는 강박적인 생각을 멈출 수 없었던 것이다. 그녀는 그 명상 동안에 어떻게 해서 "그것은 내 잘못이 아니야. 결코 내 잘못인 적이 없었어."라고 속삭이는 목소리를 들었는지를 설명했다. 그토록 두려움에 가득 차고, 강박적이고, 수치스러웠던 것은 사라의 잘못이 아니었다. 자신의 감정을 주체하기 힘들 때 음식을 집어든 것은 그녀 잘못이 아니었다. 이 말을 하면서 사라는 크게 흐느끼기 시작했고, 자신의 음식 중독에 대해, 그리고 남과 함께 있을 때 몰래 숨고 가식적으로 행동하고 불안정했던 것에 대해 자신을 책망하며 보낸 모든 순간들을 가슴 아파했다.

많은 조건화의 흐름이 욕구하는 자기를, 그리고 갈망이 취하는 특정한 형태를 만들어낸다. 사라가 물려받은 유전적 구성은 어떤 유형의 중독 성향을 담고 있었다. 그녀는 어머니의 음주로 자궁 내에서 알코올 목욕을 했을 정도로 영향을 받았다. 그녀의 어머니는 매우 우울하고 자기혐오로 가득 차서 실질적으로 사라를 지지해줄 수 없었고, 아버지는 정서적으로 거리감이 있고 비판적이었다. 그녀는 소비가 만족을 약속하는 문화에 살고 있었다. 그리고 가장 근본적으로는 모든 살아 있는 존재들처럼 그녀도 생물학적으로 즐거움을 붙잡고 고통을 피할 준비가 되어 있었다.

내가 수련생들에게 자신의 괴로움을 만들어낸 원인의 연쇄를 떠올리도록 격려하면 누군가는 이의를 제기한다. "다른 누구에게 책임을 돌리고 책임을 회피하는 것은 약삭빠른 짓 아닌가요?" 내 부모가 나를 무시했다고 치자. 그렇다고 해서 아이들에게 짜증내고 배우자에게 이기적일 수 있는 자격증이 내게 주어지는가? 아이였을 때 제대로 양육을 받지 못해서 다른 사람에게 상처 주는 일을 한다고 말할 수 있다. 그러나 우리의 조건화를 마음챙김으로 탐구하면 아주 다른 경험을 하게 된다. 나는 부모에게 무시받았던 적이 있다는 사람들에게, 멈춰서 그 경험이 어떤 것이었는지 솔직하게 느껴보라고 청한다. 그들은 그 상황에서 야기되었을지 모를 주의에 대한 엄청난 허기를 느낄 수 있을까? 다른 사람들이 먹고 싶다고 하는데도 어떻게 그들이 여전히 혼자 먹겠다고 할 수 있겠는가? 우리가 처한 상황을 명확하고 포괄적으로 의식하면, 욕구하는 자기를 자비로 수용하기 시작한다. 이는 우리로 하여금 옛 틀을 깨고 자유롭게 앞으로 나아가게 한다.

갈망과 과식이 자신의 잘못이 아니라는 깨달음으로, 사라는 자신을 중독으로 치닫게 했던 고통스러운 자동반응의 연쇄를 차단했다. OA에서처럼 그녀가 음식을 대체물로 삼아 집착하고 있었다는 것을 깨닫는 것만으로는 틀을 깨기에 충분하지 않았다. 욕구하는 자기의 존재를 용서하고 수용하는 것이 사라의 변신을 이끈 위대한 발걸음이었다. 비록 갈망이 일어날 때 의식적으로 용서하고 내려놓기를 계속해야 했지만, 그녀가 자신을 책망하기를 멈췄을 때 '지금 여기'에 깨어있는 그녀의 능력은 더 이상 엄청난 수치심 앞에 무릎 꿇지 않게 되었다.

욕구하는 자기로부터
깨어나기

남은 사흘의 수련회 동안, 사라는 가장 강한 욕구와 두려움마저도 몸에서 직접 느끼며 수용하는 훈련을 했다. 자신이 결코 변하지도 좋아지지도 않을 거라는 두려움이 자신을 사로잡을 때, 그녀는 "이 또한"이라고 말하며 가슴과 목구멍을 압박하는 긴장의 띠를 느꼈다. "누가 이렇게 비참한 사람을 사랑할까?" 하는 의심이 들 때도 "이 또한"과 함께 두려움을 바라보았다. "내가 뭔가 잘못되었다."는 절망적 느낌이 그녀의 세계를 장악하는 듯 보일 때, 그녀는 그냥 슬픔을 가슴에서 부풀어 오르는 풍선처럼 느끼게 놔뒀다. 음식이 주는 안도로 끌어당기는 갈망이 일어날 때, 그녀는 이 긴박한 힘에 가만히 "이 또한"으로 반응했다.

명상에서 발견했던 것처럼, 사라는 가장 강렬한 갈망도 밀어내거나 행동에 옮기지 않고 경험할 수 있었다. 자신의 경험을 미워하거나 정신적 활동의 소용돌이에서 자신을 잃어버리지 않고, 긴박함과 긴장과 두려움의 느낌에 "예스"라고 말하고 있었다. 갈망을 충족시키려고 하는 대신에, 단지 그 갈망이 스스로를 표현하도록 했고 그녀를 통과해 지나가도록 했다.

사라는 자신이 훈련했던 수용과 알아차림을, 가장 거대한 투쟁의 장(場)인 식당으로 가져와 용감한 발걸음을 내디뎠다. 그녀는 걸어가서, 음식을 뜨고, 포크를 입으로 가져가고, 음식을 씹는 등의 자신이 했던 모든 행위를 천천히 함으로써 더 면밀한 주의를 기울일 수 있다는 것을 발견했다. 이처럼 천천히 움직이는 것은 또 다른 형태의 멈춤이었다. 그녀가 말했다. "한 접시면 충분한 식사였어요. 내가 진짜로 거기에 있었기 때문에 한 입 한 입을 즐길 수 있었어요. …… 그렇게 존재하는 것으로 나는 포만감을 느꼈어요."

일어나서 음식을 더 가지러 가고 싶은 충동이 일어났을 때, 그녀는 그냥 앉은 채 마음속으로 "이 또한"이라고 말했고, 날카로운 긴장의 칼날과 조여오는 흥분, 기대, 불안을 온전하게 느꼈다. 그렇게 하지 않던 예전에는 먹는 것으로 내면의 소용돌이를 무감각하게 만들려는 충동이 계속 커지곤 했다. 비판의 목소리가 들릴 때면 마음속으로 "내 잘못이 아니야, 내 잘못이 아니야."라고 속삭였다. 이렇게 떠올리는 것으로 그녀는 더 평온해지고 마음이 열렸으며, 강렬한 열망에 대해 더 이완할 수 있었다. 만약 멈춤 후에 음식을 더 먹기로 선택했다면, 사라는 실패한 것처럼 비난하거나 당황해하지 않고 자비로 그 선택을 수용할 수 있었다. 사라는 욕구를 느끼면 멈춰서 용서하여 근본적 수용으로 가는 길을 뚫었다.

수련회가 끝날 즈음 사라는 중독의 지배력이 느슨해지기 시작했다고 느꼈다. 강박적 충동이 여전히 존재했지만, 그것들과 자유롭게 관계 맺는 강력한 방법을 알고 있었다. 포옹하며 작별인사를 한 후 그녀가 말했다. "만약 열 번 중 한 번이라도 '내 잘못이 아니다.'라고 말하는 걸 기억할 수 있다면 훨씬 더 행복하고 자유로운 사람이 될 거예요." 그녀는 계속해서 "만약 나 자신을 그저 용서하고 깨어있다면 난 괜찮을 거예요."라고 말했다.

사라와 나는 수련회 이후 몇 달 동안 몇 차례 전화 통화를 했다. 그녀는 가르치던 대학에서 오랫동안 원해왔던 영문과 학과장 후보로 거론되고 있었다. 최종 결정 날짜가 가까워졌을 때 그녀는 긴장한 나머지 야식에 대한 갈망이 커졌다. 그녀는 어느 날 자정이 지난 한밤중에 냉장고 앞에서 시리얼을 더 먹기 위해 우유를 꺼내려고 하는 자신을 발견했다. 그러나 이번에 그녀는 멈춤을 기억해냈다. 그녀는 손을 거두고 천천히 그리고 신중하게 식탁 앞으로 걸어가서 의자를 끄집어내고 마음챙김하며 앉았다. 가슴이 쿵쿵 뛰는 것을 느낄 수 있었지만 고요하게 앉아서 자신에게 메시지를 보냈다. "음식에 대한 갈망과 일에 대한 강박은 내 잘못이 아니야."

사라가 부글거리는 불안한 생각과 느낌에 주의를 기울이자, 자신이 이 직업적 성공을 원할 뿐만 아니라 선출되지 않았을 때 그녀를 집어삼킬 실패의 느낌을 심각하게 두려워한다는 것이 느껴졌다. 가슴에 긴장과 압박이 너무 심해서 숨쉬기조차 어려웠다. 그녀는 안도를 원했고 음식을 원했다. 그러나 폭발할 듯이 불안정한 갈망에 계속해서 주의를 기울이자 거대한 압력이 풀리기 시작했다. 가슴이 녹아내리고 뚫려서 공간이 커지는 느낌을 받았다. 그 공간을 채우는 것은 진동하는 부드러움이었다. 사라는 이제 자신이 얼마나 깊게 수용되고 존중받고 사랑받고 싶어 하는지를 느낄 수 있었다. 욕구가 펼쳐지는 경험을 자비로운 깨어있음으로 경청하면서, 사라는 그 지배로부터 스스로 자유로워지고 있었다.

그달 말경에 사라는 학과장 자리를 맡게 되었다. 그녀는 황홀했다. 이것은 직업적 삶에서 이룬 꿈이었다. 그러나 진짜 승리는 성장하고 있는 내면의 자유였다. 그녀는 욕구와 열망으로부터 도망치거나 그것들을 덮어버리지 않고 수용할 수 있음을 배우고 있었다. 그녀는 자신의 일과 관련한 불안과 판단이 불가피하게 일어날 때, 음식을 향해 반사적으로 몸을 돌리기보다는 자신에게 용서와 친절을 베풀 수 있었다.

많은 수련생들이 영적 수행을 오래 하면 욕구의 끌어당김에서 자유로워지느냐고 묻는다. 그들은 우리가 여전히 특정한 사람에게 고통스럽게 애착을 느낄 것인지, 일에 강박적일지, 외로운 저녁을 헤쳐 나가기 위해 초콜릿이나 연애소설이나 맥주에 의존할지에 대해 알고 싶어 한다. 이런 경향들이 지속될 수도 있지만, 그렇더라도 대개는 마음챙김의 빛 안에서 지배력이 약화된 욕구와 수치심의 복합체를 드러내 보이며 전개될 것이다.

만약 사라처럼 정서적으로 깊게 결핍되어 있다면, 지독한 중독행동 습관은 여전히 강력하게 지속될 수 있다. 하지만 그런 욕구가 계속 일어난다고 해도, 심지어 가장 강력하고 집요한 형태의 욕구가 일더라도 반드시 괴로움으로 이어지는 것은 아니다. 불안과 욕구의 감각은 불쾌한 것일 수 있지만, 고통을 있는 그대로 볼 때 괴로움은 선택일 수 있다. 우리가 경험하는 욕구나 갈망이 우리의 정체성을 규정하고 제한할 때 우리는 괴로워한다. 만약 우리가 욕구의 감각, 정서, 생각을 근본적 수용으로 마주한다면, 욕구하는 자기와의 동일시에서 깨어나서 우리 존재의 온전함과 다시 연결될 것이다.

명상수련회에 있건 바쁜 삶의 와중에 있건, 욕구를 근본적 수용으로 대하는 훈련은 기본적으로 동일하다. 멈춰서, 신체적 혹은 정신적 만족을 추구하는 걸 충분한 시간 동안 중지하고, 자신의 정체성이 '욕구하는 자기'의 느낌과 생각으로 얼마나 축소되었는지를 깨닫도록 한다. 이 멈춤에서, 우리는 욕구 때문에 자신을 비난하던 것을 내려놓고 욕구가 그 자체로 존재하도록 친절하게 허용한다. 우리의 욕구를 다과회에 초

대해서 욕구에 따른 신체 감각을 마음챙김으로 경험하고, 마음에서 일어나는 감정과 생각을 깨어서 알아차린다. 우리가 이런 식으로 집착하거나 저항하지 않고 또렷하고 자비롭게 존재할 때, 몸, 가슴, 마음을 욕구에 묶어둔 습관적인 반응 패턴을 원상태로 돌리게 된다. 그렇게 하면 삶의 방식을 선택하는 자유가 확장된다.

사랑:
우리가 진정으로 원하는 것

티베트의 위대한 요가수행자 밀라레파(Milarepa)는 여러 해를 산속 동굴에서 홀로 지냈다. 그는 영적 수행의 일환으로 자기 마음속 내용물을 시각적 투사물로 보기 시작했다. 내면의 욕정과 열정과 혐오의 악마는, 아주 고혹적인 여인이나 무섭게 격노한 괴물로 그의 앞에 나타나곤 했다. 밀라레파는 이 같은 유혹과 공포에 직면할 때 압도되기보다는 크게 노래를 부르곤 했다. "오늘 당신이 온 건 멋진 일이네. 당신은 내일도 다시 와야 하네.…… 이따금 우리는 대화해야 하네."

밀라레파는 몇 년간의 집중 훈련을 통해 괴로움이란 악마에게 유혹당하거나 그들과 싸우려고 하는 데서 온다는 것을 알았다. 그들이 나타났을 때 자유롭기 위해서는, 깨어서 그들을 있는 그대로 직접 경험해야 한다. 그의 위업에 관한 한 얘기에서 밀라레파의 동굴은 악마들로 가득 차게 된다. 무리들 중 가장 끈질기고 위압적인 악마와 대면해서 밀라레파는 기막힌 수를 둔다. 자신의 머리를 악마의 입에 집어넣은 것이다.

그 완벽한 항복의 순간 모든 악마들이 사라진다. 거기에는 순수한 의식의 밝은 빛만이 남는다. 페마 초드론이 표현한 것처럼 "저항이 사라질 때 악마는 사라진다." 분명히 나는 욕망에 기를 쓰고 저항함으로써 위빠사나 로맨스에 기름을 부었었다. 내 눈에 그들은 나의 영적 삶을 소모시키는 악마였다. 마침내 내가 하고 있는 전투를 알아차렸을 때, 밀라레파의 얘기가 떠올랐다. 아마도 나의 위빠사나 로맨스는 분명 명상 훈련의 적이 아니라 깨어있음에 도움이 되는 자연스러운 경험이었을지도 모른다. 밀라레파가 했던 것처럼 욕망의 악마에게 인사를 건네고 '대화'를 나누면 어떻게 될까? 나는 저항을 내려놓고, 욕구하는 자기를 움직이는 그 에너지를 알 수 있었다.

이후로 며칠 동안, 낭만적 환상 여행에 빠졌다는 것을 깨달을 때마다 그것을 '성적 공상'으로 알아차리고 몸의 감각과 변화하는 정서에 면밀한 주의를 기울였다. 즉시적 경험을 더 이상 피하지 않자 흥분, 성적 각성, 두려움 등의 파도가 나를 가득 채웠다. 이제는 이 느낌을 악마로 여기고 저항하는 대신에, 수용하고 호기심을 가지고 좀 더 탐색하는 수행을 담담하게 진행했다.

가슴의 집요한 통증이 깊은 슬픔으로 이어졌다. 그 슬픔은 모든 잃어버린 사랑의 순간들, 즉 다른 무언가에 사로잡히거나 바쁘다는 이유로 멈춰서 마음을 열지 못해 놓친 순간들에 대한 슬픔이었다. 나는 성적 열정 및 나의 진정한 열망과 분리되었다는 느낌에서 오는 깊은 슬픔 사이를 왔다 갔다 했다. 갈망이나 슬픔의 감각이 특히 강해질 때, 내 삶에서 놓치고 있는 것에 관해 생각하고 사랑에 대한 갈망을 충족시킬 방법을 공상하며 거기에 다시 빠지는 경향이 있었다. 그 공상들을 '나쁜 것'

으로 판단하진 않았지만, 그것들 때문에 내가 나의 실제 경험과 접촉하지 못하고 있음을 알 수 있었다. 그것들은 내가 가장 깊이 열망했던 것으로 가는 관문인 깨어있는 사랑을 차단했다.

비록 내 스토리에 덜 몰두하게 되긴 했지만 내가 여전히 나를 통해서 움직이는 격한 에너지를 붙잡고 통제하려고 하는 것을 알 수 있었다. 내 몸을 단단히 조이고 내가 하고 있는 것을 끊임없이 비판하는 나의 습관적 고삐는, 내가 욕구의 강렬함과 거대함을 있는 그대로 받아들이는 것을 방해했다. 나는 아무런 생각이나 제약 없이 어떻게 자유롭게 사랑하는지 잘 알지 못했다. 내가 무엇을 사랑하는지 정확하게 알지는 못했지만, 가슴을 옥죄고 있는 저항을 풀어야 한다는 것은 알았다. 모든 갈망의 초점을 특정한 사람에게 맞추는 대신에, 나는 드넓은 갈망의 세계를 경험하고 싶었다.

어느 날 저녁 늦게 나는 방에서 혼자 명상을 하고 있었다. 나의 주의는 갈망 속으로 더욱 더 깊숙이 들어갔고, 나중에는 가슴이 터질듯 폭발할 것 같았다. 그러나 동시에 나는 그것이 정확하게 내가 원했던 것임을 알았다. 나는 갈망 속에서, 교감 속에서, 사랑 그 자체 속에서 죽고 싶었다. 그 순간 마침내 나는 내 갈망을 모두 있는 그대로 내버려두었다. 심지어 나는 그것을 초대하기까지 했다. "계속 해도 돼. 있는 그대로 모두 드러내줘." 나는 악마의 입에 내 머리를 집어넣고 있었다. 나는 "예스"라고 말하고 있었고, 감각의 황무지에 깨어있음과 함께 항복했고, 내가 갈망하고 있었던 바로 그 포옹에 항복했다. 마침내 나는 엄마의 품에 꼭 안긴 아이처럼 완전히 이완되어서 몸과 마음의 경계가 모두 사라졌다.

곧바로 내 몸과 마음이 모든 방향으로 끝없이 확장되어 나가는 것처럼 느껴졌다. 거침없이 이어지며 변화하는 진동, 박동, 얼얼함의 흐름이 느껴졌다. '나'와 이 흐름을 분리하는 것은 아무것도 없었다. 완전히 황홀경에 든 나는 우주만큼 열렸으며, 태양처럼 생동하고 환하게 빛나는 것 같았다. 이 생명 에너지의 찬란한 축제에서 딱딱한 것은 아무것도 없었다. 나는 이것이 사랑의 충만함이라는 것을 알았다.

15세기 수피파 시인인 카비르(Kabir)는 "온 우주는 한 종류의 사랑으로 가득 차 있다."라고 썼다. 이 사랑이야말로 우리가 갈망하는 것이다. 그 거대한 것에 저항하거나 집착하지 않고 그 자체로 존재하도록 허용할 때, 우리 의식의 빛은 욕구하는 자기를 그 근원 속으로 용해시킨다. 우리는 자연스럽게 그리고 완전히 사랑 안에 있음을 발견한다. 아무것도 이 살아 있는 의식으로부터 분리되거나 배제되지 않는다.

그 후 며칠 동안 갈망의 힘에 깊게 열릴 때마다, 나는 모든 생명에 대한 생생하고 무조건적인 감사로 채워졌다. 오후에는 좌선 후에 밖으로 나가서 눈 덮인 숲을 산책하곤 했다. 나는 커다란 더글러스 전나무와, 내 손에 내려앉아 씨앗을 먹는 박새와, 얼음과 바위 주변을 흐르는 물살의 다양한 소리와 하나로 연결되어 있는 느낌을 받았다. 루미(Rumi)는 다음과 같이 쓰고 있다.

낯선 열정이 내 머릿속에서 움직이고 있다.
내 가슴은 한 마리 새가 되어
하늘을 살피고 있다.
나의 모든 부분이 모든 방향으로 나아간다.

정말일까?

내가 사랑하는 이가 모든 곳에 있다는 것이.

"내가 사랑하는 이"는 내 안을 포함해서 어디에나 있었다. 우리가 단일하고 제한된 사랑의 대상에 집착하지 않는다면, 욕구하는 자기는 그 자체를 사랑하는 사랑인 의식으로 용해된다는 것을 알게 된다.

수련회를 마치고 집으로 돌아온 몇 주 후에, 학회에 갔다가 내 열정적인 공상의 대상이었던 그 남자와 우연히 마주쳤다. 우리는 함께 점심을 먹었고 서로 분명한 끌림의 열기를 느낄 수 있었다. 그러나 그와 실제로 시간을 보내다보니 우리가 낭만적 커플이 될 수 없는 매우 확실한 이유들 또한 알 수 있었다. 그렇기는 하지만 그날 저녁 혼자 집에 돌아왔을 때, 내 마음은 우리가 함께할 가능성의 주변을 또 다시 빙빙 돌기 시작했다. 이런 종류의 욕구가 이제는 친숙하기 때문에 나는 기꺼이 멈출 수 있었다. 바라보지 않으면 욕구하는 자기에게 연료만 공급하게 된다. 나는 일어나고 있는 일을 '욕구 스토리'라고 명명한 다음 명상 방석에 앉았다.

곧바로, 관계를 계속해야 하는가에 대한 생각들이 일어났고, 불완전한 욕구하는 자기로 즉시 수축되는 것을 느낄 수 있었다. 마음속 영화에서 벗어나 마음이 열렸을 때, 나는 또다시 그 순간 바로 거기에 존재하는 살아 있음, 박동과 진동, 슬픔과 갈망을 느낄 수 있었다. 수련회에서처럼 나는 스스로를 갈망에 거주하게 내버려두었다. 이완을 하고, 갈망이 나를 통해서 온전하게 살게 했다. 그 불꽃의 밝기에서, 나는 다시 내 가슴의 밝기를 느낄 수 있었다. 내가 '저 바깥의' 누군가와 낭만적인 관계를 맺기 원한다는 것은 사실이었다. 아울러 내가 갈망하는 교감이 바로 그 순간에 가능하다는 것은 더 확실한 사실이었다. 만약 이 교감에 계속 깨어있을 수 있다면, 욕구가 나의 주의에 활력을 불어넣고 길을 안내하더라도 이미 여기에 존재하는 온전함과 아름다움을 못 보게 하지는 않을 것이다.

붓다는 욕구를 의식하면 우리 스스로를 욕구와 동일시하는 것에서 자유로워진다는 가르침을 주었다. 근본적 수용을 통해 우리는 '결핍되고 욕구하는 자기' 주위에 쳐놓은 수치심과 혐오의 막을 걷기 시작한다. 그리고 평소에 자기가 창조한 스토리들, 즉 욕구의 희생자인 자기, 욕구와 싸우고 있는 자기, 불건강한 욕구에 휘말린 자기, 바로 지금 여기에 있는 것과는 다른 뭔가를 더 가져야 하는 자기에 관한 스토리들을 간파한다. 근본적 수용은 우리를 작은 자기로 고착시키던 접착제를 녹이고 우리를 자유롭게 하여 존재의 생기 넘치는 충만함으로 살게 한다.

충분히 인지된 갈망은 우리에게 사랑을 가져다준다. 외로움이나 갈망을 느끼고 그것의 광대함을 있는 그대로 경험하면 할수록, 사랑에 대한 갈망은 사랑 자체로 들어가는 입구가 된다. 우리의 갈망은 사라지지 않는다. 사람에 대한 욕구 역시 사라지지 않는다. 그러나 욕구에 대해 되풀이해서 마음을 열면 우리는 욕구의 원천인 끝없는 사랑을 믿게 된다.

욕구에 끌려간다고 느낄 때 '멈춤'

우리는 자신이 바라는 것에 집착하는 경향이 있다. 그러나 그 집착 때문에 더 근본적인 갈망을 깨닫지 못하고 계속 거기에 붙잡혀 있게 된다. 멈추어서 우리의 경험에 더욱 깊이 주의를 기울일 때 비로소 자유가 시작된다.

●

무언가를 욕구하는 마음에 휘둘리는 것처럼 느껴지는 것을 곰곰이 생각해보자. 그것은 음식이나 담배, 술, 섹스, 일, 컴퓨터 게임, 쇼핑 또는 다른 사람 비난하기일 수도 있다. 앞으로 일주일 동안 그런 행동을 하고 싶은 강한 욕구를 느낄 때마다 멈춤을 훈련해보라.

　멈추고 나서, 몸을 편안하게 하고 욕구의 본질이 무엇인지 주의 깊게 살펴보라. 욕구가 강할 때 몸에서 어떤 느낌이 드는가? 욕구하는 감각은 어디에서 가장 분명하게 나타나는가? 배에 불쾌한 느낌이 느껴지는가? 가슴에서 불안이 느껴지는가? 팔에 통증이 나타나는가? 몸이 앞으로 기울어지다가 미래로 굴러 떨어질 것처럼 느껴지는가? 당신의 마음은 기민하고 긴장되어 있는가? 아니면 느리고 둔한가? 멈추고 있는 동안 당신이 경험하는 것이 변하는지 알아차려라. 자기에게 스스로 "지금 부족한 게 뭐지?"라고 묻고 온 마음을 다해서 경청해보라. 멈춤을 마치고 나서 어떤 행동을 시작할 때는 매우 천천히 주의 깊게 살피면서 행동하라. 긴장이나 흥분 혹은 자기 판단이나 두려움이 느껴지는가? 느껴지는 감각, 정서, 생각을 또렷하지만 부드럽게 알아차려라.

●

멈춤 후에도 당신이 욕구하는 것을 여전히 원할 수도 있지만, 적어도 그 욕구의 아래에 깔린 긴장과 고통을 알아차리면서 행동하게 될 것이다. 모든 경험은 계속 변하기 때문에, 저항할 수 없다고 느껴지던 갈망조차도 시간이 흐르면 결국 사라지게 된다. 그 욕구가 자연스럽게 다시 일어나겠지만, 모든 것이 지나간다는 사실을 아는 지혜 때문에 우리는 자유롭게 될 것이다. 행위를 멈추고 욕구를 관찰하게 되면, 그로 인해서, 우리가 살아가는 방식을 선택할 자유가 더욱 커질 것이다.

가장 깊은 갈망 발견하기

우리가 수많은 욕구를 의식의 빛 속으로 끌어들일 때, 그 밑에서 영적인 갈망의 깊고 진정한 원천을 발견한다. 이 핵심 갈망들은 우리를 깨달음과 자유의 길로 안내한다.

●

자리에 편안히 앉는다. 안정되었다고 느껴지면 스스로에게 묻는다. "내 가슴은 무엇을 갈망하는가?" 당신의 첫 번째 대답은 건강, 체중 감량, 돈 많이 벌기, 배우자 얻기 등일 수 있다. 다시 묻고, 신중히 들으면서 내면에서 무엇이 떠오르든 수용한다. 이런 방식으로 몇 분간 계속하면서 자신에게 질문하고, 멈추고, 수용적이고 비반응적 방식으로 주의를 기울여보자. 아마도 당신의 대답은 점점 깊고 단순해지기 시작할 것이다. 인내심을 갖고 계속 이완한다. 시간이 지나면서 가슴의 소리를 들을 때 가장 깊은 갈망이 드러날 것이다. 이 갈망은 사랑, 깨어있음, 평화, 교감, 조화, 아름다움, 진리, 자유에 대한 갈망으로 표현될 수 있다.

당신이 이 순간 가장 깊이 진실하게 갈망하는 것이 무엇인지 깨달을 때, 그 갈망에 깨어서 항복하라. "예스"라고 말하고, 가장 깊은 갈망의 에너지가 당신의 몸을 가득 채우고 가슴과 의식에 퍼지게 하라. 가장 깊은 갈망 안에 온전히 머물러라. 당신은 무엇을 경험하고 있는가? 명상을 계속하면서, 열리고 감싸 안는 깨어있음으로 갈망을 경험하라.

두 사람이 파트너가 되어서 이 아름다운 성찰을 할 수도 있다. 편안히 앉아서 서로 마주본다. 누가 먼저 질문하고 누가 대답할지 결정한다. 고요하고 편안해지면, 한 사람이 부드럽게 묻는다. "당신의 가슴이 갈망하는 것은 무엇입니까?" 그러고 나서 다른 사람은 맨 처음 마음에 떠오르는 것을 소리 내어 답해보라. 대답이 무엇이든 질문자는 간단하게 "고맙습니다."라고 말하며 절을 하거나, 혹은 다른 여러 방법으로 고마움을 표현한 다음 다시 질문한다. 사전에 미리 정한 시간 동안 묻고 답하기를 계속한다. 서로의 역할을 바꾸기 전에 잠시 침묵의 시간을 보낸다. 침묵하면서, 대답을 하던 사람은 온전하고 분명한 의식으로 자신의 가장 깊은 갈망을 체험한다. 같은 방법으로, 미리 정한 시간 동안 서로 역할을 바꾸어 묻고 질문한다. 잠시 침묵한다. 명상을 마치고 난 뒤 서로의 개인적 경험을 함께 나누도록 하라.

●

하루 중 어느 순간이든 욕구에 끌려간다고 느낄 때, "내 마음이 진정으로 갈망하는 것은 무엇인가?"라는 질문을 통해 영적 갈망의 순수함과 다시 연결될 수 있다. 멈춰서 "무엇이 진정으로 중요한가? 내가 가장 관심을 갖는 것은 무엇인가?"라고 스스로 질문하라. 당신이 원래 소중하게 여기던 것이 무엇인지 알게 될 것이다.

7

두려움과 함께
사는 법

우리는 도망치고 있는 고통을 직면해야 한다.
사실 우리는 그 고통에 머무는 방법을 배워서,
그 타는 듯한 힘이 우리를 변화시킬 수 있게 해야 한다.

– 샬롯 조코 벡(Charlotte Joko Beck)

● 　　　　　바바라가 치료를 위해 내게 왔을 때, 그녀는 명상
이 너무 불편해져서 명상을 계속해야 할지 말지 망설이고 있었다. 어린
시절의 두려운 장면이 그녀의 아침 좌선에 침투하는 바람에 완전히 겁
을 먹어 제정신이 아니었다. 바바라는 열흘간의 수련회에 참가한 적도
있고 1년 넘게 짬짬이 규칙적으로 명상을 해오는 중이었는데, 전에는
이처럼 혼란스러운 일이 일어난 적이 없었다. 명상은 바바라에게 피난
처였다. 그녀는 명상을 그만두고 싶지 않았지만, 명상 중에 떠오르는 것
들을 어떻게 해야 할지 몰랐다.

　　그녀는 명상 중에 계속해서 떠오르는 한 가지 특별한 이미지에 관
해 말했다. 그녀와 그녀의 어머니가 여러 번 그 사건에 대해 말했었는
데, 이제는 그 이미지들이 기억에서 나온 건지 상상에서 나온 건지 여
부는 중요하지 않았다. 그것들은 참을 수 없는 두려움을 촉발시키고 있
었다. 바바라는 아기였고, 그녀의 어머니는 주방 식탁 위에 대야를 놓고

그 안에서 그녀를 목욕시키고 있었다. 그녀는 첨벙거리는 물소리와 어머니의 부드러운 콧노래를 들을 수 있었다. 사랑으로 이어진 둘은 목욕에 푹 빠져 있었다. 갑자기 그녀의 아버지가 술에 취한 채 화가 나서 불쑥 들어와 어머니에게 소리를 질러댔다. "당신은 온통 아기 생각뿐이지? …… 내가 하루 종일 힘들게 일하고 집에 돌아왔을 때 배가 고프리란 걸 생각이나 해봤어?" 그는 어머니를 한쪽으로 밀치더니 바바라를 붙잡아서 머리를 물속에 처박았다. 그녀는 어깨와 머리를 내리 누르는 거대한 손과 물을 들이키는 생생한 공포를 느낄 수 있었다.

바바라의 어머니는 "안돼요!"라고 비명을 지르며 그녀에게 달려왔다. 어머니는 바바라를 수건으로 감싸서 꼭 안은 채 낮은 목소리로 말했다. "저녁은 몇 분 안에 준비될 거예요." 딸에게 옷을 입히는 그녀의 손이 심하게 떨렸다. 바바라는 자신의 세계에 혼자 누워서 훌쩍이며 거의 움직이지 않았다. 그 순간 그녀의 평화로운 한때가 산산 조각나버렸다.

어린 시절 동안 바바라는 아버지의 분노가 어머니에게 향하든 자신에게 향하든 계속해서 동일한 느낌을 느끼곤 했다. 목이 꽉 졸리고 위장이 마구 요동치며 쓰려서 마비되는 것 같은 느낌이었다. 아버지가 집에 없을 때조차 바바라는 불안하고 신경이 곤두섰다.

어린아이들은 자기가 학대를 초래했으며 어떤 방식으로든 자신에게 책임이 있다고 여기는 식으로 학대받은 경험을 이해하려 한다. 바바라는 자신이 아버지의 예측할 수 없는 돌발행동을 초래했다고 여기면서 성장했다. 그가 갑자기 그녀에게 소리 지르기 시작할 때면, 그녀는 궁금해 하곤 했다. "지금 내가 뭘 잘못했지?" 그 기저에는 "나는 나쁘다. 매우 나쁘다. …… 그 때문에 그가 나를 미워하는 것이다."라는 믿음이 자리 잡고 있었다. 공포의 파도가 가라앉고 오랜 시간이 지난 후에도, 바바라는 여전히 무거운 수치심 때문에 침대에 올라가 이불 속에서 몸을 웅크리고 싶었다. 십대였을 때 그녀는 자기 자신을 힘없고, 두려워하고, 절대적으로 혼자인 부적응자라고 계속 느꼈었다.

성인이 된 후, 바바라는 세상 사람들의 눈으로부터 자신의 두려움을 능숙하게 숨겼다. 그녀를 아는 모든 사람들은 그녀를 매우 유능하고 책임감 있는 사람으로 여겼다. 친구들조차 그녀가 자기도 모르게 누군가를 기분 상하게 하거나, 실수를 하거나, 누군가를 화나게 할지도 모른다는 끊임없는 두려움 속에 살고 있다는 것을 알지 못했다. 그들은 바바라를 남의 말을 아주 잘 들어주는 사람으로만 알았고, 그녀와 함께 있을 때 성장하는 느낌을 받았다. 이 자질을 살리라는 친구들의 격려로, 바바라는 교육학 석사학위를 받아서 고등학교 생활지도 카운슬러가 되기로 결심했다. 비록 십대들과 함께할 때 긴장하긴 했지만, 바바라는 그들에게 자신의 청소년기에는 결핍되었던 지지를 줄 수 있기를 희망했다.

대학에서 첫 학기 중에 그녀는 경영학을 전공하는 랜디를 만났다. 랜디는 만나자마자 그녀가 좋아졌다. 그녀는 수줍고 상냥했으며, 보살핌을 필요로 하는 듯 보였다. 그녀가 조카나 힘들어하는 친구와 함께 있는 모습을 보면서, 그는 그녀와 인생을 함께하고 싶어졌다. 바바라에게 랜디는 완벽한 남자였다. 그는 친절하고 점잖았으며, 결코 위협적이지 않았다. 그들은 학교 다니는 동안 동거를 했고, 졸업하고 몇 달 있다가 결혼을 했다.

결혼 후 얼마 지나지 않아 바바라가 교외의 작은 고등학교에 생활지도 카운슬러로 임용되었다. 그녀는 얼마 되지 않아 자신이 다른 카운슬러만큼 재치가 있거나 원만하지 않으며, 얘기하러 들르는 학생들도 거의 없음을 알게 되었다. 그녀에게 배정된 일이 들어왔을 때, 뭔가 잘못될지도 모른다는 두려움이 그녀를 경직되고 냉담하게 만들었다. 학부모들과 만나는 것은 더 안 좋았다. 수행 불안이 있던 그녀에게 그들이 말하는 모든 것은 자신의 개인적 능력에 대한 평가처럼 들렸다. 한 부모가 "그 애를 어떻게 해야 할지 모르겠어요."라고 말할 때, 바바라는 마음속으로 "왜 당신은 우리 애를 더 잘 지도할 수 없었던 거죠?"라고 번역해서 들었다. 또 "그 애는 공부 습관이 엉망이에요."라는 말은 "그 애에게 공부 방법을 더 잘 지도할 수 있었을 텐데요."라는 것을 의미하는 것 같았다. 그녀의 위장은 뒤틀렸고, 목구멍에서 덩어리가 점점 커져서 말도 못할 지경이 되곤 했다.

바바라는 두려움이 접근하는 걸 막으려는 노력이 한 떼의 야생 들개들을 지하창고에 가둬놓은 것처럼 느껴진다고 말했다. 가둬둔 기간이 길어질수록 들개들은 더 배가 고파졌다. 아니나 다를까 그들은 문을 부수고 집으로 난입하곤 했다. 이번에 명상하는 동안 일어난 일은 몇 년 동안 산발적으로 지속되고 있었다. 두려움이 장악할 때마다 마치 개들이 모든 방과 벽장 구석구석을 갈가리 찢어버리는 느낌이었고, 그들을 멈출 방법은 아무것도 없는 것 같았다.

때때로 개들은 새벽 직전에 속박을 풀고 나왔다. 침대에 누우면 그녀 바로 맞은 편 벽에 걸린 그림의 암울한 형체가 서서히 뚜렷하게 보이곤 했다. 그녀는 두려움에 떨면서 자신이 깨어있다는 것을 깨닫곤 했다. "오 이런…… 몇 시간 후면 또 다른 날을 맞아야 한다니." 그녀가 어떻게 직장에서 일을 잘하는 척할 수 있었을까? 남들은 어떻게든 불안의 엄습 없이 하루의 근무를 처리하고, 가족들과 식사를 하거나 회사 파티에 간다. 그러나 바바라에게는 모든 것이 버겁게 느껴졌다.

이따금 그녀와 랜디가 사랑을 나눈 후에 개들이 나타나기도 했다. 함께 누워서 랜디가 자신의 머리를 부드럽게 만져주면 기분이 무척 좋았다. 그런데 그때 갑자기 두려움이 엄습하는 것이다. 뭔가 매우 좋다고 느낄 때, 안 보이는 쪽에서 공격당할 것 같았다. 두려움은 그녀의 마음이 스토리를 만들어내기 시작할 때 고조되었다. "아마 그는 나에게 지루해지고, 내 모든 두려움들에 지겨워질 거야. 아마도 떠나고 싶어 할 거야." 두렵고 혼자라는 느낌에 그녀는 몸을 웅크리고 울곤 했다. 랜디는 그녀를 감싸 안고서, 무엇이 잘못되었는지 이해하지 못한 채 그녀를 진정시키려고 노력했다.

나는 두려움과 싸우는 내담자들이나 명상 제자들과 정기적으로 만난다. 바바라처럼 몇몇은 감당할 수 없는 두려움을 느꼈고, 두려움에 마비되는 경우도 있었다. 또 다른 몇몇은 명백하게 외상을 경험한 적은 없을지 모르지만, 더 깨어있게 되면서 두려움이 얼마나 그들의 삶을 통제하고 있는지 깨달았다고 했다. 우리 모두는 방치되고 배고픈 개들을 지하창고에 두고 있다. 우리가 실수를 하는 경우, 개들은 우리의 유능감을 손상시킬 수 있다. 만약 누군가 우리에게 화를 내면, 갑자기 개들이 나타나 우리 세계를 해체하겠다고 위협한다. 만약 우리가 거부나 배신을 당했다고 느끼면, 개들은 아무도 우리를 사랑하지 않을 거라고 우리가 확신하도록 만든다.

이런 방식으로 두려움에 장악될 때, 우리는 내가 두려움의 트랜스라고 부르는 것에 사로잡힌다. 잘못될지 모른다는 예측으로 긴장할 때,

우리의 가슴과 마음은 위축된다. 우리를 걱정해주는 사람이 있음을 잊고, 넓고 열린 마음을 느끼는 자신의 능력을 잊는다. 트랜스에 얽매인 우리는 두려움의 필터를 통해 삶을 경험한다.

　모든 신체적, 정서적 고통이 불쾌하긴 하지만, 두려움이 주는 고통은 특히 견딜 수 없을 것만 같다. 우리가 두려움에 사로잡힐 때, 두려움 말고는 아무것도 존재하지 않는다. 자기에 관한 가장 위축되고 고통스러운 느낌은 두려움의 느낌과 스토리 그리고 두려움에 저항하는 방식과 연결되어 있다. 하지만 이 트랜스는, 우리가 두려움의 감각을 근본적 수용으로 마주할 때 힘을 잃기 시작한다. 이러한 수용은 깊은 자유를 준다. 우리가 두려움에 "예스"라고 말하는 것을 익히면, 우리는 존재의 온전함을 회복한다. 다시 말해 두려움에 위축되어 빛을 잃었던 가슴과 의식에 재연결된다.

두려움이란
무엇인가?

두려움을 경험하지 않은 사람이 어디 있겠는가? 두려움은 밤에 잠을 깨우고 잘 수 없게 위협한다. 두려움은 위장에서의 초조한 느낌, 가슴 주변에서의 쓰림과 압박감, 목이 졸리는 긴장감이다. 두려움은 심장의 야단스러운 쿵쾅거림, 맥박의 질주다. 두려움은 호흡을 위축시켜서 얕고 빠르게 한다. 두려움은 우리가 위험에 처해 있음을 알려주고, 일어나고 있는 일의 의미를 신속하게 파악하여 무엇을 해야 할지 생각하게 한다.

두려움은 뭔가 잘못될 거라는 스토리에 우리의 마음을 넘겨준다. 두려움은 우리가 우리 몸을 잃을 것이고, 우리 마음을 잃을 것이며, 친구, 가족, 세상 자체를 잃을 것이라고 말한다. 두려움은 미래의 고통에 대한 예측이다.

두려움의 기본 기능은 생존을 보장하는 것이다. 파충류 같은 원시적인 생명도 두려움을 경험한다. 순수하게 생리적인 수준에서 볼 때, 두려움은 일정한 순서로 일어나는 신체 반응의 연쇄다. 서양심리학자들은 이 생물학적 반응을 "감정을 경험하는 것"이라고 한다. 감정은 순식간에 나타나거나 몇 초 후에 나타난다. 두려움의 감정이 일어날 때 몸과 신경계의 화학작용이 바뀌어 위협적인 상황에 몇 가지 분명한 방식으로 반응하게 된다. 예를 들어, 네 다리로 흐르는 혈액량의 증가는 영양(羚羊)이 도망갈 태세를 갖추도록 한다. 근육의 긴장은 흑표범이 싸울 준비를 하도록 한다. 얼어붙거나 움직임 없이 가만히 있는 것은, 사람 손이 수조에 닿을 때마다 내 아들이 기르는 도마뱀이 취하는 보호 자세다. 우리 집 고양이들이 두려울 때 등의 털을 곤두세우는 것은, 포식자를 겁주기 위해 자신을 더 크고 위협적으로 보이도록 만들기 위해서다. 우리 집에서 기르는 스탠더드 푸들은 몸을 웅크려서 매우 작아 보이게 한다. 이와 유사하게 인간은 몸에서 가장 취약한 부위를 보호하기 위해 스스로를 더 작게 만들 것이다. 즉 머리를 앞쪽으로 떨어뜨리고 어깨를 들어올리고 등을 둥글게 해서 가슴을 수축시킨다. 각 동물들은 위험이 지속되는 한, 자기 보호에 초점을 모은다.

포유동물에서만 인지와 기억이 감정과 상호작용하여 두려움의 정서를 만들어낸다. 그리고 두려움의 정서는 개인사가 누적되어 형성되는 일종의 생존 장치다. 당장의 경험에 대한 반응으로 일어나는 두려움의 감정은, 그것과 연합된 과거 사건들에 대한 기억과 기억이 촉발한 감정과 조합된다. 그렇기 때문에 어떤 사람은 남들이 전혀 위험하게 여기지 않는 것에 겁을 먹는 것이다. 두려움의 감정 자체는 단지 몇 초 동안만 지속되는 반면에, 두려움의 정서는 두려운 생각과 기억의 자극이 유지되는 한 지속된다.

두려움의 정서는, 만약 수업 과제물이나 직무보고서에 더 많은 시간을 들이지 않는다면 부정적인 피드백을 받을 거라는 가능성을 환기시킨다. 두려움의 정서는, 만약 결혼생활에 더 주의를 기울이지 않는다면 결국 이혼하고 혼자가 될 수도 있음을 알려준다. 가슴에서 고통이 느껴져서 병원에 가야 할지 말아야 할지를 결정할 때는 두려움에 대해 좀 더 복합적인 반응이 일어나기도 한다. 두려움의 정서는 신체적이든 정서적이든 정신적이든 영적이든 간에 우리의 웰빙이 위협받을 때 발생한다. 이 정서는 건강한 방식으로 반응하도록 우리를 인도하거나, 우리 각자가 경험한 적이 있듯이 두려움의 트랜스에 빠지게 할 수도 있다.

두려움의 진짜 원인이 항상 분명한 것은 아니다. 내가 느끼는 불안은 바로 그 순간 내 삶에서 진행되고 있는 것에 붙는다. 슈퍼마켓 계산대에서 길게 늘어선 줄로 꼼짝할 수 없을 때, 나는 귀중한 시간을 낭비하고 있기 때문에 중요한 것들을 놓치게 될 거라고 두려워한다. 독감 초기 증상들이 나타날 때, 나는 증상이 더 악화돼서 내담자와의 약속을 취소해야 하거나 주간 명상 수업을 휴강해야 할지도 모른다고 걱정한다. 내일까지 제출해야 할 아들의 학교 과제를 도와줄 때, 나는 아들이 창의적이거나 깊이 있는 방식으로 과제를 완성하지 못한다면 성적이 떨어질 것이고 그 때문에 대학 선택 기회도 줄어들지 모른다고 두려워한다. 외부 상황과 상관없이 내 마음은 점점 더 긴장한다. 멈춰서, 진짜로 나를 괴롭히고 있는 것이 무엇인지 질문해보면, 내가 매 상황에서 상실, 즉 내 삶과 행복에 반드시 필요하다고 여겨지는 뭔가의 상실을 예측하고 있음을 깨닫게 된다.

내가 두려워하는 모든 사소한 상실들의 기저에 있는 궁극적인 상실은 삶 자체를 잃는 것이다. 모든 두려움의 뿌리는 삶에 대한 기본적 열망과, 퇴화와 죽음에 대한 혐오다. 우리는 항상 이런저런 형태의 죽음을 접하고 있다. 나는 내 부모가 점점 더 늙어가고 있으며, 언젠가는 임종이 가까웠음을 알리는 전화가 올 것임을 안다. 내 우주의 중심인 내 아들은 고등학교를 졸업하고 집을 떠날 것이다. 내 삶 속의 사람들은 자신들의 기억과 신체 능력을 잃어가고 있다. 내 몸도 눈에 띄게 나이를 먹고 있으며, 지치고 아프다. 삶은 깨지기 쉽고, 상실은 도처에 있다. 내가 사랑하는 삶과 이별할 거라는 이런 두려움, 즉 죽음의 두려움은 다른 모든 두려움 아래에 자리 잡고 있다.

하지만 우리는 두려움 없이 생존하거나 번창할 수 없을 것이다. 문제는 두려움의 정서가 종종 너무 오래 지속된다는 점이다. 눈앞에 닥친 위협이 없을 때조차 우리 몸은 긴장하고 경계하는 상태에 있고, 마음은 잘못될 수 있는 것에 초점을 맞추느라 좁아져 있다. 이렇게 되면 두려움은 더 이상 우리의 생존을 보장하는 기능을 할 수 없다. 우리는 두려움의 트랜스에 사로잡히고, 순간순간의 경험은 습관적 반응에 얽매인다. 온전하게 살지 못하고, 삶을 방어하는 데 시간과 에너지를 소모하게 된다.

두려움의
트랜스

두려움의 정서가 정체성의 핵심이 되어 온전히 사는 능력을 제약할 때, 우리는 두려움의 트랜스에 붙잡혀 있는 것이다. 두려움의 트랜스는 대개 어린 시절에 중요한 관계를 맺고 있던 사람과 관련된 두려움을 경험했을 때 시작된다. 아마도 늦은 밤 아기의 울음은 지친 엄마에게 좌절을 안겼을 것이다. 엄마의 찌푸린 얼굴을 보고 날카로운 목소리를 들었을 때, 우리는 가장 안전하다고 확신했던 사람에게서 문득 불안을 느꼈을 것이다. 우리의 팔과 주먹은 긴장되고, 목구멍은 수축되고, 심장박동은 빨라졌다. 엄마의 불만에 반응해서 발생한 두려움의 신체 반응은 어린 시절을 거치면서 반복적으로 일어났을 수 있다. 우리는 뭔가 새로운 것을 실험해봤을 수도 있다. 혼자서 옷을 입으려고 하며 앞뒤를 바꿔 입었거나, 포도 주스를 한 잔 따라서는 거실 카펫에 엎질렀거나, 할머니 댁으로 가족여행을 간 첫날 밤에 침대를 적셨을지도 모른다. 엄마의 불만스러운 얼굴과 목소리가 우리를 향할 때마다, 우리는 몸에서 동일한 두려움의 연쇄 반응을 느꼈을 것이다.

어린아이의 몸은 대개 이완해 있고 유연하지만, 두려움의 경험이 몇 년간 지속되면 만성 긴장이 일어난다. 어깨는 뭉친 상태로 계속 올라가 있을 것이고, 고개는 앞으로 빠지고, 등은 굽고, 가슴은 꺼진다. 위험에 대해 일시적으로 반응하는 게 아니라 갑옷을 두르게 된다. 쵸감 트룽파가 말했듯이, 우리는 "우리의 존재를 방어하는 긴장한 근육 덩어리"가 된다. 대체로 우리는 이 갑옷을 우리 존재의 친숙한 한 부분처럼 느끼기 때문에 알아차리지 못한다. 하지만 타인에게서 보거나, 명상 중에 느껴지는 우리 내부의 긴장 혹은 아무런 느낌이 없는 특정 부위를 느끼는 식으로 그것을 느낄 수 있다.

두려움의 트랜스가 우리 몸에만 습관적 위축을 일으키는 것은 아니다. 우리 마음 또한 경직된 형태로 얽매이게 된다. 실제로 일어난 위협에 대응할 때 도움이 되는 '한 곳에 집중하기'는 강박관념이 된다. 우리 마음은 과거 경험과 연합을 만들면서 어떤 나쁜 일이 일어날 수도 있다는 것을 상기시키고, 그것들을 어떻게 피할지 전략을 짜는 끝없는 스토리를 만들어낸다. "나-내세우기(I-ing)"와 "나를-내세우기(me-ing)"를 통해 스스로 스토리의 주인공이 된다. "끔찍한 일이 일어날 것 같다. 나는 힘이 없다. 나는 혼자다. 나 자신을 구하기 위해 뭔가를 해야 한다."는 식으로 우리 마음은 긴박하게 문제의 원인을 찾아내 상황을 통제하려 애쓴다. 손가락으로 타인이나 자기 자신 중 하나를 가리킨다. 바바라의 경험에서 드러나는 것처럼, 아버지의 분노에 대한 두려움은 자기가 나빠서 아버지가 자기에게 못되게 굴었다는 느낌과 뒤섞인다. 우리는 우리가 필연적으로 항상 우리 자신이나 타인을 위한 일들을 망칠 거라고 스스로에게 말하거나, 남들이 항상 우리 일을 망칠 거라는 무력한 피해의식에 사로잡혀 있다. 어느 쪽이든, 우리의 스토리는 우리가 실수투성이고 경계심을 가져야 한다고 말한다.

무가치감과 수치심의 느낌과 스토리는 아마도 두려움의 트랜스에서 가장 구속력이 센 요소들일 것이다. 우리에게 뭔가 잘못이 있다고 믿을 때, 우리는 위험에 처했다고 확신한다. 수치심은 지속되는 두려움에 기름을 붓고, 두려움은 수치심에 더 많은 기름을 붓는다. 우리가 두려움을 느낀다는 바로 그 사실이 우리가 실수투성이라거나 무능하다는 것을 증명하는 듯 보인다. 트랜스에 사로잡혀 있을 때는, 두려워하고 잘못된 것이 바로 우리 자신인 것처럼 생각된다. 몸에서 느껴지는 불안, 스토리들, 변명을 만들거나 위축되거나 몹시 비난하는 태도가 자기의 실재가 된다.

두려움의 트랜스는 두려움의 느낌을 피하려는 전략에 의해 지속된다. 만약 거짓말을 해서 누군가의 분노로부터 자신을 보호했다면 거짓말을 배울 것이고, 폭언을 퍼부어서 일시적으로 힘과 안전이 증가된다면 상대방을 몹시 비난할 것이고, 착해지려고 더 열심히 노력해서 거부당하는 것으로부터 보호를 받았다면 착해지려 할 것이다. 성인이 된 바바라의 주요 전략은 구내식당처럼 불편한 사회적 상황으로부터 거리를 두는 것이었다. 만약 그녀가 모임에서 다른 교사나 카운슬러와 함께 있게 된다면 일상적 농담을 주고받는 데 끼지 못하고 얼어붙을 것이다. 그녀는 안전한 상태를 유지하기 위해서 생쥐가 되었다. 다시 말해 남에게 동의하고, 입을 다물고, 거의 보이지 않는 존재가 되었다.

직장 밖에서도 똑같았다. 랜디는 그녀에게 친구들과 음식을 나누는 파티에 함께 참석하거나 함께 춤추러 가거나 교회에 가자고 청했지만, 그녀는 번번이 거절했다. 랜디는 대개 바바라와 함께 집에 있었지만 이따금 혼자서 외출하기도 했는데, 그럴 때면 두려움이 모습을 바꾸고서 그녀에게 나타났다. 집으로 돌아온 랜디가 이제는 그녀에서 질려서 더는 사랑하지 않는다고 말한다거나 사고로 그가 죽는 것과 같은 돌발 상황이 일어날 것만 같았던 것이다. 랜디가 약속한 시간에 정확히 집으로 돌아와 그녀를 안으려 하면 바바라는 경직되었고, 내면의 소리는 그녀에게 "그는 배려하는 척하는 거야."라고 말하곤 했다. 그녀는 자신이 얼마나 부서지기 쉽고 두려워하는 상태인지 그에게 알릴 수 없었다. 그냥 조용히 있으면서 자신을 보호하는 것이 더 안전하다고 생각했다.

우리가 두려움의 트랜스 상태에 있을 때, 세상의 나머지는 배경 속으로 사라진다. 마치 카메라 렌즈처럼, 우리의 주의는 두려운 스토리와 더 안전하게 느끼려는 노력을 앞에 두고 배타적으로 초점을 맞춘다. 우리는 친구와 점심을 먹거나 직장 동료와 대화를 나눌 수 있지만, 그들의 관심사와 성공은 우리의 관심 밖에 있다. 오히려 우리는 그들이 우리의 두려움 수준에 어떤 영향을 끼치는지의 관점에서 그들과 관계한다. 우리를 안도하게 해줄 수 있는 어떤 것, 예를 들어 안심시켜주는 말, 편안함, 함께 있어주기 등을 그들이 제공할 수 있는가? 그들과 함께 있으면 우리 자신을 더 부족하게 느끼는가? 그들은 우리가 두려워한다는 것을 알고 있는가? 그들과 있을 때 안전한가? 이렇게 우리는 우리 스스로 만든 좁고 위험한 세상에 살고 있다.

우리가 반응하는 것은 과거 고통의 누적이기 때문에, 우리의 반응은 그 순간에 일어나고 있는 것과 균형이 안 맞는다. 누군가 우리를 비난하거나 못마땅하게 여길 때, 우리는 시간을 거슬러 어린 시절로 퇴행하기 때문에 성숙한 이해에 접근하지 못한다. 마치 힘없고 혼자이고 겁먹은 아이인 것처럼 느낀다. 예를 들어 지갑을 잃어버리거나 약속에 늦거나 하면, 마치 세상이 끝날 것처럼 느낀다. 우리의 과잉반응은 추가된 창피함이다. 우리는 우리의 삶이 지하창고에서 나온 개들로 인해 들끓고 있음을 남들이 아는 걸 절대 원치 않는다. 만약 우리가 두려워하고 있다는 것을 남들이 알면, 그들의 눈에 우리가 호감을 주지 못하는 사람, 즉 동정은 하지만 존중하거나 친해지고 싶지는 않은 사람으로 보일 거라고 두려워한다. 그러나 우리가 괜찮은 척할 때, 오히려 분리되고 혼자 고립되고 위험에 처했다는 느낌 속으로 더 깊이 가라앉는다.

두려움의 트랜스가 관계의 단절을 느낄 때 일어나기 때문에, 우리가 어린아이 때 필요로 했던 사랑과 이해를 다른 사람들과 함께 경험할 때까지는 기본적으로 안전하지 못하다는 느낌이 계속된다. 기본적인 안전감을 발견하는 첫 단계는 타인과 연결되어 있음을 아는 것이다. 소속감의 실재를 믿기 시작할 때, 목을 조이는 두려움의 지배가 느슨해진다.

누군가 나와 함께한다는 안도감

우리가 처음으로 가진 치료회기에서, 바바라는 랜디와 함께 있을 때 자신이 어떻게 노래를 하곤 했는지 그리고 그가 얼마나 그것을 좋아했는지 말했다. 그들은 차 안에서 보통 클래식 록 방송을 틀어놓고 함께 노래를 불렀다. 그러나 최근에 랜디와 함께 있을 때, 그녀의 목을 꽉 막아버리는 일이 일어났다. 어느 날 아침 바바라가 주방을 치우는 동안 랜디는 세금을 정산하며 식탁에 앉아 있었다.

그녀는 오디오에 CD를 걸어놓고 노래를 따라 부르고 있었다. 아마도 소리가 약간 컸던 것 같다. 갑자기 음악 너머로 랜디가 부르는 소리가 들렸다. "바바라! 집중할 수 있게 음악 소리를 줄여주겠어요?" 이 말이 비수처럼 그녀의 가슴을 찔렀다. 그녀는 오디오를 끄고 방을 나갔다. 랜디가 뒤따라오며 물었다. "내가 지금 뭘 잘못했어요?" 바바라는 침실로 들어가 대답도 없이 문을 닫아버렸다.

이 얘기를 하고서 바바라는 흐느끼기 시작했다. 음악을 줄여달라는 랜디의 요청은 그녀를 겁먹게 할 이유가 없었다. 그러나 그녀는 겁먹었다. 이것은 그녀에게 어린 시절에 일어났던 뭔가를 상기시켰다. 그녀의 열두 살 생일에, 어머니는 그녀에게 재즈댄스 강습을 등록해주었다. 바바라는 거실에 음악을 틀어놓고 몇 시간이고 댄스 연습을 하곤 했다. 어느 토요일 오후, 음악이 갑자기 멈추고 이어서 들려오는 아버지의 화가 난 목소리에 깜짝 놀란 그녀는 몰입했던 춤에서 빠져 나오게 됐다. 그녀는 자신이 아버지의 평화를 방해하고 있었음을 몰랐던 것일까? 그녀는 좀 더 아버지를 배려하든지 집 밖에서 춤을 추든지 했어야 했다. 아무튼 그녀는 그대로 서서 얼어붙어 있다가 방으로 들어갔다. 이런 일이 두 번째 일어났을 때, 그녀는 춤추는 걸 그만뒀다. 랜디는 그녀의 아버지와 전혀 달랐지만, 그녀는 같은 방식으로 '끝'이라고 느꼈다. 그녀는 아마도 댄스를 그만뒀듯이 노래 부르기를 그만둘지도 모른다.

나는 바바라에게 랜디와 함께 있던 그날 아침에 느꼈던 두려움을 몸으로 느낄 수 있는지 물었다. 그녀는 목구멍이 긴장되고 가슴이 심하게 쿵쾅거리고 있다고 말했다. "그 두려움이 당신에게 원하거나 요구하는 게 무엇입니까, 바바라?" 그녀는 눈을 감았고 잠시 후 대답했다. "내 두려움이 알고 싶어 하는 것은, 두려움이 여기에 있어도 괜찮은지입니다." 나는 그녀에게 부드럽게 물었다. "그래서…… 두려움이 바로 지금 여기에 있어도 괜찮습니까?" 그녀가 고개를 끄덕였을 때, 나는 그녀에게 두려움과 의사소통해볼 것을 권했다.

바바라는 잠시 동안 말이 없었다. 그녀는 약간 느리고 깊은 호흡을 했고, 나는 그녀의 어깨가 날숨과 함께 이완되는 것을 볼 수 있었다. "내가 '나는 당신을 수용합니다.'라는 메시지를 보내자마자 두려움이 풍선처럼…… 공기가 약간 빠졌어요." "좋아요. 계속 경청하세요. 두려움에게 무엇이 두려운지 물을 수 있을까요?" 바바라는 멈췄다가 단호한 목소리로 대답했다. "랜디가 내게 과분하다는 것. 그는 내게 너무 좋은 사람이라는 것." 나는 그녀에게 그것을 그저 생각으로 보도록 하고, 생각은 진실이 아님을 기억하라고 격려했다.

바바라와 나는 두려움에 압도되는 느낌 없이 두려움을 대면하는 도구로 명상을 가장 잘 사용할 수 있는 방법을 찾고 있었다. 나는 그녀에게 마음챙김 훈련을 함께하는 것이 편안한지를 물었다. 자신의 경험을 알아차렸을 때 그녀는 의식하는 것을 큰 소리로 명명할 수 있었고, 나는 가끔 그녀의 주의가 깊어지도록 도와주는 질문을 던질 수 있었다. 바바라는 이 방식에 열중했고, 다음 몇 주 동안 우리는 대화 치료 사이사이에 이 마음챙김 훈련을 배치했다.

내가 함께 있다는 사실에 힘을 얻은 바바라는 자신의 삶을 통제하고 있는 원초적인 두려움을 보기 시작했다. 그녀는 몸으로 두려움을 느꼈을 때, 목이 조여오고 목소리가 높고 가늘어지는 것을 알 수 있었다. 그녀는 뭔가 잘못될 거라는 예측이 끊임없이 불러들인 생각들을 의식하게 되었다. 바바라는 몸이 가라앉는 느낌과 좌절하고 무기력한 기분을 이 생각들과 함께 인식했다. 때때로 이미지나 생각들이 너무 두렵게 다가왔기 때문에, 우리는 마음챙김 훈련을 멈추고 그냥 얘기를 나누곤 했다. 나는 이때 바바라의 시선이 바닥에 고정되곤 한다는 것을 알아차렸다. 이것을 그녀에게 말하자, 그녀는 매우 두려운 느낌이 들 때 내 눈을 바라보기 어렵다고 답했다.

이런 방식으로 몇 달 동안 함께 노력한 후, 바바라가 자신에게 뭔가 변화가 일어나고 있다고 말했다. "타라, 여기서 당신과 함께하면서 배고픈 개들이 없어지진 않았어요. 하지만 녀석들이 별로 위험해 보이지는 않아요. 누군가 나를 도와주고 있다고 상상하면 문을 약간 열고 틈 사이로 두려움을 바라볼 수 있을 만큼 충분히 안전하다고 느껴요." 나는 그녀가 느꼈던 것을 내가 이해했다고 말했다. 혼자가 아니라고 느끼면, 통제 밖의 원초적 두려움을 대면하는 게 더 쉽다. 사실, 두려움을 영속시키는 것은 고립되었다고 느낄 때 오는 끔찍한 고통이다. 바바라는 두려움의 트랜스를 인식하는 걸 도와주는 또 다른 마음과 함께했기 때문에, 커다란 위험에 처해서도 마음챙김을 하면서 압도되지 않을 수 있었다.

고독하고 두렵다고 느낄 때, 먼저 안심을 줄 수 있는 관계를 찾아서 근본적 수용 훈련을 위한 밑거름을 마련할 수 있다. 두려움에 압도될 때, 바바라는 현명하게도 자신을 지지해줄 도움을 찾아왔다. 우리 대부분은 이따금 자신이 두려움에 갇혀 있는 걸 발견하곤 하는데, 이때 도움을 구하면 큰 힘을 얻을 수 있다. 강렬한 두려움을 느낄 때, 우리는 겁먹은 자신보다 더 큰 뭔가의 일부라는 사실을 상기할 필요가 있다. 다른 사람들과의 관계에서 느끼는 소속감이라는 안전한 피난처에서 우리는 자기 내부에 존재하는 평화의 성소를 발견할 수 있다.

귀의:
안전감과 소속감의 내적 자원 발견하기

바바라는 우리가 함께한 치료회기에서 안전과 안식처를 발견했으나, 그것은 자신의 바깥 상황에 의존한 안전함이었다. 다른 사람들과의 연결이 수행의 길을 갈 때 필수이긴 하지만, 참된 자유는 우리 자신의 내면 깊숙한 곳에서 소속감의 뿌리를 발견할 때 일어난다. 불교 수행 중 '귀의'는 안전감과 소속감에 대한 내면 경험을 일깨우고 길러준다.

불교에서 삼귀의(三歸依)라고 불리는 세 가지 기본 귀의처는 불(佛, Buddha, 우리의 깨어있는 본성), 법(法, dharma, 길 혹은 도), 승(僧, samgha, 영적 염원을 가진 사람들의 공동체)이다. 이들 귀의처에서 우리는 참된 안전과 평화를 발견한다. 우리의 인간적 취약성을 쉬게 할 장소와, 깨어있는 가슴과 마음을 위한 귀의처를 발견한다. 그 귀의처에서 우리는 두려움의 트랜스를 대면하고 거기서 깨어날 수 있다.

공식적인 삼귀의 수행에서는 "나는 부처님께 귀의합니다. 나는 가르침에 귀의합니다. 나는 승단에 귀의합니다."라고 세 번 암송한다. 형식이 있긴 하지만 무의미하거나 기계적인 의례 절차는 아니다. 각 구절을 반복함으로써 우리는 단어들 배후에 살아 있는 경험에 더 깊게 자신을 열게 된다. 우리가 그렇게 할 때, 수행은 우리의 신념을 더욱 더 깊게 만든다. 각 안식처에 더 온전하게 마음을 열고 살아갈수록 자신의 가슴과 의식을 더욱 신뢰하게 된다. 삼귀의를 통해 우리는 삶에 대한 신뢰를 배운다.

붓다에게 귀의하는 것은 여러 수준에서 접근할 수 있는데, 자신에게 가장 의미 있는 방식을 선택하면 된다. 일단 우리는 2,500년 전 보리수 아래서 깨달음을 이룬 인간인 역사 속의 붓다에게 귀의할 수 있다. 붓다는 마라를 대면했을 때 두려움을 느꼈다. 두려움이 우리 가슴을 때릴 때 우리가 경험하는 것과 똑같이 고통스럽게 조여오는 목, 가슴, 배와 똑같이 고동치는 심장을 느꼈다. 붓다는 두려움을 완전한 주의로 기꺼이 마주함으로써 두려움 없음, 즉 두려움으로 위축되거나 그것을 자신과 동일시하지 않고 두려움의 발생과 소멸을 알아차리는 열려 있고 명확한 의식을 발견했다. 그의 깨달음의 실상에 귀의하면 우리는 두려움 없음의 상태로 가는 길에 대한 영감을 얻을 수 있다.

천성적으로 헌신적인 사람은 붓다의 깨어있는 가슴과 마음의 살아 있는 정신에서 안전감과 귀의처를 구할 수도 있다. 그리스도 혹은 성모에게 기도하는 것처럼, 우리의 고통을 보살펴주는 존재에 귀의할 수 있다. 이 첫 번째 귀의에서, 나는 때때로 "나는 '사랑의 존재'에게 귀의합니다."라고 말하고, 한없는 자비로 경험되는 것에 항복한다. 두려움을 느끼고 있을 때, 나는 '사랑의 존재'에게 항복하고 그것을 맡긴다. 이렇게 함으로써 나는 두려움을 없애려 하기보다는 내 두려움을 사랑으로 보듬을 만큼 충분히 광대한 귀의처에 들어간다.

붓다에게 귀의하는 것은 가장 근본적으로 우리 자신에게 있는 해방의 잠재력에 귀의하는 것을 의미한다. 영적인 길을 떠날 때, 우리 자신의 마음과 정신이 깨어남의 잠재력을 가졌다는 신념이 필요하다. 붓다의 얘기를 몇천 년에 걸쳐 계속해서 살아 있도록 한 진정한 힘은, 그 얘기가 우리 모두 붓다가 될 수 있음을 보여주기 때문이다. 우리는 스스로에게 한계를 정하는 스토리들을 너무 쉽게 믿고, 우리의 본성, 즉 불성이 의식과 사랑임을 잊는다. 붓다에게 귀의할 때, 우리는 보리수 아래의 싯다르타를 깨운 것과 동일한 의식의 능력에 귀의하는 것이다. 우리도 자유의 축복을 실현할 수 있다. 우리도 두려움 없는 상태가 될 수 있다.

'사랑의 존재'에게 귀의한 후에, 나는 주의를 내면으로 돌리며 "이 깨어있는 마음과 가슴에 귀의합니다."라고 말한다. 불성은 나의 의식 너머 혹은 밖에 있는 것이라는 생각을 내려놓고 내 존재의 내면의 각성, 가슴의 애정 어린 열림을 바라본다. 몇 분 전에 나는 내 마음을 관통해서 움직이는 정서와 생각의 급습을 받았을 수 있다. 그러나 의식에 의도적으로 귀의함으로써 작은 정체성이 녹아내리고, 그와 함께 두려움의 트랜스도 사라진다. 가장 깊은 본성에 주의를 기울이고 우리 존재의 정수를 예우함으로써, 우리 자신의 불성이 더 생생한 현실이 된다. 우리는 자신이 누구인지에 대한 진실에 귀의하는 것이다.

두 번째 귀의처인 다르마(dharma) 또한 의미 면에서 다양한 층을 갖는다. 산스크리트로 dharma는 진리, 사물의 이치, 자연의 법칙을 의미한다. 다르마에 귀의하는 것은 우리 내부와 주변에 있는 모든 것이 변화한다는 진리에 귀의하는 것이다. 그 진리는 만약 우리가 경험의 흐름에 집착하거나 저항하려 하면 두려움의 트랜스는 깊어진다는 진리다. 또한 다르마는 진리를 드러내는 방대한 가르침과 수행을 가리킨다. 우리는 우리의 불성과 우리 본연의 지혜와 자비를 깨우는 '훌륭한 방편들'에 귀의한다.

바바라에게, 다르마를 발견하는 것은 처음에는 폭풍 치는 바다에서 구명보트를 발견하는 일과 같았다. 호흡 마음챙김에 의지해서 자신의 경험에 주의를 기울이는 것은 그녀 스스로 균형을 잡고 작은 평화를 만나는 믿음직스러운 방법이었다. 그러나 수행이 평화가 아니라 고통을 이끄는 듯 보였을 때, 바바라는 무엇을 해야 할지 몰랐다. 수행이 깊어지면 묻혀 있던 두려움의 층들이 필연적으로 드러난다. 이럴 때 안전과 균형을 제공할 수 있는 귀의처를 발견하는 것이 중요하다. 때론 바바라가 했던 것처럼 도움을 구하는 것이 현명하다. 어떤 경우에는 위빠사나 수행을 잠시 멈추고 자신과 타인에 대한 자비를 기르는 것이 최선일 때도 있다(11장 참조). 바바라가 이해한 것처럼 다르마는 경직된 규칙이나 훈련의 집합체가 아니다. 다르마에 귀의할 때는, 어떤 방식으로 주의를 기울이든지 간에 우리를 두려움의 트랜스에서 깨워 우리 자신의 본성을 깨닫게 하는 것이라면 그것에 귀의한다.

다르마는 자연의 법칙이므로 자연계와 교감하는 것 역시 다르마에 귀의하는 방법이다. 포토맥 강가에 앉아서 소용돌이치는 물살을 바라볼 때, 플라타너스 나무에 기대서 그 나무의 삶이 나의 삶 이후로도 계속될 것임을 느낄 때, 나는 직관적으로 내 존재가 어떠한 고정된 자기도 아니며 매우 생생하고 늘 변화한다는 것을 알게 된다. 우리가 생명의 자연스러운 리듬에 소속감을 느낄 때, 분리되고 위협받는다는 환상은 녹아내리기 시작한다.

세 번째 귀의처는 승단이다. 살아생전 붓다는 승단(비구과 비구니의 공동체)이 영적 깨달음에 이르는 길에서 핵심적 요소라고 가르쳤다. 전통적으로 승단은 다르마의 길, 영적 자유의 길을 걸어가는 모든 이를 의미했다. 그들도 한밤중에 두려움과 외로움을 느끼며 잠에서 깼다. 그들도 떨리는 상실의 두려움과 무섭도록 확실한 죽음을 느꼈다. 우리 앞의 다른 사람들이 고통스러운 두려움의 틀을 깼다는 것을 안다면, 우리 역시 깨어날 수 있다는 믿음이 강해진다. 명상수련회에서는 동료 수행자들과 스승들이 우리가 두려움에 직면할 때 안전과 지지를 주는 승단이다.

불교가 서구문화에 통합되었을 때, 승단의 의미는 다양한 방식으로 깨달음의 길을 추구하는 동시대의 모든 사람까지 포괄하게 되었다. 우리를 도와주는 치료자나 치유자뿐 아니라 우리가 취약하면 취약한 대로 그대로 허용해주는 친한 친구도 승단에 포함된다. 승단에 귀의하면 우리는 좋은 단체에 속해 있다는 사실을 떠올리게 된다. 우리는 깨닫기를 열망하는 사람들, 참된 평화로 이끄는 가르침과 수행을 구하는 사람들의 일원으로 소속되어 있다.

워싱턴 D.C.에 사는, 내가 아는 한 각료는 9·11테러 이후 출장을 갈 일이 있을 때 여섯 살짜리 딸을 두고 떠나는 것이 두렵다고 말했다. 그녀는 자신과 딸이 떨어져 있을 때 둘 중 하나가 죽을 수도 있다는 것이 두려웠다. 일주일간의 명상수련회를 떠나기 전 몹시 걱정하던 그녀는 자신의 두려움을 충분히 보듬어줄 만큼 품이 너른 승단에서 귀의처를 발견했다. "자기 아이를 아끼고 그 아이의 삶을 염려하는 세상의 모든 어머니들을 떠올릴 때, 내 마음이 달라지는 것을 느껴요."라고 그녀는 내게 메일을 보냈다. "두려움이 아직 남아 있지만, 슬픔과…… 자비를 공유하고 있다는 느낌이 더 깊어요. 우리는 함께 무수한 상실의 가능성을 마주하고 있어요." 그녀의 두려움은 그녀를 홀로 떼어놓아 취약하게 느끼도록 만들었지만, 그것이 우리의 두려움이 되었을 때 그녀는 더 이상 혼자라고 느끼지 않았다. 그녀의 가슴에 일어난 자비는 두려움보다 훨씬 더 컸다. 자신의 아이를 그토록 사랑하는 어머니들의 승단에 귀의함으로써, 그녀는 도교신자들이 "아무도 뚫을 수 없는 보살핌의 방패"라고 부르는 것, 즉 가슴에 깃든 안전감을 깨달았다.

나는 사랑하는 사람들을 떠올리는 방식으로 승단에 귀의하는 걸 좋아하는데, 그러면 몸과 가슴과 마음이 따뜻하고 부드러운 느낌으로 채워진다. 함께한다는 이 감동적인 느낌들은, 점차 개인적으로 별로 가깝지 않은 사람들뿐 아니라 도처에 살아 있는 모든 존재들을 떠올릴 때도 스며든다. 내가 불안하거나 외롭거나 각박하다고 느낄 때, 이런 식으로 승단에 귀의하면 트랜스의 모서리가 부드러워지고 힘이 약해진다. 가끔은 나의 애완견을 생각하기도 하는데, 그 개와의 유대감을 느끼며 편안해지면 점차 마음을 열고 다른 사람들과의 소속감을 느껴본다.

두려움과 욕구가 구체화되는 방식은 우리 각자가 매우 다르기 때문에, 세 가지 귀의처 가운데 다른 것보다 더 접근이 용이하고 도움이 되는 게 있을 수 있다. 어느 것이든 가장 쉽게 친밀감을 느끼는 것에 귀의하기 시작한다. 그래서 안전감과 연결감을 느낀다면, 다른 것들에도 쉽게 마음을 열 수 있다. 붓다, 다르마, 승단은 서로 연결되어 있어서 서로서로 지탱해주며, 각각은 자연스럽게 다른 것을 포함하고 다른 것들 속으로 펼쳐진다.

모든 영적 수행과 마찬가지로, 귀의처의 참된 의미를 구축하는 데는 시간이 걸릴 수 있다. 몇 년이 흐르는 사이 귀의는 우리의 소속감에 심오하고 자유로운 믿음을 키워준다. 붓다는 우리의 두려움이 크긴 하지만, 우리가 서로 연결되어 있다는 진실이 훨씬 더 크다고 가르쳤다. 귀의는 우리와 두려움 간의 관계를 변화시킨다. 우리가 소속감이 주는 안전을 느낄 때, 두려움을 근본적 수용으로 마주하는 것이 가능해진다.

명상과
약물치료

나는 절망적이었던 바바라가 심리치료와 명상으로 고통스러운 두려움의 손아귀에서 제때에 해방되었음을 확신했다. 그러나 아무리 열심히 노력을 해도 그렇게 되기 어려운 사람들도 있다. 그들이 안전을 느끼고 두려움을 감당할 수준에 이르게 하는 데는 뭔가 다른 것이 필요하다. 원인이 심리적 외상 때문이든 유전적 성향 때문이든, 어떤 사람의 뇌 내 화학물질과 신경계는 견딜 수 없을 만큼 높은 수준의 두려움을 만들어 낸다. 그런 경우에는 우울증과 불안을 치료할 목적으로 처방한 약물이 안전감을 찾는 데 중요한 도움을 줄 수 있다. 이 안전감이 그들이 다른 사람을 신뢰하고 영적 수행을 추구하는 걸 가능케 한다.

명상 수행에 참여하는 사람들의 항우울제 복용은 뜨거운 논란거리다. 수련생들은 내게 묻기도 한다. "만약 제가 항우울제를 복용한다면, 차라리 포기하는 것이 더 낫지 않을까요? 명상이 제대로 되지 않음을 스스로 인정하는 것이 아닐까요?" 의사에게서 약물치료를 권고받은 사람들은 매우 걱정스런 얼굴로 내게 온다. 그들은 약물에 의존하는 것을 두려워하고, 약물 없이는 다시 제대로 기능하지 못할까봐 두려워한다. 어떤 사람은 약물 복용이 영적 깨달음 과정을 곧바로 약화시키지 않을지 걱정한다. "약물이 우리가 무조건적으로 수용하려고 노력하는 바로 그 경험에 무감각해지게 만들지 않을까요?" 심지어 한 수련생은 "약물치료 중에는 해탈이 불가능하지 않을까요? 붓다가 보리수 아래에서 항우울제에 손을 뻗는 장면은 상상하기 어려워요."라고 묻기도 했다.

널리 사용되는 항우울제 중 어떤 것은 극심한 두려움으로부터의 거리감, 즉 일종의 정서적 무감각을 만들어낼 수 있다. 안도감을 주는 어떤 물질에 심리적으로 의존하게 될 가능성은 있다. 그러나 두려움이 너무 압도적일 때는 의학적 개입이, 적어도 일정 기간 동안은 가장 자비로운 행동일지도 모른다. 인슐린이 당뇨병에 듣는 것처럼 약물은 불균형한 화학반응을 정상상태로 바꿔준다. 어떤 이가 밟는 영적 행보에서 이는 결정적이고 현명한 조치일 수 있다. 두려움 때문에 정상적인 생활을 전혀 할 수 없었던 수련생들이, 일단 약물로 출발한 후에 마음챙김과 자비로 두려움을 대면할 수 있게 된 경우도 있다. 정신과 의사인 친구의 말처럼, 약물은 어떤 사람에게는 "불안한 행동을 멈추고, 단지 거기에 앉아 있을 수 있게" 해준다.

약물과 명상은 함께 작용할 수 있다. 약물이 두려움의 생물학적 경험을 변화시킨다면, 마음챙김 훈련은 두려움의 트랜스를 지속시키는 반사적 생각과 느낌의 강박관념을 멈추도록 도울 수 있다. 내 명상 제자 세스는 작곡가이자 피아니스트인데, 여러 해 동안 심신을 쇠약하게 만드는 불안, 수치심, 우울에서 벗어나려고 발버둥쳤으나 결국 실패하고 항우울제를 복용했다. 세스는 연주와, 연주를 완벽하게 해야 한다는 기대가 두려웠다. 그는 말했다. "어떻게 곡을 쓰고 연주하는지를 아는 것이 내 삶이에요. 내가 망치고 있는 것 같다는 느낌이 들 때, 나는 그것을 완전히 포기합니다. 내가 완전히 무가치하다는 느낌이 들어요." 세스가 항우울제를 복용하기 시작한 후 그의 두려움 수준은 큰 폭으로 떨어졌다. 친숙한 스토리와 자기판단이 여전히 일어나곤 했지만, 두려움의 강도가 덜했기 때문에 생각은 단지 생각일 뿐 진실이 아니라는 것을 볼 수 있었다. 점차로 세스의 명상 훈련이 심화되었고, 그는 자신을 새롭고 다르게 보는 데 익숙해졌다. 자기 자신을 아프고 망가진 존재로 여겨 거부하는 대신에 보살피고 위로하기를 원하기 시작했다.

2년 후에, 세스는 항우울제 복용을 중단하기로 결정했다. 두려움이 감소되기는 했지만 타고난 감수성과 공감 능력까지 어느 정도 잃어버렸으며, 열정 역시 줄어들었기 때문이다. 약물을 중단하고 몇 달 안 되어서 세스는 극심한 두려움의 파도를 다시 경험하기 시작했는데, 때로는 질식할 듯한 우울을 경험하기도 했다. 그러나 이제는 오래된 스토리들이 모습을 드러내도 그 안에서 길을 잃지 않고 마음챙김으로 알아차릴 수 있었다. 약물 복용으로 두려움의 트랜스에 쐐기를 박았고 더 이상 그에 휩쓸리지 않게 되었다. 그의 감정은 여전히 강렬했지만, 두려움을 부추기는 극심한 자기판단과 수치심은 없었다. 그는 더 이상 자신을 실패한 인간과 동일시하지 않는다. 아마도 간혹 다시금 약물로부터 위안을 구할 수도 있겠지만, 세스는 이제 영적 수행으로 힘을 얻었으며 내적 자유의 진정한 의미를 준 믿음을 내면에 간직하고 있었다.

두려움의 트랜스로부터 깨어나는 과정에 대한 절대적인 비결은 없다. 우리가 어떤 길을 따를지 선택할 때 중요한 건, 그 길이 자신에게 깨달음과 자유를 줄 것인지를 질문하는 것이다. 최선의 답은 우리의 의도를 솔직하게 들여다봐야 찾을 수 있다. 치료를 받고, 약물을 복용하고, 특별한 명상을 하는 의도는 무엇인가? 고통스러운 관계 혹은 원치 않는 책임으로부터 도피하는 수단으로 명상을 이용하고 있는가? 진정으로 두려움을 대면하고 수용할 것인가? 우리의 선택이 우리를 이완시키고 더 친절하게 만들어주는가? 안전으로 가는 길을 찾을 때, 우리는 이 질문들을 던지고 어떤 방법이 효과적인지를 검토한다.

주의의 앵글 넓히기: 두려움이 쉴 수 있는 공간 만들기

우리가 진행한 치료회기가 도움이 되어 바바라는 다시 집에서 혼자 명상을 할 수 있었다. 그녀는 강한 두려움이 일어날 때 귀의하거나 자비를 훈련할 수 있다는 것을 배웠다. 점차로 안전한 느낌이 깊어지자, 바바라는 두려움이 일어날 때 더 직접 마음을 열기 시작했다. 그동안 우리는 치료회기에서 함께 그녀의 두려움 대면하기를 계속했다.

어느 날 바바라가 창백하고 지친 모습으로 내 사무실에 들어왔다. 그녀는 잠을 자기 힘들다고 말했다. 그녀가 상담하는 학생 가운데 마약에 연루되어 학교에서 쫓겨날 참이던 마티 때문이었다. 바바라는 마티와 일주일에 두 번씩 만날 일이 걱정되기 시작했다. 마티는 무뚝뚝한 소녀였고 연락이 잘 닿지 않았다. 바바라는 그녀를 이 곤경에서 빠져나오게 할 방법을 몰랐다. 마티를 만날 때마다 바바라는 자신이 더 무능하다고 느끼고 있었다.

바바라는 긴장된 목소리에 주먹을 꽉 쥐고 있었다. 불안 때문에 주의가 좁아진 그녀는, 마티와 함께 있을 때 마음을 열어줄 타고난 직관과 따뜻함에 접속할 수 없었다. 만약 바바라가 주의의 앵글을 넓힐 수 있다면 그녀의 시야가 넓어져 모든 것이 달라질 것이다. 그녀는 자신의 불안과 마티의 고통 둘 다를 자비로 감쌀 수 있을 것이다.

나는 바바라에게 눈을 감고 마티와의 다음 만남을 상상해보라고
했다. 그녀는 즉시 긴장했다. "공원벤치에 앉아 있는 자신을 마음속으
로 그려보세요." 나는 부드럽게 제안했다. "어떤 경험이 일어나든 그저
명명하고 친절하게 인사를 건네고 당신 옆에 앉으라고 청하세요." 그녀
는 고개를 끄덕였다. "가슴에 쥐어짜는 듯한 압박이 있어요. 위장을 묶
어놓은 것 같고…… 그래요. 이것들이 내 옆에 앉아 있어요." 잠시 후 그
녀가 덧붙였다. "어떤 목소리가 내게 말하고 있어요. '너는 일을 망칠거
야. …… 너는 절망적이야.'라고요." 나는 다시 상기시켰다. "그것에게도
역시 그냥 인사를 건네고 앉으라고 청하세요."

오랜 침묵 후에, 나는 바바라에게 무슨 일이 일어나고 있는지 물었
다. 그녀는 살짝 웃더니 대답했다. "두려움들이 내 옆의 벤치에 앉으려
고 줄을 섰어요. 최소한 내 머리 위에 있지는 않아요. 나는 숨 쉴 여유가
생겼어요!" 나는 계속해서 더 충분히 숨을 쉬고, 손을 이완하고, 그녀가
느끼는 다른 어떤 긴장들도 풀어놓으라고 그녀를 격려했다. "이제, 거
기 공원벤치에 앉아서 당신 주변 소리들이 들어올 수 있도록 주의를 개
방할 수 있습니까? 모든 방향으로 펼쳐진 하늘의 광대함을 알아차리고,
그 열림 속에서 나타났다 사라지는 소리들을 계속해서 들으세요. 여전
히 당신 옆에 있는 두려움과 함께 당신의 마음은 이 광대한 하늘의 공
간과 하나가 될 수 있나요?"

바바라의 얼굴이 부드러워지고 호흡이 깊어졌다. 천천히 고개를
끄덕이며 그녀가 내게 말했다. "두려움이 아직 있지만, 지금은 훨씬 더
작아 보여요." 나는 두려움을 둘러싸고 있는 부드럽고 깨어있는 공간으

로 들어가도록 바바라를 격려했다. "두려움이 의식에서 흘러가게 그냥 놔두세요." 만남의 끝 무렵에 바바라는 마티와 대화를 나누는 상상을 하며 가슴에서 솟아오르는 불안을 느끼고, 그것이 풀려나서 의식 속에서 사라지도록 내버려둘 수 있었다.

두려움을 마음챙김하기 위해서는 마음이 열리고 깨어있어야 한다. 바바라가 경험했던 것처럼, 마음을 열면 압박감 없이 현재에 있을 수 있다. 깨어있으면 무엇이 일어나든 그것을 알아차리고 온전히 경험할 수 있다. 마음챙김의 이 두 가지 측면은 주의의 앵글을 넓히는 데 필수적이다. 만약 우리가 깨어있지 못한다면 넓은 공간은 흐릿해질 수 있다. 우리는 두려움을 마음챙김으로 마주하기 위해서가 아니라 피하기 위해 개방성을 추구할 수도 있다.

벗어나려 하지 않고 다가가는 방식으로 두려움과 관계를 맺을 때, 우리의 정체성이 변화하기 시작한다. 긴장하고 궁지에 몰린 자기가 되는 대신에 본연의 광활한 의식과 다시 연결된다. 경험들에 갇혀서 그것들로 자기를 정의하는 대신에 경험들을 변화하는 생각과 느낌의 흐름으로 인식한다. 우리 마음이 습관적으로 상당히 위축되어 있기 때문에, 주의의 앵글을 넓히는 데는 지속적인 훈련이 필요하다. 마음챙김 명상을 통해서 이같이 깨어있는 개방성을 기르는 동안에도, 바바라가 그처럼 힘겨운 상황에서 깨달은 것처럼 주의의 앵글을 넓히는 도구 또한 사용할 수 있다.

마티는 바바라와 상담하기로 약속한 시간보다 늦게 나타났다. 그녀는 바바라 맞은편에 앉아서 말했다. "시간 낭비예요. 여기든 어디 다른 데든 어차피 아무도 나한테 관심 없어요." 바바라는 뭔가 '적절한'

말을 찾으며 마티를 바라보는 동안 자신의 몸에서 극심한 두려움이 밀려오는 것을 의식했다. 문득 그녀는 마음속으로 '공황 상태'를 주목하고 인사를 건넨 후, 그녀 옆 공원벤치에 내려놓았다. 그런 다음 그녀는 자연스럽게 마티도 공원벤치에 앉아 있다고 상상했다. 그녀는 심호흡을 하며 마티 뒤의 창문 밖 하늘을 보고는 광대한 의식의 공간을 기억해냈다. 의식의 공간은 그녀의 두려움, 똑딱거리는 시계 소리, 사무실 벽에 걸린 반 고흐 그림의 소용돌이치는 색채 등을 감싸고 있었다. 그리고 마티 역시 감싸고 있었다. 그 짧은 순간 동안 바바라의 마음은 그녀를 붙들고 있는 실패의 두려움에서 해방되었다. 주의를 다시 마티에게 돌렸을 때, 그녀의 시선에는 건너편에 앉아 있는 혼란스럽고 상처받은 한 사람이 보였다. 바바라의 가슴은 사랑으로 채워졌다. 그들 둘 다를 놀라게 한 열린 마음으로, 그녀는 "마티, 내게 말해주렴. 무슨 일이니?"라고 물었다.

울음을 터뜨린 마티는 흐느끼며 말을 이어갔다. "미안해요, 정말 미안해요. 내가 모두에게…… 모든 것을 망치고 있어요." 바바라는 더 가까이 다가가서 다소 어색했지만 소녀의 어깨 위에 부드럽게 손을 올렸다. "괜찮아, 얘야." 그녀는 편안한 목소리로 속삭였다. "괜찮아. 잘될 거야." 바바라가 자신의 두려움을 이해할 정도로 충분히 넓게 주의의 앵글을 넓히자 마티를 위한 공간도 생겼다. 우리는 두려움에 대한 근본적 수용을 기르는 데서 마음챙김과 자비의 양 날개가 어떻게 서로 영향을 주는지 거듭 보게 된다. 바바라는 주의의 앵글을 넓히고 마음챙김의 깨어있음을 분명히 하여 자연스러운 배려를 불러일으킨 경우다.

주의의 앵글을 넓히면 충만하고 수용적인 깨어있음이 가능해진다.

좁은 울타리에 둘러싸여 생활하는 말과 넓게 펼쳐진 평원을 전속력으로 질주하는 말의 차이를 상상해보라. 그것은 인생을 편협한 눈으로 보는 것과 더 광대한 관점으로 주의의 앵글을 넓히는 것의 차이다. 의식의 장이 열리고 넓어지면 두려움의 말들이 먼지를 일으키며 우르르 몰려갈 수 있는 충분한 공간이 생겨난다.

　　명상을 하다가 두려움에 단단히 붙잡혔음을 의식했을 때, 나는 주의의 앵글을 넓히기 위해 잠시 시간을 갖는다. 그러나 약간의 신체적, 정신적 공간을 만든 후에 온전한 깨어있음을 심화시키는 유일한 방법은 그 두려움을 직접 느끼는 것이다. 그렇지 않으면, 넓어진 공간에서 느끼는 편안함에 취해 당장의 경험에서 느껴지는 불쾌함을 피하라는 유혹에 넘어갈지도 모른다. 두려움 한가운데서 진정으로 깨어있기 위해서는, 두려움의 감각에 기꺼이 능동적으로 접촉하려는 의도가 필요하다. 이같이 의도적으로 두려움과 관계를 맺는 걸 나는 "두려움 속으로 기대기"라고 부른다.

두려움 속으로 기대기

널리 알려진 교훈담에서, 호랑이에게 쫓기던 한 남자가 도망치려고 절벽에서 뛰어내린다. 다행히 절벽 측면에 자라난 나무 덕분에 바닥으로 떨어지지는 않았다. 위에서는 호랑이가 서성거리고 수십 미터 아래에는 바위들이 삐쭉삐쭉 솟아 있는 상황에서, 그는 한 손으로 나무에 매달려서 필사적으로 고함을 친다. "도와주세요! 누가 좀 도와줘요!!" 어떤 목소리가 "응?"이라고 대답을 한다. 남자는 절규한다. "신이시여, 신이시여, 당신이십니까?" 다시 "응." 겁을 먹은 남자는 말한다. "신이시여, 뭐든 할게요. 제발, 제발 도와주세요." 신이 대답한다. "좋아. 그러면 손을 놓게나." 남자는 잠시 아무 말 없더니, 다시 소리친다. "거기 다른 누구 없어요?"

두려움에 직면했을 때, 우리는 생명줄로 보이는 것을 결코 놓고 싶지 않을 것이다. 우리는 호랑이의 입과 날카로운 바위들을 피하려고 재산을 축적하고, 마음속 스토리에서 길을 잃고, 매일 저녁 세 잔의 와인을 마신다. 그러나 스스로 두려움의 트랜스에서 벗어나기 위해서는, 나뭇가지를 놓고 두려움 속으로 들어가서 오감으로 들어오는 감각과 우리 몸에서 일어나는 느낌들의 생생한 변화에 마음을 열어야 한다. 우리의 마음이 그건 "너무 심하다."고 말하는 것을 느낄 준비가 되어 있어야 한다. 우리는 죽음의 고통을, 우리가 소중하게 붙잡고 있는 모든 것이 사라질 수밖에 없음을 인정해야 한다.

두려움 속으로 들어가서 그것을 수용하는 것은 우리의 직관과 반대되는 것처럼 보일 수 있다. 그러나 두려움은 삶의 본질적인 부분이기 때문에, 그것에 대한 저항은 삶에 대한 저항과 같다. 회피 습관은 삶의 모든 측면으로 침범한다. 회피는 제대로 사랑하고, 우리 내면과 주변의 아름다움을 소중히 여기고, 바로 지금 이 순간에 존재하는 것을 방해한다. 두려움에 대한 근본적 수용이 영적 깨달음의 중심에 있는 것은 바로 이 때문이다.

내가 이끌었던 열흘간의 수련회에서, 에릭이라는 참석자가 수련회

중간에 피할 수 없는 두려움을 마주한 적이 있었다. 그는 전날 명상 중에 삶을 변화시키는 경험을 했다고 말했다. 그 경험은 어머니와 아내 줄리에 관해 느끼고 있던 수많은 동요와 불안에서 시작되었다. 그의 어머니는 그즈음 뇌졸중이 와서 다시는 걷거나 말할 수 없을지도 모르는 상태였다. 줄리는 만성 우울증과 싸우고 있었다. 에릭은 자신에게 위협적으로 엄습하는 불안의 밀물 앞에서 무력감을 느꼈다.

에릭은 전날 밤 내가 가르쳐준 두려움과 관계 맺는 법을 떠올리고는 자신이 느끼고 있는 것을 조사하기로 결심했다. 몸에서 불안의 감각을 의식하면서 그는 스스로에게 물었다. "정말로 주의를 요구하는 것이 무엇인가?" 갑자기 어린 시절의 외상적 장면이 마음속에 떠올랐다. 에릭은 여섯 살 정도였고, 그와 그의 어린 동생이 여름 별장 옆 호수의 부두에서 놀고 있었다. 그러던 중 동생이 부두 가장자리 가까이 갔다가 물에 빠지고 말았다. 에릭은 어찌할 바를 몰라 그저 소리를 질러 도움을 구할 뿐이었다. 그러나 도움은 너무 늦게 왔다. 그는 자기가 구하지 못해서 동생이 익사했다고 계속 믿어왔다. 그런데 명상 중에 그 모든 감정들이 표면으로 올라왔다. 에릭은 터져버릴 것만 같았다. 그의 마음은 시속 백만 킬로미터로 달리고 있었다. 그는 자신의 죄책감에 대해 생각했다. 아내에게 느끼는 두려움과 어떻게 일이 이렇게까지 나빠질 수 있었을까를 생각했다. 그는 간절히 무엇인가 하기를 원했지만, 무엇을 해야할지 알지 못했다. 갑자기 에릭의 몸에서 감각이 사라졌다.

무감각은 친숙했다. 줄리가 기대할 것도 희망을 주는 것도 하나 없다고 그에게 말하곤 할 때, 에릭은 자신이 자주 거리를 두고 무심해진다는 것을 알고 있었다. 걱정은 됐지만 그는 어찌할 수 없었다. "그녀와 함께 참호 속에 있을 수가 없었어요. 정말 어떻게 대해야 할지 몰랐어요." 그럴 때 그의 몸에선 생명이 빠져나가고, 심장은 딱딱하게 느껴지고, 마음은 상황을 더 좋게 만들 방법을 찾아내려고 발버둥치고 있었다. 나와 마주 앉아 있는 동안에도, 에릭은 이 무감각 아래에 거대한 고통의 샘이 있다는 것을 알았다. 그리고 그 근처에 갔다가 익사하지는 않을까 두려웠다. 하지만 에릭은 주의를 원하는 것이 무엇인지 질문을 했고, 결국 알아냈다. 그는 오랫동안 밀쳐두었던 두려움을 마주할 준비가 되어 있었다.

두려움 속으로 기대는 것은, 두려움 속에서 균형을 잃고 길을 잃는 것을 의미하지 않는다. 우리는 보통 두려움으로부터 떨어져서 기대는 식으로 두려움과 관계를 맺기 때문에, 돌아서서 두려움과 직접 마주하면 한쪽으로 기운 상태를 바로잡을 수 있다. 두려움을 향해 몸을 기댈 때, 우리는 습관적으로 저항하던 것을 불러들여 가깝게 다가간다. 그 속으로 기대는 것은 떨림, 불확실함, 단단한 조임의 두려움과 직접 접촉하는 것이다.

친숙하지만 막연한 불안의 느낌이든 강력한 두려움의 폭발이든, 그 속으로 몸을 기울이면 우리는 그 경험 속에서 깨어있고 자유로워질 수 있다. 우리는 혼란스러운 꿈을 꾼 후 깨어났을 수도 있고, 의사로부터 유방 엑스선 촬영 결과에 관해서 좋지 않은 전화를 받았을 수도 있고, 다니는 회사에서 인원을 감축한다는 소문을 들었을 수도 있으며, 잠재적 테러 공격에 대한 새로운 경고문을 읽었을 수도 있다. 이 가운데 어떤 상황이든, 이에 대처하는 최선의 방법은 먼저 멈춰서 자신에게 묻는 것이다. "지금 무슨 일이 일어나고 있지?" 에릭처럼 우리는 "무엇이 주의를 요구하고 있지?" 혹은 "무엇이 수용을 요구하고 있지?"라고 물을 수 있다. 이러한 질문을 우리가 목, 가슴, 위장에서 느끼는 감각에 던지는 것은 매우 중요하다. 두려움은 이 신체 부위들에서 자신을 가장 분명하게 드러낸다.

감각에 초점을 맞추는 것으로 두려움에 직면하기 시작할 때, 우리 마음은 그 즉시 스토리를 만들어내곤 한다. 우리는 두려운 상황에 대응하는 자기 나름의 전략 속에서 길을 잃을 수도 있다. 혹은 두려움을 일으키는 믿음과 가정에 다음처럼 집착할 수도 있다. "나는 실패하는 게 두렵다." "사랑과 친밀감을 발견하지 못할까봐 두렵다." "아무개가 내가 얼마나 어리석고 재미없는지를 알고 나를 싫어할까봐 두렵다." 우리는 분명한 불안감이 느껴져 당혹스러웠던 최근의 대화를 기억할지도 모른다. 혹은 에릭이 경험했던 것처럼, 무력감을 불러일으키는 과거의 기억 속에 빠질지도 모른다.

두려움의 굴레로부터 깨어나는 열쇠는, 우리의 마음속 스토리로부터 이동하여 두려움의 감각, 즉 우리 몸에서 조이고, 압박하고, 불타고, 떨리고, 초조한 감각과 직접 접촉하는 것이다. 사실 스토리는, 깨어있음을 유지하며 그 안에 갇히지만 않으면 생생한 두려움으로 들어가는 유용한 관문이 될 수 있다. 마음이 우리가 두려워하는 것에 관한 스토리들을 계속 생성해내는 동안, 우리는 스토리에 관한 생각들을 알 수 있게 되고 계속해서 그 속으로 들어가 우리 몸의 느낌과 연결할 수 있다.

에릭의 불안과 무력감을 키운 스토리들은 그가 여러 해 동안 무감각해지려고 노력했던 더 깊은 두려움으로 그를 이끌었다. 이제 그는 두려움에 마음을 열고 "너는 얼마나 큰가?"라고 질문을 던졌다. 그 즉시 불안감이 강해졌고, 부풀어 오른 두려움의 압력이 가슴을 관통하여 폭발했다. 공포심이 명상홀을 가득 채울 것만 같았지만, 에릭은 물러서지 않고 조용히 "예스"라고 말했다. 심장이 심하게 쿵쾅댔고, 위장에서는 경련과 강렬한 메스꺼움이 느껴졌다. 극심한 긴장이 가슴 안에서 부풀어 오르는데, 근육의 장벽이 그 두려움을 억눌러 돌려보내려고 에워싸서 담아두려 하는 것 같았다. 그는 다시 질문을 던졌다. "너는 얼마나 큰가?" 마치 공포감이 질문에 의해 풀려난 것처럼 모든 경계를 허물었다. 그것은 온 우주를 채울 수 있을 정도였다. 아이가 혼잡한 거리로 달려나갈 때 엄습하는 절대적인 공포처럼, 에릭을 옥죄는 절박한 두려움은 결코 진정되지도, 결코 풀리지도 않을 것처럼 느껴졌다. 에릭은 생각했다. "만약 이것에 마음을 연다면 나는 철저히 파괴될 것이다. 이 두려움은 나를 죽일 것이다."

에릭은 "예스"라고 말하고 있었지만, 동시에 싸우고 있었다. 그리고 전투는 점점 더 치열해지고 있었다. 두려움이 그의 가슴을 관통했다. 그 즉시 그는 고통이 온전하게 존재하도록 허용하지 않으면 두려움이 자기를 죽일 것임을 깨달았다. 그의 내면 깊숙한 곳의 무언가는 그가 내려놓아야 한다는 것을 알았다. 에릭은 이렇게 말했다. "나는 결국 두려움보다 더 큰 뭔가에 항복하기를 원했어요. 나는 나에게 일어나는 일을 통제하려는 노력을 그만두고 싶었어요." 결국 그의 근본적인 갈망이 이루어져서 에릭은 두려움 속에 놓였다. "나의 몸과 마음이 서로 분리되고 있는 것처럼 느껴졌어요. 타는 듯 뜨거운 바람의 폭풍 속에서 내 몸이 탄 재가 사방으로 흩어지는 듯한 느낌이었어요."

두려움 속으로 기대는 것은 에릭의 경험만큼 두려운 것일 수 있다.

그 과정이 그렇게까지 강렬하지 않더라도 결코 편안하지는 않다. 사실, 두려움 속에 놓이는 것은 샬롯 조코 벡(Charlotte Joko Beck)의 말처럼 "얼음 침상에 눕는 것"같이 느껴질 수 있다. 그런 상황에서 스스로를 이완하는 것은 특히 어려울 수 있다. 우리는 고통으로 죽을 것처럼 느끼기 때문에 고통을 통제하기 원한다. 그럼에도 불구하고, 만약 두려움의 단단한 모서리가 우리를 짓누르고, 날카로움이 우리를 찌르고, 폭력성이 우리를 잡아 찢게 그냥 놔두면 놀라운 일이 일어나게 된다. 에릭은 말했다. "혼란이 가라앉았을 때, 내 마음은 절대 고요의 상태에 다다랐어요. 날카롭고 우레 같은 소리의 불협화음이 갑자기 멈춘 것 같았고, 나는 깊은 고요 속에서 쉬고 있었어요. 광대했고 완전히 비어 있었어요. …… 그러나 형언할 수 없을 정도로 다정하게 느껴졌어요."

에릭이 경험한 것처럼 더 이상 두려움을 통제하거나 삶에 매달리려 하지 않을 때 갑옷이 떨어져 나가고, 우리는 깊고 순수한 자유를 경험한다. 두려움에 저항하는 것의 반대는 자유다. 삶에 맞서 긴장하는 걸 멈추면, 헤아릴 수 없을 정도로 크고 사랑이 넘쳐흐르는 의식에 열려 있게 된다.

몇 주 후에 에릭은 주간 명상모임에 나왔다. 그는 달라 보였다. 어깨가 처지지 않았고, 똑바로 서 있었으며, 가슴은 더 펴져 있었다. 에릭은 수련회를 마치고 돌아갔더니 아내가 우울과 무기력에 푹 빠져 있었다고 말했다. 그는 불안이 올라와 자동적으로 긴장이 되는 걸 느낄 수 있었다. 그러나 에릭은 두려움을 방어하기 위해 철갑을 두르고 문을 닫는 대신 가슴이 열리는 것을 느꼈다. "나는 줄리의 비참한 상태를 보는 것이 얼마나 나를 슬프게 하는지, 그리고 그녀가 내게 얼마나 소중한지를 절실히 느꼈어요. 그래서 그저 내가 느낀 바를 그녀에게 말하고 잠시 동안 그녀를 안아주었어요." 조금 어색한 미소를 띠며 그가 덧붙였다. "있잖아요, 타라. 그녀를 낫게 하려고 애쓰지 않으면서 그냥 안아줄 수 있다는 걸 깨닫는 데 정말 오랜 시간이 걸렸어요." 에릭은 불안을 만났을 때 도망가는 대신 친절하게 수용하며 머무를 수 있는 자신의 능력을 발견했다.

두려움의 트랜스가 일어날 때 걱정에 휘말리거나 먹을 것을 찾거나 일을 바로잡으려고 바쁘게 노력하는 대신, 우리는 그 속으로 기대는 것을 선택할 수 있다. 물론 두려움이 너무 강해서 직접 대면하기에는 위험하다고 느끼는 경우도 있다. 만약 스스로 위축되어 초라하다고 느끼고 있다면, 두려움에 온전한 주의를 기울이기에 앞서 의식의 앵글을 넓히는 게 필요할지도 모른다. 그러나 우리가 용기를 내 얼음 침상에 누워서 그 날카로운 모서리를 스스로 경험하도록 허용할 수 있을 때, 우리는 두려움의 영역 너머에 있는 사랑과 의식에 이르게 된다.

두려움이 주는
선물

바바라는 밝게 웃으며 마지막 치료회기에 참석해서는 자신에게 일어났던 일을 몹시 말하고 싶어 했다. 그날 아침 그녀는 집에서 명상을 하던 중, 술 취한 아버지가 자신을 물에 빠뜨렸던 두려운 기억이 갑자기 떠올랐다. 두려움이 커지기 시작했을 때, 그녀는 멈춰서 심호흡하는 것을 기억해냈다. 그녀는 지난 몇 달 동안 치료나 명상 중에 여러 번 두려움들에 직면했었다. 이제 그녀는 그 두려움들을 처리할 수 있었다. 목이 조여올 때 그녀는 붓다의 두려움 없는 마음에 청하여 그 자비로운 존재가 두려움을 감싸는 것을 상상했다. 어린 시절의 이미지가 그녀를 휩쓸고 갈 것 같은 위협을 느낄 때 그녀는 온전히 현재에 집중해서 창밖의 귀뚜라미와 새 소리를 들었는데, 그녀가 두려움을 감싸 안는 것을 자연 세계가 돕는 듯한 느낌이었다. 마음이 충분히 넓어졌다고 느꼈을 때, 그녀는 스스로 가슴속의 날카롭게 옥죄는 고통 속으로 기대었다. 좌선이 끝날 무렵, 그녀는 말 그대로 '폭풍 뒤의 고요'를 느꼈다. 이미지들은 여전히 보였지만, 몸에서 느낌을 유발하는 것 같지는 않았다. "기억이 다시 떠오를 수 있겠지만, 왠지 그 고통이 다시는 나를 장악하지 못할 것 같아요."

내가 바바라의 극복을 막 축하하려던 참에 그녀가 말을 이어갔다. "여기 오려고 차를 운전하는 중에 이웃에 있는 교회 앞을 지났어요. 교회 게시판에는 언제나 메시지가 적혀 있는데, 오늘은 이랬어요. '수면 아래에서 무슨 일이 일어나는가? 성령이 들어온다.'" 우리 둘은 그 메시지의 힘을 온전히 느끼며 잠시 말없이 앉아 있었다. 잠시 후 바바라가 말했다. "있잖아요. 나에게 세례를 준 첫 번째 사람이 아버지였다는 것을 지금은 알 수 있어요. 이상하게 들리겠지만, 아버지는 내가 영적으로 건전하게 성장할 수 있도록 시동을 걸어준 사람이었어요." 나는 그 말이 전혀 이상하지 않다고 답했다. "그 경험의 고통, 그가 당신에게 상처를 준 모든 시간들은 세례였던 거예요. 그것은 당신에게서 평화와 사랑에 대한 깊은 갈망을, 당신을 영적인 길로 강력하게 인도한 그 갈망을 깨웠어요." 천천히 고개를 끄덕이는 그녀의 눈이 부드럽고 촉촉해졌다. "맞아요. 아마 이 갈망은 성령의 목소리일 거예요. …… 그리고 나는 결국 더 주의 깊게 듣는 법을 배우고 있어요."

바바라가 떠나기 전에 나는 그녀가 영적 수행에 몰입하는 걸 내가 얼마나 존경하는지 말해주었다. "깊이 경청하는 것은 용기가 필요한데 당신은 그것을 해냈어요. 명상과 삶을 포기하지 않고 오히려 기꺼이 주의를 계속 기울였어요." 나는 잠시 조용하게 앉아 있다가 바바라의 어떤 점이 나를 가장 행복하게 하는지 깨달았다. 그녀에게 말했다. "두려움을 대면함으로써 당신은 당신 내면의 두려운 존재를 보듬을 만큼 충분히 큰 사랑에 마음이 열렸어요."

마음속 두려움이나 고통과 직접 대면할 때, 우리는 위대한 부활과 자유로 가는 관문에 서 있는 것이다. 우리의 가장 깊은 본성은 깨어있음이다. 그리고 온전히 그 안에 살 때, 우리는 자유롭게 사랑하고 완전해진다. 이것이 근본적 수용의 힘이다. 두려움에 묶여 있는 에너지와 싸우기를 멈출 때, 무한한 깨어있음의 바다로 자연스럽게 풀려나게 된다. 두려움의 지배로부터 깨어나면 깨어날수록, 우리의 가슴은 더 빛나고 자유로워진다.

치료를 마치고 몇 달 후, 나는 종일 명상 워크숍에서 바바라를 만났다. 점심시간에 그녀는 내게 뭔가를 보여주러 왔다. 그것은 "더 댄스 플레이스(The Dance Place)" 안내책자였다. 바바라는 10주간의 재즈 스쿨에 등록을 해서 이미 랜디와 함께 스윙 댄스 수업에 나가던 중이었다. 이전 주말에는 그녀의 부모님을 찾아가 "정말 좋은 시간"을 보냈다고 말했다. 내가 알기론 아버지가 알코올 중독자 갱생회(AA)에 참여하기 시작한 이래로 그녀와 아버지는 더 가까워졌고, 그녀 어머니도 "딴 사람"
이 되었다. 더군다나 랜디가 있어 그녀는 항상 안전감을 느꼈다. 그러던
중 이번에 '진짜 극복'이 일어났다. 넷이서 저녁식사를 마치고 바바라
는 거실로 가서 댄스 수업에서 쓰는 음악 테이프를 틀었다. 요란하고 경
쾌한 밴드 연주에 맞춰 그녀와 랜디가 수업에서 배운 스텝들을 활기 넘
치게 시범 보였다. 그녀의 부모님은 박수를 치면서 계속해서 동작을 따
라했다! 어느 순간 아버지가 그녀 쪽으로 돌아서는 "얘야, 네가 어렸을
때도 춤을 추곤 했단다. 곧잘 했지. 왜 그만 두었니?"라고 물었다. 그녀
는 아무 대답 없이 웃었다. 그녀는 내면으로 지극한 슬픔과 알지 못했던
상처를 느꼈다. 그러나 그녀의 오랜 두려움은 더 이상 춤을 멈추게 하지
않았다. 그녀에게는 희망의 빛이 가득 찼다. "그것은 그냥 춤이 아니에
요, 타라. 그것은 전부예요. 나는 내 삶이 내 앞에 있음을 느껴요. 그리고
자유롭게 살고 있어요."

깨어있고 열린 의식:
우리의 궁극적 귀의처

우리는 살아 있는 한 두려움을 느낀다. 이는 우리 존재에 내재된 부분으
로, 매우 추운 겨울날이나 나뭇가지를 부러뜨리는 바람처럼 자연스러
운 것이다. 만약 우리가 그것에 저항하거나 회피한다면, 우리는 깨달음
을 얻을 호기를 잃게 된다. 릴케는 다음과 같이 썼다.

너 고통의 밤이여.

왜 나는 너를 받아들이기 위해 더 깊이 무릎 꿇지 않았던가.

슬픔을 가누지 못하는 자매들이여,

왜 나는 항복하며 당신의 풀어 헤친 머리칼에 얼굴을 묻지 않았던가.

우리는 고통의 시간을 얼마나 낭비하고 있는가,

고통의 끝이 있는지 그 너머만을 보며

얼마나 괴로운 시간을 보내는가.

그러나 고통은 참으로 우리들의 계절, 우리들의 겨울……..

만약 우리가 두려움이 끝나기만 기다리고 있다면, 한밤의 어둠에 항복할 때 펼쳐지는 순수하고 사랑스러운 깨어있음을 발견하지 못할 것이다. 삶과 상실과 죽음의 흐름 속으로 내려놓을 때만, 우리는 이 자유와 만나게 된다.

두려움을 대면하는 것은 우리가 집착하는 모든 것을 내려놓는 평생의 훈련이며, 어떻게 죽을 것인가의 훈련이다. 우리는 수많은 일상의 두려움, 예를 들어 일을 잘하는 것에 대한 근심, 특정 사람 주위에 있을 때의 불안, 아이들과 배우자에 관한 걱정, 우리가 사랑하는 사람들을 실망시킬 것에 대한 염려와 같은 두려움을 대면하며 훈련한다. 삶에서 계속되는 상실을 근본적 수용으로 마주하는 능력은 훈련을 통해 증가한다. 때가 되면 우리는 알게 된다. 우리가 두려움을 다루는 능력을 분명 가지고 있음을 말이다. 삶 자체를 잃는 가장 깊은 두려움까지도.

기꺼이 두려움을 대면하는 것은 우리를 트랜스로부터 자유롭게 하며, 깨어있음의 축복을 선사한다. 우리는 저항할 것이 전혀 남아 있지 않을 때까지, 더 깊고 미묘한 저항의 껍질들을 내려놓는다. 그리하면 단지 깨어있고 열린 의식만이 남는다. 이것이 삶과 죽음 둘 다를 담을 공간을 보유한 귀의처다. 릴케가 말한 것처럼, 우리는 이 빛나고 변함없는 의식 안에 "죽음, 죽음의 모든 것을 담고…… 가슴에 부드럽게 감싸고, 계속 살아가기를 거부하지 않는다." 두려움에 대한 근본적 수용은 모든 자유의 원천이고 우리의 진정한 고향인 궁극적 귀의처로 우리를 데려다준다.

감싸 안는 열린 깨어있음으로
두려움 만나기

심리적 외상과 연관된 느낌이나 감각을 경험하지 못할 때, 아래에 설명한 감싸 안는 열린 깨어있음을 계발하면 도움이 될 것이다. 만약 당신의 두려움이 외상과 관련이 있거나 당신이 두려움에 압도되는 느낌이라면, 두려움과 함께하는 훈련은 정서적 범람을 불러오며 당신에게 맞지 않을 수도 있다. 이런 경우에는 혼자서 두려움을 대면하기보다는 믿을 만한 친구의 격려와 명상 스승의 지도 혹은 치료자의 숙련된 도움을 구하는 것이 중요하다.

●

산만하게 시선이 분산되거나, 사방이 막혀서 답답하지 않으면서 편안하게 명상을 할 장소를 찾아 앉는다. 창밖을 내다보아도 좋고, 빈 벽이나 집 안의 정돈된 공간을 보아도 괜찮다. 눈을 뜨고 시선은 약간 위쪽을 향하게 한다. 눈에 긴장을 풀고, 한 곳에 초점을 맞춰 응시하지 말고 주변 모습이 한눈에 들어오게 한다. 눈 주위의 근육에 긴장을 풀고, 눈

동자도 긴장을 풀어 안구가 눈구멍 안에서 부드럽게 떠 있게 한다. 머리에서 발끝까지 몸을 스캔하며 이완시킨다. 특히 어깨, 손, 배의 긴장을 풀어준다.

당신의 주변에서 여러 가지 소리가 들렸다가 사라지는 걸 알아차리면서 편안히 받아들인다. 그냥 1, 2분 정도 듣기만 한다. 가까이서 들리는 소리는, 소리의 시작과 끝을 알아차려보라. 소리와 소리 사이의 공백도 알아차린다. 조금 더 멀리서 들리는 소리에 귀 기울여보라. 가장 멀리서 들리는 소리에 마음을 열고 집중하라. 들을 수 있는 가장 작은 소리에도 귀를 기울이면서 편안하게 마음을 열어라. 당신이 지각하는 모든 것, 즉 여러 가지 광경, 소리, 맛, 촉감, 기분 등이 무한한 의식 안에서 어떻게 일어났다 사라지는지 느껴본다.

눈을 반쯤 뜨면서 아래쪽으로 향하게 해도 좋고, 눈을 감고 싶으면 눈을 감아도 좋다. 천천히 호흡하면서 내쉬는 숨에 주의를 기울여라. 숨을 내쉴 때마다 내쉬는 숨과 함께 공간 속으로 들어가라. 숨이 열린 공간 속으로 사라지는 것을 끝까지 지켜보라. 당신의 몸과 마음 전체가 내쉬는 숨과 함께 공간 속으로 따라서 들어간다. 온전히 열린 무한한 공간과 당신의 의식이 하나가 되는 것을 느껴보라.

숨을 들이마실 때는 아무것도 하지 말고 숨을 들이마셔라. 오직 깨어서 가만히 들으며 열려 있음 속에 머물러라. 다시 숨을 내쉬면서 내쉬는 숨과 함께 열린 공간으로 나아가라. 숨을 들이마실 때는 모든 것을 수용하는 열린 의식 속에 머문다. 숨을 내쉬면서 열린 공간 속으로 이완시킨다. 이렇게 호흡을 이용하는 명상을 하고 싶은 만큼 해도 좋다.

이제 이러한 자연스러운 열려 있음 속에 머물면서, 당신이 두려워하는 상황을 떠올려보라. 스스로에게 질문한다. "이 상황에서 가장 어려운 게 무엇이지? 내가 정말 두려워하는 게 무엇이지?" 이런 질문이 꼬리에 꼬리를 물고 스토리를 만들어낼 수도 있다. 그러나 몸에서 느껴지는 감각에 깨어있게 되면, 그 스토리는 느낌에 더 온전하게 다가가도록 도와주는 관문이 될 것이다.

긴장이 쌓이기 쉬운 목, 가슴, 배의 느낌에 특히 주의를 기울이면서 두려움이 당신 안에서 어떻게 표현되는지 느껴보라. 당신은 두려움을 친절하게 초대할 수 있다. "있는 그대로의 자신이 되라." 이제 숨을 들이쉬면서 그 숨을 고통과 취약함이 가장 잘 느껴지는 곳으로 보내라. 두려움의 느낌에 당신의 모든 주의를 집중하라. 당신을 둘러싸고 있는 공간 속으로 숨을 내쉬면서, 그 열려 있는 공간을 느껴보라. 내쉬는 숨과 함께 두려움도 그 공간 속에서 떠다니면서 느슨해지는 것을 느껴보라.

당신의 몸에서 두려움이 어떻게 느껴지는가? 몸의 어느 부분에서 두려움이 가장 강하게 느껴지는가? 그 느낌이 변하는가? 그 느낌이 몸의 다른 부분으로 옮겨가는가? 모양은 어떠한가? 색깔로 표현한다면 어떤 색깔처럼 느껴지는가? 당신의 마음은 이 두려움을 어떻게 느끼는가? 위축되는가? 정신없이 어지럽거나 혼란스러운가?

숨을 들이쉴 때마다, 당신 삶에서 불쾌하고 불안한 물결과 기꺼이 부드럽게 연결되려고 하라. 숨을 내쉴 때마다 두려움의 물결이 바다와 같이 넓은 열린 공간 속으로 들어가는 것을 느껴보라. 당신의 두려움은 넓고 부드러운 공간 속으로 퍼져나가면서 치유된다. 숨을 들이마시면서 그때 느껴지는 감각에 분명하고 부드럽게 주의를 기울여라. 숨을 내쉬면서 당신이 삶의 모든 두려움을 받아들일 수 있는 끝없는 열린 공간에 속해 있음을 깨닫도록 한다.

두려움에 방어적으로 되거나 무감각해지면, 숨을 들이쉬면서 몸의 감각에 주의를 집중하라. 두려움이 너무 크게 느껴지면, 열려 있음과 안전함으로 연결된 내쉬는 숨에 집중하라. 소리에 주의를 주거나 눈을 뜨고 다시 시작하는 것이 도움이 될 수 있다. 광대한 세상을 떠올리거나, 이 순간 나처럼 두려워하는 모든 사람에게 자비의 마음을 보내도 좋다. 당신이 안전하게 느끼는 어떤 장소나 영적인 스승 혹은 어떤 사람을 떠올려도 좋다. 당신이 더 큰 세상에 속해 있음을 느끼게 되면, 당신의 몸과 마음을 통해 두려움이 표현되는 방식에 다시 주의를 기울인다. 머지않아 당신은 두려움에 접촉하는 것과 열려 있음을 느끼는 것 사이의 조화로운 균형을 잡을 수 있을 것이다.

●

하루 중 언제라도 당신이 두려움을 느끼게 되면 두려움과 함께하는 연습을 해보라. 숨을 들이마시면서 두려움의 감각에 접촉하고, 숨을 내쉬면서 열려 있음 속으로 들어가라. 이렇게 계속하면 두려움의 에너지가 당신의 내부에 갇혀서 곪게 되는 일은 없을 것이다. 두려움 때문에 자신의 삶에서 도망치기를 되풀이하지 않고, 점점 자신감을 되찾아 더욱 온전하게 살아 있음을 느끼게 될 것이다.

8

나를 자비로 감싸 안기:
"내가 고통으로부터
자유롭기를"

당신이 필요로 하는 모든 것은 이미 당신 안에 있다.
당신은 단지 존경과 사랑으로 자신에게 다가가야 한다.
자기비난과 자기불신은 뼈아픈 실수다.
……당신에게 간곡히 부탁한다.
당신 자신에 대한 사랑을 완전하게 만들라.
- 스리 니사르가닷따(Sri Nisargadatta)

당신의 욕구는 신이 창조한 어린아이다.
어린아이는 울 것이고 그러면 젖이 나올 것이다.

울어라! 당신의 고통에 둔감하거나 침묵하지 마라.
슬퍼하라! 그래서 당신 안으로 사랑의 젖이 흐르게 하라.

- 루미(Rumi)

일주일간의 명상수련회에서 3일째 되던 날, 대니얼이 첫 면담을 하러 나에게 왔다. 그는 맞은편 의자에 털썩 주저앉아선 곧바로 자신이 세상에서 가장 비판적인 사람이라고 선언했다. "명상할 때, 내가 생각하거나 느끼는 것이 무엇이든…… 결국 뭔가 잘못된 것을 발견하게 됩니다. 걷기 수행 혹은 먹기 수행을 할 때 '더 잘해야지, 더 마음챙김해야지.'라는 생각으로 시작합니다. 자비 명상을 하고 있을 때 내 가슴은 차가운 바위처럼 느껴집니다." 대니얼은 좌선하는 동안 등허리가 아프거나 주의가 산만해지고 생각에 빠질 때, 스스로를 가망 없는 명상가로 비난했다. 대니얼은 심지어 면담하는 것이 내 시간을 허비하게 하지는 않을까 걱정이 되어 면담 오는 것도 불편하다고 말했다. 그의 적대감은 다른 사람들에게도 표출되었지만 대부분은 자기 자신을 향했다. "불교의 가르침이 자비에 기초한다는 걸 압니다." 그가 비통하게 말했다. "그러나 그 가르침이 저를 변화시킬 수 있을 것 같지가 않아요."

많은 사람들이 대니얼처럼 자기 자신을 혹독하게 대하는 데 익숙하다. 우리는 흔히 자신의 약점, 분노, 질투, 두려움 같은 정서적 고통을 자기비난으로 덮음으로써 그것들로부터 거리를 둔다. 마음에 들지 않는다고 자신의 일부를 밀어내면 무가치감의 트랜스로 더 깊게 들어갈 뿐이다. 우리는 자신과 남들의 잘못과 결점을 분명하게 지각할 수 있고, 비판하고 있음을 인식할 수 있으며, 분노나 갈망 혹은 두려움에 사로잡혀 있음을 알 수 있다. 심지어 우리는 자신이 보는 것을 수용한다고 말할 수도 있지만, 근본적 수용은 마음챙김과 자비라는 두 날개가 있어야만 날 수 있다. 가슴이 두려움과 비난으로 딱딱해졌다면 경험을 수용할 수 없다.

앞의 두 장에서, 우리는 어떻게 자비가 욕구나 두려움에 직면한 사람들이 능숙하게 마음챙김의 도구를 사용하도록 돕는지 보았다. 음식 중독과 싸웠던 사라가 "이것은 나의 잘못이 아니다."를 기억하고 자신을 용서했을 때, 그녀의 가슴이 열리고 부드러워져서 마음챙김이 가능해졌다. 바바라는 나와 치료모임을 함께하면서 마음이 안정되고, 자기 자신 안에 있는 안식처를 찾아낸 이후에야 자신의 두려움을 대면할 수 있었다. 지금까지는 고통으로부터 스스로를 자유롭게 하기 위해 마음챙김의 날개를 사용하는 방법에 중점을 두어 얘기했지만, 이번 장과 다음 장에서는 자비의 날개를 직접 깨우는 방법에 초점을 맞출 것이다.

대니얼처럼 자기비판의 덫에 걸려 있는 경우, 근본적 수용을 향한 가장 현명한 첫 발걸음은 자신에 대한 자비를 기르는 것이다. 만약 누군가에게 상처를 주고 죄책감과 자기비난에 빠져 있다면, 자기에 대한 자비에서 현명한 치유의 방법을 찾아 상황을 해결할 수 있을 것이다. 만약 비탄이나 슬픔에 잠겨 있을 때 자비를 깨운다면 우리 삶에서 사랑과 연결성을 기억할 수 있을 것이다. 상처 부위를 밀어내기보다 조건 없는 자비심으로 감싸 안음으로써 스스로 자유로워진다.

자비는 함께 있고, 함께 느끼고, 함께 괴로워한다는 의미다. 고전적 불교경전에서는 자비를 고통에 직면했을 때 보이는 가슴의 떨림, 근원적인 사랑으로 기술한다. 불교 전통에서는 자비의 충만함을 깨닫고 자비로 사는 사람을 보살이라 부른다. 보살의 가르침에 따르면, 우리 가슴이 자신이나 타인의 괴로움을 피하지 않고 느낄 수 있도록 허용할 때, 우리 내면의 자비가 꽃핀다. 보살의 염원은 단순하고 강력하다. "모든 상황이 자비를 일깨우게 도와주기를." 이혼을 하고, 아이들을 걱정하고, 병에 걸리고, 죽음에 직면하는 등 우리에게 어떤 일이 일어나든, 그것은 근본적 수용의 핵심인 분명하고 무한한 자비로 가는 관문이 될 수 있다.

나는 보살도를 이렇게 이해하고 있다. "우리는 모두 깨달아가는 존재로서, 괴로움에 직면하는 것을 배우고 우리의 가장 깊은 본성을 표현하는 자비를 발견해가고 있다." 괴로움을 자비로 가는 관문으로 믿게 되면 고통으로부터 도망치는 우리의 가장 뿌리 깊은 조건화를 무효화할 수 있다. 삶과 싸우기보다는 우리의 경험과 모든 존재를 온전하고 애정 어린 깨어있음으로 감싸 안을 수 있다.

자비의 친절을 기르기 위해서는 괴로움으로부터 달아나기를 멈추고, 괴로움에 의도적으로 주의를 기울여야 한다. 불교의 자비 수행은 대개 자기 자신의 고통을 의식하는 데서 출발한다. 왜냐하면 일단 가슴이 자신의 고통에 부드럽게 열리면, 타인에게 자비를 넓히는 것이 더 쉽기 때문이다. 때로는 먼저 타인의 괴로움에 주의를 집중했다가 그다음에 자신의 경험에 주의를 기울이는 것이 친절과 연결되는 가장 쉬운 방법이기도 하다. 어떤 방법이든, 우리가 괴로움을 느낄 때, 그 괴로움을 저항이 아니라 보살핌으로 대할 때 자비의 마음이 깨어난다. 불교 스승 샤론 샐즈버그가 말했듯, 괴로움에 자비의 친절로 반응하는 훈련을 할 때 우리의 가슴은 세상만큼 넓어질 수 있다.

나를
자비로 감싸기

내가 대니얼에게 언제부터 자신을 그렇게 가혹하게 대했는지를 물었을 때, 그는 한동안 말이 없다가 자기가 기억하는 유년기의 첫 장면부터 그랬다고 말했다. 그는 어머니와 연합해서 어릴 적부터 자신을 가차 없이 괴롭혔고, 자신의 가슴에 난 상처를 무시했다. 성인이 되었을 때 그는 자신의 가슴과 몸을 짜증과 분노로 대했다. 고통스러웠던 이혼과 오래된 만성 요통에 대해서도, 대니얼은 그 괴로움들이 얼마나 생생하고 강력한지 인식할 수 없었다. 오히려 자신이 결혼을 망쳤으며 자신을 적절하게 보살피지 못했다고 스스로를 비난했다.

　나는 대니얼에게 스스로를 비난할 때 몸에서 어떤 일이 일어나는지 말해달라고 했다. 그는 가슴을 가리키며, 가슴을 금속선으로 꽉 조이게 동여맨 느낌이라고 말했다. 나는 그 느낌을 지금 이 순간 느낄 수 있는지 물었다. 그는 부지불식간에 "그런데 이거 정말 아프군요."라고 말하고는 그 말에 스스로 놀랐다. 나는 그에게 가슴의 고통이 어떻게 느껴지는지 부드럽게 물었다. "슬퍼요." 그는 눈에 눈물이 고인 채 가만히 대답했다. "내가 그렇게 오랫동안 이 많은 고통을 짊어지고 있었다는 것이 믿기지 않습니다."

나는 그에게 가장 고통을 많이 느끼는 부위인 가슴에 손을 대라고 제안했다. 그리고 고통에게 메시지를 보낼 수 있는지 물었다. "'나는 이 괴로움을 염려합니다.'라고 말할 때 어떤 느낌일까요?" 대니얼은 나를 응시하더니 다시 눈을 내리깔았다. "이상할 것 같아요." 나는 그를 격려하며 이 문장을 부드럽게 그냥 속삭여보라고 했다. 그가 두 번 정도 천천히 문장을 반복했을 때, 그의 어깨가 조용한 흐느낌으로 흔들리기 시작했다.

누군가의 관심이 우리가 두르고 있는 철갑을 녹여내는 힘이 있다는 것을 느낀 적이 있을 것이다. 속상할 때 누군가가 관심을 기울여 얘기를 들어주거나 포옹해주는 순간, 우리는 봄 눈 녹듯 녹아내리고 울음이 난다. 틱낫한 스님이 제안한 것처럼, 누군가 우리에게 "사랑하는 이여, 당신의 고통을 염려합니다."라고 말할 때 깊은 치유가 시작된다.

우리는 남에게는 그런 관심을 아주 기꺼이 주고 있다. 그리고 바로 그 부드러운 주의를 우리 자신에게 기울이는 법을 배울 수 있다. 잠자는 아이의 뺨을 어루만지듯 자신의 뺨이나 가슴에 부드럽게 손을 올려놓을 수 있다. 친절과 이해의 말로 자신을 편안하게 할 수 있다.

대니얼이 그랬던 것처럼, 스스로에게 그러한 관심을 주는 것이 처음에는 어색하고 낯설게 느껴질 수 있다. 때때로 이런 방식으로 자비를 우리 자신에게까지 넓히는 것이 당황스러울 수도 있다. 그것은 자신이 결핍되어 있고 자격이 모자라며 자기를 통제하지 못한다는 수치심을 촉발할 수 있다. 그러나 우리 자신을 친절로 대하는 이 새로운 행위는 그동안 쌓인 부정적인 메시지를 제거하기 시작할 것이다.

이후 며칠간, 대니얼은 자기가 자신이나 타인을 비판하고 있음을 의식할 때마다 어느 부위에서 고통이 느껴지는지 알기 위해 자기 몸을 살피곤 했다. 대개 그는 목, 심장, 위장이 두려움에 조여오고 가슴이 무겁고 아프다는 것을 발견하곤 했다. 그는 매우 부드러운 손길로 가슴에 손을 대고 "이 고통을 염려합니다."라고 말했다. 그가 명상홀의 맨 앞에 앉아 있었기 때문에, 나는 그의 손이 거의 항상 가슴에 그대로 놓여 있다는 것을 알 수 있었다.

어느 날 오후, 대니얼은 그날 아침 일찍 명상 중에 일어났던 일에 대해 말하려고 내게 왔다. 명상 중에 그의 마음속에 화가 나서 어머니와 언쟁을 벌이는 장면이 떠올랐다. 그는 명상을 하기 위해 일주일간 일을 빠지는 것이 무책임한 행동은 아니라고 설명하려고 애썼으나, 어머니는 무시하는 말투로 대답했다. "게으름뱅이 녀석. 왜 너 자신에게 가치 있는 일을 하려고 하지 않는 거지?" 이 말은 그가 어렸을 때 그를 움츠러들어 사라지고 싶게 만들었던 말과 똑같은 종류의 모욕적인 메시지였다. 그는 가슴이 분노의 열감과 압력으로 가득 참을 느꼈다. 그는 마음속에서 자신이 소리치는 것을 들었다. "나쁜 년, 당신은 이해 못해! 결코 이해 못해. 잠시만이라도 입 좀 닫고 내가 누군지 볼 수는 없는 건가!!"

대니얼은 심장을 찌르는 칼 같은 분노와 좌절의 고통을 느낄 수 있었다. 그는 자신이 그녀에게 저항하지 못하는 겁쟁이인 것에 대해, 그리고 명상을 하는 사람이 그런 미움으로 가득 찬 것에 대해 자기 자신에게 비난을 쏟아내려던 참이었다. 그러나 그러는 대신 양손을 가슴에 올려놓고 "나는 이 고통을 염려합니다. 괴로움으로부터 자유롭기를."이라고 계속해서 속삭였다. 얼마 후 찌르는 듯한 분노가 가라앉았고, 그 자리에서 따뜻함이 가슴을 통해 퍼지고 심장 주변이 부드럽게 열리는 것을 느낄 수 있었다. 대니얼은 마치 자신의 취약한 부분이 그 말을 듣고 위안을 얻고 있는 것처럼 느끼면서, "나는 당신을 저버리지 않을 것입니다. 나는 여기 있고, 나는 염려합니다."라고 말했다. 수련회의 나머지 시간 동안 대니얼은 이처럼 훈련했고, 그 결과 고통의 매듭, 즉 미성숙하고 고뇌에 찬 자기의 상처가 천천히 풀리기 시작했다.

그가 최종 면담을 하러 왔을 때, 그의 얼굴 생김새가 전체적으로 변해 있었다. 윤곽이 부드러워졌고, 몸은 이완되었으며, 눈이 빛났다. 이전 면담에서는 어색함과 망설임을 보여줬지만, 이번에는 면담을 하러 온 것이 기쁜 것 같았다. 그는 비판과 자책이 계속되기는 하지만 그렇게 혹독하지는 않다고 말했다. 항상 자신이 뭔가가 잘못되었다는 느낌에 더 이상 갇히지 않고, 세상을 새로운 눈으로 보기 시작했다. 다른 참가자들이 더 친절해 보였고, 주변의 숲은 매력적이고 멋진 안식처로 느껴졌으며, 설법은 모든 것에 대해 어린아이 같은 호기심과 경탄을 불러일으켰다. 그는 활력을 느꼈고, 삶에서 새로운 가능성을 발견해 다소 어리둥절해하기도 했다. 자신을 자비로움으로 감싸 안음으로써, 대니얼은 편안한 마음으로 자신의 삶을 더 충만하게 살게 되었다.

우리도 대니얼처럼 스스로를 비판하고 불신하는 데 너무 중독되어 있기 때문에, 상처받은 부위를 진심 어리게 보살피는 모든 노력은 우리에게 근본적 변화를 가져온다. 괴로움은 우리의 가슴을 자유롭게 만들어주는 자비로 가는 관문이 된다. 우리가 자신의 슬픔을 감싸 안을 때 그동안 활동해온 비판자, 적수, 희생자라는 배역들은 더 이상 힘을 쓰지 못하게 된다. 그들의 자리에서 우리는 새로운 배역이 아니라 용기 있는 열림과 진정한 사랑에 대한 능력을 발견한다. 이 능력은 우리 자신뿐만 아니라 타인을 위한 것이기도 하다.

자비에
몸을 맡기기

근본적 수용에 관한 주말 워크숍에서 마리안과 그녀를 괴롭혔던 수치심과 죄의식에 관한 얘기를 나눴다. 알코올 중독에서 회복 중이던, 마리안의 딸 크리스티는 엄마에게 치료 프로그램에 함께 가자고 부탁했다. 프로그램이 진행되던 중, 크리스티는 자신이 십대 시절 내내 마리안의 두 번째 남편이던 양아버지에게서 성적 학대를 받았다고 폭로했다. 마리안이 잠들었거나 집에 없을 때, 그는 크리스티의 침실에 들어와서 크리스티의 여동생이 들어오지 못하도록 문을 걸어 잠갔다. 거의 매주 그는 술에 취해 들어와서 그녀에게 구강성교를 강요했고, 그런 다음에는 비밀을 지키겠다고 맹세하게 했다. 또 만약에 이 사실을 발설하면 이 세상에 태어나지 말았어야 했다고 바랄 정도로 그녀를 흠씬 두들겨줄 것이며, 크리스티의 어린 여동생에게도 똑같은 짓을 할 거라고 협박했다. 때로 그는 마리안이 이 일을 알게 되면 그녀가 죽게 될 거라고 협박하기도 했다. 정말로 마리안이 사실을 알았다면 그녀는 스스로 목숨을 끊었을지도 모른다.

딸이 매번 새로운 사실을 폭로할 때마다, 마리안은 자신의 영혼이 끝없는 나락으로 점점 더 깊숙이 떨어지는 것 같았다. 그녀의 하루하루는 생생한 악몽이 되었다. 그녀는 자신의 남편이 크리스티의 방에 몰래 들어가서 어린 딸에게 성관계를 강요하는 마음속 영상을 끊임없이 재연하곤 했다. 분노가 너무 강해서, 딸에게 해를 끼친 이 남자에게 끔찍한 복수를 할 것만 같았다. 그러나 점차 그녀는 자신이야말로 비난받아 마땅하다는 생각이 들기 시작했다.

자신이 아무것도 모른 채 와인에 취해 아래층에서 잠자고 있었다는 것을 상상하며, 마리안은 자기혐오로 미칠 것 같았다. 그녀의 마음은 "내가 알기만 했더라면"과 "어떻게 그토록 몰랐을까"라는 자기비난을 끝없이 되풀이하며 고통을 가중시켰다. 마리안은 자신을 자비롭게 대하는 건 불가능할 뿐만 아니라 잘못된 일이라고 확신했다. "나는 엄마야. 그러니까 크리스티에게 일어난 일은 모두 내 잘못이야. 나는 고통받아 마땅해." 그녀는 스스로에게 말했다.

그러던 차에 마리안이 내내 두려워하던 일이 일어났다. 치료 프로그램을 진행하던 중에 크리스티가 말로 그녀를 공격했다. "엄마는 내 청소년기 내내 잠만 잤어요." 그녀가 소리쳤다. "나는 성폭행을 당하고 있었고 어디에도 몸을 돌릴 곳이 없었어요. 나를 보살펴줄 사람은 아무도 없었어요." 크리스티는 얼굴이 빨개졌고 두 주먹을 꽉 쥐었다. "이제 엄마에게 진실을 말했으니, 엄마는 다시 사라지겠죠. 나는 그때 엄마에게 말하는 게 두려웠어요. 그리고 이제는 그 이유를 알아요. 엄마는 진실을 감당할 수 없어요. 당신은 나를 도와줄 수 없어요. 결코 그럴 수 없었어요. 엄마가 미워요." 크리스티가 절규했다. "미워, 미워."

딸의 말들이 마리안의 가슴을 뚫어버리는 것 같았다. 그녀는 크리스티가 오열로 녹아내리는 것을 보면서 딸의 말이 맞다는 것을 알았다. 그녀는 실제로 잠에 드는 식으로 크리스티의 고통으로부터 숨어 있었다. 자신의 삶조차 감당할 수 없던 그녀는 딸이 약물에 빠지고, 선생님들과 마찰을 빚고, 학교를 무단결석하고 정학을 받을 때도 아무런 조치를 취할 수 없었다. 그녀의 첫 번째 결혼처럼, 두 번째 남편과의 관계도 남편이 불륜을 저지르면서 곧바로 파탄이 났다. 그녀는 친구들과 술을 마시고 늦잠을 자는 식으로 우울에 대처했다. 그녀가 치료를 시작하고 결국 이혼하게 될 즈음에 두 딸은 집을 떠났다. 이제 그녀는 자신이 두 자매를 얼마나 비극적으로 망쳐놓았는지, 중요한 모든 일에서 자신이 얼마나 실패했는지를 알았다. 삶을 이어갈 이유가 없었다.

우리는 누구나 다른 사람에게 상처를 준 것 때문에 스스로를 나쁜 사람으로 느낀 적이 있을 것이다. 마리안이 피할 수 없는 진실은 그녀가 크리스티의 고통에 직접적인 역할을 했다는 것이었다. 마리안처럼 우리가 다른 사람에게 때로는 심각한 상처를 줬다는 사실을 알게 될 때, 죄의식이 우리 가슴을 갈가리 찢어놓을 수 있다. 어떤 사람은 상처가 아주 심하지 않을 때조차 자신이 자비나 구원을 받을 자격이 없다고 느낀다. 이런 경우 자비를 구하는 유일한 방법은, 보잘것없고 비참하다고 느껴지는 자기보다 더 큰 대상에게 손을 내미는 것이다. 우리는 붓다, 성모 마리아, 하느님이나 예수, 시바 또는 알라를 부름으로써 귀의할 것이다. 우리의 망가진 존재에 편안함과 안전함을 제공할 수 있을 정도로 충분히 위대한 사랑의 의식을 향해 손을 내민다.

가톨릭 신자인 마리안은 기도를 통해 깊은 평화와 사랑의 하느님과 교감하기도 했다. 그러나 절망 상태에 빠진 그녀는 지금 우주에 자기 혼자뿐이라고 느꼈다. 물론 신이 존재하지만 신에게 손을 내밀기에는 자신이 너무 죄가 많고 끔찍하다고 느꼈다. 토머스 머튼(Thomas Merton) 신부는 "참된 사랑과 기도는 기도가 불가능해지고 심장이 돌로 변했을 때 배우게 된다."고 썼다. 마리안에게 그때가 왔다.

마리안은 자기가 자살을 할 수도 있음을 두려워하며 대학 시절 그녀의 스승이었던 나이 지긋한 예수회 수사에게 조언을 구했다. 그녀는 울면서 그가 권한 푹신한 의자에 주저앉았다. "제발, 제발 저를 도와주세요." 그녀가 간청했다. 그는 그녀의 얘기를 듣고서 울고 있는 그녀 곁에 조용히 앉았다. 그녀가 진정되자, 그는 부드럽게 그녀의 한 손을 잡고 손바닥 중앙에 원을 그리기 시작했다. "이것이," 그가 말했다. "네가 살고 있는 곳이다. 이곳은 고통스러워. 발을 구르고 비명을 지르는 깊고 깊은 상처가 있는 곳이지. 이곳은 피할 수 없어. 그냥 내버려둬."

그런 다음 그는 그녀의 손 전체를 자신의 손으로 덮었다. 그리고 말을 이어갔다. "그러나 만약 할 수 있다면, 이것 또한 기억하도록 하렴. 하느님의 왕국에는 위대함과 완전함이 있다는 것을. 이 자비로운 공간에서, 너의 지금의 삶이 펼쳐질 수 있지. 이 고통은," 그러면서 그는 다시 그녀의 손바닥 중앙을 짚었다. "항상 하느님의 사랑 안에 놓여 있지. 네가 고통과 사랑 둘 다를 알게 되면 상처가 치유될 거야."

마리안은 마치 자비의 큰 물결이 수사의 손을 통해 흘러나오면서 자신을 부드럽게 씻어주고, 그 배려의 품으로 자신을 품어주는 것처럼 느꼈다. 그녀가 자신의 절망을 그것에 내주었을 때, 그녀는 자신에게 신의 자비가 주어지고 있음을 알았다. 그녀가 더 많이 내려놓을수록 더 많이 받는 것을 느꼈다. 그렇다. 그녀는 앞을 보지 못했고 무지했다. 그녀는 돌이킬 수 없는 상처를 초래했지만, 그녀가 무가치한 것도 사악한 것도 아니었다. 하느님의 무한한 자비를 받으며, 그녀는 자신의 가슴으로 가는 길을 발견할 수 있었다.

자신에게 자비를 느낀다고 해서 자신의 행위에 대한 책임으로부터 해방되는 것은 결코 아니다. 그보다는 현명하고 균형 있게 사는 것을 막는 자기혐오로부터 해방된다. 수사는 마리안에게 고통을 무시하라거나 그녀가 딸을 망쳤다는 것을 부정하라고 충고한 것이 아니라, 그녀를 치유해줄 사랑에 가슴을 열라고 충고하고 있었다.

이제 마리안은 그녀를 고통스럽게 하는 생각 안에 갇혀 있기보다는 자비의 가능성을 기억할 수 있었다. 회한이나 자기혐오가 일어날 때, 마음속으로 "제발 이 고통을 감싸 안아주세요."라고 말하곤 했다. 자신의 괴로움을 신이 감싸 안아줬다고 느꼈을 때, 그녀는 마음이 발기발기 찢기거나 스스로를 파괴하고픈 충동 없이 괴로움을 대면할 수 있었다. 마리안은 마음이 제자리를 잡고 명료해지기 시작하자 비로소 자신이 무엇을 할 수 있는지, 크리스티를 어떻게 도울 수 있는지에 대해 곰곰이 생각할 수 있었다.

2주 후에 그들이 다시 치료회기에서 만났을 때, 크리스티는 조심스럽고 냉담했으며 마리안은 그녀 바로 옆 자리에 말없이 앉았다. 크리스티가 피하지 않자 마리안은 조금 더 가깝게 다가갔다. 마리안은 자신이 크리스티를 끔찍하게 망쳐놨다는 것을 안다고 말했다. "나는 너를 보호하고 돕기 위해 거기 있었어야 했어. …… 나는 기대를 저버리고,

내 자신의 고통에 휩싸여 너의 고통을 볼 수 없었어." 그녀는 잠깐 멈춰서 딸의 눈을 진심으로 바라보았다. "너에게 정말 말할 수 없이 미안하구나. 내가 너의 고통을 없앨 수 없다는 것을 안다, 크리스티. 그러나 나는 네가 너 자신을 발견할 때 너와 함께하고 싶구나. 나는 다시는 사라지지 않을 거야."

마리안은 크리스티의 손을 부드럽게 잡고 예수회 수사와 있었던 일을 얘기했다. 마리안은 크리스티의 손바닥 가운데에 부드러운 원을 그리며 속삭였다. "이곳은 피할 수 없단다. 그냥 내버려둬." 그 다음 크리스티의 손을 자신의 손으로 덮으며 말을 이었다. "그러나 하느님의 왕국인 이 자비로운 공간에서 너의 삶을 펼칠 수 있어." 그 순간 그들은 서로를 껴안고 울음을 터뜨렸다. 마리안은 흐느끼는 크리스티를 감싸 안으며 자신들에게 부드러운 자비가 가득 차 있음을 느꼈다. 크리스티는 예상치 못했던 엄마의 강력하고 확실한 사랑에 굴복한 채 안겨 있었다. 그들 누구도 아직 치유되지 않은 상처의 원초적인 고통을 피해갈 방법은 없지만 이제는 함께 치료할 수 있었다. 신의 자비에 손을 내밀고 그 안에 있다고 느낌으로써, 마리안은 자신과 딸을 감싸 안아줄 자비를 발견한 것이다.

마리안의 얘기는 근본적 수용 워크숍에 참석한 사람들에게 깊은 인상을 남겼다. 많은 사람들이 자신들의 기도가 불가능하게 되는 때, 자신들이 너무 무가치해서 사랑받을 수 없다고 느꼈던 순간에 대해 말했다. 이런 순간이 왔을 때 자비의 원천에 손을 내밀어 스스로를 감싸 안는 법을 우리는 함께 알아보았다. 우리는 근본적 수용의 핵심인 현명한 자비를 통해 어떻게 우리 자신을 아무 조건 없이 보살필 수 있게 되는지 검토해보았다.

고립되어 혼자라고 느낄 때, 우리는 조건 없는 사랑을 주는 어머니와 인정 많고 관대한 아버지의 자비로운 가슴에 어린아이처럼 안기고 싶어 한다. 이때 우리는 치유하는 감싸 안음에 우리의 상처를 내맡길 수 있다. 릴케는 다음과 같이 썼다.

안기기를 갈망합니다.
당신 가슴의 위대한 손에
오, 지금 그 손으로 나를 안아주오.
그 안에 나는 이 파편들과 내 삶을 내려놓습니다…….

두려워하는 작은 자기보다 더 큰 보살핌의 존재가 우리를 감싸준다고 느낄 때, 우리 삶의 파편들과 다른 이의 삶을 위한 자리가 우리 가슴 속에 있음을 알게 된다. '너무 고통스러운' 듯이 보였던 괴로움이 우리를 깨워 자비의 달콤함으로 이끌 수 있다.

마음챙김 기도:
"이 고통이 자비를 깨우기를"

우리는 마리안이 기도에 전념하는 것을 기독교나 다른 신 중심 종교의 특성이라고 생각할 수 있다. 그러나 우리가 무엇을 믿든 상관없이, 우리 인간은 모두 절망의 순간에 뭔가를 붙잡으려 한다. 우리는 편두통에서 해방되기를 몹시 바랄 수 있고, 취업되기를 간청할 수 있고, 어려운 시기를 보내는 아이를 안내할 지혜를 달라고 기도할 수 있다. 우리는 "오 제발, 오 제발."이라고 조용히 말하면서 '우주'에 도움을 요청하고 있다고 느낄지도 모른다. 홀로 떨어져서 두렵다고 느낄 때, 우리는 더 크고 더 힘 있는 무언가에 연결되는 데서 오는 편안함과 평화를 갈망한다.

불교 수행자들은 흔히 이러한 기도가 '홀로 떨어져서 갈망하는 나'라는 생각을 강화하는 것은 아닌가 궁금해 한다. 우리는 작고 두려워하는 자기보다 더 큰 누구 혹은 무언가에게 애원하고 있는 듯 보인다. 우리는 정확하게 누구에게 기도하고 있는 것인가? 나는 기독교의 유니테리언(신은 하나이므로 예수는 하느님이 아니라고 보는 기독교 일파 – 옮긴이) 교도로 성장했고, "관계자에게(To Whom It May Concern)" 하는 기도에 관해 우리가 어떻게 농담하곤 했는지 기억한다. 붓다의 길을 따를 때도 우리는 같은 질문을 할 수 있다. 기도가 '나와 남'이라는 이원론을 전제하긴 하지만, 기도는 이원론적이지 않은 온전한 소속감을 경험하도록 우리를 인도할 수 있다.

비록 서양불교에서는 잘 강조되지 않지만, 기도와 예배는 현재도 불교에서 계속 행해지고 있다. 예를 들어 자비 수행에서는 "내가 행복하기를.", "내가 고통과 괴로움으로부터 자유롭기를."과 같이 기도의 형식으로 절실한 소원을 표현하기도 한다. 소원이나 고통에서 벗어나고 싶은 열망을 비는 것이 반드시 어떤 사람이나 대상을 향하는 것은 아닐지도 모른다. 하지만 우리는 그런 기도를 붓다나 위대한 스승 혹은 보살과 같은 깨어있는 가슴과 마음의 화신에게 전할 수 있다. 마음챙김을 하며 진실하게 이렇게 독실한 기도를 한다면 자신의 가슴과 마음을 깨울 수 있다.

괴로워서 기도에 의지할 때, 고통의 표면상 이유가 무엇이건 근본 원인은 항상 같다. 우리가 홀로 떨어져 있는 존재라고 느끼는 게 바로 그것이다. 우리는 이 분리의 고통에서 해방되고 싶어 한다. 켈트족 시인 이자 학자인 존 오도노휴(John O'Donohue)는 저서 『영원한 메아리(*Eternal Echoes*)』에서 다음과 같이 썼다. "기도는 열망의 목소리다. 그것은 오래된 소속감을 찾기 위해 밖을 향해 그리고 내면을 향해 손을 뻗는다." 이렇게 그는 내가 마음챙김 기도라고 부르는 것을 멋지게 표현했다. 우리는 우리의 소속감을 알기 위해서 밖을 향해 손을 뻗을 뿐만 아니라, 마음챙김 기도를 통해 주의를 안으로 돌려서 우리를 기도하게 만든 괴로움을 진심으로 경청한다. 분리의 고통과 기꺼이 접촉할 때, 우리는 열망의 인도를 받아 우리의 깨어있는 본성인 다정하고 자비로운 상태에 이르게 된다.

나는 몇 년 전 실연의 상처로 괴로워하다가 마음챙김 기도가 가진 변혁의 힘을 경험했다. 나는 내가 사는 곳에서 3,000킬로미터 떨어진 곳에 사는 남자와 사랑에 빠졌었다. 하지만 가정을 꾸리는 일과 거주지에 대해 서로 바라는 바가 달랐기 때문에 삶을 함께 엮어갈 수 없었고, 결국 관계는 끝이 났다. 상실감이 밀려왔다. 몇 주간 그에 관한 생각에 빠져서 흐느껴 울었고, 슬픔에 압도되었다. 고전 록 음악은 나를 울게 만들었기 때문에 라디오도 듣지 않았다. 낭만적 영화도 보지 않았다. 그의 이름을 소리 내어 말하는 것만으로도 상처가 다시 파헤쳐졌기 때문에, 친구들과 있을 때 그에 관한 얘기는 좀처럼 하지 않았다.

처음 한 달 동안 나는 슬픔의 과정을 받아들였지만, 계속된 슬픔으로 내면이 황폐해지고 내가 슬픔에 압도된다는 느낌이 들어 부끄러워지기 시작했다. 슬픔의 정점에서 그처럼 정서적으로 만신창이가 된 건 분명히 내게 문제가 있기 때문이라는 느낌을 받았다. 그 남자는 나를 정리하고 다른 사람과 데이트를 하고 있었다. 왜 나는 그렇게 할 수 없는 것인가? 나는 스토리에서 벗어나서 정신을 차리고, 마음챙김으로 고통이 지나가게 하려고 노력했다. 하지만 여전히 갈망과 상실감에 사로잡혀 있었다. 나는 그 어느 때보다 더 극심하게 외로움을 느꼈다.

내가 명상하는 방에는 자비의 보살이 그려진 탕카(천 위에 그린 티베트 불교화)가 걸려 있다. 티베트에서 타라(Tara)로 불리는 관세음보살은 치유와 자비의 화신이다. 관세음보살은 이 괴로운 세계의 외침을 듣고 가슴의 떨림으로 대답한다고 한다. 실연한 지 한 달쯤 된 어느 날 아침, 탕카 앞에 앉아 울던 나는 관세음보살에게 기도하고 있는 나 자신을 발견했다. 마리안처럼 나도 스스로에게 어떠한 자비심도 느끼지 못했다. 낙담하고 무가치하다고 느끼고 있었다. 나는 관세음보살의 자비로운 포옹을 원했다.

여러 해 동안 불교 수행을 하며 나는 때때로 내 가슴을 깨울 수 있는 자비의 상징으로 관세음보살을 생각하며 관세음보살에게 기도했었다. 그러나 마리안처럼 기도하지는 못했다. 나의 작은 자기보다 더 큰 영적 존재인 관세음보살에게 다가가는 진정한 기도를 한 적은 없었던 것이다. 하지만 절망에 빠진 나는 달랐다. 관세음보살은 이제 단순한 영감의 상징이 아니라 자비의 화신이었다. 나의 괴로움을 덜어줄 수 있는 무한한 사랑의 존재였다.

이렇게 며칠 동안 관세음보살에게 닿으려 했더니 조금 편안해졌다. 그러나 어느 날 아침 벽에 부딪쳤다. 나는 무엇을 하고 있는 건가? 아파하고 기도하고 울고 고통을 미워하며 내가 계속해서 치른 의식들은 나를 진정한 치유로 이끌어주지 못했다. 문득 내가 나를 달래기 위해 관세음보살이라는 아이디어를 떠올린 게 아닌가 싶었다. 하지만 관세음보살을 귀의처로 삼지 않으면 나는 지금 돌아갈 곳도, 붙잡을 것도, 텅 빈 고통의 구멍 밖으로 빠져 나올 방법도 하나 없었다. 괴로움은 결코 끝나지 않을 것 같았고, 스스로 완전히 무가치한 존재로 느껴져 견딜 수 없었다.

또 다른 아이디어처럼 보이기는 했지만, 나는 염원을 지닌 보살에게 괴로움은 가슴을 깨우는 검증된 관문이라는 것을 기억해냈다. 과거에 고통을 피하지 않고 그것과 계속 함께했을 때 실제로 변화가 있었다는 사실이 떠올랐다. 문득 이 상황이 진정으로 괴로움을 관문으로 믿게 하는 과정일지 모른다는 깨달음이 왔다. 아마도 그것이 핵심이었을 것이다. 나는 슬픔, 외로움과 싸우는 것을 멈춰야 했다. 그것이 얼마나 끔찍한지 혹은 얼마나 오랫동안 지속됐는지는 상관없었다.

나는 보살의 염원을 기억해냈다. "이 고통이 자비를 깨우기를." 나는 조용히 속으로 속삭이기 시작했다. 이 기도를 계속 반복하는 동안, 나는 내면의 목소리가 점점 절망에서 벗어나 더 진실해짐을 느낄 수 있었다.

그것은 진실이었다. 이 괴로움을 온전하게 직면함으로써 나는 열망했던 사랑을 깨달을 수 있었다. 그 진실로 들어가는 순간 변화가 시작되었다.

14세기 페르시아 시인 하피즈(Hafiz)는 다음과 같은 시를 썼다.

너무 빨리
외로움을 항복시키지 마라.
외로움의 칼이 당신을 더 깊숙이 베게 하라.

외로움이 당신을 발효시키고 맛을 내게 하라.
어떤 사람도
천상의 재료도 그렇게 하지는 못한다.

오늘 밤 내가 마음으로 아쉬워하는 무언가가
나의 눈을 그토록 부드럽게,
나의 목소리를 그토록 다정하게,

나의 신에 대한 갈구를
절대적으로 분명하게
만들었다.

그날 명상 방에서 외로움이 나를 더 깊숙이 베게 놔뒀을 때, 나는 분리의 혹독한 고통을 참기 힘들었다. 나는 특정 사람을 원했던 것이 아니라 사랑 그 자체를 원하고 있었다. 외로운 자기 자신보다 더 큰 무언가에 연결되기를 원하고 있었다. "내 마음에서 아쉬워하는 무언가"는 아프게 벌어진 구멍처럼 느껴졌다. 나를 아프게 하는 그 빈 공간에 저항하거나 싸우는 대신에 온전히 그 안으로 들어갈수록, 사랑의 존재에 대한 나의 열망에 더 깊이 열렸다. 하피즈의 신에 대한 갈구처럼, 나의 교감에 대한 열망도 완벽히 명징해졌다.

그 열망으로 들어가자 다정한 자비의 느낌이 일어났다. 나는 관세음보살을 내 안의 상처받고 연약한 존재를 감싸 보살펴주는 빛나는 자비의 파장으로 분명하게 느꼈다. 관세음보살에게 나를 맡기자 내 몸은 빛으로 가득차기 시작했다. 나는 이 생생한 세상 전체를 감싸고 있는 사랑으로 떨리고 있었다. 사랑은 나의 호흡, 새들의 노래, 촉촉한 눈물, 끝없는 하늘을 감싸 안았다. 그 따뜻하고 빛나는 광대함에 녹아든 나는 더 이상 내 마음과 관세음보살의 마음 사이에 어떤 구분도 느낄 수 없었다. 내가 느낄 수 있었던 것은 슬픈 느낌이 가미된 거대한 사랑이었다. 내가 '밖'에서 구하려고 했던 자비로운 사랑의 존재는 깨어있는 나 자신이었다.

우리는 밖을 향해 구원을 바라는 기도를 하여, 더 큰 존재에 이어져 있다는 데서 오는 아늑함과 안도감을 기억해낼 수 있다. 하지만 우리는 외로움과 두려움의 원초적인 느낌에 닿기 위해 우리 내면을 향해 기도를 시작할 수도 있다. 마치 거대한 나무처럼, 마음챙김 기도는 빛을 향해 쭉 뻗어나가기 위해서 어두운 바닥에 뿌리를 내린다. 고통이 깊을 때, 그 고통과 더욱 온전하게 만날수록 우리는 무한한 자비 속으로 더욱 깊이 들어간다.

내게 치료나 가르침을 받으러 오는 사람들 가운데 다수가 마음챙김 기도를 통해 일상의 지평이 극적으로 바뀌는 경험을 했다. 그들은 때론 하루에도 여러 차례 불만과 괴로움에 직면해 멈추고, 내면을 경청하고, 고통과 만나고, 사랑과 자비를 향해 손을 내민다. 종교적 성향을 가진 사람들에게야 이런 일이 자연스러웠겠지만, 자신을 "기도하는 타입이 아니라고" 생각했던 사람들에게는 마음챙김 기도가 삶을 변모시킨 것이 놀라운 일이었다. 그들은 비판과 두려움의 고통에 붙잡히는 대신 가슴 속의 사랑에서 참된 고향을 발견한다.

일상에서 소소한 불안에 휩싸일 때도 마음챙김 기도를 할 수 있다. 비행기에 기계적 결함이 있어 비행이 취소되었다는 말을 듣거나, 사교 모임에 초대받지 못해서 상처를 받거나, 아이를 봐주는 사람이 방금 아프다는 전화를 해서 곤경에 처할 수도 있다. 그 순간 이러한 상황들이 자비를 깨우기를 바라는 염원을 떠올릴 수 있다면, 우리의 경험은 바뀐다. 깨어있는 마음으로 불편을 느끼고 자비를 구하면, 우리 가슴은 자연스럽게 더 넓어지고 이완된다. 괴로움은 가치 없는 것 혹은 넘어서야 할 장애물이 아니라, 내면의 자유로 가는 통로가 된다.

다른 모든 명상들과 마찬가지로 마음챙김 기도도 수행을 거치면 더 생생하고 강력해진다. 우리가 얼마나 다정하고 친절해지기를 열망하는지를 계속 떠올리며 그 열망과 온전히 함께할 때 자연스럽게 자비가 깨어난다. 하피즈의 시처럼.

신에게 사랑을 구하라.
그에게 다시 구하라.

나는 알게 되었네
가장 많이
기도하는 것을 얻는다는 사실을.

우리가 난관에 부딪혀 상처받고 용서할 수 없을 때, 단지 숨을 들이마시고 있는 그대로의 고통을 부드럽게 만져주면, 괴로움이 자비로 바뀌기 시작한다. 루미(Rumi)가 말한 것처럼, 붕대로 감싼 부위에 시선을 유지하면서 빛이 그곳으로 들어오도록 한다. 숨을 내쉴 때, 우리는 무언가와 이어지고자 하는 열망을 느끼면서 빛의 광대함 속으로 들어갈 수 있다. 우리가 갈망하는 빛나는 사랑에 자신을 내줄 수 있다. 숨을 들이쉬고 내쉬면서 고통을 감싸 안고, 고통이 무한한 자비의 가슴에 안기게 한다.

우리는 안는 자이며
안기는 자이다

우리의 가슴이 괴로움을 자비로 변화시킬 때, 우리는 슬픔을 감싸 안는 자이면서 동시에 안겨 있는 연약한 존재임을 경험한다. 대니얼은 자신의 상처들을 자신의 치유하는 의식으로 감싸 안을 수 있음을 발견했다. 마리안은 끝없는 신의 자비 안에 자신의 절망을 놓아버렸을 때, 자신뿐만 아니라 딸의 괴로움까지 감싸 안을 수 있는 자비를 발견했다. 나는 마음챙김 기도를 통해, 안음과 안김이 어떻게 모든 단절감을 극복하는 자비로 표현되는지를 발견했다. 안는 자와 안기는 자 모두 사랑의 의식으로 녹아든다.

고통을 자비로 가는 관문으로 이해할 때, 자신을 속박하던 고통스러운 스토리로부터 깨어나기 시작한다. 예를 들어 화를 부드럽게 감싸 안는 순간, 분노한 자기와의 동일시에서 풀려난다. 화는 더 이상 개인의 결점이나 괴로운 부담감으로 느껴지지 않는다. 우리는 그것의 보편성을 보기 시작한다. 그것은 나의 화, 나의 고통이 아니다. 모든 사람이 고통, 두려움, 슬픔을 지니고 살아간다.

이슬람 신비주의자의 아름다운 가르침은 우리의 고통이 개인적인 것이 아니라 살아 있는 존재의 본질임을 보여준다.

당신에게 맡겨진
감당할 수 없는 크기의 고통 때문에 생긴
괴로움을 이겨내라.
세상의 고통을 마음에 품은
'세상의 어머니'처럼,
우리 각자는 그녀 마음의 일부이므로,
우리는 얼마간 세상의 고통을
부여받은 것이다.

삶의 고통이 보편적 괴로움의 표현이라는 깨달음은 근본적 수용을 온전하게 이해할 수 있게 한다. 우리의 우울, 두려움, 분노는 문제라기보다 "우리에게 맡겨진 것이고", 우리의 깨어남을 위해 쓰일 수 있다. 우리의 고통을 저항의 괴로움이 아니라 수용의 친절함으로 맞이하면 우리 가슴은 무한한 자비의 바다가 된다. 우리는 '세상의 어머니'처럼 일어나고 사라지는 괴로움의 파도를 애정으로 감싸 안을 수 있는 자비로운 존재가 된다.

괴로움을 안는 자 되기

자비는 자신의 삶을 사랑의 마음으로 감싸 안는 능력에서 시작한다. 괴로움을 느낄 때마다 주의, 말, 손길을 통해 자신을 보살피면 자연스럽게 자비심이 깨어날 것이다. 이 명상은 정서적으로 고통스러울 때 특히 유용하다. 자신에 대한 자비를 바로 느끼지는 못하더라도, 기꺼이 하려는 마음만으로 사랑의 마음과 다시 연결될 수 있다. 자비는 우리 본성에 내재되어 있기 때문에, 반드시 꽃피게 된다.

●

편안한 자세로 앉아서 잠시 자연스럽게 호흡하면서 이완한다. 당신이 느끼는 상처나 슬픔, 수치심이나 두려움에 주의를 기울인다. 주의를 기울일 때 호흡을 이용하면 좋다. 숨을 들이쉬면서 연약한 부분을 직접 어루만지고, 숨을 내쉬면서 당신의 경험을 감싸는 의식의 공간을 느껴보라. 고통스러운 느낌들을 초대해서 충분히 표현되도록 하고, 당신의 몸과 마음에서 그 고통이 더 크고 강해지도록 놔둔다.

당신 안에서 가장 약한 부위에 보살핌의 말을 전한다. 조용히 "내가 고통으로부터 자유롭기를."이라고 말하거나, 틱낫한 스님의 말씀처럼 자신에게 "사랑하는 이여, 나는 이 고통을 염려합니다."라고 말할 수 있다. "내가 두려움으로부터 자유롭기를." 혹은 "내가 안전하고 평안하기를."이라고 더 구체적으로 기도할 수도 있다. 보살핌의 기도를 계속할 때 손을 뺨이나 가슴에 올려놓고 다정한 손길로 자비를 표현할 수 있다.

괴로움을 보살필 때 가슴이 어떻게 느끼는지 살펴보라. 진실하거나 열려 있거나 다정하게 느껴지는가? 혹은 기계적이거나 막혀 있거나 무감각하게 느껴지는가? 만약 동떨어지고 단절되었다고 느낀다면, 어떤 판단도 하지 말고 단지 함께하며 친절하고자 하는 마음을 분명하게 하고 보살핌의 표현을 계속한다. 자비롭고자 하는 당신의 의도가 진심이라면, 머지않아 자연스럽게 가슴이 부드러워지고 열릴 것이다.

자신을 보살필 때 정서적 고통의 감각과 느낌이 어떻게 변하는지를 알아차린다. 그 느낌들이 더 강해지는가? 서서히 누그러지는가? 처음 느꼈던 정서가 다른 형태로 변하는가? 스스로를 친절로 보듬는 것이 깊은 슬픔을 끌어내는 것을 발견할 수도 있다. 당신이 무엇을 느끼든, 사랑하는 아이가 두려워할 때 보여주는 친절과 똑같은 친절로 당신의 고통을 감싸 안는다.

●

내면의 삶에 진심 어린 보살핌을 전하는 것이면 무엇이든 자유롭게 실험하라. 보살핌의 말들을 소리 내어 부드럽게 속삭일 수도 있다. 당신 자신을 실제로 껴안거나, 어린아이 모습의 자신을 상상으로 안아줄 수도 있다. 내면의 소리를 들어보고 어떤 조합의 말이나 몸짓이 가장 잘 치유하는지 가만히 느껴보는 시간을 갖는다. 당신이 상처받고 있음을 애정 어린 보살핌으로 인정하는 것처럼 간단한 것일 수도 있다. 훈련을 계속하면, 두려움이나 상처가 발생할 때 자연스럽게 부드러운 자비로 반응하게 될 것이다.

사랑의 존재 불러내기

우리가 외롭거나 두려울 때, 붓다와 같이 사랑과 지혜가 가득한 존재에게 안기고 싶을 때가 있다. 당신이 그렇게 안기고 싶을 때는 먼저 사랑과 자비로 가득 찬 존재에게 다가가서 당신의 깨어있는 마음과 연결시켜야 한다.

●

편안하고 고요히 앉아서 몇 차례 심호흡을 한다. 부드럽고 열린 주의로 몸과 마음에서 느껴지는 두려움 혹은 연약한 부위를 알아차린다. 조건 없는 사랑에 안기려는 당신의 갈망을 느껴보라.

　자비를 연상시키는 어떤 사람, 즉 영적인 존재나 신의 모습이나 느낌을 마음속에 떠올린다. 그 모습은 할머니나 친구가 될 수도 있다. 붓다나 관세음보살 혹은 예수의 모습일 수도 있다. 무한히 자비로운 신을 떠올릴 수도 있다. 이 존재가 당신과 함께하기를 기도하라. 당신은 이 존재가 조건 없는 사랑으로 당신을 바라보는 것을 느낄 수도 있다. 당신을 이해와 완전한 수용의 마음으로 바라보는 그 눈을 가만히 들여다보라. 가슴에 주의를 기울이고, 당신의 갈망을 알아차리며, 이 자비로운 존재가 당신 곁에서 당신과 함께하기를 원하는 걸 느껴보라.

이제, 이 존재를 끝없이 널리 퍼져나가는 밝은 빛으로 상상하라. 이 따뜻한 광명이 당신을 감싸고, 그 자비로운 포옹에 당신이 안기는 모습을 떠올리며 느껴보라. 당신의 상처와 두려움, 고통과 슬픔이 이 자비로운 존재 속으로 녹아버릴 수 있도록 자신을 완전히 내맡긴다. 당신의 온몸, 가슴과 마음이 이 사랑의 의식으로 풀려나와 하나가 되게 한다. 만약 다시 의심이나 두려움으로 위축된다면, 당신의 괴로움을 가만히 느끼며 다시 한번 이 자비로운 존재에게 다가간다.

●

자비의 존재를 불러내는 훈련을 계속하면, 이 훈련이 당신의 깨어있는 마음에 이르는 길이라는 걸 알게 될 것이다. 사랑의 존재에 녹아들 때마다 당신의 참된 본성에 대한 믿음이 깊어진다. 당신은 모든 괴로움을 사랑으로 감싸 안는 자비로운 존재가 된다.

자비의 RAIN:
치유와 자유를 위한
응용 명상

비는 은혜다. 비는 땅으로 내려오는 하늘이다.

– 존 업다이크(John Updike)

빗방울에게 기쁨은 강으로 들어가는 것이다.
슬픔 속을 충분히 여행하고 나면 눈물은
탄식으로 변하고…
폭우가 내린 후 폭풍 구름이 사라진 것은,
실컷 울어서 결국에 투명해졌기 때문이 아닐까?

– 갈리브(Ghalib)

●　　　　　이 시대의 큰 질문 중 하나는 인종, 민족, 종교, 성별, 정치 등 다양한 영역에서 폭력과 고통을 부추기는 분열을 어떻게 해결할 것인가 하는 것이다. 이는 우리 워싱턴 D.C. 지역 명상 커뮤니티에서도 중요한 문제였다. 다른 곳도 마찬가지지만 여기 커뮤니티의 구성원들은 대부분 백인이다. 우리 사회에서 인종 간 긴장을 자각하기 시작했을 때, 우리 조직, 수업 및 개인적 마음에도 같은 긴장이 존재하고 있음이 분명해졌다. 이에 대해 고민하며 뭔가를 하고 싶었던 나는 2012년 우리 커뮤니티에 여러 인종의 동료들과 함께 인종차별의 고통스러운 경험을 탐구했고, 이는 몇 년에 걸친 여정으로 이어졌다. 이 과정이 감정적으로 많이 힘들 것이라고 예상은 했지만, 내가 그동안 전혀 경험해 보지 못한 불안과 수치심에 빠지게 될 줄은 몰랐다.

　　우리의 목적은 함께 모여 서로의 시각으로 삶을 바라보는 것이었다. 우리는 민감하고, 솔직하고, 실제적인 소통에 가치를 두었다. 그러나 나는 시작부터 자의식에 갇힌 나를 발견했다. 내가 "백인"이라는 사실을 피할 수 없었고, 나는 우리 사회에서 흑인, 원주민 및 유색 인종(BIPOC)에게 매일 고통을 주는 인종의 일부였다. 나는 내 생각과 감정을 전달하고 싶었지만, 인종적으로 민감한 발언을 할까 두려워 말이 잘 안 나왔다.

이는 우리 그룹의 BIPOC인 사람들이 겪는 일상적 침해에 관한 이야기를 듣고 더 심해졌다. 그들은 인종 비하와 무시, 위협을 느끼고 있었다. 몇몇은 자신의 몸이 평생 지속적으로 위험에 노출되어 있다는 만성적 두려움을 토로했다. 어떤 여성은 운전 중 굴욕당한 아버지의 모습을 봤던 어린 시절의 경험을 고백했다. 경찰관이 아버지의 차를 정차시키고 아무 이유 없이 아버지에게 모욕을 줬다. 다른 여성은 자신의 10대 아들이 밤에 밖에 나간다고 할 때마다 정신적 외상 수준의 두려움을 느낀다고 말했다. 아들을 다시 살아서 볼 수 있을까 해서 말이다.

이야기를 들을수록 내가 '백인'이라는 거품 안에서 얼마나 안전하게 특권을 누리며 살고 있는지 점점 더 자각하게 됐다. 그룹의 다른 사람들 간에는 친밀감이 커지는 듯 보였다. 하지만 나는 개방적으로 되려고 노력하고 있음에도 우리 모임에서 감정적 거리감을 느끼고 심각한 결핍감에 사로잡혀서 마치 나 자신이 어색한 이방인처럼 느껴졌다.

어느 날 저녁, 종일 모임 후에 결국 나는 내가 그 상황에 빠져 얼마나 옴짝달싹 못 하고 있는지 직면해야 함을 깨달았다. 나는 죄책감을 느꼈고, 나 자신이 부끄럽고 무가치하게 느껴졌다. 불안했다. 난 나 자신을 좋아하지 않았고, 고립되어 있었다. 이 모든 것이 나의 개인적 결함에서 비롯된 것처럼 느껴졌다. 내 잘못 같았다.

어떤 실제적인 관점이나 자기 자비(self-compassion)와 단절된 채, 나는 RAIN에 기대기로 했다. RAIN은 나 스스로 훈련 중 깊은 치유를 경험한 수행법이다. 최근 몇 년 동안 나는 두렵고 무가치하다는 느낌으로 고통받는 사람들에게 RAIN을 가르쳐 왔고, 내 책『끌어안음(Radical Compassion)』에서 RAIN이 우리를 고통스러운 감정의 손아귀에서 해방하고 열린 존재와 다시 연결하는 힘이 있음을 설파했다. **RAIN**은 "알아차림(Recognize)", "허용(Allow)", "탐구(Investigate)", "돌봄(Nurture)"의 약자로, 우리가 마주하는 모든 어려움에 마음챙김과 자비를 가져다준다. 나는 나 자신을 되찾기 위해 이 훈련의 도움이 필요함을 알았다.

나는 명상 방석에 앉아 담요를 몸에 감고 잠시 편히 앉아 호흡을 느낀 후, "내 안에서 무슨 일이 일어나고 있지?"라고 자신에게 물었다. 마음속으로 내가 인지하고 있던 것들을 속삭였다. 불안, 죄책감 그리고 수치심….

잠시 멈춰, 이 감정의 깊은 불편감과 고통이 저항이나 판단 없이 온전히 거기에 존재하도록 허용하면서, 파도가 바다의 일부이듯, 내 현재 경험의 파도도 잘못된 것이 아님을 부드럽게 일깨웠다. "이 모든 것은 연결되어 있다." 나는 속삭였다. 거부나 저항 없이, 실제로 존재하는 것을 받아들임으로써 나의 마음은 유연해졌고, 깊게 숨을 들이마시고 천천히 내쉴 수 있었다. 나는 이제 RAIN의 다음 단계인 탐구(Investigate)로 나아갈 수 있게 되었다.

나는 그 감정이 일어날 때 어떤 생각을 하고 있었는지 자신에게 물었다. 즉시 나 자신을 나쁜 사람으로 느끼는 오래되고 익숙한 감정이 일어났다. 우리 그룹의 많은 사람들 눈에 나는 불신의 대상인 "나쁜 타인

(bad other)"일 것으로 생각했다. 이는 백인이 수 세기 동안 자행한 흑인종, 황인종, 히스패닉, 아시아 인종과 원주민들에게 대한 정신적 외상 연결된다. 내 마음속에서 나는 문제의 일부일 뿐만 아니라, 우리 모두에게 가해진 인종차별의 피해를 복구하는 데 스스로 충분한 노력을 기울이지 않았다는 사실에 가장 깊은 고통을 느끼고 있었다.

몸에 주의를 기울이면서, 이 나쁘다는 감정이 어디에 존재하는지, 어떤 느낌인지를 살피기 시작했다. 무력감과 절망을 배경으로 해서, 심장과 배에서 메스껍고 무겁고 화끈거리는 통증이 느껴졌다.

탐구를 더 깊이 진행하니, 그 고통의 정중앙에는 심장 주위를 움켜쥐고 칼로 찌르는 듯한 분리되는 느낌의 고통이 있었다. 허용하라. 그 고통이 아무리 크더라도 받아들여라. 내가 계속 머물러 있자, 아픔이 내 가슴 전체로 퍼지며 강렬한 슬픔으로 변해갔다. 눈물이 나기 시작했다. 내 존재와 그리고 다른 사람들과 분리된 슬픔에 눈물이 쏟아졌다.

슬픔이 깊어짐에 따라, 이것은 인종차별의 폭력과 공포에서 비롯된 우리 사회의 분리로까지 확장되었다. 내 마음은 역사 서적과 다큐멘터리에 나오는 잔인한 폭력의 이미지들로 넘쳐났다. 부부를 노예로 만들어 갈라놓고, 노예 부모로부터 아이들을 빼앗고, 원주민 아이들을 훔쳐서 잔인한 기관 학교에 강제로 보내고, 멕시코, 중국 등에서 온 이민자들에게 끔찍한 차별대우를 가하는 이미지들 말이다. 여기에 내가 직접 목격한 사건들이 더해졌다. 흑인과 갈색 인종을 가두고, 인간성을 박탈하고, "억압"하고…. 나는 직접적으로 침해당한 이들에 대해 애도했고, 지배적인 인종에 속한 우리에 대해서도 애도했다. 나는 이것이 나에 관한 것이 아니라 인종차별이라는 전체 시스템에 관한 것임을 보았고,

우리가 그 프레임에 동참함으로써 우리의 마음과 의식이 마비되고 무감각해지고 합리화하는 것을 보았다.

이 분리와 슬픔의 고통은 내 심장을 찢어놓는 듯했다. 그 고통에 주목하며 나는 물었다. "나에게 지금 가장 필요한 것은 무엇인가?" 그리고 분리의 슬픔에 깊이 자리 잡은 것은 소속감에 대한 열망이었다. 다양한 친구들의 그룹에 소속되고, 모든 존재에 소속되고, 사랑에 소속되고, 우리가 공유하고 있는 본질인 사랑의 의식에 소속되기를 열망했다.

이 열망이 떠오르자 자연스럽게 보살피고 싶은 욕구가 일어났다. 나는 손을 부드럽게 심장에 올려놓고, "네 마음을 믿고, 네 소속감을 믿어라."라고 속삭였다. 슬픔과 열망이 부드러운 빛으로 채워진 공간에 머무르고 있는 것을 상상하고 느꼈다. 마치 내 영적인 마음이 나의 인간적인 마음을 감싸 안고, 자비로 가득 채우는 듯했다. 이 마음 공간으로 풀려나온 감정적 고통이 녹으면서, 따뜻함을 불어넣고 더 많은 열림과 빛을 가져왔다. 이 거대한 사랑의 존재가 나와 우리 그룹의 모든 이들, 그리고 우리의 공유된 역사와 상처받은 세계를 감싸고 있었다. 그 어느 것도 제외되지 않았다.

나는 우리의 삶을 감싸고 있는, 열림과 온화함이 있는 사랑의 의식으로 잠시 휴식을 취했다. 나는 이 근본적 선을 계속 느끼면서 이 집단과 함께 나아갈 길이 분명해졌다. 이 열린 마음의 현존은 우리 존재에 대한 진실이다. 우리가 자신에 대해 말하거나 우리 사회가 부여하는 어떤 스토리보다도 더 진실이다. 일시적인 감정이나 인간적 결함 그 어떤 것보다 더 근본적이다. 차이를 존중하고 축하해야 하듯이, 이 근본적 선을 기억하는 것이 진정한 이해와 사랑의 기초이다. 이것이야말로 진정한 변화로 힘차게 인도해 줄 것이다. RAIN이 나를 본래의 위치로 데려다주었다.

RAIN의 단계

우리가 가장 현존해야 하는 때는 정확히 지금-여기에 어떻게 도달할지 감을 잡을 수 없는 순간이다. 우리가 이렇게 길을 잃을 때, RAIN 수행법은 간단하고 기억하기 쉬워서 효과가 있다. RAIN은 우리가 고통스러운 감정과 꽉 막힌 생각에 갇혔을 때 언제든지 부를 수 있는 4단계 훈련이다. 심지어 마음이 혼란스럽고 동요되며 자신에게 등을 돌릴 때조차 "알아차림-허용-탐구-돌봄"은 본연의 자리로 돌아가는 길을 약속한다.

　　RAIN•의 원래 버전은 1980년대에 원로 불교 스승인 미셸 맥도날드(Michelle McDonald)가 개발했다. 몇 년 동안 이 훈련법을 교육하면서 나는 모든 치유에서 아주 중요한 요소가 빠져있다는 것을 발견했다. 돌봄, 즉 자기 자비(self-compassion)의 단계가 그것이다. 이 부분이 더해진

• 원래 버전은 알아차림(Recognize), 허용(Accept), 탐구(Investigate), 비동일시(Not-identify)로 구성되어 있다. 이후에 네 번째 단계를 "돌봄(Nurture)"으로 수정했다. "비동일시"는 실천의 단계라기보다는 그 결실로 보는 게 맞다. 마음챙김과 자비가 일어나면 일시적 감정과 생각을 나 자신과 동일시하지 않게 된다. 이는 우리를 자유롭게 해서 본래의 사랑 의식을 깨닫고 그 안에 머무를 수 있게 해준다.

현재의 **RAIN** 버전은 의식의 양 날개 즉, 마음챙김적 이해와 사랑을 활성화하는 체계적인 방법을 제공한다.

각 단계를 간단히 줄이면 다음과 같다.

R - 일어나고 있는 일을 알아차리기(Recognize What's Going On)

알아차림은 그 순간 우리가 자각하고 있는 가장 주요한 느낌을 의식적으로 인식하는 것을 말한다. 이는 자신이 경험하고 있는 것을 주목하면서 간단한 마음속 속삭임으로 행할 수 있다.

A - 경험을 그대로 허용하기(Allow the Experience to Be There, Just as It Is)

허용하기는 우리가 알아차린 것을, 그 어떤 것도 고치거나 피하려 하지 않으면서 그냥 내버려 두는 것을 말한다. 3장에서 살펴본 것처럼, 삶을 그 자체로 허용할 때, 깊게 주의를 기울이게 되고 치유의 길을 여는 일시적인 공간이 만들어진다.

I - 흥미와 주의를 가지고 탐구하기(Investigate with Interest and Care)

탐구하기는 본능적인 호기심, 즉 진실을 알고 싶은 욕구를 동원해서 현재 경험에 더 집중된 주의를 기울이는 것을 말한다. 이것을 가장 잘하는 방법은 적극적으로 다음과 같은 질문을 나 자신에게 하는 것이다. "내 주의를 가장 많이 끄는 것은 무엇인가?", "나는 어떤 스토리를 믿고 있는가?", "어디에서 이를 느끼고 있나?"와 같은 질문들이 당신의 경험 차원을 드러나게 해줄 것이다.

이 단계에서 일부 사고는 자연스럽지만, 탐구하기가 가장 잘 효과를 내기 위해서는 생각을 내려놓고 몸의 감각에 주의를 기울이는 게 좋다. 핵심은 우리의 세포 조직 안에 있다. 우리가 취약성에 온전히 다가갈수록, 더 온전하게 자기 자비를 제공할 수 있을 것이다. 탐구를 마치며 "내게 필요한 것은 무엇인가?", "자비로운 주의의 어떤 측면이 내면의 취약성을 가장 잘 치유해 줄 것인가?"라고 질문한다. 이는 돌봄으로의 전환을 가능하게 해준다.

N-자기 자비로 돌보기(Nurture with Self-Compassion)

돌봄은 취약성에 접근해서 자신에게 적극적인 보살핌을 제공하는 것을 말한다. 예를 들어, 자신의 가슴에 손을 올리고 친절한 메시지를 내면에 보낼 수 있다. 치유에 가장 도움이 될 수 있는 수용, 용서, 사랑, 자비심 또는 보호를 보내는 것이 목적이다.

자신을 돌보는 것이 어렵다면, 사랑스러운 존재(예: 영적인 모습이나 신, 조상, 가족 구성원, 친구 또는 반려동물)를 마음에 떠올리고 그 존재의 사랑과 지혜가 나에게 흘러 들어오는 것을 상상해 볼 수 있다.

RAIN이 끝난 후(행동에서 존재로)

RAIN의 단계를 적극적으로 행한 후에는 자기 존재의 질을 알아차리고, 깨어 있고 따뜻한 의식 공간에 머무는 것이 중요하다.

RAIN의 결실은 더 이상 어떠한 제한된 자의식에 갇혀 있거나 그에 동일시하지 않는다는 것이다. 더 이상 삶을 개인적으로 받아들이지 않는 것이다. 대신, 당신은 깨어 있는 마음과 의식의 충만함을 구현할 자유가 있다.

의식은 우리의 초능력이다. 깨어 있는 의식을 온전하게 만나게 되면, 고통스러운 감정을 포함한 모든 경험들이 우리 존재의 본질적인 생동감, 빛, 그리고 따스함으로 변화한다. RAIN은 이러한 변화를 가져오는 치유의 수단이다.

독을 약으로 바꾸다

두려움, 분노, 수치심 같은 강한 감정이 올라올 때, 우리의 정신과 신체는 반사적으로 수축한다. 이 반응은 과거의 불쾌한 경험으로 형성된 것이다. 치유되지 않은 상처와 외상이 있는 경우, 실제 위협이 없더라도 현재 상황을 싸우거나-도망가거나-얼어붙는 방식으로 해석한다. 온전한 마음과 지성으로 살기보다는, 두려움이나 수치심이 우리의 주의를 제한하고 정의한다. 이것이 우리 그룹에서 내가 단절되던 과정이다.

　수축 습관이 우리에게 미치는 영향을 설명할 때 내가 유용하게 생각하는 비유는, 호스가 비틀려서 막히면 물의 흐름에 무슨 일이 일어나는가 하는 것이다. 물이 계속 흐르려고 할 때마다 압력이 쌓이면서 전체 시스템을 위협하게 된다. 마찬가지로, 강렬한 나쁜 감정의 흐름을 수축으로 막으면 압력이 쌓인다. 일어나는 상황을 무시하려고 하거나 혹은 감정을 판단하거나 행동으로 표현해서 감정에 먹이를 주면, 압력은 더 강해져서 몸, 마음, 정신 전체에 고통과 불안을 일으킨다.

　막힌 곳에 RAIN의 보살핌과 마음챙김으로 주의를 줄 때, 수축이 풀린다. 비유적으로 말하면 호스가 풀리고 막혀서 독이 되었던 에너지들이 다시 자유롭게 흐를 수 있게 되면서, 더 큰 존재와 다시 연결되고 우리의 현존, 평정심, 개방성은 증진된다. 티베트 불교에서 말하는 대로, 독이 약으로 변한다. 고통을 일으켰던 꽉 막힌 에너지가 치유와 깨달음을 주는 바로 그 약으로 변하게 된다.

우리의 감정, 심지어 두려움과 분노와 같은 고통스러운 감정도, 그 본질이 생명을 사랑하는 생명(life loving life)임을 알게 되면, 영적인 치료제로 변할 수 있는 잠재력이 있다. 인도 신비주의자 스리 니사르가닷따(Sri Nisargadatta)의 가르침에 따르면, "생명은 사랑이고, 사랑이 생명이다. 수단과 형태는 잘못될 수 있지만, 항상 그 배후에는 있는 동기는 사랑이다." 생각해보라. 두려움은 생명이 생명을 보호하려는 시도이다. 분노는 취약성을 보호하고 위협에 대항하려는 삶의 시도이다. 수치심은 거부에 대항하려는 것이고, 죄책감은 우리를 개선해서 우리를 최고의 모습으로 만들려는 것이다. 잘못 해석하고 반응한다고 해서 감정의 근본적인 의도가 바뀌지 않는다. 감정의 근본적인 의도는 단순하게 삶이 자신을 계속 유지하고, 살아남고 번영하려는 노력이다. 이러한 강한 감정에 대해 수축하는 반응 대신에 마음챙김과 자비로 대할 때, 그들이 전하는 메시지를 제대로 듣고 응답할 수 있다. 우리는 호스의 비틀림을 풀고, 생명을 사랑하는 생명의 에너지가 투명하고 순수한 물처럼 우리 존재에 흐르게 할 수 있다.

인종차별을 탐험하는 그룹에서 처음 몇 달 동안, 내게 수치심은 독이었다. 나는 수축된 상태에 휩싸여 있었고, 비틀린 호스처럼 내 에너지와 보살핌의 흐름이 막혀 있었다. RAIN의 인도를 받아 수치심과의 관계가 바뀌면서 비틀린 감정이 풀리기 시작했다. 그 에너지가 약이 되어 분리의 고통을 비추며 나를 소속감의 진리로 안내했다.

감정이 나를 도우려 노력하고 있다는 사실을 더 빨리 기억할수록, 에너지가 풀려 치유와 깨달음에 기여할 수 있는 방식으로 참여할 수 있다. 특히 두려움에 사로잡혔을 때, "이것은 생명을 사랑하는 생명이다. 두려움은 사람들의 삶에 속해 있고 삶의 일부다."라고 자신에게 말한다면, 그 후에는 더 많은 개방성, 명확성, 그리고 보살핌으로 그 감정을 감싸 안을 수 있을 것이다.

비슷한 방식으로 RAIN의 마지막 단계인 돌봄 단계에서 고통스러운 감정에게 "나를 보호하려고 노력해줘서 고마워."라고 속삭이거나 혹은 친절하고 배려심 있는 어떤 제스처를 취하는 것이 치유에 도움이 될 수 있다. 이해와 자비를 보냄으로써 남아 있는 긴장이나 비틀림을 느슨하게 하고 녹일 수 있다. 독으로 수축된 자리에 생동감이 흐르고, 다정하고 열린 현존이 흐른다. 변화된 독은 이제 깨어 있는 마음을 위한 약이 된다.

더 큰 소속감의 치유

그날 저녁 RAIN을 통해 마음을 정화한 후, 나는 더 열리고 깨어 있는 마음으로 그룹에 복귀할 수 있었다. 이후 몇 달 동안 때로는 죄책감과 방어적인 감정이 여전히 일어났지만, 나는 이러한 습관적인 감정을 개인적 고통이 아니라, 백인의 집단 심리에 의한 조건화된 반응의 일부로 인식할 수 있었다. 이것은 고통스러운 감정을 더 빨리 의식할 수 있게 도와주었고, 그 감정이 독으로 느껴질 때 완전하고 친절한 주의를 제공할 수 있었다. 이 감정에 마음챙김을 하면, 분리되지 않고 오히려 약이 되어 깨어 있음, 민감함, 부드러움을 느끼게 해줬고, 이는 우리의 공동체의 소속감을 강화했다.

모임 중 나는 '독이 약이 되는' 이 능력을 감동적인 방식으로 사용하게 된 날이 있었다. 몇몇 유색인종인 멤버들은 백인이 많은 우리 명상 공동체의 수업에서 여전히 환영받는다고 느끼지 못한다는 이야기를 나누고 있었다. 여기에는 분명히 나의 대규모 주간 수업도 포함되어 있었다. 그 얘기를 들으면서 나는 내 안 깊은 곳에서 고통스러운 불편감이 자라는 것을 느낄 수 있었다. 이전이라면 이 느낌이 완전히 방어기제, 죄책감, 수치심으로 변했을 것이지만, 이번에는 불편감을 친절로 보듬었고 그것이 슬픔과 깊은 후회로 변하는 것을 지켜봤다. 이제는 여기서 말하는 것과 내가 들었던 많은 비슷한 이야기들에 주의를 기울이며, 내가 백인집단에서 유일한 유색인종이라면 어떤 느낌일지 상상하기 시작했다. 사람들이 내 옆자리를 피하거나, 나를 보지 않거나, 함께 하는 시간에 나와 말을 하지 않는다면 어떨까, 더 안 좋게 상상한다면, 참석하기를 잘했다고 하며 지나친 보여주기식 친절함으로 나를 '다르게' 취급한다면 어떨까 상상해봤다. 소속되지 못한다고 느끼는 것이 얼마나 고통스러울지 쉽게 느낄 수 있었다. 나도 거리를 두고 싶어질 것이고, 대신에 더 안전하고 배려심 넘치는 공동체에서 수행하고 싶을 것 같다.

내 수업에서의 불편했던 경험을 수업 중에 발표했던 한 여성이 내 옆에 앉아 있었다. 모임 초기에는 그녀가 나를 불신한다고 생각했다. 그녀가 나와 관련된 고통스러운 것을 표현했지만, 이제는 나를 공격하거나 비난한 것은 아니라는 것을 안다. 나는 배워가면서 책임을 지려는 생각은 했지만, 나쁜 인간성으로 향하는 악순환에 빠져서 나 자신을 그녀, 그룹 및 나 자신과 분리하지는 않았다. 그녀나 다른 사람들이 말하고 있는 고통이란, 우리 사회 모두에게 내재된 인종차별적인 조건화에서 온다는 것을 알았다. 휴식을 위해 일어설 때, 그녀와 나는 서로를 마주 봤다. 우리는 긴 포옹을 했고 그녀는 내 귓가에 조용히 속삭이듯 말했다. "타라, 우리가 이 안에 함께 한다는 것을 알아요." 우리는 같이 눈물을 흘리고 있었고, 따뜻하게 연결된 느낌을 소중히 했다.

우리가 우리의 정형화된 패턴을 명확히 보고 더 큰 소속감을 깨닫기 위해서는 혼자서는 역부족이다. 인종차별의 조건화는 대개 무의식적이어서 타인의 거울 없이는 볼 수 없다. 나는 인종차별에 함께 맞서는 이 그룹에 참여하면서, 백인을 대상으로 인종차별의 조건화를 인식하고 없애기 위한 1년간의 훈련도 받았다. 이후에도 인종 관련 교육에 계속 참여하고, 여럿이 함께 연대해서, 인종차별의 조건화가 개인적인 관계와 우리가 몸담은 단체에 어떤 영향을 미치는지 주의를 기울였다. 그러면서 내게 강한 감정이 일어날 때 내면적으로는 RAIN을 통해 많은 도움을 받았고, 다른 이들과 함께하면서 나의 패턴을 발견하고 이러한 감정이 개인적인 게 아니라 우리는 정말로 함께 이것을 겪고 있다는 것을 깨닫게 되었다.

우리의 소속감을 발견하고 신뢰하는 것은 웰빙, 영적 깨달음, 그리고 사회적 치유의 기본이다. 인류의 초기 사회에서 추방은 최악의 형벌로 여겨졌다. 어떤 경우든 소속되지 못한다는 경험은 매우 고통스럽다. 정치적 견해가 달라서 가족 구성원들과 멀어질 수도 있다. 또는 교육 수준이 낮은 사람, 특정 인종이나 종교에 속한 사람, 다른 종에 속한 대상과 자신을 분리할 수도 있다. 우리는 자신이 나쁘고 소속감이 없다고 믿으며 우리 존재로부터 스스로 자신을 추방하기도 한다. 분리 경험은 마음에 갑옷을 입혀서 자신을 방어하거나 혹은 남을 공격하게 할 수 있다. 그 영향을 의식하지 못할 수도 있지만, 분리된 느낌은 자신을 감금하고 우리 존재의 진실, 사랑, 창조성, 현존의 충만함을 깨닫지 못하게 한다. 그리고 이것은 세상에서 폭력을 영속시키는 "다름"을 만들어낸다.

우리의 소속감을 깨닫기 위한 길은 기꺼이 불편함을 느끼려는 의지가 있어야 한다. RAIN의 단계를 진행하다 보면 독에 직접 접촉할 수 있다. 분리된 느낌의 결과이자 원인이기도 한 수치심, 분노, 경멸, 두려움과 같은 꼬인 감정들이 그것이다. 나는 분리의 감옥으로부터 깨어나기 위해 그 고통을 직접 느껴야 했다. 그 고통 속 깊은 곳에서, 삶의 모든 것에 대한 소속감을 갈망해야 했다. 나는 편하게 물러나서 자신을 보호하는 것보다 소속감, 의식, 자유를 더 중요하게 여겨야 했으며, 불편함을 향해 의도적으로 나아가는 것은 충분히 가치가 있는 일이었다. 우리의 다인종 모임에서, 그리고 여러 가지 방식으로 분리와 독이 되는 위계를 가진 다른 모임들에서, 나 자신의 불편함에 마음을 열어야만 다른 이들과 진실한 연결을 맺고 친밀감을 회복할 수 있다는 것을 발견했다.

RAIN으로 중요한 경험을 한 이후로는 교육 행사 프로그램에서든 개인적인 관계에서든, 인종차별의 고통이 누군가를 괴롭히거나 고립시키거나 몰아내고 있다고 인지하면, 나는 곧바로 멈춰서 내 안에서 무슨 일이 일어나고 있는지 더 깊이 주의를 기울인다. 심지어 RAIN의 단계를 간단히 거치는 것만으로도 내가 피하려는 어떤 감정과 연결되어서 나의 조건화를 더 명료하게 보고, 더 많은 참여와 관심으로 응답하게 된다. 우리를 분리하는 것이 무엇이든 RAIN을 통해 주의를 기울이면, 관심이 깨어날 뿐만 아니라 자신과 사회의 치유에 기여할 수 있는 방식으로 다른 이들과 능동적으로 연결을 맺게 된다.

분리의 고통은 생명이 생명을 사랑한다는 표현이며, 우리를 온전하게 살아 있게 하고 존재의 전체성과 연결시킨다. 감정을 느끼는 것이 아무리 어려워도, 그것이 소속감의 진실을 깨닫게 하는 초대장임을 믿어라. 그리고 이 소속감을 더 깊은 수준에서 알게 될수록 당신은 세상에 더 많은 사랑으로 기여하게 될 것이다.

감정이 압도적으로 느껴질 때

정서적이고 영적인 치유의 길에서 안전과 연결의 정도는 강렬한 감정의 속박에서 벗어나기 위해 필수적이다. 명상 중 압도적인 감정적 고통이 발생할 때 RAIN을 시작하는 대신 따뜻함, 열림, 소속감의 느낌을 주는 자비수행(11장 참조) 같이 마음을 진정시켜주는 훈련을 먼저 하는 것이 현명할 수 있다. RAIN은 감정을 심화시킬 수 있다. 심리학자 루이스 코조리노(Louis Cozolino)가 말하듯이 "우리는 적자생존이 아니라 돌봄을 받는 자가 살아남는 것이다." 내면의 자원과 힘의 감각을 구축하는 시간을 가진 다음, RAIN을 시작할 때는 부드럽고 천천히 진행한다. 감정이 견딜 수 없게 커지거나 외상이 다시 유발되면 마음을 진정시키고 편안하게 하는 훈련으로 돌아간다.

만약 외상 경험이 있거나 특히 어려운 시기를 겪고 있다면, 외상을 잘 다루는 명상 교사나 치료사의 안내와 동행하면서 RAIN을 탐험해볼 수 있다. 신뢰할 수 있는 사람과 함께 훈련하면 강렬한 감정을 변화시키는 데 유익하고 안전한 성장 환경을 조성할 수 있다. 그 감정에 휘둘리거나 압도될 염려 없이, 친절한 존재의 영역 안에서 탐구할 수 있다.

다른 사람이 우리의 고통을 함께 수용해줄 때, 사랑 자체가 깊은 치유의 공간을 만들어낸다. 나의 친구이자 동료 강사인 프랭크 오스테세스키(Frank Ostesesky)는 죽음을 앞둔 환자의 침대 옆에 앉아 종종 매우 어려운 이행 과정을 안내하고 위로한다. 그는 호스피스에 있던 한 남자에 대해 적었다. 이 남자는 심한 신체적인 고통과 맞서 싸우고 있었다. 프랭크에게는 그 고통이 마음챙김만으로 다루기엔 너무 크다고 느껴졌고, 허락을 구한 뒤 프랭크는 손을 부드럽게 남자의 배 위에 올려놓았다. 그러나 고통은 여전히 너무 강해서 결국 그는 배에서 손을 조금 뗀 상태에서 손을 움직였다. 그게 그 남자에게 조금 더 좋은 것 같았다. 프랭크가 손을 아주 약간 더 올리자, 남자는 "오, 그거 좋군요."라고 말했다. 프랭크는 그가 잠시 거기서 쉬게 했고, 편안한 사랑의 존재 안에서, 남자는 "사랑 안에 쉴 뿐, 사랑 안에 쉴 뿐"이라고 대답했다. 그것이 그의 최후의 만트라(mantra, 진언 혹은 신성한 주문)가 되었고, 고통을 감싸줄 수 있는 돌봄의 장을 여는 방법이 되었다. 이 남자의 아내가 다음 날 도착하여 그의 죽음을 걱정하자, 그는 그녀를 쳐다보며 간단히 "사랑 안에 쉬어."라고 말했다.

우리는 모두 자기 자신으로부터든지 타인으로부터든지 부드러움과 배려의 돌봄을 받으면, 강한 감정에 빠졌다가도 자유로워질 수 있고 무한한 사랑의 공간과 다시 연결될 수 있다. 내가 수치심이라는 고통스러운 감정에 RAIN을 가져왔을 때 "당신의 마음을 믿고, 당신의 소속감을 믿어라."라는 온화한 메시지가 나를 부드럽게 해췄고, 나를 감싸고 있는 마음의 공간을 기억하게 해주었다. RAIN의 전 과정에 돌봄을 불러들일 수 있다. 시작하기 전에 자기-돌봄의 감각을 불러일으키고, 각 단계 내내 친절을 기억하고, 그런 다음 과정 전반을 통해 일어난 사랑 안에 안식을 취하라.

코조리노가 말하듯이 우리는 돌봄 받은 자의 유물이며, 돌봄의 영향력은 우리를 번영할 수 있게 한다. 돌봄은 우리에게 살아 있는 세계에 대한 신뢰를 열어준다. 우리를 분리하는 신념을 넘어서서 모든 삶과 공유되는 소속감의 진리를 드러내 준다. 스리 니사르가닷따의 말대로 "마음이 깊은 구렁을 만들어내고, 그것을 건너는 것도 마음이다."

RAIN으로 관계 치유하기

가장 깊은 분리의 고통은 일상에서 가장 중요한 사람과의 관계에서 발생한다. 이 고통을 치유하기 위해 우리는 스스로 피해왔던 우리 내면의 매우 불쾌한 감정, 즉 '독'을 기꺼이 받아들여야 한다. 그 과정에서 RAIN은 독을 삶에서 친밀감을 기르는 약으로 바꿀 수 있도록 도와준다.

미혼모인 로사는 16세 아들 니콜라스와 힘든 상황에 처해 있었다. 그녀는 과테말라에 있는 다른 가족들에게 돈을 보내야 하는 재정적 압박이 있기도 했고, 설상가상 팬데믹 중에 일하는 시간이 줄어들면서 두 번째 일을 찾아야 하는 처지였다. 자주 집에 홀로 남겨진 니콜라스는 소셜 미디어에서 많은 시간을 보내고 온라인 롤플레잉 게임에 몰두하기 시작했으며, 종종 전자 담배나 대마초를 피우고 있는 것을 로사가 알게 되었다. 나와 대화할 때, 로사는 분노했고, 자책과 비난으로 가득 차 있었다. 니콜라스는 약물, 공부, 가사 일에 관한 규칙을 자주 어겼다. 게다가 그는 자기 안에 침잠해서 모든 대화 시도를 다 막아버렸다. 그녀는 아들이 우울증일 수 있겠다는 걱정이 들기도 했다. 분명히 로사와 니콜라스는 분리의 고통에 갇혀 있었다.

관계에는 어느 정도의 갈등이 불가피하게 있기 마련이고, 대부분 실제로는 개인 간의 갈등이라기보다 서로 대립하는 욕구 간의 갈등이다. 로사가 RAIN으로 자신의 충족되지 않은 욕구를 인식하고 그것들을 자비로 끌어안을 수 있다면, 니콜라스의 행동 너머를 볼 수 있는 관점과 공감을 갖게 될 것으로 보였다. 또한 로사가 비난 없이 둘의 욕구를 가장 잘 충족시키는 방법을 이해하는 데도 도움이 될 것이다.

로사에게 RAIN의 단계를 설명하고 같이 해보겠냐고 물었을 때, 그녀는 기꺼이 동의했다. 그래서 우선 그녀가 최근에 니콜라스와 감정적으로 부딪혔을 때를 떠올리도록 했다. 로사는 며칠 전, 니콜라스가 야식을 먹으러 부엌에 들어오는데 그의 옷에서 강한 대마초 냄새가 났다고 말했다.

나는 로사에게 눈을 감고 몸을 느껴보라고 했다. 어떤 감정이 올라오든 알아차리고 명명해보도록 했다. 분노, 좌절. 감정을 판단 없이 허용하도록 했을 때 그녀가 길게 깊은 호흡을 하는 것을 볼 수 있었다. 우리가 분노와 좌절의 감정을 탐구하기 시작했을 때, 모든 것의 기저에 두려움이 있다는 것이 분명해졌다. "이대로 계속 살면 좋은 삶을 살지 못할 것 같아요." 로사는 잠시 침묵 속에 앉아 있었고, 그 후에는 깊은 수치심이 일어났다. "내 잘못이에요." 그녀가 가만히 말했다. "나는 좋은 부모가 아니에요. 그러니 아들이 내 주위에 있고 싶어 하지 않는 것도 이상할 게 없어요. 나는 스트레스를 받고 정신이 팔린 상태였을 때가 많고, 또 어떤 일로 그에게 화를 내기도 해요." 그녀는 복부에 꽉 막힌 느낌과 가슴에 통증 부위가 있다고 말했다. 그녀는 울면서, 그 "울음의 장소"가 자주 떠오르고, 그곳에 있을 때면 "마치 모든 시험에 실패하고 '제대로 하기'가 불가능한 것처럼" 자신이 매우 어리고 무력하게 느껴진다고 했다. 그리고 지금 가장 큰 실패는 그녀가 아들과 자신 사이에 벽을 만들어 놓은 것이라고 했다.

그녀에게 그 울음의 장소가 가장 필요로 하는 것이 무엇인지 물었을 때, 그녀는 즉시 "나도 괜찮고, 그도 괜찮고, 우리가 서로 사랑한다고 믿는 것"이라고 대답했다. 로사에게 손을 가슴에 얹고 자신에게 사랑의 메시지를 전할 수 있는지 묻자 그녀는 고개를 저었다. "내가 느끼는 건 모두 비난뿐이에요. 여기엔 아무런 돌봄이 없어요." 나는 그녀가 신뢰했던 누군가, 그녀를 사랑했던 누군가를 떠올려보라고 했다. 잠시 침묵후, 처음으로 그녀가 떠올린 사람은 어릴 적 돌아가신 엄마였다. 그다음으로 가족의 실질적 가장이었던, 강하고 자애롭고 지혜로운 할머니를 떠올렸다.

"엄마와 할머니에게 지금 여기에 함께 해달라고 요청할 수 있습니다. 그들이 당신에게 어떤 메시지를 가졌는지 보세요." 로사는 매우 차분해졌고, 얼굴이 부드러워지더니 눈에 다시 눈물이 찼다. "그들이 여기에 있어요." 그녀가 속삭였다. "할머니가 말하고 있어요. '내 사랑, 너는 아름답고 자애로운 마음을 가졌어…. 기억하렴, 너는 언제나 우리의 사랑 안에 있단다.'"

잠시 침묵이 흐르고 눈을 뜬 로사는 무슨 일이 있었는지 내게 말했다. 그녀는 어머니, 할머니, 그리고 모든 선조들이 그녀를 둘러싸고 있었고, 그들의 보살핌의 힘과 사랑이 그녀를 통과해 흐르는 것을 느꼈다고 했다. 자신이 그들의 자애로운 영혼과 함께하는 것을 느꼈고, 그 따뜻하고 부드러운 장소 안에는 그녀의 모든 인간적인 불완전함을 위한 공간이 있었다.

그날 세션을 마무리하기 전에 나는 그녀에게 계속해서 RAIN을 훈련하면서 조상들의 현존이 그녀의 가슴을 열고 새로운 힘을 채우도록 허용하라고 했고, 니콜라스와의 관계에 어떤 변화가 일어나는지도 주목해보라고 제안했다. 로사는 나에게 따뜻한 미소를 지으며 변화가 있다면 알려주겠다고 말했다.

며칠 후, 나는 그녀에게서 메시지를 받았다. 지금은 니콜라스를 더 명확하게 이해하고 있으며, 아들이 약물에 의지하고 많은 시간을 온라인에서 보내는 것이 자신의 상처 부위, 즉 "제대로 잘하지 못한다는" 느낌을 피하는 방법이었다는 것을 깨달았다는 내용이었다. 이 통찰을 통해 로사는 깊은 자비심이 올라오는 것을 느꼈으며 그녀의 할머니가 그녀에게 한 것처럼 니콜라스 자신이 얼마나 좋은 사람이고 그녀가 얼마나 그를 사랑하는지를 알려주기 위해 매일 어떤 식으로든 노력하기로 결심했다고 전했다.

RAIN이 로사로 하여금 자기 자신을 친절하게 대하도록 도왔고,

이제는 그것을 니콜라스에게 확장할 수 있었다. 마음챙김과 자기 자비가 우리 뇌의 편도체(amygdala)를 진정시킨다는 것을 보여주는 많은 연구가 있다. 편도체는 항상 잘못된 것이나 잘못될 수 있는 것을 주시하는 뇌의 부위다. 편도체가 과하게 작동하면 전체 뇌의 통합 기능을 방해한다. 반대로 이 "생존 시스템"이 이완되면, 우리는 자연스럽게 자비, 마음챙김, 그리고 실행 기능의 명료성을 회복할 수 있다. 이를 통해 우리는 다른 사람의 파장에 동조되어서 그들의 의도, 취약성, 충족되지 못한 욕구를 더 잘 알아차릴 수 있게 된다. 그럼으로써 자연스럽게 배려와 도움의 욕구로 응답하게 되는 것이다.

RAIN은 로사의 분노와 두려움을 치료제로 바꿔주었다. 이제 그녀는 니콜라스를 위축시키고 반항하게 만들던 날이 선 판단 대신에 배려심으로 그와의 경계를 설정할 수 있게 됐다. 그녀는 더 이상 벽을 요새화하지 않았고 좀 더 돌보는 방식으로 아들과 소통하기 시작했다. 그녀는 아들이 좋아하는 프로인 코미디 스케치를 함께 즐길 수 있는지 묻고, 아들이 좋아하는 비건 초콜릿 무스를 만들어 서프라이즈를 해주기도 하고, 아들이 운전을 연습하는 동안 시간을 내서 옆자리에 앉아 있기도 했다.

로사와 마지막으로 이야기 나누던 날, 그녀는 니콜라스가 자신을 피하지 않고 서서히 어떤 문제로 고군분투하고 있는지 말하기 시작했다고 전했다. 어느 날 저녁 일이 늦게 끝나서 집에 돌아왔을 때, 니콜라스가 숙제도 하지 않고 게임을 하는 것을 발견했고, 그는 엄마가 화가 났다는 것을 알았다. 그는 부엌으로 와서 말했다. "음, 엄마가 나를 걱정하는 거 알아, 그리고 엄마도 나를 알아줬으면 좋겠어… 팬데믹 때문에…, 너무 외로웠어. 게임을 하면 이 모든 것을 잠시 잊게 돼. 모든 것이 사라지는 잠깐의 시간인 거지. 나 괜찮을 거야. 그냥 엄마에게 알려주고 싶었어." 그러더니 갑자기 그녀의 품으로 쑥 들어와서 안겼다. 그가 아이였을 때처럼. 이제는 로사보다 머리 하나는 더 커진 아들이었지만, 그녀는 자신 안에 있는 엄마의 마음이 그를 얼마나 충만하게 감싸 안았는지 느낄 수 있었다. 나는 이제 알았다. 그녀와 그녀의 아들은 괜찮을 것이다. 로사는 벽을 허물었고, 니콜라스는 걸어 들어왔다.

로사 혼자의 RAIN 실천이 그녀와 니콜라스 양쪽의 웰빙에 도움이 되었지만, 만약 관련된 각자가 RAIN을 실천한다면 관계에 더 많은 도움이 될 수 있다. 만약 친밀한 관계에서 서로가 RAIN 실천에 관심이 있다면, 갈등이 발생했을 때 RAIN에 시간을 내기로 미리 합의할 수 있다. 나의 파트너 조나단과 나는 서로 반사적이고 긴장이 쌓일 때, 우리 중 한 명이 잠깐 멈춤을 제안한다. 우리는 각자 시간을 내서 지금 일어난 어려운 감정에 RAIN의 마음챙김과 자기 자비를 적용한다. 그렇게 우리 자신과 더 많은 소통을 한 후에, 우리는 이해와 연결로 돌아가는 길을 더 잘 찾을 수 있게 된다.

그러나 관계의 당사자 모두가 RAIN을 실천하는 것이 불가능한 경우도 많다. 처리되지 않은 트라우마가 있거나 현재 순간에 주의를 보내는 경험이 충분하지 않을 경우, 일부 사람에게는 깊은 고통을 드러내는 것이 어렵거나 권장되지 않을 수도 있다. 로사와 니콜라스의 경우에서 봤던 것처럼 여러분이 누군가와 이런 관계에 있다면, 지혜로운 가슴으로 감정적 고통을 마주할 수 있는 자신의 능력이 앞으로 펼쳐질 모든 일에 긍정적인 영향을 줄 수 있고, 서로의 마음을 더 가깝게 만들 수 있음을 믿어야 한다.

간략형 RAIN의 힘

나의 저서 『끌어안음(Radical Compassion)』에 처음 소개했듯이, RAIN을 통해 진정한 자유로움을 경험한 후부터 이 수행법은 내 가르침의 중심에 놓여 있다. 나의 엄마가 82세일 때, 조나단과 나는 엄마에게 버지니아로 이사해서 우리와 함께 살자고 했다. 조나단과 나는 엄마와 함께 살게 된 것을 크게 환영했지만, 나는 저술과 교육의 일을 하면서 엄마를 챙겨드리는 일까지 하니 빠듯한 느낌이었다. 어느 날 내가 사무실에서 일하고 있을 때 엄마는 내가 흥미 있어 할 거라고 생각한 기사를 보여주러 들어왔다. 나는 컴퓨터 화면에 시선이 고정된 채 거의 눈을 들지 않았다. 역설적으로 그때 나는 자비에 관한 강연 원고를 쓰고 있었다. 엄마는 조용히 내 책상 위에 기사를 놓고 돌아서서 방을 나갔다. 엄마가 물러가는 모습을 힐끗 봤을 때, 나는 슬픔과 후회의 감정이 밀려옴을 느꼈다. 내 마음속에서 "엄마와 얼마나 더 오래 함께 할 수 있을지 모르잖아."라는 속말이 들려왔다. 이어서 익숙하고 오래된 나쁜 느낌과 실패감이 곧바로 뒤따랐다.

　당시 곧바로 전체 수행을 할 만한 시간이 없었기 때문에 나는 "간략형 RAIN"을 시도해 보았다. 몇 분 동안 잠시 멈추고 각 단계를 간략하게 진행하는 것이었다. 나는 내 안에서 돌고 있는 불안과 죄책감을 알아차리는 것으로 시작해서, 의식적으로 그 감정들이 그대로 있도록 허용했다. 탐구로 주의를 돌려, "이 상황에 대해 내가 믿고 있는 것은 무엇인가?"라고 물었다. 곧바로 명백해졌다. 나는 가장 중요하게 여기는 모든 면에서 부족하게 느껴졌다. 엄마를 실망시키고, 오늘 저녁 명상 모임을 위한 원고를 마치지 못했고, 저술 계획이 미뤄져 있었다. 몸속으로 느껴보니, 신체적인 긴장과 가슴에서 아픈 통증을 느낄 수 있었다. 자신에게 물었다. "내 안의 연약한 부분이 무엇을 필요로 하는가?" 내면에 귀를 기울이자, 답은 간단했다. 나는 나의 불완전함을 받아들이고 어머니와 일을 향한 나의 사랑을 믿어야 했다. 가볍게 가슴에 손을 올려서 나에게 친절과 돌봄의 메시지를 전하며 내 근본의 선함을 기억하도록 도와주었다.

편안하고 열린 느낌, 넓은 공간의 느낌, 더 깊어진 현존과 나를 관통해 움직이는 것에 대한 자비심이 뒤따랐다. 전체 실천은 2분도 안 걸렸다. 하지만 결함 있는 나 자신과 동일시되는 느낌이 확실히 줄어들고, 더 자유로웠으며, 컴퓨터 작업으로 돌아왔을 때 새로운 영감으로 글을 쓸 수 있었다.

이후 몇 주 동안, 엄마와 업무에 대한 죄책감과 불안을 의식할 때마다 나는 간략형 RAIN을 실천했다. 자주 잠시 멈춰 현존으로 돌아옴으로써, 나는 내 마음에서 가장 중요한 것을 기억하고 있었고, 일상에서 무엇을 하고 있든지 마음을 더 편안하게 느끼며 다시 할 수 있었다. 가장 만족스러운 것은 엄마와 함께하는 방식에서의 진정한 변화였다. 함께 있을 때 나는 온전히 엄마와 함께했다. 약속 장소로 가는 길에 우리 둘은 차 안에서 웃으며 수다를 떨고, 저녁 식사를 위해 큰 샐러드를 같이 만들고, 강가를 따라 팔짱을 끼고 걸을 때도 우리가 함께 즐긴다는 것을 느낄 수 있었다.

간략형 RAIN의 장점은 일상생활에서 쉽게 활용할 수 있다는 것이다. 프로세스를 반복하면 불안한 강박, 방어적인 태도, 원망 또는 자기-판단 같은 뿌리 깊은 습관을 바꿀 수 있다. 한정된 신념과 중독적이거나 습관적인 행동에 주의를 줄 때마다 이를 마음챙김과 친절한 현존으로 중단시킨다면, 인생에서 새로운 선택과 가능성을 위한 기반이 만들어질 것이다.

반복은 우리 뇌의 신경회로에 깊은 자국을 남긴다. 오랫동안 새로운 눈이 내리지 않은 트랙으로 스키를 타고 내려간다고 상상해보자. 당신은 오래되고, 딱딱하고, 닳고, 울퉁불퉁한 스키 트랙을 마주하게 될 것이다. 결국 당신은 이미 반복적으로 패인 자국을 따라 산 아래로 내려가게 될 것이다. 그리고 그 하강은 다시 그 자국을 더 깊게 만들 뿐이다.

꽉 막힌 마음의 장소로 RAIN을 들이는 것은 마치 새로운 눈이 내려 오래된 트랙을 채우는 것과 같아서, 우리는 자유롭게 새로운 트랙을 만들 수 있게 된다. 이제 우리는 삶에서 새로운 길을 선택할 수 있다. 그 길은 우리의 행복과 타인의 행복 모두에 가장 잘 부합하는 길이다. 현존, 호기심, 경이, 감사 및 배려로 형성된 습관이 우리를 안내하는 새로운 트랙이 된다. 훈련하면 더 강해진다. 간략형 RAIN을 반복함으로써 우리는 깨어난 마음을 표현하는 습관을 강화하게 된다.

COVID 팬데믹의 처음 두 해 동안, 수많은 사람이 "RAIN이 나의 삶을 구했다."라고 e-메일을 보내왔다. 심각한 스트레스 상황 속에서도, 자기를 판단하거나 타인을 원망하거나, 불안한 마음의 죄수가 되는 오랜 습관을 반복하는 것에서 벗어남으로써, 그들은 자기 자신과 세상에

대해 사랑을 일깨우는 새로운 트랙을 만들고 있었다. 이것은 우리를 고
향으로 안내하는 트랙이다.

엄마는 우리와 4년쯤 함께 계시다가 돌아가셨다. 나는 여전히 엄
마가 몹시 그립다. 이 글을 쓰는 동안에도 슬픔과 사랑이 솟구친다. 그
러나 나는 아무런 후회가 없는 진정한 은혜를 받았다. RAIN이 엄마와
함께한 나의 삶을 구해줬다.

RAIN은 삶에 은혜를 준다

RAIN은 우리 마음의 지혜를 깨우고 보살핀다. 진짜 비를 생각해보
라. 비가 어떻게 생명을 강화하고 지속시키는가. 하늘에서 내리는 물은
이 지구가 번성하는 데 꼭 필요한 것이다. 비는 빛나는 푸른 채소, 피어
나는 꽃, 목마른 생물들을 먹이고 더욱 풍요롭게 만든다. 비는 우리가
살아가는 세계에 돌봄과 치유와 생기를 불어넣는다. 존 업다이크(John
Updike)의 말처럼 "비는 은혜이다. 비는 하늘이 땅으로 내려오는 것이다.
비가 없으면 생명도 없다."

"하늘이 땅으로 내려오듯이", RAIN의 마음챙김과 자비는 우리 삶
의 모든 차원에 은혜를 가져다준다. 분리된 개인의 습관적 스토리에서
벗어나서 주의가 현존에 다시 연결되면, 우리의 가슴이 열리면서 지금
우리 앞에 있는 삶을 보듬게 된다. 그렇게 되면 우리는 자연스럽게 아름
다움에 대한 경이로움과 고통에 대한 자비심을 느끼게 되고, 일과 창의
성에 전적으로 몰입하게 되며, 진심으로 세계를 섬기고 음미할 수 있게

된다.

RAIN은 우리가 분리의 심연을 건너 서로의 통일성과 소속감에 이르도록 안내해준다. 우리가 두려움 없는 마음의 은혜에 문을 열고, 망설임 없이 자유롭게 사랑하게 한다. 다음 장에서 살펴보겠지만, 우리는 "세계처럼 넓은 마음"으로 살도록 축복을 받고 우리의 배려는 이 세상 모든 존재를 포함한다.

RAIN 훈련

조용히 앉아 눈을 감고 몇 번 심호흡한다. 현재 꽉 막힌 것처럼 느껴지는 상황을 떠올려 보자. 분노나 두려움, 수치심이나 무력감처럼 힘든 반응을 일으키는 것들일 것이다. 가족과의 갈등, 만성질병, 직장에서의 실패, 중독의 고통, 후회되는 대화 등이 될 수 있다. 잠시 경험에 들어가 본다. 그 장면이나 상황을 시각화하고, 말한 단어를 기억해보고, 가장 괴로운 순간을 느껴본다. 격앙된 스토리의 핵심에 접촉하는 것은 RAIN의 치유적인 현존으로 들어가기 위한 출발점이 된다.

R: 일어나고 있는 것을 알아차려라

이 상황을 돌아보면서 자신에게 질문하라. 지금 내 안에서 무슨 일이 일어나고 있나? 어떤 감각이 가장 잘 의식되는가? 감정은 어떠한가? 마음이 엉켜있는 생각으로 가득한가? 현재 가장 지배적인 감정이 무엇이든 그것의 이름을 마음속으로 가만히 불러보며 주의 깊게 관찰하는 시간을 가져보라.

A: 삶이 그대로 존재하도록 허용하라

당신의 마음에게 이 경험 전체를 "그대로 놔둘게."라고 말하라. 이 순간에 멈춰서 자신 안에서 일어나는 것이 무엇이든 그것을 받아들여 본다. 바다의 파도처럼 이 감정들도 연결된 것이다. "예", "동의", "이것도 괜찮아", "그냥 놔둬"와 같은 단어를 마음으로 속삭여 보는 실험을 해볼 수 있다.

거대한 내면의 "아니오", 다시 말해 저항하느라 고통스럽게 수축된 몸과 마음에 "예"라고 말해 본다. "지금 일어나는 일이 싫어, 이걸 느끼고 싶지 않아!"라고 말하는 당신의 한 부분에게 "예"라고 말해 본다. 어떤 반응이든 그냥 거기에 있게 허용하라. RAIN의 이 단계에서는 어떤 것도 판단하거나 밀어내거나 통제하지 않으면서 단순히 무엇이 사실인지 관심을 기울이면 된다.

I: 부드럽고 호기심 가득한 주의로 탐구하라

흥미를 갖고 부드럽게 주의를 기울여 자신의 경험을 탐구하라. 다음 질문이 지금 일어나고 있는 것과 더 친해지는 데 도움이 될 것이다. 자유롭게 이 질문들을 실험해보라. 어떤 질문이 여러분의 탐구를 깨우고 심화하는지 알아보라.

- 이 경험에서 가장 나쁜 부분이 무엇인가? 어떤 부분이 주의를 가장 많이 필요로 하는가?
- 내가 가장 어렵거나 고통스럽다고 믿고 있는 것은 무엇인가?

- 이것이 일으키는 감정은 무엇인가? 두려움, 분노, 슬픔?
- 감정이 내 몸 어디에서 가장 강렬한가? 목, 가슴 및 배를 가만히 느껴보는 것이 도움이 될 수 있다.
- 이 감정을 느낌으로 표현하는 데 어떤 단어가 떠오르나? 갑갑함, 쓰라림, 열받음?
- 얼굴과 몸의 자세로 감정을 의도적으로 표현할 때 무엇이 느껴지나?
- 내게 가장 취약한 상처 입은 부분과 소통할 수 있다면, 어떤 말, 감정, 이미지로 표현할 수 있을까?
- 이 부분은 내가 어떻게 해주기를 원하는가?
- 이 부분이 가장 필요로 하는 것은 무엇인가? 나에게 혹은 더 큰 사랑과 지혜의 원천에서 무엇을 원하는가?

'탐구하기(Investigate)' 단계는, 분석기술을 활성화해서 상황을 자세히 들여다보고 고통의 다양한 가능한 근원을 식별하는 것으로 자칫 오해될 수 있다. 이러한 분석이 다른 맥락에서는 가치 있을 수 있지만, RAIN을 통한 깊이 있는 변화에는 방해가 될 수 있다.

접촉하고 있는 가장 취약한 곳의 감각과 느낌에 접속하며 몸에 대한 주의를 유지하라. 그 취약성과 온전히 현존할 때, 이 부위가 치유를 시작하기 위해 진정으로 무엇을 필요로 하는지 경청하라.

N: 사랑의 현존으로 돌보라

당신에게 있어 가장 깨어 있고 지혜롭고 배려심 많은 마음을 불러내어 보라. 필요한 것이 느껴질 때 존재의 가장 자비로운 이 부분이 어떻게 반응하려고 하는가? 당신에게 자애로운 메시지를 보내거나 내면에 부드러운 포옹을 보낼 수 있다. 가슴에 손을 부드럽게 올려놓는 것도 좋다. 부드럽고 밝은 불빛이 어린 시절의 자신을 감싸고 있는 상상을 할 수도 있다. 자신의 내면과 친해지는 방법을 실험해보라. 말이든 손길이든, 이미지든 에너지든 무엇이든 상관없다.

만약 자신에게 사랑을 전하는 것이 어렵다면 더 큰 원천을 불러낼 수 있다. 친구, 치유자, 선조, 애완동물, 영적 인물의 자비로움과 지혜를 불러내어 보라. 그 존재의 사랑이 안으로 흘러들어와 통과하는 것을 상상하고 느껴보라. 이 순간 당신을 가장 잘 보살펴 준다고 느껴지는 것이 무엇인지 찾아보라. 당신의 가장 약한 부분이 사랑받고, 안전하다고 느끼게 하는 것이 무엇인가? 필요한 만큼 충분히 내면의 돌봄을 위한 시간을 할애하라.

RAIN 이후

이제 모든 "행함(doing)"을 마칠 시간이다. 여기에 있는 현존의 본질을 주목해 보자. 아마도 열림, 광대함, 따뜻함, 명료함이 느껴질 수 있다. 자신의 자연스러운 의식의 표현과 친해져라. 만약 새로운 또는 남아 있는 어려움을 느낀다면, 부드럽게 그것을 알아차리고 주의를 기울여 자기 현존의 본질로 돌아오면 된다. 준비되면 스스로 다음과 같이 질문하라.

- 이 순간 나의 존재, 나는 누구인가의 느낌은 어떠한가?
- 이것이 명상을 시작했을 때로부터 어떻게 변했는가?

활동으로 다시 돌아왔을 때, 현재 하는 것이 무엇이든 그것에 신선한 현존의 차원이 함께 하고 있는지 주목해 보라.

간략형 RAIN

감정적 고통이 느껴질 때마다 잠시 멈춰 간략형 RAIN을 실행할 수 있다. 몇 번의 심호흡을 하며 현존과 함께 스스로 질문해 보라.

- 지금 가장 지배적인 감정 혹은 느낌은 무엇인가? 알아차린 것을 마음속으로 가만히 불러본다.
- 잠시 멈추고, 지금 떠오르고 있는 모든 것을 의식적으로 허용하라.
- 스스로 질문하며 탐구하라: 믿고 있는 것은 무엇인가? 몸에 주의를 기울이고 가장 취약하게, 쓰라리게 혹은 불편하게 느껴지는 부위를 찾아보라. 그리고 그 느낌들을 허용하라. 그런 다음 질문하라. 지금 필요한 것은 무엇인가?
- 그 약한 부위를 친절한 몸짓으로 돌보라.
- 잠시 자신의 현존을 느끼면서 어떤 변화가 있었는지 살펴본다. 그런 다음 이 간략형 RAIN이 새롭게 만들어준 일상으로 돌아오면 된다.

10

세상을 자비로 감싸 안기:
"나의 삶이 모든 존재에게
이롭기를"

나는 원들을 넓히며 인생을 산다.
그 원은 세상 속에서 넓게넓게 퍼져나간다.
나는 마지막 원을 아마 완성하지 못할 것이다.
하지만 나는 그 일에 내 인생을 던졌다.

– 라이너 마리아 릴케(Rainer Maria Rilke)

● 　　　　　　여섯 살 생일에 나라얀에게 개미농장을 사줬다. 나라얀은 이 작은 생명체가 마법 같은 솜씨로 굴 네트워크를 만들어내는 데 매혹되어 몇 시간씩 들여다보며 시간을 보냈다. 아들 녀석은 몇몇 개미에게 이름도 지어주며 그들의 투쟁과 진보를 유심히 관찰했다. 몇 주 후에 아들은 개미 묘지를 가리키며 개미 몇 마리가 죽은 동료의 시체를 끌어다가 거기에 두는 것을 경이에 차서 바라보았다. 다음날 방과 후에 내가 데리러 갔을 때 나라얀은 몹시 괴로워 보였다. 운동장에서 아이들이 재미로 개미를 짓밟는 놀이를 했기 때문이었다. 아들은 자기가 그토록 경탄하는 친구들을 아이들이 해치는 것에 충격을 받았다.

나는 "네가 개미랑 그랬던 것처럼, 어떤 생명체와 실제로 시간을 함께 보내야 그 존재가 살아 있음을 알 수 있단다."라고 설명하면서 나라얀을 진정시켰다. 개미는 변화하고, 살아 있고, 배가 고프고, 사회적인 존재다. 우리와 마찬가지로 개미의 생명도 꺼지기 쉬우며, 개미들도 살기를 원한다. 나는 아들에게 "운동장의 아이들은 너와 달리 개미를 알 수 있는 기회를 갖지 못했을 거야."라고 말해주었다. 만약 그 애들이 그런 기회를 가졌다면, 그같이 개미를 해치고 싶어 하지 않았을 것이다.

우리와 함께 있는 사람, 앞마당의 나무 혹은 가지에 앉아 있는 다람쥐에게 온 마음으로 주의를 기울일 때마다, 이 살아 있는 에너지는 우리 존재의 친밀한 일부가 된다. 영적 스승인 크리슈나무르티(J. Krishnamurti)는 "주의를 기울인다는 것은 관심을 갖는다는 것, 실제로 사랑한다는 것을 의미한다."고 하였다. 주의는 사랑의 가장 기본적인 형태다. 주의를 기울이면 우리는 삶에 감동받고, 자연스럽게 마음이 더 열리고 더 연결된다.

언젠가 달라이 라마가 언급했듯이 "나는 사람들이 왜 나를 그토록 많이 좋아하는지 모른다. 그것은 내가 보리심(깨어있는 가슴/마음)을 소중하게 여기기 때문임이 틀림없다. 나는 [그것을] 수행하라고 요구할 수는 없지만 그것을 소중하게 생각한다." 우리는 깨어있는 가슴을 사랑한다. 그것이 활짝 핀 꽃처럼 우리 본성의 완전한 실현이기 때문이다. 사랑받고 사랑하고 있다는 느낌은 우리에게 무엇보다 중요하다. 우리는 서로 간에 그리고 우리 주변 세계와 연결되어 있다고 느낄 때, 마음이 열려 있고 관대하고 사랑으로 채워져 있을 때 우리가 누구인지를 가장 잘 느낀다. 마음이 딱딱하거나 무감각하다고 느낄 때조차 우리는 여전히 보살핌에 관심을 갖는다.

마하트마 간디는 자기가 밟아온 영적인 길을 이렇게 기술했다. "나는 이 세상의 어떤 존재도 미워할 수 없다고 생각한다. 오랜 기도 수행을 하며 40년 넘게 누군가를 미워한 적이 없다. 나는 이것이 거창한 주장이라는 것을 안다. 그럼에도 불구하고 최대한 겸허히 그렇게 주장한다." 자신의 삶이나 인류의 역사를 돌아본다면, 우리는 미움과 분노 및 모든 형태의 증오가 우리 삶의 보편적 요소임을 알 수 있다. 싫은 감정이 생겨나는 이유는 우리가 자신을 다른 사람들과 분리된 다른 존재로 느끼도록 아주 깊이 조건화되어 있기 때문이다. 간디가 발견했듯이, 스스로 훈련을 해야만 이러한 습관을 녹여내고 모든 존재를 근본적 수용으로 기꺼이 받아들일 수 있게 된다.

마더 테레사에게 가난하고 죽어가는 사람을 위해 봉사하는 일은 각 사람을 "고통의 가면을 쓴 그리스도"로 보는 훈련이었다. 그렇게 함으로써 그녀는 자기를 무감각하게 만들었을 '다름'의 너머를 볼 수 있었고, 만나는 각 사람에게 조건 없는 자비로 봉사할 수 있었다. 우리가 겉모습 너머를 보는 훈련을 한다면 모두가 같은 존재라는 것을 알게 될 것이다. 마더 테레사에게 이것은 모든 사람이 신성의 불꽃을 가지고 있음을 의미했다. 붓다의 가르침에 따르면, 우리의 참된 본성은 영원히 빛나는 의식이다. 자신과 타인을 조건 없는 자비로 수용한다는 것은 우리의 정수인 순수한 의식과 우리 본연의 인간적 취약성 둘 다를 인정함을 의미한다.

여태까지 우리는 근본적 수용의 마음챙김과 자비를 우리 내면의 삶에 어떻게 도입할 것인가를 탐구해왔다. 자신의 두려움, 분노, 슬픔에 접촉해서 자기 자신에 대한 자비를 깨우는 것처럼, 타인의 취약성에 주의를 기울일 때 우리의 가슴이 열리고 온화해진다. 자신에 대한 자비는 자연스럽게 타인에 대한 자비를 일으킨다. 사랑이 관계의 가장 기본적인 느낌을 기술하는 것이라면, 타인에 대한 자비는 우리 모두 고통을 안고 산다는 진실을 깨달을 때 일어나는 사랑의 향기다.

지혜롭고 자비로운 가슴으로 삶을 사는 것은 보살의 길, 즉 보살도(菩薩道)의 핵심이다. 우리가 이전 장에서 봤던 것처럼 "모든 상황이 자비를 깨우기를."이라는 보살의 염원은 삶에서 일어나는 어떤 일이든 수용과 보살핌으로 보듬도록 도와준다. 고통을 자비로 바꿀 때, 우리는 모든 생명의 상호연결성을 깨닫게 된다. 이 깊은 깨달음에서 보살이 품는 두 번째 염원이자 보살의 가장 중요한 면이 생겨난다. "나의 삶이 모든 존재에게 이롭기를."

불교 경전에서 이 염원은 모든 살아 있는 존재가 남김없이 자유로워질 때까지 궁극적 자유인 열반에 들지 않겠다는 보살 서원으로 표현된다. 이 서원은 여러 가지 언어로 표현될 수 있지만, 그 의도는 분명하다. "보살은 자비로운 마음으로 자신의 삶을 바쳐서 세상의 고통을 없애는 수행을 한다." 이 서원에 깃든 무아(無我)의 정신은 우리가 하나임을 상기시켜주고 무한한 자비의 능력을 심화시켜준다. 자비의 보살처럼, 우리는 모든 존재의 고통을 보살핌으로 감싸 안기에 충분할 만큼 넓고 온화해지기를 염원할 수 있다. 이 장에서 우리는 타인의 고통에 주의를 기울임으로써 어떻게 우리의 자비가 계속해서 커지는 원으로 자랄수 있는지를 알아볼 것이다. 간디가 발견한 것처럼, 우리는 가슴에 모두를 품는 수행을 할 수 있다.

우리는 그저 같은 고통을
공유한 사람이다

킴벌리는 "자비의 마음 깨우기"라는 신년 수련회에 참가하기 전에, 회사에서 일하다가 일어난 작은 사고 때문에 심한 자책감을 느끼고 있었다. 그녀는 회사의 안내책자 5천 부를 인쇄한 후에 너무 분명한 오자 몇 개를 놓쳤다는 사실을 발견했다. 동료와 험악한 언쟁을 하게 된 킴벌리는 방어적으로 책임을 면하려고 하면서, 만약 동료가 휴일 점심에 그렇게 오래 자리를 비우지 않고 전화 받는 일을 도와주었더라면 자신이 그렇게 정신이 산만해지지는 않았을 거라고 변명했다. 그녀는 화가 나서 가지런히 쌓여 있는 안내책자 더미를 책상 밖으로 쓸어버리면서 말을 끝마쳤다. 신년 수련회에서 킴벌리는 마음속으로 이 장면을 재현하면서 자신의 목소리 톤과 동료가 몸을 굽혀 안내책자를 줍는 걸 그냥 서서 바라보고만 있었던 모습이 떠올라 몹시 부끄러워했다.

첫 면담에서 나는 일단 그 얘기는 접어두고 두려움과 수치심이 몸과 마음에서 일어날 때의 바로 그 느낌으로 들어가도록 격려했다. 그녀는 내게 가슴이 심하게 아프고 목 주변이 꽉 조이는 느낌이라고 말했다. 나는 수련회에서 소개했던 전통적 자비 명상을 바탕으로 해서 킴벌리가 스스로 자비를 깨우도록 이끌었다. "고통스러운 부분을 보살핌으로 감싸 안으면서, 수련회에서 배운 말을 반복해보세요. '나는 이 고통을 염려합니다. 내가 고통으로부터 자유롭기를.'"

킴벌리가 편안해졌을 때, 실수와 감정적 반응 때문에 당황해하는 가족이나 친구들을 떠올릴 수 있는지를 물었다. 킴벌리는 엄마와 오빠를 마음속에 떠올렸다. 그들이 수치심과 굴욕감을 느꼈던 때가 떠오르자, 그녀는 그들을 향한 애정이 솟아오르는 것을 느꼈다. 킴벌리는 엄마와 오빠를 생각하면서 그들을 향해 조용히 속삭였다. "나는 당신의 고통을 염려합니다. 당신이 고통으로부터 자유롭기를."

자비 수행을 계속하는 동안 킴벌리는 수련회에서 만난 사람들, 체육관에서 운동하면서 본 사람들, 아이들 친구의 부모 등 친숙하지만 잘 알지는 못하는 사람들을 떠올리면서 자비의 원을 확장했다. 여전히 스스로를 신뢰하지 못해 아팠지만, 킴벌리는 그들이 보였던 무관심이나 오만함, 분주함이나 방어적 태도의 배후에도 자신이 느꼈던 것과 똑같은 유형의 두려움이 존재할 수 있음을 알았다. 그녀가 각 사람들의 취약점을 알아차리고 보살핌의 기도를 올리자, 마음속으로부터 그들과 유대감이 일어났다.

가슴이 더 열린 킴벌리는 자신이 화를 냈던 직장 동료를 떠올렸다. 그녀가 몰아세울 때 그의 눈에 비친 상처를 기억했다. 그가 늘 보이던 걱정스런 표정과 긴장한 몸, 자기를 비난하는 말들이 떠올랐고, 그 동료 역시 무가치하고 무능해지는 것을 너무도 두려워한다는 것을 깨닫게 되었다. 자신이 그의 매우 취약한 부분에 일격을 가했을 수 있다는 것을 깨닫게 되자, 양심의 가책과 슬픔이 밀려 왔다. 다음 순간 그녀는 주의를 최대한 집중해서 그가 두려움에서 자유로워지기를 기도하며 자비의 마음을 그에게 보냈다.

나는 킴벌리를 자비 수행의 마지막 단계로 안내했다. 그녀의 가슴과 주의를 무한대로 열고 고통받는 모든 존재, 불안과 소외감을 느끼는 모든 존재에게 자비를 확장하도록 했다. 킴벌리가 명상을 끝마치고 눈을 떴을 때, 그녀의 얼굴은 온화했고 몸은 이완되어 있었다. 그녀는 의자에 기대앉아서 손을 무릎에 편안하게 내려놓았다. 그녀는 내게 슬프고도 상냥한 미소를 보내며 "다른 사람이 나와 똑같은 불안을 느낀다는 것을 알았을 때, 내가 나쁜 사람 같지는 않았어요. 나는 그저 사람이에요."라고 말했다. 그녀는 잠시 말을 멈췄다가 "나는 우리가 그 안에 함께 있다는 것을 느낄 수 있어요."라고 덧붙였다.

우리 자신과 타인의 괴로움을 의도적으로 성찰하는 이런 수행은 불교 자비 명상의 기본이다. 자비의 원 안에는 우리가 소중하게 여기는 사람의 괴로움뿐만 아니라 조금 아는 사람, 싫은 사람, 한 번도 본 적이 없는 사람의 괴로움까지 모두 들여놓을 수 있다. 명상 때마다 모든 사람을 끌어안을 수는 없지만, 수행을 하면 자비의 능력이 깊어진다. 킴벌리가 발견한 것처럼, 타인의 괴로움을 성찰할 때 우리는 우리가 홀로 고통 속에 있는 것이 아님을 깨닫는다. 우리는 우리의 취약점을 통해 서로 연결되어 있다.

타인의 괴로움 속으로 기꺼이 들어가지 못한다면, 우리의 영적 수행은 결국 공허해진다. 기독교 신비주의자 테오파네 신부(Father Theophane)는 영적 쇄신을 위해 자신의 지역교구 종무를 잠시 쉬며 한적한 수도원에 머문 적이 있었다. 그곳에서 테오파네 신부는 지혜로 널리 존경받는 수도승을 찾아갔다. 이 현자가 질문 형식으로만 조언을 준다는 것을 미리 알았던 테오파네 신부는 현자의 가르침을 열렬히 고대하면서 그에게 다가갔다. "저는 소교구 사제이고 여기서 묵상수행 중입니다. 명상할 질문을 주실 수 있으십니까?"

"물론이오." 현자가 대답했다. "당신에게 줄 나의 질문은 '그들은 무엇을 필요로 하는가?'입니다." 테오파네 신부는 약간 실망했지만 그에게 감사 인사를 하고 그 자리를 떠났다. 몇 시간 동안 질문에 대해 명상했지만 어떠한 성과도 없었던 그는 다시 현자를 찾아갔다. "실례합니다. 아마도 제가 제대로 이해하지 못한 것 같습니다. 당신의 질문은 유익하지만, 저는 수련 기간 동안 사제로서의 임무에 관해서는 별로 생각하고 싶지 않습니다. 그보다는 저 자신의 영적 생활에 관해 진지하게 생각하고 싶습니다. 저 자신의 영적 생활을 위한 질문을 주십시오." 현자가 대답했다. "알겠소. 그러면 나의 질문은 '그들은 진정 무엇을 필요로 하는가?'입니다."

테오파네 신부도 우리들처럼 참된 영적 성찰이란 개별적인 자기에 초점이 맞춰져 있다고 가정했었다. 그러나 현자가 그에게 일러준 것처럼 영적 깨달음은 타인과 불가분의 관계에 있다. 테오파네 신부는 자신이 돌보는 사람들의 요구들에 초점을 맞췄을 때, 그들의 취약성과 사랑에 대한 갈망을 인식할 수 있었다. 그리고 그들의 요구가 자기 자신의 그것과 다를 바 없다는 것을 깨달았다. 현자가 던진 질문은 테오파네 신부가 다른 사람들을 면밀하게 바라봄으로써 진정한 영적 깨달음에 이를 수 있도록 큰 공을 들여 만든 것이었다.

내게 의미 없는 타인,
타인에게 의미 없는 나

우리가 자기중심적 드라마에 붙잡혀 있을 때, 다른 사람들은 모두 우리와 다른 비실재의 '타인'이 된다. 세상은 우리 자신의 특별한 경험의 배경이 되고, 거기에 있는 모든 사람들은 보조 출연진, 즉 어떤 사람은 적, 어떤 사람은 아군, 그리고 대다수는 그저 아무 상관없는 인물이 된다. 개인적 욕구와 관심에 몰두하다보면 다른 사람에게 면밀한 주의를 기울이지 못하게 되고, 우리 주변 사람들은 욕구와 두려움, 박동하는 심장을 가진 인간이 아닌 비실재의 2차원적 마분지 인형이 될 수 있다. 심지어 가족과 친구들조차 그렇다.

우리와 많이 달라 보이는 사람일수록 더욱 비실재적으로 느껴질 수 있다. 우리는 인종이나 종교 혹은 사회경제적 '계층'이 다른 사람들을 너무 쉽게 무시하거나 묵살한다. 그들을 우월하거나 열등하게, 더 좋거나 더 나쁘게, 중요하거나 중요하지 않게 평가하며 거리를 둔다. 모습, 행동, 말하는 방식 등 외양에 집착하여 그들을 특정 유형으로 못 박는다. 그들은 에이즈 감염자거나 알코올 중독자, 좌파거나 근본주의자, 범죄자거나 권력투쟁가, 페미니스트거나 공상적 박애주의자다. 때때로 우리는 기질에 바탕을 두고 배역을 정한다. 그 사람은 따분하거나 자기도취적이고, 자신감이 없거나 강압적이고, 불안하거나 우울하다. 타인을 유형으로 분류하는 것은, 그 분류 작업이 극단적으로 진행되든 섬세하게 진행되든 상관없이 그 사람이 실재로 어떠한지를 우리가 못 보게 하고 우리의 가슴을 닫게 만든다.

우리는 모두 타인을 분류하는 복잡하면서도 거의 무의식적인 자기만의 체계를 가지고 있다. 신문을 읽거나 뉴스를 볼 때, 나는 부자에 백인이고, 보통은 남자이며, 권력 있고 보수적인 유명 인사를 향한 나의 분노와 미움을 종종 만나곤 한다. 내가 옳고 그름에 대한 나의 관점을 엄격히 고수할 때, 이들 상원의원, 회사 중역, 편집장은 '나쁜 놈들'이자 문제를 일으키는 자들로 유형화된다. 그들은 살아서 숨 쉬는 인간이 아니라 나를 화나게 하는 영화 속 등장인물이 된다.

우르술라 헤기(Ursula Hegi)는 나치 독일이 배경인 그녀의 소설 『강에서 온 돌(Stones from the River)』에서, '타인'의 괴로움을 빼어나게 그려냈다. 얘기는 용감한 여성 트루디의 눈을 통해 전달되는데, 그녀는 목숨을 걸고 그녀의 작은 마을에 사는 유태인들을 숨겨준다. 트루디는 통찰력 있고 흥미로운 난쟁이다. 얘기가 전개되면서, 우리는 트루디의 시선으로 타인이 되는 고통을 보기 시작한다. 그녀는 이웃과 마을사람들이 자신을 알아주기를, 자신의 작고 불편한 몸과 넓적하고 커다란 얼굴 너머를 봐주기를 원한다. 트루디는 자신이 은신처를 제공한 사람들과 완전히 공감할 수 있다. 그녀 또한 그녀의 소속이 다름을 알게 하려는 타인들의 언어적, 비언어적 경멸로 고통받기 때문이다.

이 얘기는 내게 충격적인 깨달음을 주었다. 나 역시 일상에서 수많은 사람들을 나도 모르게 타인으로 분류했기 때문에 그들을 보지도, 그들에게 반응하지도 못했던 것이다. 나는 트루디와 한마을에 살았기 쉽다. 어쩌면 거리에서 그녀와 내가 서로 지나칠 때 이 '기이한 사람'을 너무 가깝게 보고 싶지 않아서 당황한 나머지 고개를 돌렸을 수도 있다. 타인의 실존과 고통으로부터 눈을 돌리는 우리의 능력은 참혹한 결과를 가져온다. 수년간 세계 전역은 나치 독일에서 유대인들이 겪은 곤경을 외면했다. 오늘날 우리는 에이즈로 죽어가는 사람들의 숫자에 실감을 느끼지 못하며, 중동과 아프가니스탄 등 전쟁에 짓밟히고 찢어지게 가난한 지역 사람들이 경험하는 공포를 알지 못한다.

1991년 여름, 나는 비행기에서 내 옆에 앉은 여성과 얘기를 나누고 있었다. 그녀는 내게 공군인 자기 아들이 이라크와의 전쟁인 '사막의 폭풍(Desert Storm)' 작전, 즉 걸프전에서 무사히 돌아왔다고 말했다. 그런 다음 빙긋 웃으며 내 쪽으로 몸을 기울이곤 부드럽게 말했다. "그거 알아요? 정말 결과가 좋았어요. 우리 아이들(군인들)은 얼마 안 죽었거든요." 나는 가슴이 먹먹했다. 우리 애들은 얼마 안 된다니⋯⋯. 이라크 군인과 여자들과 아이들은 어쩌란 말인가? 방사능 오염 물질 때문에 죽어가는, 혹은 전후의 경제제재 동안 기아와 질병으로 죽어가는 수백만 명은⋯⋯? 그들도 우리 아이들이다.

일단 누군가가 비실재의 타인이 되면, 우리는 그들이 얼마나 아픈지 못 보게 된다. 그들을 느낌을 갖는 존재로 경험하지 않기 때문에 무시할 뿐만 아니라 양심의 가책 없이 그들에게 고통을 가할 수 있다. 타인을 실재(實在)로 보지 못하면, 아버지는 동성애자인 아들과 의절하게 되고, 이혼한 부모는 아이들을 무기로 사용하게 된다. 모든 폭력과 전쟁의 엄청난 고통은 근본적으로 타인을 실재로 보지 못하는 데서 발생한다.

끌림 혹은 싫어함, 흥미 혹은 무시라는 우리의 즉각적인 반응은 생존을 위한 생물학적 프로그램의 일부이다. 한 사람의 생김새, 냄새, 말 등은 그들이 같은 종족인지 아닌지를 알려준다. 이런 생물학적 트랜스의 덫에 걸려 있을 때, 우리는 어떤 행동과 의견을 친구 혹은 적의 신호로 읽을 수밖에 없다. 이렇듯 차이를 지각하는 진화적 조건화가 강력하긴 하지만, 우리는 우리의 갑옷을 벗는 능력 또한 갖고 있다. 우리는 우리 종족의 의미를 확장할 수 있다. 바로 보살도의 중심에 있는 근본적 수용을 경험하면 된다. 그 경험을 통해 우리는 우리가 서로 동일한 취약성을 갖고 있음을 볼 수 있고, 모든 존재와의 연결성을 깨달을 수 있다.

상대방의 고통을 볼 때
우리의 가슴이 열린다

1970년대 중반에, 나는 세입자 권리 운동가로서 매사추세츠의 우스터에 사는 가난한 가족들과 일했다. 세입자 단체를 결성해서 공정한 임대와 제대로 된 생활조건을 보장해달라고 임대주를 압박하곤 했다. 그 단체들 가운데 그 도시에서 가장 악명 높은 악덕 집주인들 중 한 사람으로부터 집을 임대한 가족들로 구성된 단체가 있었다. 단체장인 드니즈는 단호하고 말 잘하는 여성으로, 단체 구성원들이 감당할 수 없는 가파른 임대료 인상에 대항하여 활발히 싸울 수 있도록 열심히 일했다.

　몇 달에 걸쳐 단체를 결성하면서, 나는 드니즈네 가족과 친구가 되었다. 같이 저녁을 먹고 아이들과 놀고 함께 투쟁에 가담했다. 그들이 사는 아파트는 여러 차례 파손되었고 쥐와 바퀴벌레를 막을 방법이 없었다. 드니즈의 큰아들은 감옥에 있었고 다른 아들은 약물중독이었다. 그녀의 지금 남편은 직업이 없고 빚까지 진 상태였다. 어린아이들을 먹이고 입히는 일과 난방은 그녀가 계속 맞닥뜨린 도전이었다. 나는 그녀가 집에서 그렇게 많은 일을 감당하면서, 단체장 역할에 그처럼 기꺼이 헌신하는 데 감탄했다.

　드니즈가 계획한 집세 지불 거부운동 개시 이틀 전에, 나는 문 밑으로 밀어 넣은 그녀의 메모를 발견했다. 그녀는 단체를 떠나겠다고 말했다. 나는 놀라고 실망했지만, 무슨 일이 있었는지 알 것 같았다. 집주인들이 단체를 와해하는 방법으로 단체장을 포섭하곤 했기 때문이다. 아니나 다를까 드니즈가 새로운 이중 잠금장치, 일정 기간 집세 면제, 아들을 위한 시간제 일자리 제안에 매수되었다는 사실이 밝혀졌다.

배신감을 느끼고 사기가 꺾인 다른 세입자들은 드니즈를 "줏대 없는 인간", "위선자"라고 말했다. 길에서 그녀를 볼 때마다 사람들은 다른 쪽 길로 건너갔다. 자신의 아이들이 그녀의 아이들과 놀지 못하게 했다. 그녀는 이방인이었고 "그들" 중 하나였다. 과거에 단체장들이 매수되었을 때 나는 이와 똑같이 느꼈었다. 그들은 우리의 운동을 방해하는 존재였다.

드니즈는 상황이 좀 달랐다. 나는 그녀가 얼마나 필사적으로 가족을 지키기 위해 발버둥치고 있는지 알고 있었다. 그녀도 나처럼 자신의 삶을 걱정했고, 사랑을 원했다. 시인 롱펠로는 "만약 우리가 적의 숨겨진 역사를 읽을 수만 있다면, 각자의 슬프고 고통스러운 인생에 공감해서 모든 적대감을 무장해제시킬 수밖에 없음을 알게 될 것이다."라고 썼다. 나는 드니즈의 숨겨진 역사를 충분히 읽었기 때문에, 그녀는 내게 실재였다. 나는 그녀가 걱정스러웠다.

그녀의 행동에도 불구하고 나는 드니즈에게 열린 마음을 갖는 것이 가능했던 데 반해, 집주인들을 향해서는 이런 마음을 느낄 수 없었다. 그들은 나의 '나쁜 놈' 범주에 속했다. 여러 해가 지난 후에, 이 범주의 한 사람을 대면하여 더 깊게 볼 수 있는 더할 나위 없는 기회가 있었다. 내 친구가 아는 대기업 CEO가 있었는데, 그는 회사 직원들을 위한 마음챙김 프로그램을 진행하고 싶어 했다. 그 친구는 내가 이 사람과 점심을 먹으면서 그 프로그램에 대해 상의할 것을 원했다. 그 CEO는 돈 많은 백인 남자라는 나의 고정 관념에 정확하게 들어맞았다. 그는 여성이 남성과 동등한 신분 상승 기회를 갖는 걸 조직적으로 막아왔기 때문에 집단소송에 걸려 있었다. 특히 흑인 여성에 대한 차별이 심했다. 나는 그와 얘기 나누는 건 동의했지만 만나기 거북했고, 우리가 서로 매우 다른 비우호적인 행성 출신일 거라고 예상했다.

가까이에서 만나보니, 그는 꽤 인간적이고 실재로 느껴졌다. 그는 약간 자기 자랑이 있었고, 확실히 호감을 얻고 싶어 했다. 그의 어머니는 몇 주 전에 관상동맥우회술을 세 군데나 받았으며, 큰아들은 소아 당뇨였다. 주말이면 아내는 그가 아이들과 충분히 놀아주지 않는다고 불평했다. 그도 아이들과 놀고 싶고 아이들을 무척 사랑했지만, 휴대전화가 계속 울려대며 그를 급하게 찾았기 때문에 탁구 경기나 바비큐 파티 혹은 아이들과 함께 보고 있던 비디오 등을 중단할 수밖에 없었다. 그는 궁금해 했다. "내가 있는 곳 어디서든, 다른 할 일이 생길 때 마음챙김이 나를 편안하게 해줄 수 있을까요?" 우리가 대부분의 정치적, 사회적 쟁점에 동의하지 않을 수 있다는 사실은 중요하지 않았다. 나는 그가 좋았고 그가 행복하기를 원했다.

우리가 누군가를 좋아하지 않을 때조차, 그들의 취약점을 보면 가슴이 열린다. 우리는 선거에서 그들에게 반대표를 던질 수도 있고, 결코 그들을 우리 집에 초대하지 않을 수도 있으며, 심지어 다른 사람들을 보호하기 위해 그들을 감옥에 보내야 한다고 생각할 수도 있다. 비록 습관적인 끌림과 밀어냄의 느낌이 있다고 해도, 그들도 우리처럼 고통을 받고 있고 행복을 원한다는 것을 아는 우리의 기본 능력은 충분히 발휘될 수 있다. 우리 앞에 실제로 있는 사람을 볼 때, 우리는 그들이 고통받는 것을 원하지 않는다. 자비의 원이 자연스럽게 넓어져서 그들을 품게 된다.

매 순간 모든 이가
신비로운 생명의 존재

달라이 라마와 관련해 내가 가장 대단하게 생각하는 건 그가 모든 사람을 평등하게 대하는 점이다. 그는 어떤 신문 속 사진에서는 제시 헬름스(미국의 대표적인 보수 강경파 정치인으로 2008년 사망했음 – 옮긴이)를 다정하게 포용하고 있었고, 다른 사진에서는 불쌍한 티베트 난민을 팔로 감싸 안고 있었다. 달라이 라마가 "내 종교는 친절이다."라고 말할 때, 그는 조건 없이 관대하고 사랑이 충만한 자비의 마음으로 살겠다는 서약을 표현한 것이다. 친절은 자비라는 보석의 한 면이다. 그것은 우리가 만나는 살아 있는 모든 생명체와 우리가 이어져 있음을 기억할 때 일어나는 돕고자 하는 욕구다. 모든 사람은 소중하고, 모든 사람은 연약하며, 모든 사람은 중요하다.

존경받던 랍비의 장례식에서, 이제 막 랍비와 공부를 시작했던 한 젊은이가 수십 년 간 그 랍비의 제자였던 사람에게 물었다. "우리 스승님에게 가장 중요한 것은 무엇이었습니까?" 그 제자는 미소 지으며 대답했다. "매 순간 그와 같이 있던 사람이었죠." 달라이 라마처럼, 이 랍비도 돈과 권력 있는 사람이나 자신의 가족과 신봉자들만을 위한 시간과 에너지를 따로 남겨두지 않았다. 그의 주의 전부를 그가 함께하고 있는 각각의 사람에게 기울였고, 자비가 넘치고 깨어있는 마음이라는 선물을 제공했다.

다른 사람들을 분노나 미움으로 밀어내진 않더라도, 우리는 사람들을 못 보고 지나치기 쉬우며 모르는 사이에 우리의 친절을 유보한다. 이런 일은 불교의 자비 수행에서 말하는 '중간의 사람들', 즉 부정적이지도 긍정적이지도 않은 반응을 유발하는 사람들과의 관계에서 두드러지게 나타난다. 우체부, 차를 함께 탄 아이들, 친구의 배우자, 먼 친척 등이 그런 사람일 수 있다. 나는 자비 수행을 가르치면서 이따금 수련생들에게 그들이 정기적으로 보긴 하지만 사적으로는 잘 알지 못하는 누군가를 떠올리라고 말한다. 그들이 그 사람을 마음속에 가져오면, 그들에게 다음과 같은 것을 생각해보라고 청한다. "이 사람은 무엇을 필요로 하는가?" "이 사람은 무엇을 두려워하는가?" "이 사람의 삶은 어떠한가?"

비키는 명상 수행 후에 내게 와서, 이 수행을 시작한 이래로 좋은 일이 일어났다고 말했다. 그녀는 직장 동료, 개와 산책하는 이웃, 가게 점원을 볼 때 마음속으로 "당신은 실재합니다. 당신은 실재합니다."라고 말하기 시작했다. 그들이 그녀 인생의 배경막이 아니라 살아 있는 존재로 다가왔다. 그녀는 호기심 어린 눈, 너그러운 미소, 불안에 찬 이 갈기, 실망하고 체념한 듯 처진 어깨, 풀죽은 표정에 깃든 슬픔에 관심을 기울였다. 만약 더 오래 그 상태로 있었다면 그들의 수줍음, 어색함, 두려움도 느낄 수 있었을 것이다. 비키가 말했다. "그들이 내게 더 실재적일수록 나도 더 실재적이고, 따뜻하고, 살아 있다고 느껴요. 우리가 같은 사람이라는 것만으로도 친밀감을 느껴요. 그들이 누구인지는 중요하지 않아요. …… 그들을 내 세계의 일부로 받아들일 수 있을 것처럼 느껴요."

멈춰서 타인에게 주의를 기울이고 그들을 실재하는 존재로 볼 때, 모든 존재가 눈에 보이지 않는 끈으로 연결되어 있음을 알 수 있다. 나오미 시하브 니예(Naomi Shihab Nye)는 자신의 시 〈친절〉에서 이렇게 말했다.

친절의 부드러운 힘을 배우기 전에 당신은
흰색 판초를 입은 인디언이 죽어 누워 있는
길을 여행해야 한다.
그가 당신일 수도 있음을,
그 역시
계획을 세워 밤새 여행을 했고
홀로 숨 쉬며 살던 사람임을 알아야 한다.

우리 모두는 계획을 가지고 이 신비로운 생명을 들이마시고 내쉬며 밤새 여행을 하고 있다. "친절의 부드러운 힘"은 우리가 타인에게 주의를 기울일 때 자연스럽게 깨어난다.

가슴이 닫혔을 때는
어떻게 해야 하나?

몇 년 전 나는 심리치료 프로그램에 참가한 한 사람에게 화가 나기도 하고 그에게 속는다는 느낌이 든 적이 있었다. 톰은 모임 후 매번 남아서 내게 불필요해 보이는 질문을 하거나 그날 저녁 모임에 대해 길게 논평하곤 했다. 프로그램을 진행하는 동안에도 그가 다른 사람에게 원성을 사고 있음이 분명했다. 어느 날 저녁 모임에서 한 젊은이가 아내의 쉴 새 없는 잔소리 때문에 함께 있으면 신경이 날카로워지고 눈치를 보게 된다고 밝히자, 톰은 그에게 자신감 있는 척하지 않으면 아내가 결코 존중하지 않을 거라고 권위적인 태도로 말했다. 그 젊은이는 얼굴을 붉히더니 그 뒤로는 아무 말도 하지 않았다. 몇 번의 다른 모임 중에도 누군가 문제를 얘기하면 톰이 자신이 유사한 문제에 직면해서 어떻게 해결했는지 장황하게 얘기를 해서 말을 중단시켜야 했다. 그는 자신이 중요한 사람이라는 느낌과 다른 모든 이의 주목을 분명히 원했다. 그래서 내가 어떻게 하든 사람들의 관심을 끌려는 노력을 계속했다.

다섯 번째 모임이 끝났을 때, 톰은 또 다시 다른 사람들이 모두 떠나기를 기다리고 있었다. 나는 가슴이 철렁했다. 화도 났고, 그가 가버리면 좋겠다고 생각했다. 나는 심호흡을 하고 톰에게 걸어가서 옆에 앉았다. 그는 내게 이 모임의 문제에 관해 얘기해야겠다고 말했다. 합당한 요청이었지만 내 마음은 많이 딱딱해졌다. 그가 내 관심과 주의를 원한다는 걸 알았지만 주고 싶지 않았다. 톰이 특정한 사람들 무리, 예를 들어 지나치게 예민한 여성들이나 수동적이고 정서적으로 억압된 남자들에 대해 말하기 시작했을 때 나는 짜증이 극에 달했으며, 너그럽지 못하고 참을성이 없었고, 거부하는 마음으로 가득했다. 나는 속으로 생각했다. "좋아, 그런데 왜 당신은 그만 나오지 않는 거야? 그러면 모두의 문제가 해결될 텐데."

내가 그랬듯이, 다른 사람의 요구에 자비로 반응하는 것이 항상 쉬운 일은 아니다. 오히려 분노, 부담감, 역겨움, 무력감, 죄책감, 두려움 등을 느낄 수 있다. 하지만 우리 마음이 방어적으로 딱딱해진다 해서 보살로서 실패하고 있다는 뜻은 아니다. 이는 타인에 대한 자비가 자연스럽게 일어나기에 앞서 자신의 내면에서 일어나고 있는 것과 친해져야 함을 우리가 알도록 해준다.

톰과 얘기를 계속 나누면서 내 주의의 일부는 내면을 향했다. 내 옹졸함의 이면에는 내 평화가 침해받는다는 느낌이 있었다. 그는 내 시간을 빼앗고, 이 집단의 다른 사람들을 불편하게 만들고, 집단 성원에 관해 깔보듯 말하고 있었다. 가슴에 열감과 분노가 팽창하는 걸 느꼈을 때, 나 자신을 보기 시작했다. "나는 그에게 자동반응을 할 것이 아니라, 그를 도와야 해. …… 그는 정말로 고통받고 있는 사람이야." 그러나 내가 얼마나 격앙되어 있는가를 감지했을 때, 나 역시 고통받고 있다는 것을 깨달았다. 나는 부드럽게 스스로에게 말했다. "괜찮아, 괜찮아." 그저 이 고통을 인정하는 것만으로 나는 편안해졌고, 나의 마음에 메시지 보내는 것을 기억해냈다. "나는 이 고통을 염려합니다."

내 자신의 분노를 친절하게 대했더니 톰이 느끼고 있는 것에 마음을 열고 주의를 집중할 수 있었다. 이제 나는 내 앞에 있는 이 사람을 바라보며 마음속으로 물었다. "당신은 진정 무엇을 필요로 합니까?"

그러자 마치 내가 그의 가슴이 하는 말을 듣는 것 같았다. 그는 내가 그의 곁에 있어 주고, 그를 알아주고, 그를 염려해주기를 필사적으로 원하고 있었다. 그는 내가 자신을 오해한 나머지 곁에서 그를 도울 가치가 없다고 생각할까 두려워했다.

나의 짜증과 우월감이 누그러지기 시작했다. 나는 '내담자'와 '치료자'로 역할을 구분해 톰으로부터 거리를 두었지만, 이제 우리 둘은 나약하고 고통받는 인간 존재로 여기 함께 있었다. 톰을 실재하고 상처받고 민감한 사람으로 보면 볼수록, 그와 그의 고통을 더 따듯한 마음으로 느낄 수 있었다.

나는 손을 뻗어 톰의 팔을 잡았다. 우리 둘은 함께 말하고 들었다. 대화를 마칠 즈음에는, 그가 심리치료 프로그램이 주말 드라마 시청을 방해하고 있으며 어느 쪽에 충성을 보여야 할지 마음속에서 치열한 각축전이 벌어지고 있다고 농담을 해서 함께 웃기까지 했다. 나는 더 이상 한 발을 문 밖에 빼고 있지 않았다. 나는 관심을 갖고 배려했다. 내가 톰에게 모임에서의 역할에 대해 조언을 했을 때, 그는 방어하지 않고 들었다. 나는 테오파네 신부의 "그들은 진정 무엇을 필요로 하는가?"라는 질문을 얼마나 사랑하는지 그에게 알려줬고, 그는 이 질문이 자신의 길잡이가 되기를 열망했다. 우리가 대화를 마무리 지었을 때, 그는 더 이상 매달리거나 자신을 증명하려 하거나 나에게서 더 많을 것을 얻어가려고 하지 않았다. 그는 가벼운 발걸음으로 방을 떠났고 충분히 채워졌다고 느끼는 것 같았다. 나 또한 홀가분함을 느꼈다. 나는 성난 우월감에서 빠져나와, 우리가 서로 연결되어 있음을 느끼고 마음이 따듯해졌다.

나중에 안 일이지만, 톰은 "그들이 진정 무엇을 필요로 하는가?"를 묻는 훈련을 마음에 새겼다. 심리치료 모임에서는 자신이 마음을 불편하게 했던 젊은이에게 미안하다고 말하기까지 했다. "당신을 보면 아들이 떠올라요. 나는 당신이 나를 박식한 아버지로 봐주기를 원했습니다. 하지만 내가 아들을 기르면서 했던 똑같은 잘못을 당신에게도 했어요. 당신이 진정 무엇을 필요로 하는지 알아야 한다는 걸 잊었던 겁니다." 톰이 감정을 억누르며 말을 이었다. "나는 단지 돕고 싶었지만 방법을 몰랐어요." 젊은이는 눈에 보일 정도로 감동했다. 잠시 후 젊은이는 느리지만 확신에 찬 말로 답했다. "내가 아내를 비롯한 모든 사람들에게 바란 건 내가 중요한 사람이라는 느낌이었습니다. 바로 당신이 내가 그렇게 느끼도록 해주었습니다."

　내가 '가장 반갑지 않은 타인'으로 분류했던 사람이 모임에서 모든 사람의 마음을 여는 핵심적인 역할을 했다. 톰은 모임 초기에 사람들의 마음에 둔감해서 비난의 피뢰침이 되었지만, 일단 그가 마음을 터놓자 모임 참여자들은 자신들이 표출했던 상처, 두려움, 분노가 톰과 거의 혹은 전혀 관계가 없었음을 알게 되었다. 이후에 우리 집단에서는 깊은 친밀감이 피어났다. 이것은 각 참가자들이 자신의 고통을 기꺼이 내놓고 아울러 타인의 고통에 마음을 기꺼이 열었기 때문에 가능했다. 우리 가슴이 함께 부드러워지면 자비의 원은 더 넓게 펼쳐진다. 우리는 실재하며 서로에게 중요한 존재다.

서로의 눈으로
마주 보기

우리는 때로 가장 가까운 사람을 비(非)실재로 대하기도 한다. 우리는 그들의 인생을 잘 안다고 여기기 쉬우며, 그들도 우리처럼 항상 변화하며 늘 새로운 경험을 한다는 사실을 쉽게 잊는다. 그들 또한 살면서 상처와 두려움을 경험하고 있으며 힘든 내면의 삶을 살고 있을 수 있음을 보지 못한다.

제프와 마고는 내리막으로 미끄러지고 있는 결혼생활 때문에 치료에 참석했다. 제프는 8년 전 캠핑에서 라임병에 걸리기 전까지는 활기찬 사람이었다. 나날이 통증과 피로가 심해지고 있었다. 손가락들이 부어오르고 뻣뻣해져서 더 이상 훌륭한 목수이기 어려웠다. 희망을 유지하려 노력했지만 우울증은 깊어졌다. 마고는 초과 근무, 식사 준비, 집안 청소 등 그녀가 할 수 있는 일을 했지만, 제프가 자신의 노력을 제대로 알아주지 않는 것 같았다. "나는 결코 만족스럽지 않아요." 그녀가 말했다.

제프는 마고가 모든 상황을 못마땅하게 여긴다고 느꼈다. 그녀가 턱을 단호하게 내밀고 말을 짧게 하는 것이 그 증거였다. 그녀는 그가 아프고 제 할 일을 못하는 게 그의 잘못인 것처럼 그에게 죄책감을 느끼게 만들었다.

치료회기에서 우리는 '역할 전환'이라는 간단한 사이코드라마를 진행했다. 먼저 마고가 주의 깊게 듣고, 제프는 자신이 아픈 것에 대해 얼마나 수치심과 좌절감을 느끼는지 설명했다. 그는 자신이 어떤 것도 제대로 할 수 없는 겁쟁이라도 된 듯한 무력감을 느꼈다. 그가 자신의 미래에 대해 얼마나 두려워하는지, 마고가 자신에게 일어난 일의 심각성을 인식하지 못한 듯 보여서 얼마나 외로운지에 관해 말했다. 그는 건강과 삶을 모두 잃었다.

그가 말을 마친 후 제프와 마고는 서로 의자를 바꿔 앉았다. 마고는 자신이 제프라 가정하고, 자세뿐 아니라 심지어 표정과 목소리 톤까지 제프가 되었다. 그녀는 그의 세계로 들어가서 라임병에 걸린 이후 어떻게 살아왔는지를 말했다. 다시 제자리로 돌아와서 제프가 마고에게 말했다. "당신이 내 경험을 아주 명료하게 얘기하는 걸 들으면서 당신에게 더 잘 이해받는 느낌이었어."

이번엔 마고가 자신의 경험을 설명할 차례가 되었다. 그녀는 인정받지 못하고 있다는 느낌에 대해 얘기를 시작했다가 잠시 침묵한 후 불쑥 말했다. "나는 심각한 무력감을 느끼고 있어요. 당신은 병으로 괴로워하고 있어요. 당신은 내가 사랑하는 사람이에요. 그리고 나는 당신을 낫게 할 수 없어요. 나는 이 상황이 결국 어떻게 될지 모르겠어요." 마고는 제프가 아니라 삶에 화가 나 있었다. 화 속에서, 그녀는 삶이 어쩌다 이토록 힘겨워졌는지 깊이 슬펐다. 자리를 바꿔서 이번에는 제프가 마고 역할을 하면서, 무력감을 느낀다는 것이 무엇인지, 인생이 망가지고 있는데도 아무것도 할 수 없음을 느낀다는 것이 무엇인지 설명했다.

과정을 마치고 마고와 제프는 서로 부둥켜안고 울었다. 그는 그녀가 좌절감과 슬픔으로 고통받고 있다는 것을 깨닫지 못했었다. 그녀 역시 그가 자신에게 이해받지 못해 얼마나 외로웠는지 몰랐었다. "당신 때문에 내가……"라는 상호비난은 "내가 뭘 도와줄까요?"로 바뀌었다.

　헨리 데이비드 소로는 "아주 잠깐만이라도 타인의 눈을 통해 보는 것보다 더 큰 기적이 있을까?"라고 썼다. 마고와 제프가 발견한 것처럼, 상대방의 눈을 통해 보는 것이 바로 자비의 핵심이다. 배우자나 자녀, 자매나 친구의 인생이 어떤지 이해하기 위해 '역할 전환' 같이 정식화된 프로그램을 따를 필요는 없다. 우리는 그들의 상황 속에서 그들의 몸과 마음이 어떻게 느낄지 상상할 수 있다. 그들의 의식 있고 취약한 존재에 우리 자신을 완전히 열어 보이면 자연스럽게 친밀하고 다정한 느낌을 받는다. 하피즈는 다음과 같이 썼다.

　천국에서는 늘 이렇다.
　그리고 언젠가
　땅에서도 다시
　그러할 것이다.

　서로에게
　빛을 주는
　남자와 여자는……
　자주 무릎을 꿇고

　그러고는…… 눈물이 고인 눈으로
　진심을 다해 말할 것이다.

"내 사랑,

어떻게 내가 당신을 더 사랑할 수 있을까요,

어떻게 내가 더 친절할 수 있을까요?"

만약 우리가 친구든 낯선 이든 누군가를 만날 때 스스로에게 "어떻게 내가 더 친절할 수 있을까?"라고 묻는다면, 모든 존재가 관심과 사랑과 이해를 받아야 함을 반드시 깨달을 것이다. 처음에는 이러한 깨달음을 우리의 가장 가까운 원 안에 있는 사람들과의 관계에서 얻겠지만, 모든 살아 있는 존재에 주의를 기울이고 배려하는 것도 가능하다. 주의를 더 온전하게 기울이면 기울일수록, 삶에서 친절이 가장 중요함을 더 깊이 깨닫게 된다. 타인의 취약성에 마음을 열면, 분리의 장막은 사라지고 자연스럽게 도움의 손길을 뻗게 된다.

모든 생명의 운명은
바로 내 운명이다

감동적인 시크교도 얘기에서, 나이 든 영적 지도자가 가장 헌신적인 제자 둘을 자신의 오두막 앞 정원으로 불렀다. 그는 두 제자에게 닭 한 마리씩을 주고 지시를 내렸다. "아무도 볼 수 없는 곳으로 가서 그 닭을 죽여라." 한 제자는 즉시 오두막 뒤로 가서 도끼를 집어 들고 닭 머리를 잘랐다. 다른 제자는 몇 시간 동안 주변을 헤매다가 결국 스승에게 돌아왔는데, 닭은 여전히 산 채로 손에 들려 있었다. "음, 무슨 일이냐?" 스승이 물었다. 제자는 대답했다. "아무도 저를 볼 수 없는, 닭을 죽일 장소를 찾지 못했습니다. 제가 어딜 가든 닭이 보고 있었습니다."

이 사람에게 닭은 실재였다. 닭은 의식이 있었고 고통을 느꼈다. 우리가 우리 자신의 의식 있고 취약한 존재에 친절한 주의를 기울일 때, 모든 존재가 지각 있는 존재이고, 그들도 상처받을 수 있으며, 살아 있기를 원한다는 것을 더 잘 의식하게 된다. 닭과 우리 사이에 공통점이 많다고 생각하지 않을 수도 있지만, 나라얀이 개미에게 했던 것처럼 주의를 깊게 기울이면 모든 살아 있는 존재의 특징인 근본적인 활기와 취약성에 다가가게 된다. 시인 게리 로리스(Gary Lawless)는 다음과 같이 썼다.

동물들이 우리에게 와서
도움을 청할 때
우리는 그들이 무엇을 말하고 있는지 알까?
식물들이 우리에게
섬세하고 아름다운 언어로 말을 걸 때
우리는 그들에게 대답할 수 있을까?
이 지구가
꿈속에서 우리에게 노래를 해줄 때,
우리 자신을 깨워서 행동할 수 있을까?

동물과 식물이 우리 존재의 일부임을 알 때, 우리는 들을 수 있고 대답할 수 있다. 나무를 무시하는 것은 우리의 폐가 울혈로 막혀서 숨을 쉴 수 없을 때 폐를 무시하는 것과 같다. 고운 노래를 부르는 새의 멸종은 살아 있는 음악의 종말을 의미한다. 지구가 꿈속에서 우리를 부를 때, 만약 상호연결의 진리를 깨닫는다면 우리의 가슴은 자연스럽게 보살핌으로 깨어날 것이다. 우리는 생명의 거미줄이 우리의 집임을 기억할 것이다.

"나의 삶이 모든 존재에게 이롭기를."이라는 보살의 염원은 우리가 서로 연결되어 있음을 기억하고 자비의 원을 넓히는 데 아주 쓸모 있는 도구다. 보살은 고통받는 모든 존재를 돕는 일에서 거창한 역할을 가정하거나 도달할 수 없는 이상을 갖지 않는다. 만약 스스로를 작고 분리된 개인으로 여기면서 세상을 떠안는 일이 자기의 임무라고 생각한다면, 우리는 망상과 실패의 함정에 빠지게 된다. 더 정확하게 말해 이로운 존재이기를 바라는 우리의 염원은, 우리 모두가 생명의 그물로 엮여 있고 그 안에서 일어나는 모든 일이 나머지 모두에게 영향을 준다는 근본적 깨달음에서 생겨난다. 우리가 가진 모든 생각, 우리가 하는 모든 행동은 좋든 나쁘든 영향력을 갖는다. 한 호주 원주민 여성은 이러한 상호연결성의 관점에서 감명 깊은 말을 남겼다. "만약 당신이 나를 도우러 왔다면 당신은 시간을 낭비하고 있는 겁니다. 하지만 당신의 운명이 내 운명과 밀접하게 연결되어 있어서 왔다면 함께 일해봅시다."

연대감을 느낄 때, 우리는 다양한 방식으로 상대를 돌볼 수 있다. 가족을 위한 사랑 가득한 가정을 만드는 데 삶을 집중하는 사람도 있고, 가난한 아이들이 더 좋은 음식과 교육을 받을 수 있게 도와줄 법률을 개정하는 데 집중하는 사람도 있다. 혼자서 몇 시간이고 기도하는 사람도 있고, 항상 전화 통화 중인 사람도 있다. 우리는 더 많이 혹은 다른 뭔가를 해야 한다는 믿음을 갖기 쉬운데, 정말 중요한 것은 우리가 돌보고 있다는 사실이다. 마더 테레사의 가르침처럼, "우리는 어떠한 큰일도 할 수 없다. 단지 큰 사랑으로 작은 일을 할 수 있을 뿐이다."

밝은 해가 얼음덩이를 녹이듯, 우리가 연결성과 친절을 느끼는 순간 주변 사람들이 편안하게 마음을 열도록 고무하는 따뜻한 환경이 만들어진다. 우리가 미소, 포옹, 경청, 기도로 자비의 원을 넓힐 때마다 잔물결이 끝없이 퍼져 나간다. 옆에 앉아 있는 사람을 편안하게 해줄 때 우리의 친절은 세상을 통해 퍼져 나간다. 자신의 내면으로 향하든 남에게 주어지든 상관없이, 보살의 자비는 편견 없이 모든 생명을 어루만져주는 보슬비다.

통렌 수행:
자비의 마음 깨우기

티베트의 통렌 수행법은 모두를 아우르는 자비의 마음을 기른다. 통렌은 '받아들이고 내보냄'을 의미한다. 호흡의 흐름과 연결된 이 수행법은 당신 자신을 비롯한 모든 존재의 고통에 직접 마음을 열고 편안함과 보살핌을 보내는 훈련이다. 이제부터 소개하는 명상법은 고통에 직면해서 자비를 일깨우도록 돕는 통렌의 한 형태다.

통렌이 부적절할 때도 있다. 만약 학대의 공포나 만성적인 우울증혹은 심각한 정서적 불균형 등으로 고통받고 있다면 통렌은 정서적 홍수나 진퇴양난의 느낌을 야기할 수도 있다. 이런 경우에는 통렌을 훈련하기보다 치료자나 이 훈련에 익숙한 스승 혹은 믿을 만한 영적 안내자의 지도를 받는 것이 더 좋다.

●

편안하고 깨어있는 상태로 앉는다. 자연스러운 호흡의 리듬을 느끼면서 몸과 마음을 안정시킨다.

전통적인 통렌 수행은 깨어있는 가슴과 마음을 인식하며 기억을 떠올리는 것으로 시작한다. 눈을 뜨고 잠깐 동안 우주의 광대함과 의식 본연의 열려 있음과 비어 있음을 음미한다.

이제 고통스러웠던 경험을 다시 기억해보라. 당신 자신의 고통일 수도 있고, 친구나 가족처럼 가까운 사람의 고통일 수도 있으며, 애완동물처럼 살아 있는 다른 존재의 고통일 수도 있다. 이 고통을 지금 당장 생생하게 가까이에서 느껴본다. 상실, 상처, 두려움이 당신에게 실재하도록 놓아두라. 숨을 들이마실 때 이 고통이 완전히 몸과 마음에 들어오도록 한다. 그것이 다른 존재의 고통일지라도 마치 나의 고통인 것처럼 느껴보라. 그것이 어떤 감각이든 감각의 강렬함에 마음을 열라.

이제는 숨을 내쉬면서 당신이 경험한 고통을 풀어준다. 열린 의식으로 들어가서 열린 공간의 신선한 공기로 그 고통을 씻어낸다. 숨을 내쉬면서 자연스럽게 떠오르는 배려의 기도나 표현을 한다. "당신이 고통에서 자유롭기를.", "나는 당신의 고통을 염려합니다.", "나는 당신이 행복하고 평화롭기를 원합니다."처럼 할 수 있다.

처음에는 상처, 두려움, 슬픔의 고통과 연결된 느낌이 제대로 느껴지지 않을 수도 있다. 이런 경우에는 잠시 동안 들숨과 고통 '받아들이기'에 먼저 집중하라. 몸에서 일어나는 감각에 특별히 주의를 집중하라. 이렇게 해서 고통을 좀 더 충분히 경험하게 되면, 고통을 받아들이고 평안을 내보내는 전체 훈련을 다시 시작한다.

아무 판단도 내리지 말고, 당신이 괴로움을 어떻게 받아들이고 있는지 자세히 살펴보라. 때로는 용감하게도 생생하고 강렬한 고통에 기꺼이 마음을 열 수도 있다. 또 때로는 두려움을 느끼고 방어적인 자세를 취하거나 무감각해질 수도 있다.

만약 저항하고 있다면 저항을 느끼면서 통렌을 하면 된다. 무엇을 경험하든 통렌을 할 수 있다. 두려움이나 무감각의 느낌을 들이마시며 온몸으로 만나보라. 호흡과 함께 용서하는 마음을 내보내면서 저항을 광대한 의식에 바쳐라. 당신이 기꺼이 원하든 저항하든, 호흡과 함께 생생한 고통의 감각을 받아들이고 평안을 내보내는 훈련을 계속하면 된다.

이제 당신이 지금까지 느껴본 고통과 같은 고통을 겪고 있는 세상의 모든 존재를 마음속에 떠올린다. 스토리가 다를지라도, 우리가 실제로 경험하는 신체적, 정신적 괴로움은 똑같다는 걸 느껴보라. 만약 당신이 부적합하고 거부당하는 느낌의 고통을 명상한다면, 이 순간 수백만의 다른 사람들도 똑같은 고통을 느끼는 걸 알아라. 이 괴로움을 생생하게 느끼면서 이런 방식으로 고통받는 모든 사람을 대신해서 숨을 들이마셔라. 그 모든 존재가 느끼는 불안, 슬픔, 상처를 안으로 들이마시고, 그들의 고통을 온전하게 느껴보라. 숨을 내쉬면서 이 엄청난 괴로움을 무한한 공간 속으로 내보내서 무한한 의식에 안기도록 한다. 앞에서 했던 것처럼 숨을 내쉬면서 괴로움을 줄여주는 기도를 올린다.

숨을 들이마시고 내쉬기를 계속하면서 이 보편적인 고통에 마음을 열고, 기도를 통해 무한한 공간으로 들어가라. 당신의 가슴이 이 엄청난 괴로움에 열리게 되면 당신은 그 열려 있음이 된다. 당신이 친절을 바치면 당신의 의식은 자비로 넘치게 된다. 괴로움을 들이마시고 보살핌을 내쉬는 호흡을 계속하면서, 당신의 가슴을 일종의 슬픔 변환기로 느껴보라.

●

괴로움을 느낄 때마다 통렌을 훈련할 수 있다. 텔레비전 뉴스에서 홍수나 화재로 집을 잃은 가족을 볼 수도 있다. 고속도로를 달리면서 교통사고를 목격할 수도 있다. 알코올 중독자 자조모임에서 알코올 중독과 싸우는 누군가의 얘기를 들을 수도 있다. 당신이 숨을 들이마실 수 있는 바로 그곳에서, 그 상처와 두려움의 생생함과 예리함을 느껴보라. 숨을 내쉬면서 동시에 평안을 위한 기도를 하며 고통을 의식의 열린 공간으로 내보내라. 몇 분간 이런 방법으로 수행한 후, 상실이나 심리적 외상혹은 중독으로 고통받고 있는 모든 존재를 위해 호흡하면서 자비의 영역을 확장하라.

11

우리 안의 선함 깨닫기:
용서와 사랑의
마음으로 가는 관문

하나밖에 없는 자식의 삶을
보살피고 인도해주는
자비로운 어머니처럼
한없는 마음으로
자기 자신과 모든 존재를 감싸 안으라.
- 붓다

나는 내가 생각했던 것보다 더 크고 훌륭하다.
내가 그토록 선하리라고는 생각하지 못했다.

- 월트 휘트먼(Walt Whitman)

●　　　　　　에이미는 치료 시간에 도착했을 때 상기되고 불안한 얼굴이었다. 내가 그녀를 봐온 두 달 동안, 그녀는 말이 없고 심리적으로 억압된 상태나 마찬가지였다. 에이미가 내게 온 이유는 자기 존중감 결여 때문이었다. 이번 치료회기에 에이미는 남편의 외도를 어떻게 알게 되었는지 말하기 시작했다. 지난 반년 동안 에이미의 남편은 주말마다 '일과 관련된 프로젝트'로 집밖에서 보내는 시간이 점점 더 많아지고 있었다. 미심쩍은 생각이 든 에이미는 지난 주 남편이 회사 계정으로 받은 이메일을 살펴보았다. 회사 동료인 한 여자가 매우 친밀한 어조로 보낸 수많은 메시지들을 확인하고 에이미는 분노에 떨었다. 그날 저녁 에이미가 남편 도널드를 추궁하자, 남편의 얼굴이 창백해지면서 패배자처럼 슬퍼 보였다. 그는 고개를 끄덕이며 말했다. "당신 말이 맞아. 사실이야." 그는 계속 설명하려 했지만 그녀는 듣고 있을 수가 없었다. 그녀는 모든 게 끝났으며 결코 그를 용서할 수 없을 거라고 말했다.

그날 밤 자신의 부정을 인정한 후, 도널드는 외도를 끝냈다. 그는 에이미에게 용서해달라고, 결혼생활을 위해 한 번만 기회를 달라고 간청했다. 너무 화가 난 에이미는 그에게 어떤 확답도 주지 않은 채 처음에는 냉랭한 침묵으로 일관했다. 그러다가 딸 세리아만 아니었다면 이 결혼생활은 이미 끝났을 거라고 그에게 말했다.

그날 이후 줄곧 그녀는 남편이 그동안 회의에 참석해야 한다거나, 일 때문에 늦는다거나, 팀 기획회의에 가야 한다면서 자신을 속였다는 생각이 마음에 가득했다고 말했다. 배신당했다는 생각에, 가슴에서 분노가 거대한 불꽃처럼 붉게 타오르고 있었다. 그는 추잡한 거짓말쟁이였다. 비정한 악마였다. 그가 했던 모든 말은 기만투성이였다. 결혼 생활 전체가 위선이었다.

배신당했을 때 우리가 맨 처음 하는 반응은 책임을 추궁하며 몰아세우는 것이다. 우리는 선악의 스토리를 만들고 우리에게 고통을 야기한 사람에게 분노의 화살을 겨냥한다. 깊은 원한에 찬 우리는 흔히 우리 삶에서 그들을 완전히 제거할 충분한 증거들을 만들어낸다. 영어로 '원한'을 뜻하는 resentment라는 단어는 '다시 느낀다'는 뜻이다. 우리가 얼마나 부당한 대우를 받았는가에 대한 스토리를 스스로 반복할 때마다, 우리는 상대를 향한 분노를 몸과 마음으로 다시 느낀다. 그러나 타인을 향한 원한은 우리가 스스로에게 갖는 원한을 반영하는 경우가 많다. 누군가 우리를 거부할 때, 그들은 우리가 이미 갖고 있는 관점, 즉 우리 자신이 충분히 선하지도 친절하지도 사랑스럽지도 않다는 관점을 강화하고 있는 것이다.

처음에 에이미의 원한과 분노는 도널드를 향했지만 곧 자신 쪽으로 돌아섰다. 도널드의 외도는 그녀가 가진 최악의 두려움, 즉 자신은 버려지는 게 당연하다는 생각을 증명해주었다. 그녀 스스로 부적격하다고 느꼈던 모든 면들이 그의 거부를 통해 강화되었다. 그녀는 겉으로는 따뜻하고 배려심 있게 보일 수 있었지만, 속으로는 자신이 날조되고 경직되고 터무니없다고 느꼈다. 그녀를 가장 잘 아는 도널드가 그녀를 거부했다는 사실에, 에이미는 무가치감의 트랜스에 빠져서 자신이 사랑스럽지 않다고 확신했다.

직장을 잃거나 심각한 부상으로 고통받거나 사랑하는 사람과 멀어질 때처럼 모든 것이 결딴난 듯이 보일 때, 우리는 자신에게 뭔가 잘못이 있다는 느낌에 구속되어 사는 게 고통스러워진다. 우리는 근본적으로 자신이 결함이 있고 나쁘고 사랑받을 가치가 없는 존재라고 믿게 된다. 에이미처럼 자신의 선함을 잊어버리고, 가슴과 단절되었다고 느낀다. 그러나 붓다는 우리가 아무리 망상 속에서 길을 잃는다 해도 우리의 근본인 불성은 순수하며 더럽혀지지 않는다고 가르쳤다. 티베트 명상 스승 쵸감 트룽파는 "모든 인간은 근본적 선(善)의 본성을 갖는다."고 했다. 근본적 선이란 불성의 빛이며 우리 내면의 깨어있음과 사랑이다.

그렇다고 우리가 잘못을 저지를 수 없다는 의미는 아니다. 하지만 서양에서 인간은 아담과 이브의 후손으로 원죄를 타고나는 것과 달리, 불교에는 원죄를 타고난 인간이라거나 본래 사악한 인간이라는 관점 같은 것은 없다. 우리가 우리 자신이나 남에게 해를 끼칠 때 그것은 우리가 악해서가 아니라 무지해서다. 무지하다는 것은 우리가 모두의 삶과 이어져 있고, 집착과 미움이 더 많은 소외와 괴로움을 가져온다는 진실을 모른다는 뜻이다. 무지하다는 것은 의식의 순수성과, 우리의 근본적 선을 표현하는 사랑의 능력을 모른다는 뜻이다.

모든 사람 안에 근본적 선이 있다는 것을 깨닫는 데는 용기가 필요하다. 트룽파는 이것을 영적 전사(戰士)의 과제라고 부르고, 인간 용기의 진수는 "누구 혹은 무엇에 대해서도 포기하지 않는 것"이라고 말한다. 살인자, 지구를 오염시키는 기업의 CEO, 아동 성추행범에게서 선함을 보려 할 때 특히 어려울 수 있다. 근본적 선은 두려움, 탐욕, 적대감 등이 추하게 얽힌 덩어리 아래 묻혀 있을 수 있고, 그것을 본다는 것이 우리 자신이나 다른 사람들이 행한 해로운 행동을 눈감아주는 것을 의미하지는 않는다. 삶을 근본적으로 수용하는 일은 삶의 온전한 진실을 분명하게 보는 데 달려 있다. 소설가이자 신비주의자인 로맹 롤랑(Romaine Rolland)은 이렇게 말했다. "세상에는 단 하나의 영웅적 행위가 있는데 그것은 세상을 있는 그대로 보고 그것을 사랑하는 일이다." 세상을 있는 그대로 본다는 것은 인간의 취약성과 괴로움뿐만 아니라 인간의 근본적 선도 본다는 의미다. 자신과 타인을 근본적 수용으로 받아들일 때, 우리는 우리의 참된 본성을 덮고 있는 역할과 스토리와 행동의 너머를 본다.

타인 안에서 선함을 보는 것은 자신 안의 선함을 보는 데서 출발한다. 수치스럽거나 우울하고, 억울하거나 자신이 없을 때조차 자신을 포기하면 안 된다. 불교에는 우리를 트랜스에서 벗어나게 하고 우리의 참된 본성인 선함과 사랑의 의식에 다시 이어주도록 고안된 명상법이 있다. 이 명상은 대개 용서로 시작한다. 왜냐하면 용서는 우리의 가슴을 포위하고서 우리 자신과 타인의 선함을 느끼지 못하게 하는 적개심과 비난의 갑옷을 벗겨주기 때문이다. 자비 수행은 선함의 꽃인 사랑을 깨운다.

이 수행의 중심에 있는 근본적 수용은 믿음의 도약에 달려 있다. 우리는 트랜스에 빠져 자신에게 뭔가 잘못이 있다고 생각할지도 모른다. 그러나 우리는 용감하게 그 생각들을 내려놓고 선함의 가능성을 믿는다. 우리 몸이 고통스러운 정서로 채워질 수 있지만, 달아나는 대신에 자신을 믿고 자비로운 존재의 치유하는 힘에 자신을 맡긴다. 우리는 마음을 닫고 자신을 보호할 수도 있지만, 사랑을 위해 우리 자신을 포함해서 누구도 마음 밖으로 밀어내지 않는다. 우리의 믿음을 기꺼이 도약시킬 때 실망하지 않을 것이다. 왜냐하면 망상의 층을 벗겨내면, 항상 그 자리에 있던 선함과 사랑을 발견하기 때문이다.

자신을 용서하기:
마음을 구속하는 비난 내려놓기

다음 만남에서 에이미는 자신의 결점에 대한 얘기를 장황하게 쏟아냈다. 그녀는 부적격한 엄마였고 나쁜 아내였다. 집과 회사 모두에서 어설픈 실패자였다. 그녀는 열네 살짜리 딸 세리아와 서로 얼마나 멀어졌는지를 절실히 깨닫고 있었다. 그들은 좀처럼 대화를 나누는 법이 없어서, 에이미는 세리아가 무슨 생각을 하고 무엇을 느끼는지 거의 알지 못했다. 도널드가 딴 여자에게 의지하게 된 것도 그리 놀라운 일이 아니었다. 누가 그녀처럼 고약하고 이기적인 사람에게 충실하고 싶겠는가?

그녀는 도널드가 지저분하다고 비난했고, 그가 세운 휴가 계획이나 그의 운전습관을 트집 잡았다. 한 가지 에피소드가 그녀 마음속에 떠올랐다. 지난 해 어느 날 밤 함께 침대에 누워 있었을 때 도널드가 그녀에게 사장과 언쟁을 벌인 일에 관해 말하기 시작했다. 에이미는 화를 내며 말을 가로막았다. "그래, 말해봐요. 승진 기회를 망쳐놓은 거예요? 엉망으로 만들었냐구요?" 도널드는 침대에서 일어나서 잠시 어둠 속에 서 있었다. "아니, 에이미……"라고 짧게 말하고서 그는 방을 나가버렸다. 그는 그날 밤도 그 다음날 밤도 침대로 돌아오지 않았다. 내게 이 얘기를 한 후에 에이미는 가만히 앉아서 바닥을 내려다보았다. 지친 목소리로 그녀가 말했다. "내가 누구에게 더 화가 나 있는지 모르겠어요. …… 도널드인지 나 자신인지."

분노와 원한이 타인을 향하든 우리 자신을 향하든 상관없이 결과는 똑같다. 그것들은 더 깊은 상처와 수치심의 고통에서 우리를 보호하는데, 이 감정들을 회피하는 한 우리는 자신과 타인에 대한 사랑과도 차단된 채 갑옷 안에 갇혀 있게 된다.

계속해서 보아왔던 것처럼, 탈출구는 고통의 근본적 수용에서 열리기 시작한다. 원망의 스토리에서 빠져나와 수치심과 두려움의 느낌을 직접 몸으로 경험할 때, 우리 자신을 자비의 마음으로 보기 시작한다. 과거 사건에 대한 자동반응에서 자유로워지기 때문에 자신을 화난 사람, 배신당한 사람, 나쁜 사람과 동일시하지 않고 지금 이 순간을 지혜와 친절로 마주할 수 있다. 이것이 용서의 핵심이다. 자기 자신이나 다른 누구에게 화가 났든 상관없이, 원망을 내려놓고, 밀어내려고만 해왔던 고통에 마음을 열어 용서한다.

그러나 우리가 스스로에게 완전히 등을 돌리고 있을 때는 용서가 불가능해 보일 수 있다. 크리스티가 받은 성적 학대에 대해 죄책감을 가졌던 마리안처럼, 자신이 엄청난 괴로움을 야기했다고 여길 때 자신에게 자비를 느낀다는 것은 상상할 수 없다. 나는 에이미에게 물었다. "자신이 그토록 남을 비난하는 사람이라는 점과, 그런 실수를 했다는 점에 대해 당신 자신을 용서할 수는 없나요?" 그녀는 주저 없이 대답했다. "아니요! 나 자신을 용서한다는 것은 나를 봐주는 것입니다. …… 그것이 어떻게 나를 더 좋은 엄마 혹은 더 좋은 아내로 만들어줄 수 있겠어요?" 나는 부드럽게 말을 계속했다. "자신을 용서하지 못하게 하는 다른 뭔가가 있나요, 에이미?"

그녀가 비통하게 대답했다. "왜 내가 나를 용서해야 하는 거죠? 이미 상처받은 사람들에게 아무런 도움이 되지 않아요. 나는 이미 내 가족을 망쳤어요. 너무 늦었어요." 그러나 한편으로는 에이미도 목 주변에 걸린 자기혐오의 올가미를 필사적으로 제거하고 싶어 한다는 것을 나는 알았다. 내가 물었다. "당신이 나쁜 사람이라는 스토리를 잠깐 동안만 옆으로 치워두면 어떨까요?" 그녀는 잘 모르겠다고 말했지만 기꺼이 시도하려고 했다.

내가 그녀에게 몸의 느낌에 주의를 두라고 했을 때, 에이미는 마치 깊은 수치심의 구멍, 악의 늪에 빠지고 있는 것 같다고 말했다. 곧바로 몇 년 전 기억이 그녀의 마음속에서 스프링처럼 튀어 올랐다. 집에서 사무를 보고 있었는데, 세리아가 계속해서 징징거리는 바람에 에이미는 화가 나 있었다. 그녀는 딸을 말 그대로 한 팔로 질질 끌고 서재로 데려가서 텔레비전을 켜놓고 그 방에서 나오지 못하게 했다. 그녀는 내보내달라고 우는 딸을 무시한 채 두 시간 동안이나 세리아를 가둬 두었다. 내게 이 얘기를 한 후에 그녀가 물었다. "타라, 자기 아이를 그같이 다룬 나를 어떻게 용서하겠어요? 내 자신이 너무 수치스러워요."

나는 에이미에게 자기 자신을 용서하려고 하는 대신에 그저 수치심에게 용서의 메시지를 보내라고 말했다. 마음속에 있는 수치심을 용서할 수 있나요?"라고 묻자 에이미는 고개를 끄덕이며 속삭였다. "나는 이 수치심을 용서합니다. …… 나는 이 수치심을 용서합니다." 그녀가 꽤 오랫동안 말이 없어서, 나는 무슨 일이 일어나고 있는지 물었다. "음," 그녀는 천천히 말하기 시작했다. "더 이상 수치심이 느껴지지 않아요. 지금은 두려움에 더 가까워요." 나는 두려움과도 같은 방식으로 함께할 수 있음을 알려줬다. 거기에 그대로 두고, 느끼고, 용서를 보내는 것이다. 몇 분 후에 에이미가 말했다. "나는 내가 누구와도 가까워질 수 없을까봐 두려워한다는 것을 알아요. 나는 모두를 밀어내요. 나는 내가 정말 어떤 사람인지 사람들이 알게 되는 걸 원치 않아요." 에이미는 얼굴을 감싸고 울었다. 나는 그녀에게 슬픔까지도 용서하라고 부드럽게 말해주었다. 원한다면 단순히 "용서받음, 용서받음."이라고 말해도 된다고 얘기해줬다. 그녀는 무릎을 가슴 쪽으로 끌어안고 앞뒤로 흔들면서 자신의 원한 아래 묻혀 있는 슬픔을 용서하고 마음을 열었다. "내가 세리아, 도널드, 친구들을 사랑할 수 있었던 많은 시간들이 있었는데…… 그러질 못했어요."

불타는 분노, 신경을 갉아먹는 불안, 잔인한 생각들 혹은 완전한 낙담 등 무엇이 올라오든 각각을 곧바로 용서하여 내면의 삶을 있는 그대로 허용한다. '자기'를 용서하는 것이 아니라 자기와 동일시된 경험을 용서한다. 심장을 딱딱하게 하고 몸과 마음을 위축시키는 저항이 계속해서 올라오는 동안 "나는 이것을 용서합니다." 혹은 "용서받음."이라고 말하면, 감정이 풀려나서 변하도록 만드는 따뜻함과 부드러움이 솟아난다.

슬픔이 마침내 가라앉았을 때, 에이미의 몸이 매우 고요해지고 얼굴은 편안해졌다. 머리를 의자 등받이에 기대고 앉은 그녀의 호흡은 길고 느려졌다. 그녀가 나를 봤을 때 눈은 빨갛게 부어 있었지만 평화로워 보였다. 에이미는 의자에 조용히 몸을 웅크린 채, 초등학교 2학년 때 집 근처 쓰레기통에서 길 잃은 개 한 마리가 코를 벌름거리던 것을 발견한 일에 관해 얘기했다. "첫눈에 반했어요." 그녀가 말했다. 그녀는 부모님이 그 개를 동물보호소에 데려다줄 것 같아서 엉엉 울었다. 결국 가족은 그 개를 입양했고 '루디'라는 이름을 지어주었다. 루디를 시작으로 그 뒤로도 줄줄이 입양을 해서, 에이미는 여러 마리의 개와 고양이, 다친 새 한 마리 등 길 잃은 동물 여러 마리를 돌봐주었다. "모두들 내가 동물들에게 매우 친절하다고 말하곤 했어요. …… 나는 개들을 사랑했어요. 개들은 내 친구였어요." 말을 하는 에이미의 얼굴이 부드러워졌다. 심하진 않지만 도널드의 동물 털 알레르기가, 지금 본격적인 동물원을 만들지 못하게 막는 유일한 방어선이라고 농담까지 했다.

그러고는 더 차분한 목소리로 "있잖아요, 나는 정말 사람들을…… 동물들을 염려해요. …… 항상 그래왔어요." 그녀가 이 말을 했을 때 나는 그녀가 스스로 치유의 문을 열기 시작했음을 알 수 있었다. "에이미, 당신은 좋은 사람이에요. 당신 스스로 그렇다고 믿길 바라요." 나는 그녀에게 애완동물들과 함께 찍은 사진이 있는지 물었다. 만약 있다면 그 사진들을 보는 시간을 가져보라고 했다. 어릴 적 사진을 보면서, 그녀가 무엇을 느낄 수 있는지 알아볼 수도 있다고 했다.

회기를 끝내면서 에이미에게 자신을 용서하고 자신의 선함을 믿는 것을 익히는 데 오랜 시간이 걸릴 수도 있음을 상기시켰다. 내 경우에 자신을 20~30번 계속해서 용서해야 하는 날도 있다고 얘기해주었다. 나는 보통 그렇게 할 때 절차를 따르는 명상을 하지는 않는다. 단지 내가 나 자신을 판단하거나 싫어하고 있다는 것을 깨닫고, 내가 느끼고 있는 고통에 자비를 베푼다. 의식적으로 원망을 내려놓으려고 하고, 스스로에게 더 친절하려고 노력한다.

나는 에이미에게 매일 밤 잠자리에 들기 전 그날 자신을 좋지 않게 생각하게 만든 어떤 일을 마음속에 담고 있는지 훑어보는 용서스캔 (forgiveness scan)을 해보라고 제안했다. 회사에서 실수를 했을 수도 있고, 남편을 깎아내리는 말을 했을 수도 있다. 만약 자신을 미워하고 있음을 깨닫는다면, 자책, 두려움, 분노 혹은 수치심의 고통을 느끼고 "용서받음, 용서받음."의 메시지를 보낼 수 있다. 그녀는 또한 자신이 최선을 다하고 있다고 스스로에게 부드럽게 떠올려줄 수도 있다.

자신을 용서하는 일은 살아 있는 동안 계속되는 과정이다. 하지만 우리는 자신과 타인의 잘못에 관한 스토리를 재생하는 데 너무 익숙해서, 원망하고 긴장한 마음으로 살아가는 것이 우리에게 가장 친숙한 존재 방식일 수 있다. 자신의 잘못에 관한 스토리들에 수천 번 붙잡혀 있는 자신을 발견할 수도 있다. 수천 번 자기 탓을 하며 더 깊은 고통이 살고 있는 곳으로 떨어질 수도 있다. 매번 용서를 통해 자신을 자유롭게 할 때마다, 우리의 근본적인 선에 대한 인식이 강화된다. 에이미가 발견한 것처럼, 자신이 삶을 돌보고 있음을 다시금 믿기 시작한다.

시간을 두고 자신을 계속 용서하면 삶이 완전히 변모된다. 사형선고를 받은 사형수들이 자신이 초래한 괴로움을 진심으로 대면하여 스스로를 용서할 수 있게 된 얘기들은 잘 알려져 있다. 엄청난 고통의 문을 열었기 때문에, 그들의 마음이 부드러워지고 깨어나게 된 것이다. 다른 수감자들, 간수들, 교도소 사제 및 친척들도 그들 내면에서 반짝이는 자유의 빛을 알아챌 수 있었다. 이 수감자들은 처벌을 면하지는 못했지만, 자신의 행위에 대해 온전한 책임을 지는 동안 자신의 근본적 선의 진실을 깨달을 수 있었다.

에이미가 그랬던 것처럼, 자신을 용서하는 일이 어쩌면 해로운 행동을 묵인하거나 해로운 방식을 고수하도록 허용하는 것이 아닌가 걱정할 수 있다. 자신을 용서한다는 것이 "내가 했던 일은 어쩔 수 없는 것이었다. …… 그러니 그에 관해 잊어버리는 것이 상책이다."라고 말하는 것은 아니다. 또한 자신을 탓하는 생각에서 벗어나는 것이 책임을 밀어내는 것도 아니다. 우리가 했던 어떤 일에 대해 죄의식을 느끼고 자신을 나쁘게 생각하는 것은, 일시적으로 해로운 행동을 억누를 수 있지만 결국에는 더 많은 해로운 행동으로 이어질 뿐이다. 우리는 자책을 통해 좋은 사람이 될 수 없다. 우리 자신을 용서하는 자비로 감싸 안을 때만, 선함을 경험하고 지혜와 배려로 주변 상황에 반응하게 된다.

자기 내면의 선함을
보는 방법 배우기

에이미는 이후로 몇 주 동안 도널드에게 거의 말을 하지 않았다. 그는 거실 소파에서 잤고, 그녀는 다음에 무엇을 해야 할지 정말이지 확신이 없었다. 그녀는 내게 말하기를, 결혼을 끝내고 싶지는 않지만 모든 것이 정상인 척하며 그가 했던 행동들을 아무렇지 않게 넘길 수는 없다고 했다. 에이미는 여전히 고통과 불안 속에 있었지만, 나는 우리의 만남을 통해 그녀에게 뭔가 변화가 일어나고 있으며 그녀의 내면이 열리고 있음을 알 수 있었다.

에이미는 다음번 만남에 작은 사진 꾸러미를 들고 왔다. 그녀는 사진들을 커피 테이블 위에 꺼내 놓았고, 우리는 소파에 나란히 앉아서 그것들을 보았다. 한 장은 에이미가 아기였을 적에 엄마 품에 안겨 있는 사진이었는데, 우리는 귀엽고 눈망울이 커다란 사진 속 작은 아기를 보고 미소를 지었다. 또 다른 사진에서 그녀는 두 살쯤이었고, 아빠의 어깨에 올라타서 아빠 머리를 끌어안고 웃고 있었다. 에이미는 활짝 웃었다. "있잖아요, 이 아이가 행복한 걸 보니 나도 행복해져요!" 다른 사진에서 그녀는 여덟 혹은 아홉 살쯤이었고, 입양된 동물 친구들과 함께 있었다. 그녀는 루디를 안고 침대에 누워 있었는데, 가슴 위에는 새끼 고양이 샘이 잠들어 있었고 손으로는 작은 새를 조심스럽게 감싸 쥐고 있었다. 동물들과 함께 있는 사진을 보며, 에이미는 자신을 좋은 사람으로 느끼는 것이 무엇인지 기억해냈다고 말했다. "타라, 지난주에 내게 그 말을 했을 때 그걸 받아들이기 힘들었어요. 하지만 이 사진들을 보면서,

바로 지금 그것을 느낄 수 있다고 생각해요. 그 선함과 순수함이 여전히 내 안에 있어요."

자신의 선함을 기억해내는 것조차, 에이미 자신이 나쁘고 사랑받을 수 없다는 믿음을 내려놓는 데 달려 있었다. 이전 회기에서 그녀는 고통에 마음을 열고 자비로 감싸 안는 용서 과정을 시작했었다. 그녀는 용서스캔 역시 도움이 됐다고 했다. 어느 날 밤, 자신의 부동산 고객을 제대로 도와주지 못한 상황에 대한 기억이 떠올랐는데, 그녀는 그냥 몸에서 불안과 수치심을 느끼며 그것들이 거기에 있는 것을 용서했다. 에이미는 미소 지으며 말했다. "내가 초조해할 수는 있지만, 여전히 좋은 사람이라는 것을 깨달았어요."

에이미가 사진들을 모으기 시작했을 때, 나는 일어나서 상담실 서가에 있는 책을 가져와 내가 가장 좋아하는 시가 있는 페이지를 펼쳤다. 에이미에게 시인 카비르(Kabir)가 쓴 시 몇 줄을 소리 내어 읽어줬다.

우리는 새와 짐승과 개미를 사랑하는
어떤 영혼이 있음을 안다.
그건 아마 그대가 어머니 배 속에 있을 때
그대에게 빛을 주던 바로 그 존재일 것이다 …….

"이 시를 보면 당신과 당신의 사랑스런 영혼이 떠올라요. 에이미…… 당신이 보살핀 그 동물들이 당신이 누구였는지 기억할 수 있게 도와주었다고 생각해요." 그녀는 미소를 지어 동의하면서 사진 꾸러미를 톡톡 두드려서 정리했다. "이 사진들이 내게는 예배당이에요.

내가 종종 떠올려야 할 순간이 있다면 바로 이 사진 속 시간들 이죠."

자신의 선함을 돌아보는 일은 불교 수행에서 좋은 방편이다. 왜냐하면 그 행위가 우리의 가슴을 열어주고, 영적 수행 과정에서 신념을 고무하기 때문이다. 만약 자신이 나쁘다는 생각에 붙잡혀 있다면 스스로 위축되고 숨게 된다. 반면에 선함을 믿는다면 우리는 타인에게 문을 열고 그들을 돕고 싶은 열의를 느끼며, 기쁨에 차서 영적인 길을 향해 헌신적으로 나아가게 된다.

선함을 기억하는 방법으로 추천하는 몇 가지 전통 수행법이 있다. 우선 우리 자신에게 감사할 만한 자질이나 행동이 있는지 살펴보는 것으로 시작할 수 있다. 예를 들어 내가 누군가에게 친절했던 사례를 기억할 때, 배려와 관대함의 온기를 맛볼 수 있다. 내 의견을 접어두고 누군가의 말을 깊이 경청했던 때나 친구가 좋아할 만한 책을 친구에게 그냥 줬던 때를 기억할 수 있다. 모차르트 음악을 듣고 감동하거나 별이 총총한 밤하늘에 외경심을 느낄 때, 나는 인생의 선함과 아름다움을 느낀다. 삶이 재미있을 때, 내가 실재하고 인간적이며 근본적으로 선하다는 것을 느낀다.

때때로 나 자신에게 감사한다는 생각이 이상하거나 자기 본위적이게 느껴질 수도 있다. 이런 경우에는 행복해지고 싶은 나의 근본적 욕구를 인정하고, 모든 인간 존재들처럼 나 역시 사랑받기를 갈망하며 내가 선하다고 느끼고 싶어 한다는 것을 알아차리는 것이 더 솔직한 반응이다. 이 깊은 갈망에 주의를 기울일 때 나 자신을 향한 따뜻함의 참된 느낌과 다시 연결된다.

때론 우리를 사랑하는 사람의 눈을 통해 우리 자신을 보는 것이 자신의 진면목을 가장 쉽게 알아내는 방법일 때도 있다. 한 친구가 내게 말하기를, 자신의 영적 스승의 눈을 통해 자신을 보면 자기가 진리를 찾는 데 얼마나 깊이 몰두하고 있는지를 기억하게 된다고 했다. 나를 찾아오는 내담자 가운데 한 사람은, 할아버지가 자신의 소년 같은 호기심과 풍부한 창의력을 얼마나 즐거워했는지를 기억할 때 자신이 사랑스런 존재임을 깨닫는다고 했다. 가끔씩 친한 친구의 눈을 통해 자기 자신을 보면 우리의 좋은 자질을 기억하는 데 도움이 된다. 친구는 우리의 유머와 따뜻함, 환경을 지키려는 열정, 삶에서 진짜로 일어나고 있는 일을 기꺼이 말하려는 솔직함 등을 사랑할 것이다.

우리의 진가를 알아봐주는 누군가가 인간 세상에 한정될 필요는 없다. 한번은 자동차 범퍼 스티커에 다음과 같은 문구가 쓰여 있는 것을 보았다. "신이시여, 내 개가 나를 보듯 내가 나를 볼 수 있게 도와주소서." 개는 왜 우리를 보고서 행복해하는가? 개는 오로지 먹이를 주거나 산책을 시켜주는 것만을 원한다는 게 질문에 대한 답일지도 모르지만, 우리의 일관된 행동을 동물들이 인식한다는 점 자체만으로 우리의 가치 있는 면이 드러난다. 우리를 사랑하는 사람의 눈을 통해 보는 훈련은 우리의 아름다움과 선함을 기억해내는 강력하고도 가장 효율적인 방법일 수 있다.

우리 자신의 선함을 보는 단순한 훈련을 통해, 우리가 분리되어 있고 무가치하다고 느끼게 만드는 원망과 자기혐오의 뿌리 깊은 습관들을 원상태로 돌릴 수 있다. 인도의 영적 스승인 바푸지(Bapuji)는 자신의 선함을 소중히 여기라는 애정 어린 말을 우리에게 전한다.

나의 사랑스러운 아이여,

너의 가슴을 더 이상 무너뜨리지 마라.

너 자신을 판단할 때마다 너의 가슴이 무너진다.

너는 생명력의 원천인 사랑을 더 이상 먹지 않는구나.

드디어 그때가 왔다. 너의 때가

자신의 선함을 보고 축하하고 살기 위한……

그 누구도, 그 무엇도, 그 어떤 생각이나 이상도 너를 방해하게 놔

두지 마라.

설사 '진실'이라는 이름으로 온다고 할지라도,

그것의 무지를 용서하라.

싸우지 마라.

그냥 놔둬라.

그리고 호흡하라—너 자신의 선함 속으로.

자신의 선함을 보지 못해 자신을 배반할 때마다 우리는 자신의 가
슴을 무너뜨린다. 스스로 부족하다고 판단할 때 우리는 자신의 가슴을
무너뜨린다. 비록 에이미가 몇 년 동안 자신의 가슴을 무너뜨렸지만, 그
녀는 이제 자신의 선함을 보고 치유를 향해 나아가기 시작했다. 우리가
자신을 보는 방식은 맺고 있는 인간관계에 크게 영향을 받기 때문에, 자
신의 선함에 대한 에이미의 믿음은 타인에게 용서받는다고 느꼈을 때
더 깊어질 것이다.

용서받는다는
느낌이 주는 축복

어느 늦은 오후, 사무실에서 집으로 운전하고 가던 에이미는 교통체증에 갇혔다. 그녀가 집에 도착했을 때는 저녁식사를 준비할 시간이 거의 남아 있지 않았다. 그녀가 새로 들어간 회사의 사장 부부가 저녁 식사를 하러 집에 오고 있었는데, 도널드마저 출장을 떠나 있어 도와줄 사람이 없었다. 그녀가 부엌으로 들어갔을 때, 조리대 위에 토마토소스로 뒤덮인 접시들이 쌓여 있고 그 옆에 반쯤 마신 소다수 캔 몇 개가 뒹굴고 있는 것이 보였다. 에이미는 폭발했다. 그녀는 세리아의 방으로 뛰어가서 요란스런 음악을 끄고 딸 친구들을 집으로 돌려보냈다.

　문이 닫히자 그녀는 세리아를 공격했다. "너는 어쩜 그리 생각이 없을 수 있니! 손님이 올 것을 알고 있었잖니." 세리아가 "엄마, 내게 부탁했어야 하는 거 아니에요?"라고 말하는데, 에이미는 말을 가로막고 자신이 도움을 애원해야 할 필요는 없지 않느냐고 소리를 질렀다. "친구들과 음악만 중요하고…… 너는 다른 것에는 관심도 없구나." 에이미는 문을 꽝 닫고 세리아의 방을 나와버렸다.

　뒤이은 침묵 속에서 에이미는 자신의 날카로운 목소리가 메아리치는 걸 들을 수 있었다. 심장은 쿵쾅거렸고, 호흡은 빠르고 얕았다. 갑자기 딸이 걸음마를 배우던 아기였을 때의 모습이 마음속에 떠올랐고, 세리아가 자신을 위해 민들레를 꺾어 꽃다발을 만들곤 하던 모습이 기억났다. 곧이어 떠오른 또 다른 기억에서는 그녀와 세리아가 봄꽃을 엮어서 서로 머리를 장식해주며 오월의 여왕으로 변신시켜주고 있었다. 에

이미는 돌아서서 문을 부드럽게 노크했다. 세리아가 문을 열고 잠자코 서 있었다. "믿을 수가 없구나, 세리아. 내가 너에게 이렇게 하고 있다는 것을 믿을 수가 없어." 에이미는 침대에 앉았고 말을 쏟아냈다. 그녀는 자기들의 삶을 그토록 비참하게 만든 데 대해 미안했다. 자신과 애 아빠 사이에 일어나고 있는 일에 대해서도 미안했다. 자신이 그런 식의 엄마 인 게 미안했다. 세리아를 위해 충분히 같이 있어주지 못한 것이 미안했 다. 미안하고, 미안하고, 미안했다.

세리아는 잠시 동안 아무 말 없다가, 이윽고 말문을 열었다. "엄마, 누구도 완벽하지 않아요. 하지만 나는 항상 엄마가 나를 사랑한다는 것 을 알고 있어요. 그게 중요한 것 아닌가요?" 에이미는 딸의 맑고 푸른 눈을 들여다보면서 그녀가 진실을 말하고 있음을 알았다. 세리아는 엄 마가 자신을 염려한다는 것을 한 번도 의심한 적이 없었다. 에이미가 불 안하고 지치고 비판적일 때조차도, 세리아는 그녀의 흔들리지 않는 사 랑을 느꼈다. 분명히 그녀는 엄마에게 화가 났고, 때로는 엄마 옆에 있고 싶지 않을 때도 있었다. 하지만 그녀는 자신이 엄마를 필요로 할 때면 언제나 엄마가 거기에 있었다는 것을 알았다. 에이미는 큰 안도의 물결을 느꼈다. 죄의식과 경멸을 느끼는 대신에 그녀는 용서받았다고 느꼈다.

그 후 에이미는, 스스로 성질 고약하고 비판적이라는 것을 알아차 렸을 때 세리아의 사랑스런 푸른 눈을 기억하면 고통스러운 자책의 고 삐가 풀리기 시작했다. 자기 자신을 판단하는 습관이 계속되기는 했지 만, 자신이 나쁘다는 느낌이 들 정도는 아니었다. 세리아가 용서했기 때 문에, 에이미는 자신에게 더 부드럽고 친절해질 수 있었다.

용서받았음을 알게 되면 우리는 진정 자유로워진다. 특히 그 용서가 우리의 모자람을 자비로 감싸 안을 때는 더욱 더 그렇다. 나는 병원에서 에이즈로 사망한 한 여성에 관한 가슴 뭉클한 얘기를 들었다. 그녀는 지난 십 년간 헤로인에 중독되어 살았는데, 마약이 눈앞에 있기만 하면 다음에 마약을 어디서 구할지 걱정도 안했다. 그녀가 지금껏 유일하게 사랑한 사람은 딸이었다. 그러나 딸에 대한 사랑조차 그녀가 자신의 삶을 망가뜨리는 것을 막지 못했다.

어느 날 젊은 가톨릭 신부가 지역 병원을 순회하다가 이 여성을 우연히 만났는데, 그녀는 매우 수척했고 병든 간 때문에 안색이 누렇게 떠 있었다. 그는 그녀 침대 옆에 앉아서 어떤지 물었다. "나는 가망이 없어요." 그녀가 대답했다. "내 삶을 망쳤고, 내 주변 사람들의 삶도 모두 망쳤어요. 내게 희망은 없어요. 나는 지옥에 갈 거예요."

신부는 잠시 아무 말 없이 앉아 있었다. 그러다 서랍장 위 액자에서 예쁜 소녀 사진을 발견했다. "누구예요?" 그가 물었다. 여인은 약간 생기가 돌았다. "내 딸이에요. 내 삶에서 유일하게 멋진 것이죠."

"그녀가 곤경에 처하거나 실수를 할 때 당신은 그녀를 도와주겠습니까? 그녀를 용서해줄 건가요? 여전히 그녀를 사랑할 건가요?"

"물론이죠!" 여인이 울먹였다. "나는 그 애를 위해서라면 무엇이든 할 겁니다! 내게 그 애는 항상 소중하고 예쁠 거예요. 왜 그런 질문을 하죠?"

신부가 말했다. "신의 서랍장 위에 당신 사진이 놓여 있다는 것을 알려 주고 싶기 때문입니다."

신부는 조건 없는 용서와 사랑의 메시지를 통해 이 여인에게 그녀의 선함과 순수를 되돌려주고 있었다. 불교 관점에서 보면, 자신의 실수와 죄를 자비의 눈으로 볼 수 있을 때 자신을 미움과 비난의 굴레에 계속 묶어 놓는 무지에서 벗어나게 된다. 그리고 우리의 불완전함이 근본적 선에 오점을 남기지 않음을 알게 된다. 이것이 용서받는다는 느낌의 의미다. 우리의 참된 본성을 자각하면 아무것도 잘못된 것이 없음을 알게 된다.

용서받는 느낌은 마음을 여는 확실한 방법이다. 전통적 불교 수행에서는 이러한 느낌의 힘을 잘 알고 있다. 그래서 모든 존재에게 자비를 보내는 명상 수행을 시작하기 전에, 먼저 우리가 의도했든 안 했든 해를 끼쳤을지 모를 누군가에게 조용히 용서를 구한다. 용서를 구하는 작은 행동으로도 우리의 가슴은 부드러워진다. 우리가 해를 끼쳤을지 모를 구체적인 사람들을 생각하며 조용히 그들의 용서를 구하면 용서받을 가능성을 더 크게 열 수 있다.

에이미가 발견한 것처럼, 타인으로부터 용서받는 느낌은 우리가 자신을 더 깊이 용서할 수 있게 한다. 전통적 용서 훈련의 또 다른 단계는 기꺼이 자신을 용서하는 것이다. 우리가 자신과 타인에게 용서받았다고 느끼며 고통스러운 자책의 갑옷을 벗을 때, 비로소 우리는 명상 중에 진심으로 타인을 용서할 수 있다.

타인을 용서하기:
그 누구도 마음 밖으로 밀어내지 않기

삶의 모든 부분들처럼, 용서도 자연스러운 전개 과정이 있다. 대개 자기 자신을 용서할 준비가 되어 있지 않으면, 우리에게 상처를 준 사람을 용서할 수 없다. 우리는 의지로 용서할 수는 없다. 용서는 노력의 산물이 아니라 열림의 산물이기 때문이다. 이 때문에 용서하려는 의도가 용서 과정에서 그처럼 중요한 자리를 차지하고 있는 것이다. 용서하고자 하지만 별로 용서할 준비가 되어 있지 않은 것은 문을 조금 열어 놓은 것이다.

아는 사람에게 상처를 받았다면, 누군가를 마음 밖으로 밀어내지 않을 용기를 갖기가 매우 어렵다. 그러나 영적 전사로서 어느 누구도 포기하지 않으려는 우리의 의도는 애정의 유대가 없는 이에게 깊이 상처를 받을 때 가장 혹독한 시험대에 오른다. 딸을 성폭행한 전혀 모르는 사람을, 폭탄으로 친구를 죽인 정치 테러범을 어떻게 용서할 수 있겠는가?

내가 이끈 명상수련회에 참석했던 한 수련생은, 자신의 아들을 평생 걸을 수 없게 만든 남자를 용서하려는 그녀의 투쟁을 내게 얘기했다. 어느 날 저녁 그녀가 바르 미츠바(bar mitzvah)(유대인 남자아이가 13번째 생일을 맞으면 종교적으로 성인이 되었음을 기념하여 치르는 의례—옮긴이)에 참석한 아들 브라이언을 차에 태우고 집에 가던 중에, 음주 운전자가 몰던 차가 중앙선을 넘어와 그들의 차와 충돌했다. 그녀는 조금 다쳤지만, 브라이언은 차가 뒤집히면서 땅바닥에 깔려서 다리가 으스러졌다. 용서는 길고 고통스러운 과정이었다. 그녀는 불타오르는 분노와 비통한 상실의 폭풍을 수천 번이나 느꼈다. 적개심이 끓어오를 때 자신의 심장이 딱딱해짐을 느꼈다. 오직 용서를 통해서만 사랑과 자유를 되찾을 수 있음을 안 그녀는 그 남자를 용서할 의도를 갖게 되었다. 그녀는 점차 고통스러운 느낌이 일어날 때마다 용서하며 그 느낌들이 그녀를 통해 흘러가게 놔두었다. 그렇게 하면서 몇 년이 지나자 그녀의 가슴은 그 남자를 수용할 만큼 넓어졌다. 구체적으로 알지는 못했지만, 그녀는 그도 매우 고통스러워한다는 것을 알았다. 그가 의도적으로 고통을 주려고 했던 것이 아니라는 것을 알았다. 결국 모든 존재의 선함을 기억함으로써, 그녀는 마음을 열고 용서의 마음으로 그를 감싸 안을 수 있게 되었다.

우리는 용서하지 못하는 것이 우리의 마음을 딱딱하게 만들고 감옥에 가둔다는 것을 이해하기 때문에 용서할 의도를 유지한다. 만약 누군가를 향해 미움을 느낀다면, 과거의 괴로움의 사슬에 묶여 참된 평화를 찾을 수 없다. 우리는 우리 자신의 마음을 자유롭게 하기 위해 용서하는 것이다.

도널드의 외도를 안 지 처음 6개월 동안 에이미는 상처와 분노가 너무 커서 그를 용서한다는 것을 상상할 수조차 없었다. 하지만 그녀의 마음이 열려서 스스로를 용서했을 때 비로소 도널드에 대해서도 다르게 느낄 수 있겠다는 생각이 들기 시작했다. 어느 날 그녀는 준비가 되면 그를 실제로 용서할 생각이라고 내게 말했다.

도널드를 용서한 일은 거의 모르는 새에 일어났다. 에이미는 그가 세리아에게 얼마나 다정했는지, 자신의 말을 얼마나 주의 깊게 들어줬는지를 알았을 것이고, 그래서 마음이 약간 부드러워졌을 것이다. 언젠가 친구가 아팠을 때 그를 차에 태워 의사에게 데려가고, 매일 저녁 그에게 먹을 것을 사다주는 등 도널드가 얼마나 힘이 되어줬는지 에이미는 보았다. 그리고 확실히 그녀에게 잘하려고 아주 열심히 노력하고 있었다. 그녀가 출근하려고 옷을 입으면 칭찬하려고 노력했고, 출장 갈 때는 반드시 행선지와 자신에게 연락할 수 있는 방법을 정확하게 일러줬다. 어느 날인가 저녁식사 중에 그녀는 도널드가 회사의 아마추어 배구팀 경기에 관해서 말할 때 웃고 있는 자신을 발견했다. 얘기가 계속되면서 그녀는 어떤 것이든 재미있게 얘기할 수 있는 그의 면모를 자신이 얼마나 좋아했는지를 기억해냈다. 여전히 강렬한 배신감이 그녀를 휩쓰는 때가 많았지만 뭔가가 변화하고 있었다.

에이미가 말하기를, 언제인지 확실치 않지만 어느 날 자신이 복도 벽에 걸린 결혼사진을 바라보고 있었으며, 도널드가 정말 나쁜 사람은 아니라는 것을 깨달았다고 했다. 그는 큰 실수를 저질렀고, 아마도 그 일 때문에 그녀는 자신에 관한 정말 고통스러운 뭔가를 알아차렸다. 하지만 그는 사악하거나 악의적인 사람이 아니었다. "'그래, 그를 용서한다.'라고 생각했던 정확한 순간은 결코 없었어요." 그녀가 말했다. "어느 샌가, 더 이상 힘들게 그를 밀어낼 필요가 없어졌어요."

에이미는 분명하게 인식하지 못했을지도 모르지만, 나는 치유 과정을 함께하면서 그녀가 자신에 대해 더 좋게 느끼게 될수록 도널드를 향해 마음이 더 열렸다는 것을 알 수 있었다. 자신의 선함을 보게 되면서 도널드의 선함을 보는 데까지 마음이 열린 것이다. 배우자의 외도 사건에서 간혹 그러하듯이, 에이미와 도널드는 시간이 지나면서 서로 더 깊고 진실한 관계로 돌아갈 길을 발견했다. 두 사람 모두 변했다. 하지만 나는 그들이 성공에 이르기까지, "나는 가치 없다."는 인식 속에 숨어 있던 감정을 기꺼이 수용하고 용서하고자 한 에이미의 의도가 더 큰 역할을 했다고 본다.

원한과 책망을 내려놓고 기꺼이 용서하려는 의도를 갖는 것이 상처 주는 행동을 변명하거나 상처를 더 크게 만드는 것을 의미하지는 않는다. 에이미에게 용서란 도널드가 결혼생활에 대한 불만을 표현한 방식을 인정하거나 어떤 식으로건 그의 기만을 용납하는 것을 의미하지 않았다. 그녀는 남편에게 함께 부부상담 받기를 제안했고, 자신의 치료도 계속 진행했다. 용서는 당하고도 가만히 있거나 화난 것을 부정하는 것이 아니었다. 남편이 또다시 결혼생활을 배신하더라도 가만히 앉아 있는 것을 의미하지도 않았다. 그녀는 도널드의 선함을 볼 수 있었고 제한선 역시 그어놓았다.

용서할 때, 우리는 타인을 그들의 바람직하지 않은 행동과 완고하게 동일시하는 것을 그만둔다. 어느 것도 부정하지 않고, 그들이 진정 누구인지를 내면 깊이 충분히 볼 수 있도록 가슴과 마음을 넓게 연다. 우리는 그들의 선함을 본다. 그럴 때, 자연스럽게 우리의 가슴이 사랑에 열린다.

타인 안의
선함을 보기

나라얀이 어렸을 때, 나는 그 아이가 잠든 침대 옆에 앉아서 "얘는 누구 일까?"를 곰곰이 생각하곤 했다. 귀여운 얼굴과 부드러운 호흡을 보면서 나는 의도적으로 아이의 겉모습 너머에 있는 진짜 존재를 보려는 연습을 하곤 했다. 생각이나 심상이 마음에 떠오를 때마다 알아차리고 옆으로 제쳐놓았다. 내 가슴은 아이가 했던 질문이나 강아지와 놀던 모습 혹은 "엄마, 사랑해."라고 말하던 것을 상기하며 따뜻해지곤 했다. 그러나 나는 다시 질문했다. "당신은 정말 누구입니까?" 이 질문은 아이에 대한 나의 모든 생각 너머로 나를 인도해서 그의 본성이 순수한 의식이자 삶을 사랑하는 깨어있음임을 내게 밝혀주었다. 그리고 나는 아이의 침대 옆에 앉아서 나 자신을 향해 "나는 누구입니까?"라고 묻곤 하면서, 엄마라는 생각, 신체와의 동일시, 무얼 하고 있는지에 대한 생각 등의 너머를 보았다. 다시금 드러난 것은 순수한 의식과 사랑이었다. 우리는 똑같았다. 우리 사이에는 구분이 없었고, 우리 두 사람이 정말 누구인가에 차이가 없었다.

나처럼 대부분의 부모들도 잠든 아이를 보고 순수하고 소박한 애정이 솟아남을 느꼈을 것이다. 아이가 잠자고 있을 때는, 쿠키를 열 개째 먹으려 할 때 "안 돼."라고 말하거나 카풀을 위해 아이들을 재촉하거나 전화 통화를 하기 위해 아이를 뿌리칠 필요가 없다. 아이가 잠자고 있을 때는, 우리의 주의가 깊어져 그들 영혼의 상냥함과 순수함을 간과할 수 있다. 그 누구도 포기하지 않기로 했다면, 마음속으로 타인을 아기나 아이로 그려보는 연습이 도움이 될 수 있다. 성격과 역할 너머의 소중한 존재에 다가가는 또 다른 방법은, 그 사람을 보는 마지막 순간이라고 상상하거나 그들이 이미 사망했다고 상상하는 것이다. 타인을 규정하는 습관적인 정의에서 벗어난다면 우리는 그들의 참된 본성의 선함, 즉 밝은 의식을 볼 수 있다.

그러나 우리 대부분은 주변 사람들에게 편협하고 고정된 정체성을 부여하는 습관에 빠진다. 이러한 정체성은 불쾌하거나 짜증스러운 행동을 바탕으로 하는 게 다반사다. 우리는 아이들이 얼마나 고집불통이고 버릇없는지 혹은 동료가 얼마나 자신의 성취를 떠벌리는지에 고착될 수 있다. 만약 누군가 우리를 불쾌하게 했다면, 그들을 볼 때마다 경계하고 조심하게 된다. 만약 배우자가 아침 출근 전에 상처 주는 말을 한다면 우리는 저녁에 똑같은 것을 더 많이 준비한다. 우리는 자신을 포함해서 모든 사람이 매 순간 새롭다는 것을 잊어버린다.

엘리엇(T.S. Eliot)은 자신의 극본 『칵테일 파티』에서 다음과 같이 썼다.

> 우리가 타인에 대해 알고 있는 것은
> 우리가 그들을 알고 있던 순간들에 대한
> 우리의 기억일 뿐이다. 그리고 그들은
> 그 이후로 변했다⋯⋯.
>
> 우리는 또한
> 기억해야 한다.

우리가 만나는 사람은 매번 만날 때마다
새로운 사람이라는 것을.

물론 우리가 우리 자신이나 타인의 행동에서 일정한 패턴들을 인식할 수 있지만, 우리가 수집한 가정들이 한 사람을 정의하지는 않는다. 모든 것을 멈추고 "당신은 정말 누구입니까?"라고 물을 때, 더 깊은 이해로 다가갈 수 있다. 내가 나라얀에게서 발견한 것처럼, 우리는 나와 그들 안에서 선함과 불성(佛性)을 보고 변함없는 사랑으로 반응한다.

자비의 마음
깨우기

선함을 보았을 때 우리 안에서 자연스럽게 깨어나는 친절, 사랑, 선의의 자질을 불교에서는 메타(metta), 즉 자비라고 한다. 자비는 우리 존재에 내재되어 있긴 하지만, 지난 2,500년 동안 면면한 가르침으로 전해 내려오는 세련된 수행들을 통해 길러질 수도 있다.

누군가에게 사랑을 느낄 때, 우리는 자발적으로 그들의 행복과 웰빙을 바라게 된다. 이 반응은 자비 수행 안에 정식화된 과정으로 들어 있다. 전통적으로 이 명상은 우리 안에서 선함을 성찰하고 다음과 같은 간단한 배려의 말을 전하는 걸로 시작한다. "내가 행복하기를. 내가 평화롭기를. 내가 자비로 가득 차기를." 이런 말들을 일반적으로 쓰긴 하지만 우리 가슴과 공명하는 웰빙을 위한 모든 기도가 자비의 표현이 될 수 있다. 원이 점점 커지듯 자비는 우리 자신으로부터 시작해서 그 다음은 우리가 사랑하는 사람, '중립적이라고' 생각하는 사람, 호의를 느끼기 힘든 사람, 그리고 궁극적으로는 모든 곳의 모든 존재를 품으며 밖으로 열려 나간다.

사랑하는 사람에게 자비를 보낼 때, 가장 쉽게 선함을 볼 수 있는 사람부터 시작한다. 아이나 할머니를 생각할 때 마음이 가장 부드러워진다면 그들로부터 시작한다. 우리는 아마도 무엇이 그들을 소중한 존재로 만드는지를 떠올리며 그들에게 배려의 말을 전할 것이다. "당신이 행복하기를."이라고 말하고 그 기도의 의미를 느끼면서, 그들이 행복으로 더 밝아지고 빛나는 것을 상상할 수 있다. 그렇게 하면 따뜻함의 감정이 더 강해지고 그들이 누구인지를 더 깊이 알게 된다.

우리와 경쟁관계에 있는 사람들을 품을 만큼 자비의 원을 넓히는 데는 영적 전사의 용기가 필요하다. 분노나 싫은 감정을 불러일으키는 사람들에게서도 감사할 수 있는 어떤 작은 특징을 발견하려고 우리는 노력한다. 누군가가 싫다고 느껴질 때, 그 사람이 그를 사랑하는 누군가의 포옹으로 따뜻하고 편안해지는 상상을 하는 것도 도움이 된다. 혹은 그들이 진심 어린 기도를 하거나, 새로 쌓인 눈 위를 경이로운 마음으로 걷는 생각을 할 수도 있다. 누군가를 이런 식으로 상상하는 것이, 없는 무언가를 지어내거나 우리의 지각과 느낌을 거부하는 일은 아니다. 우리는 진짜 거기에 있는 아름다움을 보기 위해서 습관적 판단 너머를 보고 있는 것이다. 달라이 라마는 "모든 이는 행복하기를 원한다. 어느 누구도 고통을 원하지 않는다."고 말한다. 만약 우리가 거리감을 느끼는 사람에게서 선함으로 볼 만한 것을 거의 찾지 못하더라도, 그들도 우리처럼 행복하기를 원하고 고통에서 자유롭기를 원한다는 사실을 기억할 수 있다. 힘든 관계에 있는 사람에게 자비의 기원을 보내는 것은 매우 힘들겠지만, 그렇게 한다면 조건 없이 사랑하는 우리 마음의 능력이 확장된다.

매트는 어머니를 몹시 사랑했지만, 늘 불안정하고 남에게 의존하는 어머니는 그의 말대로 그를 "소름끼치게 했다." 어머니는 스스로 잘하고 있는지, 좋은 결정을 내리고 있는지, 괜찮은지 안심이 되지 않아 성인이 된 매트에게 항상 의존했다. 매트는 다른 도시로 이사를 해서 어느 정도 어머니로부터 벗어났다. 그는 정기적으로 어머니를 찾아왔고, 어머니가 부르면 언제나 보러 왔다. 하지만 어머니가 팔을 벌려 안으려 할 때 몸을 뺀다거나 사적인 이야기를 하지 않는 등, 함께 있을 때 자주 어머니를 밀어냈다. 때로는 어머니의 말이나 행동을 떠올리기만 해도 냉소적이 되고 화가 났다. 타인을 불신하고 애정을 주지 않는 그의 행동은 어머니에게 가장 심했다. 나는 수년간 매트를 알고 지냈는데, 그는 자신의 이러한 습관적 반응에 대한 죄의식에 대해 여러 번 말했었다. 그러나 그는 사랑의 감정과 어떻게 접촉해야 할지 정말 몰랐다.

어느 날 매트가 내게 전화를 했는데, 그 즉시 나는 뭔가 잘못되었음을 알 수 있었다. 그는 화를 내며 좌절해 있었다. 죽어가고 있는 어머니를 보기 위해 먼 곳까지 갔다 막 돌아오는 길이라고 했다. 그러기를 3년 동안 벌써 여섯 번째였는데, 어머니의 임종을 지키려고 오가는 일이 생활에 큰 지장을 주었으며, 예상과 달리 어머니는 매번 회복했다. 어머니는 그에게 곁에 있어 달라고 애원하며 죽는 게 무섭고 천국에 가지 못할까봐 두렵다고 말했다. "타라, 솔직히 말하면 어머니가 나를 블랙홀로 끌어당기고 있는 것 같아요. 가끔은 돌아가셨으면 하고 바라기도 해요."

매트는 2년 정도 명상을 해왔다. 그의 수행에 관해 서로 이야기를 나눈 적은 없지만, 나는 그가 조언에 귀를 열고 있다는 걸 알고 있었다. "매트, 당신이 할 수 있는 최선은 아마도 어머니와 당신 자신을 위해 자비를 수행하는 일일 거예요." 그는 이전 몇 달 동안 그렇게 하려고 했는데, 띄엄띄엄 성의 없이 했었다면서 이렇게 말했다. "어렵겠지만 다시 노력할 거예요. 사랑하는 사람에게 문을 닫는 것은 좋은 느낌이 아니거든요."

누군가에게서 선함을 인식하기 어려울 때조차 우리는 자비를 보낼 수 있다. 처음에는 그렇게 하는 게 위선처럼 느껴지거나 짜증이 날 수도 있다. 좋은 기원이 공허하거나 무미건조하게 느껴질 수도 있다. 그러나 그런 감정을 친절의 눈으로 바라보면서 수행을 계속한다면 놀라운 일이 일어난다. 단지 배려를 제공하는 것으로 우리의 배려가 깨어나기 시작한다.

매일 아침 명상 후에, 매트는 몇 분간 앉아서 자비 수행을 했다. 자신에 관한 좋은 일을 떠올리자 마음이 조금씩 편안해지기 시작했다. 친구들과 중립적인 사람들에게 행복이 돌아가기를 기원하는 건 쉽고도 기분 좋은 일이었다. 마침내 어머니 차례가 되었을 때, 맨 처음 수행은 기계적으로 느껴졌지만 그래도 말을 전했다. "어머니, 당신이 행복하기를. 당신이 평화롭기를. 당신이 자비로 가득함을 느끼기를." 여러 날 동안 그는 계속해서 그저 반복했다. "당신이 있는 그대로의 자신을 수용하기를."

시간이 지나면서 매트는 자연스럽게 어머니에 관한 좋았던 일을 조금씩 떠올리고 있었다. 그는 어머니가 아프거나 어려운 이웃에게 음식을 가져다주고, 친구가 되어 그들에게 생기를 준 사람이었음을 기억했다. 그가 원하던 대학에 합격했을 때 행복해하던 어머니의 밝은 미소, 그가 사랑하는 여자와 결혼식을 올릴 때 어머니가 흘린 기쁨의 눈물을 기억해냈다. 몇 주 후, 그는 진실한 마음으로 어머니의 행복을 바라게 되었다. 그는 어머니가 평화롭고 스스로의 선함을 깨닫기를 원했다. 가슴이 가장 넓게 열렸다고 느꼈을 때, 그는 모든 존재를 진심으로 자비의 원 안에 품을 만큼 광대한 마음으로 기도할 수 있었다.

어느 늦은 밤, 어머니가 위독해서 며칠 못 버틸 거라는 전화가 왔을 때 매트에게 뭔가 변화가 일어났다. 여전히 처음에는 "이번에는 정말일까 아니면 또 잘못된 경보일까?"라고 생각했다. 그러나 그는 어머니가 자신을 필요로 할 때 진심으로 기꺼이 곁에 있어 드리고 싶다고 느꼈다. 마지막이 될지도 모르는 상황에서 어머니를 보러 동부로 날아간 매트는, 끌어당겨진다거나 숨이 막힌다고 느꼈을 때 어머니를 밀어내던 오랜 습관을 내려놓기로 결심했다. 자비 명상을 하는 동안 느꼈던 것과 똑같은 사랑을, 어머니와 직접 대면해서도 느끼고 싶었다.

붓다는 자비만큼 가치 있는 영적 수행은 없다고 가르쳤다. 붓다는 "마음의 자유인 자비는 모든 것을 품으며, 밝고 환하고 눈부시게 빛난다."고 했다. 우리 자신과 타인에게 행복과 평화의 소망을 보내는 수행을 할 때, 우리의 참된 본성의 아름다움과 순수를 만나게 된다. 선함을 보는 수행은 자비를 깨우고, 자비 수행은 우리 내면과 주변에 존재하는 선함을 더욱 잘 알아차리며 살아갈 수 있도록 한다.

사랑은
우리의 본성이다

달라이 라마는 단순하면서도 심오한 가르침을 전한다. "나의 근본적 믿음 중 하나는…… 인간의 본성이 온화함이라는 것이다." 이어서 그는 "불성(佛性)에 관한 교리를 빌리지 않고도" 분명하게 이를 알 수 있다고 말한다.

> 예를 들어 태어나서 죽을 때까지 우리의 존재 양식을 보면, 근본적으로 우리가 애정으로 양육됨을 알 수 있다. …… 아울러 우리 자신이 애정의 느낌을 갖는다면, 그것이 어떻게 내면으로부터 자연스럽게 우리에게 영향을 주는지 보게 된다. 그뿐 아니라 건강과 신체적 웰빙에 끼치는 효과의 관점에서도, 더 따뜻하고 건전해진 행동과 사고가 우리 몸의 신체적 구조에 훨씬 더 적합해 보인다. …… 또한 그 반대가 건강에 얼마나 치명적인지 주목해야 한다. 이런 이유 때문에 나는 인간 본성을 온화함의 일종으로 추론할 수 있다고 본다.

> 우리에게 내재된 본성에 관한 이 간단한 '증명'은 우리 모두가 자신의 삶에서 경험했던 것이다. 우리는 사랑할 때, 기분이 좋고 우리의 존재를 가장 진실하게 느낀다. 우리가 본연의 불성으로 돌아오면, 우리의 온화한 마음은 넓어지며 조건 없는 사랑을 발산한다. 매트의 얘기가 좋은 예다.

그가 병원에 도착했을 때, 어머니는 매우 고통스러워하고 있었다. 암이 온몸에 퍼졌고, 골반 골절로 움직이지도 못했다. 5일 동안 그는 어머니 곁에서 끊임없이 밀려오는 고통을 지켜보면서, 어머니의 손을 잡고 조용히 자비의 기도를 계속했다. 5일째 되는 날 밤에, 불현듯 그에게 깨달음이 왔다. 바로 그거였다. 어머니는 정말 죽어가고 있었다. 어머니는 그와 더 이상 오래 함께하지 못할 것이다. 어머니의 창백하고 수척한 얼굴을 바라보며 힘든 숨소리를 들을 때, 그는 어머니가 그에게서 뭔가를 얻어내려 하는 의존적인 사람이 아닌, 끊임없이 안심시켜주기를 원하는 겁먹은 사람이 아닌, 그저 사랑받기를 원하는 존재임을 깨달았다. 어머니는 아버지와 사별한 후 15년 동안 혼자 살아왔다. 누가 이 기간 동안 그녀를 진심으로 안아주었겠는가? 누가 그녀를 감싸주고, 약점을 드러낼 수 있게 받아주고, 받아들여지고 사랑받는다는 느낌을 갖게 해주었겠는가? 그제야 매트는 자신이 어머니를 규정했던 모든 역할과 정체성을 내려놓고, 어머니가 여태껏 진정으로 원했던 것이 사랑하고 사랑받는 것이었다는 사실을 알았다.

매트는 침대 난간을 치우고 어머니에게 기대서 팔로 다정하게 어머니의 앙상한 몸을 감싸 안았다. 어머니의 가냘픈 몸을 느끼며, 어릴 적 아플 때면 어머니가 이마를 다정하게 만져주곤 했던 것을 떠올렸다. 사랑받고 싶은 열망보다 더 깊은 어머니 마음의 본질이 있었다. 매트는 어머니가 바로 사랑의 빛이었다고 느꼈다. "당신이 자비로 가득 차기를." 그가 속삭였다. "당신이 평화롭기를, 어머니. 당신이 이 고통으로부터 자유롭기를."

매트는 얼굴을 맞대고서 어머니에게 사랑한다고, 자기가 당신과 함께 있다고, 사랑이 여기 있다고 계속해서 말했다. 그는 어머니의 이마에 입을 맞췄고, 그녀의 온 존재는 참된 선함으로 빛났다. 그는 몇 시간 동안 어머니를 안고서, 때로는 부드럽게 말하고 때로는 흐느껴 울면서 어머니의 소중한 생명줄이 끊어질 듯 더 가늘어지고 있음을 계속해서 느꼈다. 그가 떠날 때쯤 어머니의 호흡은 가볍고 수월해졌다. 그녀는 평화로워 보였다.

다음 날 아침 7시경, 매트는 어머니가 돌아가셨다는 전화를 받았다. 그는 천천히 전화기를 내려놓고 침대 가장자리에 앉았다. 그는 어머니가 마침내 편안히 떠났다는 것을 알았다. 어머니는 소박하고 순수한 사랑의 축복과 함께 죽음을 맞았다. 몇 분 후 매트는 눈물이 났다. 매트는 흐느끼면서 "누구나 단지 사랑받기를 원한다."고 계속해서 되뇌고 있는 자신을 발견했다. 그렇게 해서, 오랫동안 그와 함께 살아온 저항의 칼날인 판단과 불신이 다정하고 부드러운 가슴으로 대체되었다.

매트는 그날 밤 내게 전화해서, 누구나 단지 사랑받기를 원한다는 사실을 잊지 않는 것이 자신의 가장 진심 어린 소원이라고 말했다. 의사이자 작가인 레이첼 나오미 레맨(Rachel Naomi Remen)은 "한순간의 조건 없는 사랑이, 평생의 무가치감에 의문을 제기하고 그것이 틀렸음을 입증할 수 있다."고 말했다. 매트는 사랑의 치유력을 보았다. 그는 울면서 말했다. "이제 나는 내 필생의 업이 무엇인지 알아요. 모든 사람들에게 그들이 얼마나 사랑스러운지를 알려주고 싶어요." 매트는 자기 안에 있는 사랑의 선함, 타인의 행복을 추구하는 사랑을 발견했던 것이다.

틱낫한은 "당신이 …… [나는 당신을 사랑합니다] 같은 말을 입이나 머리가 아닌 온 마음을 다해 말할 때 세상을 바꿀 수 있다."라고 썼다. 우리들은 서로 연결되어 있기 때문에, 우리가 자신 안에 있는 사랑을 깨닫고 표현할 때 우리의 사랑은 주변의 세상을 변화시킨다. 우리가 만나는 사람들의 마음을 열면, 이번에는 그들이 다른 사람들의 마음을 연다. 사랑은 본성이다. 드러나기를 기다리고 있는, 모든 존재의 선함이다. 우리가 사랑의 기도를 조용히 올리든 소리 내어 올리든, 도처의 모든 존재에서 사랑이 꽃피는 것을 돕고 있는 것이다. 이처럼 우리의 가장 깊은 본성이 드러나는 것이 자비의 살아 있는 힘이다. 붓다가 말했듯이, "그것은 밝고 환하고 눈부시게 빛난다."

사랑 안에 살기

기독교 신비주의자 토머스 머튼(Thomas Merton) 신부는 이렇게 말한다. "삶은 이렇게 단순하다. 우리는 완벽하게 투명한 세상에 살고 있고, 신은 늘 이 세상 속으로 빛을 비추고 있다. 이것은 단지 고상한 이야기나 꾸며낸 이야기가 아니다. 이것은 사실이다." 나에게 신은 우리의 근원이자 본질인 사랑하는 의식이다. 자세히 들여다보면, 모든 사람이 우리가 바라마지 않는 사랑과 선함의 화신임을 알 수 있다. 모든 존재는 사랑의 존재가 된다. 머튼은 자신이 이 멋진 진실을 깨달았던 심오한 순간을 기술하고 있다.

그러니까 그것은 마치 내가 그들 마음의 비밀스런 아름다움, 원죄나 지식은 도달할 수 없는 그들 마음의 깊숙한 곳, 존재의 핵심, 신의 눈에 비친 그 사람들을 본 것 같았다. 그들이 스스로를 있는 그대로 볼 수 있다면, 우리가 항상 서로를 그런 식으로 볼 수 있다면, 더는 전쟁, 미움, 슬픔, 잔인함이 필요치 않을 것이다. 가장 문제라면 우리가 무릎을 꿇고 서로를 숭배하게 되는 것 아닐까.

자기 자신 혹은 누군가의 비밀스러운 아름다움을 볼 때, 우리는 판단과 두려움을 넘어서 참나의 핵심, 즉 갇힌 자기가 아니라 빛나는 선함을 들여다본다.

근본적 선에 대한 믿음이 깊으면, 사랑과 창의성을 더 온전하게 세상에 드러낼 수 있다. 자신에 대해 추측하거나 자기의심에 마비되기보다는, 근본적 선이 추동하는 것을 존중하고 그것에 반응할 수 있다. 이와 유사하게, 우리가 타인의 선함을 믿을 때 우리는 그들이 그들 자신을 믿도록 돕는 거울이 된다. 자비에서 비롯되는 우리의 행동들은 보살도의 일부다. 우리가 자신이나 타인을 탓하고 공격하면서 에너지를 소모하지 않는다면, 우리의 재능과 재주를 함께 길러서 세상에 기여를 할 수 있다. 우리는 서로를 사랑하고, 망설임 없이 삶 전체를 사랑할 수 있다.

용서하는 마음 기르기

마음을 부드럽게 하고 마음을 여는 것이 의지로 되는 것은 아니지만, 다음에 소개하는 명상이 기꺼이 용서하는 마음을 키워줄 것이다. 이 방법들은 전통적인 불교 수행에 기초하는데, 먼저 타인에게 용서를 구하고, 그다음 자신을 기꺼이 용서하고, 마지막으로 우리에게 상처를 입혔던 사람들을 용서하는 것이다.

●

용서를 구하기

편안히 앉아서 눈을 감고 고요히 깨어있도록 한다. 잠시 호흡에 주의를 기울이면서 숨을 들이마시면서 이완하고 숨을 내쉬면서 이완한다.

당신이 다른 사람에게 상처를 주었던 상황을 떠올려보라. 누군가에게 모욕적인 말을 하거나 홧김에 전화를 확 끊어버려서 의도적으로 상처를 주었을 수도 있다. 아니면 당신이 연애를 끝내면서 혹은 자기 생각에 사로잡히는 바람에 아이를 제대로 돌보지 않아서 모르는 사이에 고통을 주었을 수도 있다. 어쩌면 불같은 성미나 부주의로 누군가에게 몇 년 동안 반복해서 해를 끼쳤을 수도 있다. 다른 사람을 아프게 했던 상황을 잠시 떠올려서, 그 사람이 느꼈을 상처, 실망, 배신을 느껴보라.

이제 이 사람을 떠올리며 용서를 구하라. 마음속으로 그의 이름을 부르며 "나는 당신이 느꼈던 상처를 이해합니다. 지금 당신의 용서를 구합니다. 부디 나를 용서하십시오."라고 말한다. 진심으로 몇 번 반복해서 용서를 구한다. 그런 다음 잠시 침묵하면서, 용서받을 수 있음에 열려 있도록 한다.

자신을 용서하기

이제 용서할 수 없다고 느껴지는 자신의 어떤 면을 마음속에 떠올린다. 자신이 비판적이고 남을 통제하는 사람이라는 것을 혹은 남에게 상처를 줬다는 것을 용서할 수 없을지도 모른다. 자신이 비겁하다고 생각해서 혹은 자신의 삶을 더 충만하게 만들었을지 모를 도전을 감수하지 않았다는 이유로 자신을 미워할지도 모른다. 중독 행동으로 삶을 망치고 있는 것을 용서할 수 없을지도 모른다. 정신적 강박관념이나 질투에 대해 역겨움을 느낄 수도 있다. 자신의 용서할 수 없는 행동, 감정, 사고방식의 어떤 점을 그렇게 나쁘게 느끼는지 의식해본다. 그것 때문에 당신을 어떻게 느끼는가? 그것이 당신이 행복해지는 것을 어떻게 방해하는가? 자신의 중독적이고 불안하고 비판적인 면을 밀어내고 싶게 만드는 고통을 가만히 느껴본다.

이제 무엇이 당신의 바람직하지 않은 부분에 힘을 실어주고 있는지 더 깊이 탐구해본다. 만약 당신이 음식, 니코틴, 알코올에 중독되어 있다면, 그것으로 어떤 욕구를 충족시키려 하고 어떤 두려움을 진정시키려 하는가? 다른 사람을 비판하고 있을 때, 자신에 대해 두려움을 느끼고 있는가? 만약 당신이 다른 사람에게 상처를 줬다면, 당신이 상처받고 불안정해서 그랬는가? 힘이나 안전감을 느끼려는 욕구에서 했는가? 기저에 깔린 욕구와 두려움을 의식할 때, 그것을 당신의 몸, 가슴, 마음에서 직접 느껴보라.

당신이 거부하고 있는 느낌, 생각, 행동이 무엇이든 진심 어린 용서의 메시지를 보낸다. 마음속으로 이런 말을 속삭여보라. "내가 나에게 어떻게 괴로움을 줬는지 안다. 나는 이제 나를 용서한다." 혹은 "용서받음, 용서받음."이라고 해도 좋다. 두려움 혹은 판단, 수치심 혹은 슬픔 등 그 무엇이 떠오르든 용서의 메시지로 마주한다. 열린 용서의 마음으로 상처를 풀어내라.

이 수행을 하다보면, 시늉을 하는 것이지 실제로는 자신을 용서할 수 없다고 느낄 수도 있다. 당신이 용서받을 가치가 없다고 믿고 있을지도 모른다. 만약 자신을 용서하면 같은 짓을 다시 하지 않을까 두려울 수도 있다. 어쩌면, 정말 마음을 열고 자신을 용서하면 자신에 대한 참을 수 없는 진실과 마주할까봐 두려움을 느끼는지도 모른다. 만약 이 같은 의심과 두려움이 일어난다면, 그것을 자비로 인정하고 수용하라. 그런 다음 자신에게 말한다. "내가 할 수 있을 때 나 자신을 용서하는 것이 내가 의도하는 바다." 용서하려는 당신의 의도는 용서의 씨앗이다. 이 기꺼운 마음은 당신의 마음을 이완시키고 열어줄 것이다.

타인을 용서하기

우리 각자가 타인에게 상처 입혔던 것과 똑같은 방법으로, 우리 역시 인간관계에서 상처를 받아왔다. 당신이 깊이 실망했거나, 거부당하고 학대받고 배신당한 경험을 떠올려본다. 자신을 판단하지 마라. 다만 당신에게 상처를 입혔던 사람을 향한 분노와 원망을 아직도 느끼고 있는지 알아차린다. 이 사람을 마음속에서 지워버렸는가?

　당신이 어떻게 상처받았는지 가장 완벽하게 기억나는 구체적인 상황을 자세히 회상한다. 부모님의 화난 표정, 친구의 거친 말, 믿었던 사람이 나를 속였음을 알게 된 순간, 집을 뛰쳐나간 배우자 등을 떠올릴 수도 있다. 일어나는 느낌, 즉 슬픔이나 수치심, 분노나 두려움을 느껴보라. 온화하게 수용하는 태도로 몸, 가슴, 마음에서 표현되는 고통을 느껴보라.

　이제 이 사람과, 이 사람이 나에게 상처를 입히게 만든 두려움과 상처와 곤궁함의 느낌을 더 자세히 바라본다. 이 존재를 한 명의 나약하고 불완전한 실제 사람으로 경험해본다. 그의 존재를 느끼면서, 마음속으로 그의 이름을 속삭이며 용서의 메시지를 보낸다. "나는 당신이 내게 안겼던 고통을 느끼면서, 이제 할 수 있을 만큼 당신을 용서합니다." 지금 이 순간 용서할 수 없다면 이렇게 해도 된다. "나는 당신이 내게 안겼던 고통을 느끼면서, 당신을 용서하고 싶은 생각을 가져봅니다." 자기 자신의 약함을 계속 느끼면서 하고 싶은 만큼 용서의 메시지를 반복해서 보낸다.

●

일상생활을 하면서 형식에 구애받지 않고 용서를 연습할 수 있다. 당신이 자신이나 타인을 가혹하게 비판하고 있는 것을 깨달을 때, 멈춰서 비난의 생각과 느낌을 알아차릴 수 있다. 잠시 동안 당신을 비판으로 몰고 가는 욕구나 두려움을 알아본다. 그런 다음 가장 자연스럽게 느껴지는 용서의 메시지를 당신 내면의 삶이나 타인의 삶으로 넓게 퍼뜨리기 시작한다. 인내심을 갖고 꾸준히 연습하면, 온전히 사랑하려는 당신의 의도가 용서의 마음으로 꽃필 것이다.

자비 일깨우기

자비 명상을 통해 자신과 타인, 이 세상 모든 존재에게 마음을 연다.

●

편안하고 이완된 상태로 앉는다. 자신의 몸을 스캔하면서 가능한 한 모든 긴장을 내려놓는다. 어깨에 힘을 빼고 손을 부드럽게 내려놓고 배의 긴장을 푼다. 잠시 동안 마음속으로 미소를 그리면서 그 느낌을 느낀다 (149쪽 "삶을 미소로 감싸 안기"를 보라.). 이렇게 당신 자신을 온화하고 편안한 마음과 연결한다.

　이제 당신의 근본적 선함을 기억하고 그것에 마음을 열어보자. 당신이 친절하고 관대했던 때를 떠올릴 수도 있고, 행복하고 싶고 고통받고 싶지 않은 본연의 욕구를 기억할 수도 있다. 당신의 본질적인 깨어있음, 정직과 사랑을 존중할 수도 있다. 만약 자신의 선함을 인정하기 어렵다면, 당신을 사랑하는 누군가의 눈을 통해 자신을 보라. 그 사람은 당신의 무엇을 사랑하는가? 또한 붓다, 관세음보살, 성모마리아, 예수, 시바 신 등 당신에게 사랑의 존재를 상징하는 대상을 마음속에 떠올려보고, 이 존재의 현명하고 애정 어린 눈으로 자신을 바라볼 수도 있다. 당신의 본질적인 선함을 지각하게 되면, 잠시 동안 감사하는 마음을 지녀보라.

이제 배려의 기도를 조용히 속삭이며 자신에게 자비를 보내자. 기도문을 반복할 때 단어의 의미를 마음으로 느끼면서 진심을 담아보자. 다음 중 당신에게 의미 있는 문구를 네다섯 개 선택해서 속삭여도 좋다.

내가 자비로 가득 차기를, 자비가 나를 감싸기를.
내가 나 자신을 있는 그대로 수용하기를.
내가 행복하기를.
내가 위대한 본연의 평화를 느끼기를.
내가 살아 있음의 본질적 기쁨을 알게 되기를.
나의 가슴과 마음이 깨어나기를, 내가 자유롭기를.

스스로에게 자비의 기도를 올릴 때 당신의 마음이 불편해질 수도 있다. 만약 자신을 나쁘게 느끼고 있다면 이 말이 귀에 거슬리고 인위적으로 생각될 수도 있다. 때로는 자신을 배려하는 연습이 그저 자기 자신을 얼마나 그럴 자격이 없는 나쁜 사람으로 느끼고 있는지를 드러내는 것처럼 보이기도 한다. 이런 반응에 판단하지 말고 명상으로 품어 안으면 된다. "이 또한 자비로 감싸 안기를." 그런 다음 마음챙김 상태를 유지하면서 떠오르는 생각이나 느낌을 모두 수용하고, 당신이 선택한 기도문을 다시 반복한다.

만약 당신이 명상을 하면서 기도문을 기계적으로 암송하더라도 걱정하지 마라. 용서 수행에서와 마찬가지로 가슴이 열리고 닫히는 느낌은 자연스럽게 순환한다. 가장 중요한 것은 자비심을 일깨우려는 당신의 의도다.

●

이제 자비의 둥근 원을 열어보자. 당신에게 소중한 사람을 마음속에 떠올려본다. 이 사람의 근본적 선함을 곰곰이 생각하면서, 당신이 이 사람의 어떤 점을 특히 사랑하는지 느껴본다. 당신은 아마 이 사람의 사랑하는 능력이나 정직성 혹은 유머를 사랑하는지도 모른다. 그가 행복하기를 원하고 고통받기를 원치 않는다는 것을 떠올릴 수도 있다. 선하고 깨어있고 다정한 그의 본질을 의식하라. 당신의 가슴 안에서 이 소중한 사람에게 감사하며 그를 위한 기도를 해보자. 아래에서 원하는 구절을 네다섯 개 골라도 좋고, 당신 자신만의 기도문을 새로 만들어도 좋다. 자비의 기도문을 마음속으로 조용히 속삭이면서 이 사람이 자기 수용, 평화, 기쁨, 자유 같은 축복의 결실을 경험하는 걸 상상해보라.

당신 또한 자비로 가득 차기를, 자비가 당신을 감싸기를.
당신이 지금 내 사랑을 느끼기를.
당신이 당신 자신을 있는 그대로 수용하기를.
당신이 행복하기를.

당신이 위대한 본연의 평화를 알게 되기를.

당신이 살아 있음의 본질적 기쁨을 알게 되기를.

당신의 가슴과 마음이 깨어나기를, 당신이 자유롭기를.

사랑하는 사람을 위해 몇 분 동안 기도를 한 뒤에는, '중립적인' 대
상을 마음속에 떠올려서 배려와 의식의 원을 넓힌다. 이 사람은 당신이
자주 보기는 하지만 잘 알지 못하고, 매우 싫어하지도 매우 좋아하지도
않는 그런 사람이다. 이 사람 또한 행복하기를 원하고 고통받기를 원치
않음을 느껴보며, 그의 선함을 곰곰이 생각해본다.

이 사람의 삶과, 삶에 대한 근본적인 배려를 느껴본다. 위에 제시한
구절이나 당신이 새로 만든 기도문으로 자비의 마음을 보낸다.

이제 당신에게 분노, 두려움, 상처를 떠올리게 하는 힘든 관계에 있
는 사람을 마음속에 떠올린다. 먼저 이 사람을 생각할 때 무엇이 떠오르
든 잠시 동안 그것에 부드럽게 주의를 기울인다. 당신의 느낌을 자비로
감싼다. 그런 다음 이 사람에게 주의를 돌려서, 그의 근본적인 선한 면
을 보려고 노력한다. 만약 친절이나 정직성을 발견하기 어렵다면, 단지
이 사람도 행복하기를 원하고 고통받기를 원치 않는다는 사실을 생각
한다. 이 사람의 근본적 깨어있음을 의식하고, 당신처럼 이 사람에게도
삶이 중요하다는 것을 기억하라. 이 사람을 친절한 주의로 감싸면서, 가
장 쉽게 말할 수 있는 기도문으로 자비의 마음을 보내보자.

다음으로, 당신 자신, 소중한 사람, 중립적인 사람, 불편한 사람 등
방금 기도했던 모든 사람을 다 함께 떠올리면서 이 사람들 모두를 위한

자비의 기도를 한다. 당신과 함께 공유하고 있는 인간애, 취약성, 근본적인 선함을 의식한다. 당신 자신과 이들을 가슴에 품고 배려의 기도를 보내면서, 당신이 이 안에 완전히 함께함을 깨닫도록 한다.

이제 당신의 의식이 당신의 앞뒤, 좌우, 위아래 모든 방향으로 더 넓어지게 한다. 이 광대한 공간에서 당신의 사랑이 모든 존재를 감싸 안는 것을 느껴본다. 날아다니고 헤엄치고 들판을 뛰어다니는 야생동물, 집에 사는 개와 고양이, 멸종 위기에 처한 생명체, 나무와 풀과 꽃, 세계 곳곳의 아이들, 극심한 가난에 시달리는 사람들과 엄청난 부자들, 전쟁의 공포에 떨고 있는 사람과 평화를 누리고 있는 사람들, 죽어가는 사람들과 새롭게 태어난 아기들……. 당신이 우리의 어머니 지구를 당신의 무릎에 안고 온 세상 모든 생명을 한없는 가슴에 품고 있는 모습을 상상해본다. 모든 존재가 경험하는 기쁨과 슬픔을 느끼면서 다시 기도를 하자.

모든 존재가 자비로 가득 차기를.
모든 존재가 위대한 본연의 평화를 알게 되기를.
지구에 평화가 가득하기를, 온 세상에 평화가 가득하기를.
모든 존재가 깨어나기를, 모두가 자유롭기를.

이 기도문을 여러 번 반복한다. 그런 다음 열림과 고요함 속에 편안히 쉬면서, 당신의 가슴과 의식에서 일어나는 모든 것을 자비로 어루만진다.

당신은 일상생활 속에서 자비 수행을 계속할 수 있다. 사랑하는 사람과 함께 있거나 짜증나게 하거나 불안하게 하는 사람과 함께 있을 때, 잠시 멈추어서 당신 가슴에 주의를 기울이면서 마음속으로 "당신이 행복하기를."이라고 속삭여보라. 일주일 동안 매일 아침, 함께 살고 있는 사람의 선함에 대해 숙고하겠다고 결심할 수도 있다. 그리고 하루 중 생각날 때마다 조용히 그들을 위해 자비의 기도를 보내라. 당신이 자주 만나지만 좋아하지도 싫어하지도 않는 사람을 골라보자. 일주일 동안 그 사람을 볼 때마다 그 사람의 평안을 기원해보자. 또는 당신이 불편함을 느끼는 사람을 선택해서 매일 그 사람을 위한 자비의 기도를 올려보자. 이 수행을 하면서 당신이 주의를 기울이고 있는 사람에 대한 당신의 감정이 어떻게 변하는지 알아차려보자. 당신을 대하는 그들의 행동은 달라졌는가?

정형화된 기도문과 순서는 수행을 기계적으로 만들기 쉽다. 그러므로 새롭게 생기 있게 하는 여러 가지 방법이 필요하다. 다음과 같은 방법으로 수행을 해도 좋다.

- 이 순간 공감이 느껴지는 문구를 선택한다.
- 기도를 소리 내어 속삭인다.
- 당신이 기도를 보내는 사람의 이름을 말한다.
- 당신이 자비를 보내는 사람을 가슴에 안고 있는 모습을 상상한다.

혹은 손으로 그 사람의 볼을 부드럽게 감싸고 있는 것을 상상한다.

- 당신의 기도로 그 사람이 치유되고 사랑받고 고양되는 것을 상상하고 느껴본다.

단 몇 분 동안만 자비의 기도를 하더라도, 당신은 자비로운 마음의 순수성과 연결될 수 있다.

12

함께 깨어나기:
깨어있는
우정은 신성한 삶의
전부다

친구들이여, 함께 머물라.
흩어져서 잠들지 마라.
우리의 우정은 깨어있음으로
맺어진다.

– 루미(Rumi)

나는 나의 신을 찾았다.
내가 볼 수 없었던 나의 신.
나는 내 영혼을 찾았다.
나를 빠져나갔던 나의 영혼.
나는 내 형제를 찾았다.
그리고 세 가지 모두를 발견했다.

– 작자 미상

●　　　　　　성배 전설에서, 성배를 찾아 나선 젊은 기사 파르
지팔은 아무것도 자라지 않는 바싹 말라버린 황무지를 여행한다. 그는
이 버려진 땅의 수도에 도착해서, 모든 것이 정상이라는 듯이 행동하는
마을 사람들을 발견한다. 그들은 "어떤 공포가 우리를 덮쳤나?" 혹은
"우리가 무엇을 할 수 있는가?"라고 묻지 않는다. 오히려 그들은 주문
에 걸린 것처럼 둔하고 기계적이다.

　　왕궁에 초대를 받은 파르지팔은 거기서 침상에 누워 창백하게 죽
어가고 있는 왕을 발견하고 놀란다. 군주의 생명은 자신이 사는 땅과 마
찬가지로 시들어가고 있었다. 파르지팔은 의문들로 가득 찼지만, 그가
왕에게 질문할 수 있는 위치에 있지 않다는 선배 기사의 말 때문에 조
용히 있었다. 다음날 아침 그는 여정을 계속하기 위해 성을 나선다. 하
지만 얼마 안 갔을 때 길에서 여자 마법사 쿤드리를 만난다. 그녀는 파
르지팔이 왕에게 생명이 시들어가는 이유를 질문하지 않았다는 말을

듣고 화를 냈다! "어떻게 그리도 냉담할 수가 있는가? 질문을 했다면 당신은 왕과 왕국, 그리고 당신 자신을 구할 수 있었을 것이다."

파르지팔은 그녀의 말을 가슴에 담고서 황무지로 되돌아가 곧장 성으로 간다. 그는 멈추지 않고 침상에 누워 있는 왕에게로 똑바로 걸어 가서는 무릎을 꿇고 조심스럽게 묻는다. "왕이시여. 무엇이 당신을 괴롭히나이까?" 그 순간 왕의 뺨에 홍조가 돌아오고 왕은 자리에서 일어선다. 완전히 치유된 것이다. 왕국 전체의 모든 것에 생기가 돌았다. 새롭게 깨어난 사람들은 활기차게 얘기를 나누고, 웃고, 함께 노래하고, 활발한 걸음으로 움직였다. 농작물들이 자라기 시작하고, 언덕 위에서 풀들이 싱그러운 봄의 초록빛으로 움텄다.

이 얘기 속 왕처럼 우리가 다른 사람들과 단절되었다고 느낄 때, 삶 역시 황무지처럼 의미 없고 텅 비고 메마르게 느껴질 수 있다. 그럴 때 우리는 우리 자신이나 우리 주변 사람들을 무가치감의 트랜스로부터 깨어나게 할 수 없다. 진심으로 걱정해주는 누군가가 우리의 황무지로 들어올 때, 우리는 즉시 삶으로 돌아올 수 있다. 내 친구는 우울에 빠졌을 때 이따금 내게 전화를 한다. 친구는 무엇이 자신을 아프게 하는지 알지 못한 채 슬픔의 고통과 단절되어 며칠 혹은 몇 주 동안 멍하고 공허한 상태에 있었을 것이다. 내가 "어떻게 지내니?"라고 진심 어린 질문을 던지는 것만으로도 친구는 눈물이 홍수를 이루며 치유된다.

우리가 영적인 길을 갈 때, 정서적 투쟁으로부터 자유로워지기 위해서 명상이나 기도를 많이 하는 게 중요하다고 느낄지도 모른다. 그러나 명상이나 기도를 얼마나 많이 하느냐에 관계없이 우리는 스스로를 격리시킨 벽을 허물게 도와주고 소속감을 되살려줄 타인이 여전히 필요하다. 우리가 사람들과 세계에 연결되어 있다는 것을 기억하는 것이 치유의 핵심이다.

내 명상 제자인 앤은 네 살 때 가족이 다른 도시로 이사한 적이 있었다. 이사하는 날 어수선한 와중에, 앤이 여러 해 동안 마음을 닫게 만든 일이 일어났다. 앤은 부모가 짐을 포장해서 차로 들고 나갈 때, 지하실에서 놀며 아침시간을 보냈다. 그러다 한참 동안 아무도 돌아오지 않는 것을 알아차리고선 엄마를 찾으러 계단을 기어 올라갔다. 그런데 지하실 문은 잠겨 있었고 집은 무섭게 조용했다. 앤은 문을 마구 두드리며 발로 차고 소리 지르며 울었다. 그런 다음에는 겁에 질려 말 없이 구석에 웅크리고 있었다. 그즈음 앤의 엄마와 아빠는 뭔가 잘못됐음을 깨달았다. 각자 앤이 상대방과 같이 있다고 생각하면서 2시간이 흘렀던 것이다.

성인이 된 앤은 종종 자신이 매우 어리며 겁먹고 있다고 느꼈다. 아파트에 혼자 있을 때, 이따금 끝없는 외로움에 사로잡혔다. 앤은 명상수업에서 자신이 매우 연약하다는 느낌을 친절한 깨어있음으로 감싸려고 노력하곤 했다. 하지만 내면에서 어린아이가 "나는 혼자 있고 싶지 않아. 나는 이것을 혼자 할 수 없어."라고 울부짖는 목소리를 들을 수 있었다.

그녀는 명상을 하는 사람이었기 때문에, 내게 영적 상담을 하러 왔을 때 내가 두려움을 다루는 명상 기법을 알려주기를 기대했다. 하지만 나는 우리의 영적 치유와 깨어남은 다른 사람과 함께 일어난다는 점을 강조했다. 관계에서 상처를 받았다면 관계로 치유해야 한다. 앤에게는, 어린아이의 울부짖는 목소리가 '영적이지 않은' 것이 아니라는 말 자체가 안도였다. 그녀는 타인을 필요로 하는 것을 부끄러워할 필요가 없었다. 파르지팔이 만난 왕처럼, 그녀를 깨우는 열쇠는 다른 사람의 참된 배려와 관심이었다.

우리는 사회적 존재다. 같이 먹고, 같이 자고, 같이 일하고, 같이 사랑하고, 같이 치유하고, 같이 자아를 실현하고, 서로를 깨운다. 완전히 혼자일 때조차 누군가와 이어져 있다는 느낌과 다른 사람이 우리를 어떻게 생각할 것인가에 대한 관심이 마음속에 있다. 타인의 배려를 느끼게 되면, 얘기 속 왕과 마찬가지로 트랜스로부터 깨어나 온전해진다. 스승, 치료자, 동료, 가족, 친구 할 것 없이 모든 인간관계는 이 개화 과정에 양분을 제공할 잠재력을 갖는다. 현대적 관점에서 승단이란 바로 이러한 관계이며, 치유와 깨달음이 일어나는 의식적 인간관계의 전체 망을 포괄한다. 어떤 관계가 다른 관계보다 치유나 자기실현에 더 도움이 될 수는 있지만, 모든 관계가 우리가 서로 연결되어 있음을 드러낼 수 있다. 근본적 수용의 두 날개인 마음챙김과 자비가 있을 때, 우리의 인간관계는 영적 자유를 담는 성스러운 그릇이 된다.

깨어있는 우정은
신성한 삶의 전부다

불교는 전통적으로 인간관계와 사회적 맥락을 중시해왔지만, 서양에 전래되는 과정에서 개인의 명상 수행에 초점이 맞춰지다보니 이러한 면들을 도외시한 경향이 있다. 우리는 의식의 도구를 갈고닦을 수 있는 조용한 공간을 찾아가 마음을 고요하게 하고 주의를 집중하며 명료한 상태가 되는 방법을 배운다. 고독한 시간이 영적 훈련에 꼭 필요하고 소중한 요소이긴 하지만, 묵언 명상과 내면의 삶에 초점을 두는 가르침은 근본적으로 오해를 불러올 수 있다. 이러한 가르침은 우리가 엄숙하고 외로운 길 위에 있고, 우리의 영적 목표는 오로지 외부와 단절된 상태에서만 실현될 수 있다는 그릇된 주장을 강화할 수 있다.

언젠가 〈트라이시클(Tricycle)〉이라는 잡지에 불교도 개인 소식란에 실릴 광고의 특징을 잘 표현한 만화가 게재됐었다.

키가 크고 검게 그을린 피부에 잘생긴
불교도가 찾고 있다,
자기 자신을.

이 문구는, 불교의 가르침을 번뇌에 휩싸인 자기를 자유롭게 하기 위해서 홀로 열심히 명상하고 노력해야 한다는 의미로 해석할 때 우리가 얼마나 자기중심적일 수 있는지를 보여주는 기발한 표현인 것 같다. 타인과의 인간관계가 중요함에도 불구하고, 우리의 영적 깨달음에 부수적인 것으로 보일 수 있다.

만약 수행이 정식화된 명상 중에 이루어질 때만 '영적'이라고 생각한다면, 우리는 일상의 인간관계가 우리의 깨달음에 얼마나 중요한지를 놓치고 있는 것이다. 동시에 인간관계에서 일어나는 불안하고, 흥분되고, 혼란스러운 정서들을 회피하고 있는 것이다. 조용한 수련회에서 애정 넘치고 평화로운 사람이, 사람들과 만났을 때는 얼마나 쉽게 분노하고 상처를 주는 사람으로 돌변할 수 있는지를 모른 척하고 있는 것이다.

여러 해 동안의 내 영적 수행을 돌아보면, 아이를 낳아서 기르고, 이별에 상심하고, 도움을 주고받고, 친밀감의 두려움에 직면하고, 비판적 마음과 투쟁하고, 더 온전하게 사랑하려고 노력하는 등의 깊은 인간관계를 통해 나의 가슴과 마음이 가장 심오하게 깨어났다는 걸 알 수 있다. 나에게 친밀한 인간관계는 유대감이라는 소중한 경험뿐만 아니라 가장 강렬한 자동반응을 일으킨다.

나는 첫 6주간의 위빠사나 수련을 마치고 행복하고 안정되고 이완된 상태로 집에 돌아왔다. 남편 알렉스가 아들 나라얀을 돌보기 위해 집에 머물러 있었는데, 나는 그 둘을 보고 신이 났다. 우리는 팝콘을 먹으며 수다를 떨고 서로 따라다니며 저녁 시간을 보냈다. 다음 날 아침 서재에 간 나는, 내가 없는 동안 알렉스에게 부치라고 놓아두었던 주택대출 상환금이 들어 있는 봉투가 책상 위에 그대로 놓여 있는 것을 발견했다. 이제는 기한이 지나 연체료가 붙었을 것이었다. 나는 남편에게 전화를 걸어 내가 지난달에 돈을 한 푼도 벌지 못했다는 것과, 우편함에 편지를 넣는 것조차 못 하는 남편을 어떻게 내가 신뢰할 수 있겠느냐고 소리를 질러대기 시작했다. 분명히 나는 오랫동안 누적된 원망에 반응하고 있었다. 하지만 나의 분노는 새롭고 강렬하게 느껴졌다.

그는 내가 좀 더 말하게 놔뒀다가, "그래, 이것이 이번 불교수련회에서 배워온 것이오?"라고 물었다. 그는 빈정거리는 투로 말을 할 수도 있었지만 그렇게 하지 않았다. 오히려 나는 그의 목소리에서 실망하는 기색을 느낄 수 있었다. 그는 내가 수행을 더 많이 하여 더 좋아질 것을 기대했는데, 우리는 여전히 같은 틀에 붙잡혀 있는 것 같았다. 전화를 끊고 즉각 후회가 밀려왔다. 그렇게 쉽게 화를 내고 낡은 패턴으로 되돌아간다면, 깊은 수용과 평화의 경험들이 무슨 소용 있겠는가? 명상수련회에서 울리는 종소리처럼, 알렉스의 반응은 각성을 불러오는 분명한 신호였다(명상수련회에서는 가끔 종소리 같은 것을 울려 수련회 참가자들이 하던 일을 멈추고 잠시 본인들이 빠져 있던 일을 알아차리게 하기도 한다.—옮긴이). 나는 근본적 수용으로 돌아가, 일어나고 있는 느낌을 마음챙김과 배려로 다시 마주할 수 있게 되었다. 나의 후회와 슬픔은 나의 인간관계가 영적인 삶의 중심에 있음을 재확인시켜주었다.

붓다는 자신의 가르침을 따르는 비구와 비구니 공동체인 승단을 영적인 길의 근본이 되는 보물 중 하나로 여겼다. 붓다와 그의 충직한 수행원이자 사촌인 아난다와의 관계는 영적인 사랑과 우정이 무엇인지 보여주는 고전적인 사례다. 비구와 비구니의 승단에서 친절하고 너그러운 성품으로 유명했던 아난다는 이기심 없이 붓다를 모셨다. 그리고 붓다는 아난다의 영적 성장을 위해 세심하고 애정 어린 지도를 했다. 사실 함께 보낸 세월 동안, 아난다의 질문이 있었기에 붓다는 자신의 가르침을 명료하게 할 수 있었다. "그렇지 않네. 아난다……" 경전에서 자주 반복되는 이 구절 뒤에는 중요한 가르침이 따르곤 한다. 아난다가 던진 수많은 질문 가운데 이런 게 있다. "이 성스러운 삶의 절반은 고귀하고 좋은 친구들, 좋은 사람들과의 교제가 아닙니까?" 붓다는 (당연히) 답을 해준다. "그렇지 않네, 아난다." 그런 다음 말을 이어간다. "좋은 사람들과의 우정, 교제와 유대는 성스러운 삶의 전부라네." 홀로 하는 수행의 가치를 부정하진 않았지만, 붓다는 상호간의 지지가 우리의 가슴과 마음을 깨우는 데 중요함을 분명하게 강조했다.

여러 해 동안 여행하고 가르치는 중에, 붓다는 자신을 따르는 사람들에게 공동체에서 조화롭게 사는 법에 대한 몇 가지 지침을 주었다. 붓다가 말한 도덕률의 가장 바탕에 있는 불살생 계율은 모든 생명을 존중하며 행동하라는 것이다. 승단의 누군가가 남에게 해를 끼친 일이 벌어지면 붓다는 서로 화해하기 위해 노력하라고 충고했다. 붓다는 또한 진실하고 이로운 것을 말하는 '정어(正語)'를 팔정도(八正道)의 핵심 수행 중 하나로 제안했다. 틱낫한 스님은 『평화(Touching Peace)』라는 책에서 우리가 남에게 상처를 줬을 때 붓다의 가르침으로 그 상황에 대처하는 방법을 제안했다. 내용의 핵심은 다른 사람에게 고통을 야기한 책임을 지고, 그 사람의 괴로움을 이해하기 위해 주의 깊게 듣고, 진지하게 사과하고, 그 사람과 모든 존재들에게 자비롭게 행동하려는 우리의 의지를 새롭게 하는 것이다. 12단계 회복 프로그램 중 '보상하기'처럼, 다른 사람에게 주의를 기울이고 다른 사람과 현명하게 관계 맺는 이 단순하지만 강력한 방법들은 우리 가슴을 열고 자유롭게 한다.

그날 아침 알렉스에게 마구 화를 낸 후에, 나는 다시 전화를 걸어 점심 때 집 근처에 와서 얘기를 나눌 수 있느냐고 물었다. 점심에 만난 자리에서 나는 즉시 사과를 했다. 우리는 잠시 동안 대화를 나눴고, 각자 느끼고 있는 것을 말로 표현했다. 나는 우리가 이처럼 얘기를 나눌 수 있어서 얼마나 감사한지를 그에게 말했다. 주의를 기울이기, 어려움을 견뎌내기, 좀 더 연결되고 깨어있음을 느끼며 다른 측면을 나타내기 등과 같이 지난 몇 주 동안 홀로 했던 훈련을 이제 남편과 함께 하고 있었다.

안전한 배려의 공간 안에서, 우리는 앞으로 유사한 상황에 놓였을 때 어떻게 하면 서로 똑같은 행동을 피할 수 있을지에 대해서도 생각해 봤다. 알렉스는 우리가 동의한 것을 지킬 수 있음을 인정했다. 나는 내 행동이 지나쳤음을 인정하고, 화가 나서 그에게 비난을 퍼붓는 일을 멈춰서 자제하겠다고 다짐했다. 이는 10년도 더 지난 일이다. 되돌아보면, 불완전하게나마 조금씩 나아질 수 있었던 것은 우리가 서로 수용한 덕분이었다. 내가 수련회에서 발견한 근본적 수용의 깊은 샘은 인간관계 속에서 계속 샘솟고 있었다.

친밀한 관계에서 느낄 수 있는 강렬한 욕구와 두려움을 은폐하기 위해, 우리는 흔히 가면 뒤에 숨는다. 우리는 방어적이고 가식적이며 비판적이고 거리를 두는 패턴에 빠져듦과 동시에 다른 사람에게 습관적인 반응을 하게 된다. 위빠사나 스승 그레고리 크래머(Gregory Kramer)는 『함께 명상하기, 침묵으로부터 말하기(Meditating Together, Speaking from Silence)』라는 책에서, 의사소통 중에 그러한 습관적 반응 패턴을 깨는 것을 도울 수 있는 훈련을 제안했다. 그는 말한다. "앉아서 하는 명상이 있고 걷기 명상이 있는데, 듣기와 말하기 명상이 왜 안 되겠는가? 사람들이 인간관계에서 마음챙김을 수행할 수 있고, 관계가 더 좋아질 수 있다는 것이 합리적이지 않은가?"

그레고리는 그의 인간관계 명상 훈련을 통찰대화(Insight Dialogue)라고 부른다. 대화에 참여하는 동안 상대방이 말할 때 즉시 반응하지 말고, 잠시 멈춰서 몸과 마음을 이완하고 우리가 경험하고 있는 것을 마음챙김으로 알아차린다. "주의를 진정으로 원하는 것이 무엇인가?"라고 질문하며, 일어나고 있는 느낌과 생각들을 알아차린다. 상대방이 말하고 있는 것을 판단하거나 해석하거나 비판하고 있는가? 우리 몸에서 어떤 감각을 경험하고 있는가? 멈추고 주의를 기울임으로써, 우리의 습관적 반응 패턴을 정확하게 의식하게 된다.

인간관계 명상이라는 틀에서 혹은 우리의 일상적 상호작용 중에, 서로에게 근본적 수용을 훈련하는 이런 방법은 인간관계에서 더 많은 이해와 친절이 솟아나게 한다. 무의식적인 욕구와 두려움을 따라 움직이는 대신에 멈추고 주의를 심화하는 훈련을 할 때, 우리의 선택이 열리게 된다. 마음속 비판을 내려놓고 상대방의 말과 경험을 더 깊이 경청할 수 있게 된다. 자신이 옳다는 것을 증명하려는 의도로 뭔가 말하려는 것을 자제할 수도 있다. 취약성의 느낌들을 소리 내서 명명할 수도 있다. 우리는 신중히 듣고 마음챙김 상태로 말하며, 이롭고 참된 것을 말하는 법을 익힌다.

깨어있는 관계를 통한 깨달음은 영적인 삶의 핵심이다. 우리가 사람들과의 관계에서 경험하는 두려움과 욕구는 고립과 무가치감의 느낌을 부추길 수 있다. 하지만 이와 달리 근본적 수용을 만나서 자비로 변모될 수도 있다. 내가 알렉스와 경험했던 것처럼, 내가 자동반응을 멈추고 함께 마음챙김으로 대화할 수 있었을 때 우리 둘의 가슴이 다시 열렸다.

틱낫한 스님은 "서양에서, 붓다는 승단이다."라고 말한다. 서양문화에는 자신을 격리된 개인으로 보는 극단적인 경향성이 있기 때문에, 서로의 관계를 통해서 수행하는 것이 자신의 불성을 깨닫는 강력하고도 직접적인 방법이 된다. 우리가 깨어있는 관계를 통한 깨달음을 실천하면 우리를 분리의 트랜스에 붙잡아두는 조건화를 무효화할 수 있다.

나의 취약점 드러내기:
진실한 관계 맺기의 시작

앤은 치료회기 동안 자신이 사로잡혀 있다고 느끼는 속박에서 벗어나는 노력을 했다. 앤은 혼자 있어도 두려웠고 여럿이 같이 있어도 두려웠다. 특히 잘 모르는 사람과 같이 있을 때 더 두려웠다. 어느 날엔가 앤이 치료회기에 왔는데, 자신의 가장 깊은 두려움 중 하나 때문에 불안하고 괴로운 상태였다. 노래 부르기를 무척 좋아하던 앤은 과거 몇 년 동안 굉장히 유명한 시립합창단의 단원이었다. 시립합창단은 30명으로 구성되어 있었는데 그 즈음에 순회공연을 고려하고 있었다. 순회공연이 가능한 일인지 검토하고, 홍보와 기금 마련 방안을 결정하기 위해서 주말에 하루 동안의 수련회가 계획되어 있었다. 생각만 해도 끔찍했다. 앤은, 아무도 자기에게 무언가를 바라지 않는다고 느낄 때는 합창단에서 다른 사람들과 함께 있는 것이 좋았다. 합창단은 자신의 풍부하고 공명이 잘되는 알토 목소리가 다른 사람들과 어떻게 조화를 이루는지 혼자서 음미할 수 있는 안전한 공간이었다. 그러나 수련회나 순회공연에 가는 것은 달랐다. 거기서 그녀는 다른 사람들과 교류해야 한다. 그렇게 하지 않는다면 아마 그녀는 소외감을 느끼게 될 것이었다.

　우리는 수련회에서 두려움이 올라올 때, 멈춤과 배려를 통해 두려움을 어떻게 다룰 수 있을지에 관해 얘기했다. 그녀는 대화 중에 약간 이완할 수 있을 만큼 길게 멈추어서, 일어날 느낌이나 스토리를 모두 자각할 수 있었다. 나는 그녀에게 그냥 다른 사람들이 하는 얘기를 경청하고 그들이 경험하고 있는 것을 면밀히 지켜보기만 해도 두려움에 사로잡히지 않고 지금 이 순간에 있는 데 도움이 될 거라고 말해주었다. 그리고 "있잖아요, 앤. '나는 지금 불안을 느끼고 있어요.'라고 소리 내어 말하는 것은 잘못된 게 아니에요."라고 덧붙였다.

"전체 단원들에게요?!" 앤이 다소 감정적으로 반문했다. 나는 자신이 느끼는 바를 다른 사람에게 밝히는 일이 쉽지 않다는 데 동의했다. 그렇게 하려면 당연히 자신의 상황을 들춰내야 한다. 그러나 만약 주변 사람들이 기본적으로 친절하다면, 그들은 누군가가 진실해지는 것을 환영할 것이다. "특히 어떻게 받아들여질지 전혀 알지 못하기 때문에, 느낌을 진실하게 말하는 데는 용기가 필요해요." 내가 말했다. "그러나 자신을 여는 것은 다른 사람들에게도 선물일 수 있어요. …… 그들도 같은 행위를 하도록 초대하는 거니까요." 그날 치료회기를 마칠 때도 앤은 여전히 두려워했다. 하지만 그녀는 수련회에 가서 최선을 다할 거라고 결심했다.

수련회 당일 아침, 단원들은 계획 중인 순회공연이 규모가 너무 크고 비용이 많이 들 수 있다는 데 대해 열띤 토론을 벌였다. 앤은 심장이 심하게 뛰고 몸이 떨리기 시작했다. 점점 작아지는 상자에 갇혀 있는 느낌이었고, 시간이 갈수록 더 숨이 막히고 덫에 걸려 있는 것 같았다. 그녀는 점심시간에 떠나기로 결심했다. 그녀는 몸이 좋지 않다고 말할 것이었다. 사실이기도 했다.

앤은 시계를 봤다. 점심시간까지는 아직 20분이 남았다. 갑자기 지하실에 대한 기억이 생생하게 마음에 떠올랐다. 방에는 30명이나 있었지만 그녀는 완전히 혼자이고 절망적이라고 느꼈다. 그녀는 우리가 얘기 나눴던 두려움을 다룰 도구들을 떠올리면서, 느낌들과 함께하고 느낌들에게 친절을 보내려고 노력했다. 그러나 그녀는 두려움에 얼어붙었다. 합창단 감독이 벌써 반나절이나 지났는데 할 일에 대해 의견일치가 전혀 이루어지지 않았다고 좌절에 찬 목소리로 말하는 것을 들었기 때문이다. 그가 말을 멈췄을 때, 그녀는 작고 더듬거리는 자신의 목소리를 들었다. "제가 한 말씀드려도…… 될까요." 방 안은 즉시 조용해졌고, 그녀에게 주의가 집중되었다. 그녀는 마른 침을 삼키고 말을 이어갔다. "무슨 일이 진행되는지 확실히는 모르겠습니다만, 저는 지금 정말 두렵습니다." 그게 전부였다. 그녀는 더 이상 말을 할 수가 없었다. 눈물이 흐르기 시작했고, 온몸이 떨렸다. 그녀 옆에 앉아 있던 한 여성이 "오, 이런 괜찮아요."라고 말하며 가까이 와서 앤의 어깨를 감싸 위로해 주었다. 앤은 그녀에게 안겨서 울었다.

몇 분이 지나 앤이 안정을 찾자, 그녀를 안아주었던 여성이 부드럽게 말했다. "무슨 일인지 우리에게 말하고 싶나요?" 앤은 주위를 둘러보았다. 모두가 그녀를 보고 있었지만, 충격을 받았거나 불쾌해하는 것 같지는 않았다. 그들은 인내심을 가지고 그녀를 기다려주었다. 그녀는 머리가 지끈거렸지만 할 말을 찾기 시작했다. 그녀는 갑자기 자신이 고립되었다고 느껴 두려움에 빠지곤 하는 일이 이따금 일어난다고 그들에게 말했다. 그녀는 자신에게 일어나고 있는 일을 남들이 좀처럼 알지 못하게 했었지만, 더 이상은 그렇게 살고 싶지 않았다. 다른 사람들에게 알렸다면 그녀는 그토록 처절하게 혼자라고 느끼지 않았을 것이다. 그들은 고개를 끄덕이며 친절한 미소를 보냈고, 그 반응을 본 앤은 몸이 이완되기 시작했다.

몇 사람은 앤의 용기가 존경스럽다고 말했다. 단원 가운데 한 여성은 아침에 논쟁하는 동안 자신도 위태롭고 불편한 감정이었다고 말했다. 끔찍하지는 않았지만 그렇다고 우호적이지도 않았다고 했다. 그녀 옆에 앉아 있는 한 남성도 동의했다. 그는 수련회가 사무적으로 돌아가기보다는 서로에 대해 더 잘 알 수 있는 좋은 기회가 되리라 보았고, 어쩌면 함께 무언가 참신한 방안을 창출해낼 수 있을 거라고 기대했었다고 말했다.

남들 얘기를 들으면서 앤은 입고 있던 갑옷이 녹아내리는 것을 느꼈다. 머리가 지끈거리던 것도 가벼워졌고, 심장도 더 편안하게 느껴졌다. 이후 몇 시간 동안 사람들은 회의 안건은 접어둔 채, 음악을 함께하며 느낀 두려움과 도전의식, 기쁨과 성취감에 관해 얘기했다. 그날을 마무리할 때쯤, 순회공연을 하는 것은 더 이상 문제가 아니었다. 몇 사람이 스스로 나서서 일을 맡기로 했고, 단원들은 그 어느 때보다 더 서로 가깝게 느끼며 활기에 차 있었다. 놀랍게도 앤 역시 경멸당하거나 거부당한다고 느끼는 대신 거의 모든 이들과 더 가까워졌다고 느꼈다. 자신이 취약하다고 느끼는 바에 대해 말을 하는 것으로 앤은 합창단의 소리에 풍부하고 감동적인 음색을 보탠 것이다.

우리가 자신의 상처나 두려움을 드러내면, 실제로 사람들은 더 진실해질 수 있다. 다행히 앤에게 이 일이 일어났다. 하지만 남들이 그들 자신의 분노나 혼란 때문에 그같이 열린 태도로 이해하거나 반응하지 못하는 경우도 있으므로 그런 상황을 잘 가리는 것이 중요하다. 자신의 취약점을 드러낼 때 우리는 위험을 감수해야 하고, 때로는 상처를 입을 각오도 해야 한다. 그러나 철갑을 두르고 고립된 상태로 있는 것이 더 큰 상처가 되고 진짜 고통스럽기 때문에, 우리는 기꺼이 자신을 드러낸다. 취약성을 드러내는 데는 용기가 필요하지만 보상은 달콤하다. 사람들 사이의 관계에서 자비와 참된 친밀감이 깨어나기 때문이다.

"있는 그대로의 너를 사랑해"

예수회 신부인 앤서니 드 멜로(Anthony De Mello)는 자신의 책에서 삶을 변화시킨 근본적 수용의 경험에 관해 얘기한다. 그는 자신이 몇 년 동안 "불안하고, 우울하고, 이기적인" 신경증적 상태였다고 적고 있다. 우리들처럼 그도 끊임없이 자기 개선 프로젝트를 진행했고, 아무것도 진행하고 있지 않은 듯할 때는 금방이라도 절망할 것 같았다. 친구들조차 그에게 변해야 한다고 말하며, 자신에게만 너무 몰두하지 말라고 강하게 권고했던 것도 매우 고통스러운 일들 가운데 하나였다.

그의 세계는 어느 날 한 친구가 "변하지 마. 난 있는 그대로의 너를 사랑해."라고 말할 때 멈췄다. 그 단어들이 가슴과 마음을 관통해서 흘러가게 하는 것이 마치 순수한 은총처럼 느껴졌다. "변하지 마, 변하지 마, 변하지 마. …… 난 있는 그대로의 너를 사랑해." 역설적이게도, 그가 변화에 자유롭다고 느꼈던 순간은 그가 변화하지 않아도 좋다는 허가를 받았을 때였다. 드 멜로 신부는 자신이 이완되었고, 여러 해 동안 닫혀 있었던 살아 있음의 느낌에 문이 열렸다고 말한다.

남들이 우리를 있는 그대로 수용하는 것이, 그들이 우리가 하는 모든 것을 좋아한다는 의미는 아니다. 우리가 그들이나 다른 사람에게 상처를 주고 있을 때 수동적으로 방관한다는 의미가 아니다. 운이 좋다면, 우리가 알코올 중독에 빠지거나 도박으로 월급을 다 날리기 시작할 때 친구와 가족이 뛰어들어 말릴 것이다. 그들은 우리가 언제 그들의 감정을 다치게 하는지 우리에게 알려줄 것이다. 그리고 운이 더 좋다면, 그들은 우리를 변함없이 사랑할 것이며, 우리가 해로운 방식으로 고통을 표현하는 것의 이면에 있는 인간적 혼란을 수용할 것이다.

솔직 담백한 정직성과 결합된 애정 어린 수용은, 약물 남용 치료 전문가들이 '중재'라 부르는 것의 핵심 요소들이다. 수십 년간 중독 회복 분야에서 일을 해온 내 어머니 낸시 브랙은 중재를 "신중하게 지도를 받은 상호의존적 관계의 사람들이 알코올이나 약물 중독자를 판단 없이 사랑으로 대면하는" 회기라고 기술한다. 이 접근법이 아무리 대면적이라고 해도, 어머니가 쓴 것처럼 중재에는 무척 위험스런 면이 있다. "약물 남용 치료 전문가들은 내담자들을 12단계 회복 프로그램으로 안내하기 전에 그들이 '준비'될 때까지 기다려야 한다는 오래된 금언을 잊곤 했다. 너무 많은 중독자들이 '준비'되기 전에 사망했으며, 가족들은 그들이 쓰레기로 전락하기 전에 죽일 '준비'가 충분히 되어 있었다."

중독이 가족, 친구, 동료의 삶을 파괴하고 있을 때, 약물 남용 치료 전문가들은 이런 회기를 마련할 수 있다. 중독자가 회기 중에 치료 프로그램에 직접 참여할 수 있도록 침대 하나가 미리 예약된다. 내 어머니가 가장 좋아하는 중재 얘기 중 하나가 근본적 수용의 힘이 무엇인지 잘 보여준다. 그녀는 이렇게 적고 있다.

나는 해리가 예약된 침대에 언젠가 올 거라고는 생각하지 못했다. 여러 차례 반복된 폭음은 이미 그의 뺨과 눈의 선명한 실핏줄과 부은 몸으로 표현되고 있었다. 그의 행동은 과장되고 예측이 불가능했으며, 거의 직장을 잃을 참이었다.

나는 그의 아내, 두 아들, 연세 많으신 아버지 등 관계자 모두가 그에게 몹시 화가 났을 때, '판단 없이 사랑으로' 그를 대할 수 있을지 걱정이 되었다. 그들은 불만으로 가득했다. 아들들은 아버지의 돌출 행동 때문에 친구들을 집에 데려올 수 없었다. 아내에게 그는 더 이상 믿을 수 있고 그녀를 배려해주는 배우자가 아니었고, 아버지에게는 아들이 아니었다. 나는 그들이 자신들의 염려를 전하기보다 그저 욕설을 퍼부을 것을 우려했다.

내 예상은 틀렸다. 해리는 그 방으로 왔고, 그가 세상에서 가장 사랑한 사람들의 얼굴을 둘러보았다. 그들은 모두 그를 보고 있었고, 그를 위해 거기에 있었다. 방 안의 공기가 바뀌었다. 맥박이 뛰는 듯했다고 그가 말했다. 그가 의자에 털썩 주저앉은 뒤, 나는 그의 아내 마지에게 대면을 시작할 것을 제안했다. 그녀는 그의 부재, 그가 등한시한 책무를 열거하는 대신에 그냥 일어나서 그에게 키스했다. "돌아와줘서 고마워요, 해리." 그녀가 말했다. 그런 다음 놀랍게도 다른 식구들이 모두 일어나서 그를 안아주었다. 아들들도 마찬가지였다. 그 후에 일어난 일은 바라보기 힘들었다. 우리 모두 눈물을 흘리고 있었기 때문이다. 그의 가족들이 해야 할 말을 계속하는 동안 해리는 듣고 있었다. 그 후에 자신을 위해 마련해둔 침대로 갔다. 그게 약 15년 전 일인데, 내가 아는 한 해리는 여전히 12단계 회복 프로그램에 참석하고 있다. 그리고 자신의 삶을 구해준, 수용과 진실 말하기의 용기 있는 사랑을 여전히 느끼고 있다.

나는 근본적 수용의 힘을 목격할 때마다 항상 놀란다. 수년간 부끄러운 비밀을 마음에 담고 살다가 12단계 회복 프로그램이나 영적인 친구들 모임에 합류하는 즉시 깊은 안식을 찾는 사람들이 종종 있다. 그들은 자신들이 불완전한 인간이지만 여전히 사랑스럽다는 것을 깨닫기 때문에, 심호흡을 하고 새롭게 다시 시작할 수 있다. 나를 찾아온 한 내담자는 본인이 속한 집단의 애정 어린 수용을 받은 몇 달 후에, 회복 불가능해 보였던 파트너와의 친밀감을 되찾을 수 있었다. 수용을 경험한 후에 직업을 바꿔서 자신들에게 생기를 불어넣는 일을 하는 사람들을 본 적도 있다. 근본적 수용은 새장의 문을 열어 우리가 세상에서 자유롭게 날도록 해준다.

우정이란
친구 내면의 선함을 비춰주는 거울

우리는 친구(friend)라는 단어를 너무 무심코 쓰는 나머지 그 말의 힘과 깊이를 잊고 있다. 친절(friendliness)은 팔리어 메타(metta), 즉 '자비'를 번역할 때 주로 쓰는 단어 가운데 하나다. 친구의 사랑과 이해는 깨끗한 물을 담은 깊은 우물처럼 존재의 근원을 생기 있게 한다. 만약 모든 종교와 거대 이데올로기가 사라지고, 우리가 추구하는 유일한 것이 친절,

즉 사람들과 우리의 내면적 삶과 모든 자연이 함께하는 조건 없는 친절이라면 얼마나 멋진 세상일까!

우리 내면의 날씨가 어떠했든 간에, 좋은 친구와 함께하면 마음이 편안해지고 고통스러운 감정이나 혼란스런 행동들을 영적 퇴보의 증상으로 여기지 않게 된다. 우리의 취약성, 통찰, 마음이 깨어있는 관계 속으로 들어가면, 우리는 함께 깨어남을 경험하게 된다. 함께하는 환경에서 깊은 치유가 가능해진다.

명상 제자인 카렌은 15년 동안 결혼생활을 유지해온 남자와의 이혼소송을 헤쳐 나가는 중이었는데, 치열한 양육권 분쟁에 휘말려 있었다. 카렌은 삶이 다 망가진 것 같았고, 싸움에서 혼자 고립되었다는 느낌을 받았다.

카렌이 자신의 분노와 자기불신을 어떻게 조절하고 있는지에 관해 말했을 때, 그녀에게 우리 명상 공동체의 영적 지원 모임들 중 하나에 합류할 것을 제안했다. '영적 친구들'이란 뜻의 팔리어 칼야나 미타(kalyanna mitta)라 불리는 이 모임은 샌프란시스코 외곽에 위치한 '스피릿 록 명상센터(Spirit Rock Meditation Center)'의 수련생들과 스승들 사이에서 처음 생겨났다. 사람들이 원하던 바를 굉장히 잘 채워준 덕분에, 이 모임은 곧 전국의 불교 명상 공동체들 사이로 확산되었다. 각 모임은 보통 8명 정도의 구성원으로 이루어지고, 대부분 격주로 만난다. 보통 조용한 명상으로 시작해서 마음챙김 대화로 이어진다. 주제는 일이든, 친밀한 인간관계에 관한 것이든, 중독이나 질병과 죽음의 두려움에 직면하는 것이든 간에 모두 일상생활에서 영적으로 깨어있기에 관한 것이다. 때로는 공식적 수행을 심화하는 것에 관한 토론이 이루어지기도

한다. 초점이 어디에 있든 단체 구성원들의 공통 목적은 솔직하게 말하고 듣는 것과 현재에 존재하고 마음으로 소통하는 것이다.

　카렌은 즉각 칼야나 미타 모임에 관심을 갖고 참석하기 시작했다. 거기서 그녀는 분노, 무기력, 두려움의 감정에 관해 말할 수 있고, 자신이 겉돈다거나 평가의 대상이 된다는 느낌 없이 있을 수 있음을 알고 안도감을 느꼈다. 그녀는 심지어 자신의 추한 행동들, 즉 전 남편이 자신을 비난하거나 속였다고 느꼈을 때 이성을 잃고 발작적으로 소리를 질렀던 것들을 인정할 수 있었다. 모임의 온화한 수용은 카렌이 "이 또한" 수행의 일부로 수용될 수 있다고 믿게 도와주었다. 그녀가 통제 불능의 반응들을 한다고 해서 나쁜 사람이 되는 것은 아니었다. 그것들은 영적이지 못한 탈선이 아니었다. 오히려 고통스러운 감정은 그녀의 주의를 심화시키고 자비를 훈련하라는 신호였다.

　모임의 다른 사람들이 자신들 삶의 혼란스럽고 골치 아픈 부분에 관해 말했을 때, 카렌은 자신이 잘못 온 게 아님을 알 수 있었다. "저는 명상 모임에 자주 나가는데, 다른 모든 사람들은 모두 자신의 불성 같은 것을 깨닫고 있는 것처럼 고요하고 평화롭다고 생각하곤 했습니다. 반면에 저는 자기 드라마에 대한 멈추지 않는 강박관념에 사로잡혀 있는 신경증적인 사람이었습니다." 이제 그녀는 각자가 경험하게 되는 기분과 휘몰아치는 격렬한 감정으로 그들을 정의할 수 없음을 깨닫고 있었다. 날씨처럼, 이것들도 변화하고 지나가는 것이었다. 그리고 칼야나 미타 모임을 함께하면서, 자신이 공감 능력, 유머, 직관적 지혜 등의 가치 있는 자질을 지니고 있음을 확인할 수 있었다.

　칼야나 미타 모임에 참가하면서, 카렌은 자기 자신과의 관계뿐 아니라 전 남편인 리처드와의 관계도 변화했다. 카렌은 결혼생활에서 감정적으로 쉽게 상처를 받는 것은 자신이 약하기 때문이고, 애정과 안정감을 바라는 건 자기가 근본적으로 불안정하기 때문이라고 믿었었다. 그러나 몇 달간 칼야나 미타 모임에서 서로의 상처와 두려움을 공유하는 사람들과 함께한 이후에는, 자신에게 '잘못'된 게 아무것도 없다는 것을 알게 되었다. 리처드를 대할 때 억눌리고 짓밟히고 몹시 화가 난다고 느끼는 대신 더 굳건하게 중심을 지키며 더 깊은 자신감을 길러나갔다.

어느 날 모임에서 카렌은 며칠 전 일어났던 사건에 대해 얘기했다. 그녀는 큰딸 멜라니의 사립학교 전학 문제를 의논하려고 리처드와 전화 통화를 했다. 리처드는 카렌의 불안정한 심리가 딸에게 전이되지 않기를 바랐지만 결국 그렇게 되어 딸이 공립학교에서 적응하지 못했다는 기분 나쁜 말을 했다. 카렌은 불같이 화가 치밀어 올랐지만, 아무 말도 하지 않았다. 그 대신 칼야나 미타 모임과, 이제는 친숙해진 다정한 얼굴들을 마음속에 그렸다. 그들이 자신을 수용해줬던 기억을 떠올리자, 더 이상 자신의 결함과 약점에 관한 리처드의 스토리를 믿을 필요가 없다는 큰 감사의 물결이 자신을 씻어주는 느낌이었다. 카렌은 짜증이 여전히 계속됨을 느껴 재빨리 대화를 끝냈다. 하지만 활기와 희망 역시 느껴졌다. 동료들이 자신을 지지해주고 수용해준다는 느낌은 카렌이 리처드와 오랫동안 춰온 자동반응의 댄스를 멈출 수 있게 해주었다.

스스로에 대한 신뢰가 점점 자라나자, 카렌은 어떤 학교가 딸에게 최선인지 가려내는 일을 더 잘할 수 있게 되었다. 마음이 더 편안해진 카렌은, 화를 내거나 선입견을 갖지 않고 멜라니의 관심사와 두려움을 마음을 열고 들을 수 있었다. 그들은 함께 고등학교 생활지도 카운슬러를 만났고, 딸이 다니기를 원하는 퀘이커 학교를 방문했다. 카렌이 말했다. "멜라니의 말을 더 잘 들을수록, 그 애가 원했던 것이 옳았음을 더 분명히 깨달았어요. 나는 이 새로운 학교가 딸에게 아주 잘 맞을 것임을 알았어요." 그녀가 다음에 리처드에게 말했을 때, 그는 반박조차 하지 않았다. "내가 배에 오르니까 그도 오를 수 있었다고 생각해요. 나는 스스로에게 어떤 확신을 갖게 되었어요." 카렌이 영적 친구들로부터 받았던 수용이 뿌리를 내렸다. 자신에 대한 믿음이 생겨나자, 그녀는 증가된 균형감과 정신력으로 주변 사람들을 대할 수 있었다.

근본적 수용이 인간관계에서 꽃피면, 우리는 영적으로 다시 자라나서 참나의 선함과 아름다움을 믿을 수 있게 된다. 좋은 양육이란 아이들이 스스로 사랑스런 존재임을 알 수 있도록 그들 내면의 사랑스러움을 거울에 비춰주는 것이다. 마찬가지로 우리가 남을 이해하고 수용하는 것은, 그들 내면의 가치와 소속감을 확신시켜 주는 것이다. 이 같은 근본적 수용을 받으면 우리 삶이 변화된다. 누군가에게 그에게 존재하는 선함을 비춰 보여준다면, 우리는 값을 매길 수 없는 선물을 준 것이 된다. 그리고 그 선물의 축복은 그의 생애 전반에 잔물결을 일으킨다.

레이첼 나오미 레멘(Rachael Naomi Remen)은 "우리는 다른 사람에게서 신의 불씨를 보게 되면, 주의를 기울임으로써 그 불씨를 키우고 강화한다. 그것이 얼마나 깊이, 얼마나 오랫동안 묻혀 있었는지는 상관없다. …… 우리가 누군가를 축복할 때, 그들 안에 태어나지 않은 선함과 접촉하고 그것이 잘되길 기원한다."고 적고 있다. 내면의 아름다움을 비춰서 보여주는 것은 우리 모두가 서로에게 줄 수 있는 축복이다. 우리는 그저 멈춰서, 우리 앞에 있는 사람을 분명히 보고 우리의 마음을 넓게 열면 된다.

가장 깊은 깨달음은, 우리가 누구인지를 가장 온전하게 알게 해주는 친밀하고 애정 어린 관계를 통해 일어나기도 한다. 수피 스승 이드리스 샤(Idries Shah)는 어떤 이슬람 수행자에 대한 얘기를 들려준다. 그 수행자는 매우 현명하고 인기가 많아서, 자주 가는 커피 하우스에 앉아 있을 때마다 제자들과 열성적인 추종자들에게 곧바로 둘러싸이곤 했다. 그는 겸손해서 자신이 특별한 사람이라고 표내지 않았지만, 바로 이 자질이 추종자들을 끌어들이는 강렬한 기운들 가운데 하나였다. 그 수행자는 영적인 삶에 관한 여러 질문을 받았지만, 개인적인 질문이 그중 가장 빈번했다. "당신은 어떻게 그토록 성스러운 사람이 되었습니까?" 그는 언제나 짧게 답하곤 했다. "나는 코란에 있는 것을 압니다."

이런 식의 답변이 한동안 계속되던 어느 날, 이 대답을 들은 약간 오만한 신참자가 그에게 도전을 했다. "그런데 코란에 무엇이 있습니까?"라고 따져 물은 것이다. 그 수행자는 그를 친절하게 바라본 후에 답했다. "코란에 납작하게 눌러 놓은 꽃잎 두 장과 내 친구 압둘라에게 받은 편지가 있습니다."

비록 경전이 우리를 안내하고 수행이 우리를 집중시키고 평온하게 하지만, 그 이슬람 수행자가 제안한 것처럼, 사랑을 생생하게 경험하면 우리 내면의 전체성과 빛이 밖으로 드러난다. 우리 삶은 상호의존적 존재의 장 안에 있다. 우리가 깨어있는 관계를 맺을 때, 즉 루미(Rumi)의 말처럼 "우리의 우정이 깨어있음으로 이루어질 때" 개인적 트랜스의 고통이 사라진다.

고통은
개인적인 것이 아니다

유명한 얘기꾼이자 교사인 마이클 미드(Michael Meade)는 잠비아의 치료 의식(儀式)에 관한 얘기를 들려준다. 만약 부족의 일원이 정서적으로나 신체적으로 아프게 되면, 그들은 조상의 치아가 그 사람 안에 박혀서 그렇다고 믿는다. 모든 부족 구성원들은 서로 연결되어 있기 때문에 한 사람의 고통은 다른 사람에게 영향을 준다. 따라서 구성원 모두가 치료에 동참한다. 미드의 표현에 따르면, 부족의 치료 의식은 "진실이 드러날 때 치아가 빠질 것이다."라는 이해에 기초한다. 아픈 사람이 스스로 경험하고 있는 분노나 미움 혹은 욕망을 드러내야 하긴 하지만, 온전한 진실을 드러내기 위해서는 모든 부족민이 자신의 묻어둔 상처와 두려움, 분노와 실망을 밝혀야 한다. 미드는 그것을 다음과 같이 기술했다. "춤추고 노래하고 북을 두드리는 동안에 모든 것이 드러나야만 해방이 일어난다. 이 힘든 진실들이 공개되어 치아가 뽑혀나가면, 온 마을은 정화된다."

이 의식 절차는 위대한 지혜를 담고 있다. 질병이나 우울증이 개인의 책임이고 고통이라고 생각하는 우리 문화와 달리, 이 부족의 구성원들은 고통에 대해 비난받거나 고통으로부터 고립되지 않는다. 오히려 고통은 공유된 관심이고 모든 사람들의 삶의 일부이다. 고통은 한 개인에 속한 것이 아니다. 고통을 개인적인 것으로 여기지 않는 것이 근본적 수용의 핵심이다. 붓다가 가르친 것처럼, 삶의 어려움은 개인만의 것도 아니고 개인이 야기한 것도 아니다. 우리의 몸과 마음의 변화하는 상태는 무수히 많은 변인들의 영향을 받는다. 우리가 이 사실을 인식하고, 마음을 열어 자신의 취약성을 드러내며 서로 수용하면 우리는 함께 치유된다.

자신의 고통을 개인적인 것으로 여기지 않는다면, 삶을 바라보는 우리의 습관적 시선은 깊이 변화한다. 스스로를 판단하지 않으려고 노력할 때조차 우리는 질투 어린 생각들, 이기적인 경향들, 강박 성향들, 멈추지 않는 판단 등을 개인의 문제이자 결함의 표시라고 가정하기 쉽다. 하지만 만약 타인들에게 면밀한 주의를 기울인다면, 카렌이 칼야나미타 모임에서 그랬던 것처럼 혹은 잠비아 부족이 그러하듯이, 우리는 자기 혼자서만 욕구와 두려움을 느끼는 것이 아님을 알게 된다. 또한 더 사랑하고 깨어있으려는 똑같은 갈망을 공유하고 있음을 알게 된다. 우리가 모두 길 위에서 함께 고통을 겪으며 깨어있다는 유대감의 진실을 깨닫는 것은, 개인이 무가치하다고 느끼는 것을 해결할 수 있는 가장 강력한 치료제다. 나의 두려움 혹은 나의 수치심이 우리가 공유한 고통이 될 때, 근본적 수용은 꽃핀다.

습관적으로 느끼는 분리감은 삶 전반에 걸쳐 일어난다. 이 느낌은 그저 삶의 일부일 뿐이다. "서로 간의 지속적인 거리감을 어떻게 다룰 것인가?"라는 질문에 인도의 스승 스리 니사르가닷따(Sri Nisargadatta)는 간단하면서도 멋진 조언을 준다. "'내가 신이고…… 당신이 신이다.'를 제외한 모든 생각을 그저 내려놓으라." 근본적 수용으로 서로를 대하면, 우리가 누구인지 그 진실을 확신할 수 있다. 친구와의 관계에서, 거리감을 불러일으키는 생각과 개념을 놓아버릴 때, 서로를 분명하게 사랑으로 바라볼 때 해탈의 씨앗이 자라난다.

깨어서 소통하기

우리는 다른 사람과 말을 주고받으면서 서로 사랑하기도 하고 미워하기도 하며, 받아들이기도 하고 거부하기도 한다. 붓다는 현명한 말, 즉 삶을 존중하는 말이란 진실한 것과 이로운 것만을 말하는 것이라고 했다. 그러나 우리는 여전히 욕구와 두려움에 매몰되어 서로에게 습관적으로 반응한다. 그렇다면 무엇이 진실하고 이로운지 어떻게 알 수 있을까? 어떻게 우리의 가슴으로 말하고 들을 수 있을까?

이 명상 수행은 서로 의사소통할 때 마음챙김과 열린 마음을 유지하기 위한 지침이다. 이 방법들은 서로 다른 근원에서 유래되었고, 미국에 있는 칼야나 미타 및 그와 유사한 모임들에서 다양한 방식으로 사용되고 있다. 당신은 이 방법들을 대화할 때마다 훈련할 수도 있고, 여러 사람들이 마음챙김 대화를 위해 다 같이 모여서 대인관계 명상을 할 때 공식 지침으로 사용할 수도 있다.

●

당신의 목적을 정하라. 어떤 상황에서도 사람들과의 관계에서 깨어

있고, 정직하고, 친절하겠다는 뜻을 영적 수행의 기본으로 삼는다. 하루를 시작할 때, 대인관계 명상을 시작할 때, 사람들을 대하기 전에 당신의 다짐을 떠올려라.

당신의 몸을 닻으로 삼아라. 몸에서 깨어있음을 느낄 수 있는 두세 곳을 선택한다. 호흡 감각이나 어깨, 손, 위장, 발의 감각을 이용할 수 있다. 사람들과 의사소통하는 동안 가능한 자주 이 감각들에 주의를 기울여보라. 앉아서 명상할 때나 일상생활을 하는 도중에 몸의 이 부분에 주의를 기울여서 느낌을 알아차리는 훈련을 하라. 그 훈련을 하면 할수록 사람들과 함께 있을 때 더욱 명확하게 깨어있을 수 있다.

가슴으로 들어라. 사람들이 말하는 동안, 당신의 생각을 내려놓고 그들의 말에 주의를 기울여라. 이 말은 대화할 때 당신의 생각을 주장하지 말라는 뜻이다. 당신의 몸 여러 곳에서, 특히 가슴 근처에서 생기는 느낌과 감각에 주의를 기울여라. 특히 당신의 마음이 이런저런 판단을 내리느라 바삐 움직이는 걸 알아차리도록 하라. 만약 당신이 상대의 말을 비판하고 분석하고 해석하고 있는 것을 알아차리게 되면, 당신이 그런 생각을 하고 있음을 분명히 알아차린 후 상대의 말에 귀를 기울이며 받아들여라. 이 말은 당신이 상대의 말에 모두 동의한다는 뜻은 아니다. 당신이 온전한 깨어있음과 주의집중으로 그 사람을 존중하고 있다는 뜻이다. 상대방 목소리의 음색, 말소리의 고저, 성량, 그가 사용하는 단어에 주의를 기울이며 진심으로 깊이 경청하라. 그가 말하는 내용뿐만 아니라 그가 표현하는 분위기와 정신도 받아들여보라.

가슴으로 말하라. 특히 상대방이 말하고 있는 동안, 당신이 할 말을 미리 준비하고 연습하지 마라. 그보다는 지금 이 순간 진실되고 의미 있게 느껴지는 것을 말하라. 그 말은 당신이 방금 들은 말에 대한 반응일 것이다. 혹은 명상적인 대화에서 그러하듯이 반응이 필요하지 않을 수도 있다. 또는 할 말이 자연스럽게 떠오를 것이다. 가슴으로 말하는 것은 참된 경청에서 시작된다. 당신의 몸과 가슴에 대한 마음챙김을 잃지 않도록 천천히 말하라.

멈추고, 이완하고, 주의를 기울여라. 대화를 할 때 자주 멈추어라. 말하기 전과 후에 짧게 멈춘다. 말하는 중에도 당신의 몸과 느낌에 주의를 기울이기 위해 멈추어라. 상대방이 말을 마쳤을 때, 잠시 멈추어 그가 했던 말이 머물 수 있는 공간을 마련해준다. 멈출 때마다 몸과 마음을 이완한다. 열려 있음 속에 편안히 쉬면서 이 순간의 경험에 온전히 주의를 기울인다.

멈추고 나서 당신의 마음과 가슴에 질문을 던져서 주의를 깊게 할 수도 있다. 스스로 질문해보자. "지금 무엇이 진실인가? 무엇을 느끼고 있는가?" 스스로에게 "이 사람이 무엇을 경험하고 있을까?"라고 질문하여 상대를 더욱 잘 알아차리기 위해 노력하라. 이 질문은 능동적인 동시에 수용적이다. 당신은 의도적으로 묻고 살피면서, 동시에 일어나고 있는 그 무엇에 대해서도 열려 있다. 떠오를 때마다 '멈춤-이완-주의'를 깨어있음으로 가는 신성한 길로 사용하라.

근본적 수용을 훈련하라. 서로 함께하며 깨어있으려고 노력하기 위해서는 겸손해야 한다. 보통 우리는 목적을 잊어버리고, 몸과의 연결을 잊어버리고, 생각을 내려놓고 듣는 것을 잊어버리고, 할 말을 미리 연습하지 않는 것을 잊어버리는 식으로 잊고, 잊고, 또 잊는다. 이 모든 과정을 근본적 수용으로 감싸 안고, 당신 자신과 사람들이 지극히 불완전하다는 것을 거듭 용서하라. 근본적 수용이 우리의 인간관계를 위한 그릇이 될 때, 진정으로 친밀해질 수 있다.

●

서로 함께 깨어있게 하는 훈련은 마음챙김과 자비를 일상생활에 통합하는 방법이다. 우리가 솔직하고 친절하게 의사소통하는 순간, 분리의 트랜스가 녹아내리기 시작한다. 욕구나 두려움에 이끌려 움직이는 대신, 점점 더 자연스럽게 실재함을 느낀다. 서로 깨어있으면서 관계 맺는 이 훈련들을 통해, 우리가 서로 이어져 있다는 유대감이 주는 행복을 경험할 수 있다. 그 효과는 어떤 명상 못지않다.

13

나는 누구인가?

오, 갈망하는 마음이여,
당신 자신의 순수한 본성
깊은 곳에 머물라.
당신의 집을 다른 곳에서 찾지 마라……
오, 마음이여, 당신의 순수한 의식만이
당신이 그렇게도 간절히 갈망하는
무한한 풍요로움이다.

- 스리 라마크리슈나(Sri Ramakrishna)

● 　　　　　고대 인도의 전설 가운데 이런 얘기가 있다. 한 사향노루가 어느 상쾌한 봄날 신비로운 천상의 향기를 맡았다. 그 향기에서는 평화, 아름다움, 사랑이 느껴졌다. 속삭이듯 유혹하는 그 향기에 이끌려 사향노루는 향기의 근원을 찾아 전 세계를 다 뒤질 요량으로 출발했다. 얼어붙은 험난한 산꼭대기를 기어 올라가고, 찌는 듯한 정글을 뚫고 걸어갔으며, 끝없는 모래사막을 가로질러 이동했다. 사향노루가 어디를 가든 희미하게라도 항상 거기서 향기를 맡을 수 있었다. 삶의 끝자락에 이르러, 끈질긴 추적에 지친 노루는 쓰러졌다. 노루가 쓰러질 때 뿔이 배를 찌르자 갑자기 공기 중에 천상의 향기가 가득 찼다. 사향노루는 쓰러져 죽으면서 향기가 내내 자신 안에서 흘러나오고 있었다는 것을 깨달았다.

　　우리가 홀로 떨어져 있고 무가치하다고 느끼는 트랜스에 매여 있을 때, 불성은 우리의 바깥에 있는 것처럼 보인다. 설사 이러한 결함이 있는 자신에게 불성이 있다 해도, 영적 깨달음은 아주 먼 또 다른 시간 혹은 장소에 있는 것처럼 보인다. 우리는 깨달음이 수 세기 전의 아시아나 수도원에서 가능했거나 우리보다 훨씬 더 헌신적으로 수행하는 사람들에게서만 일어났다고 생각할 수도 있다. 그들의 길을 따를 때조차 우리는 사향노루 같을 수 있다. 실제로는 바로 우리의 내면에 있으며, 단지 멈춰서 주의를 깊게 하면 발견할 수 있는 어떤 것을 찾는 데 우리의 삶을 쏟을지도 모른다. 이처럼 우리는 마음이 산란해서, 어딘가 다른 곳으로 가는 길 위에서 삶을 허비한다.

영적으로 성숙하면, 고통을 피하고 즐거움을 쫓으려는 반사적 반응보다 진실을 보고 열린 마음으로 살려는 열망이 더 강해진다. 배우자에게 시달린다고 느끼고 화가 날 수도 있지만, 기꺼이 우리의 역할을 인식하고 상대의 고통을 알고 용서하며 사랑을 유지한다. 외롭거나 슬퍼질 때, 음식이나 약물 혹은 바쁘게 지내는 것으로 고통스러운 느낌을 덜려 하는 경향이 줄어든다. 점점 더 우리의 진화적 사명과 동조되어, 본연의 지혜와 자비로 깨어나게 된다.

우리의 참된 본성을 대승불교는 완전한 지혜의 마음인 반야바라밀(prajñā-pāramitā)로 표현한다. 이 지혜의 완성은 모든 붓다의 어머니, 즉 "세상을 [있는 그대로] 보여주는 이"로 불린다. 그녀는 "모든 두려움과 괴로움에서 벗어나게 하는 빛의 근원"이다. 우리는 참된 본성과 만날 때, 트랜스로부터 완전히 자유로워진다. 더 이상 두렵거나 위축되지 않으며, 우리의 가장 깊은 본질이 우주 만물을 사랑으로 바라보는 순수하고 깨어있는 의식임을 안다.

때로는 우리의 참된 본성에 대한 심오한 통찰이 갑작스럽게 찾아올지도 모른다. 그러나 이 진실에 편안해지고 그 진실을 일상에서 믿는 것은 대개 점진적으로 이루어진다. 이런 이유 때문에, 자신이 누구인지를 깨닫는 과정을 '깨어남의 길'이라 부른다. 보통 길은 어딘가 다른 곳으로 가는 것을 함축하지만, 영적인 삶에서 길은 엘리엇(T.S. Eliot)의 말처럼 "여기, 지금, 항상" 있는 의식과 사랑에 우리를 열어준다.

나는 누구인가?

일주일간의 명상수련회 중에 스승이 짧으면서도 심오한 질문을 던졌다. "당신이 진정으로 붓다임을 믿나요?" 나는 속으로 "물론이죠……때때로."라고 생각했다. 나는 셀 수 없을 정도로 여러 번 가슴과 마음이 자유를 향해 깨어있음을 지각했었다. 그 순간에는, 내 본성이 순수한 의식임을 온몸으로 느꼈다. 그래서 내가 붓다라고 믿을 수 있었다. 그 진실을 믿고 있을 때는 온전히 실재한다고 느꼈고 편안했다. 그러나 여전히 "나는 부족한 작은 존재다. 만족하기 위해서는 달라져야만 한다."고 믿으며 많은 시간을 보내고 있었다.

끊임없이 나를 작다고 여기는 환상을 더 마음챙김하게 되기를 바라며, 남은 수련회 기간 동안 스스로에게 물었다. "나는 나 자신을 누구라고 여길까?" 나는 집착에 휩쓸린 명상가였고, 충분히 노력하지 않고 있었다. 나는 불교 수련회에는 어울리지 않게 야하고 단정하지 않은 옷을 입고 온 여자였다. 나는 마음속으로 남들의 외모와 행동에 대해 끊임없이 논평을 달며 판단하는 사람이었다. 그리고 면담 동안 스승에게 깊은 인상을 심어주고 싶어 하는 자의식 강한 요가 수행자였다. 위의 질문은 내가 얼마나 깊게 그리고 얼마나 자주 트랜스에 빠지는가를 보여주는 매우 유용한 도구였다. 스스로를 어떤 형태로든 작은 존재로 여길 때, 나는 내 가장 깊은 본성인 깨어있음 상태를 인식하지도 믿지도 못하고 있었다. 항상 강렬했던 건 아니지만, 불안과 소외의 느낌은 어느 정도 계속 유지되고 있었다.

그 수련회의 여파로, 참된 본성을 믿지 못하는 나의 습관이 더 심해진 것 같았다. 어느 날 아침 나라얀이 학교 갈 준비를 하고 있는 동안 나는 침실에서 명상을 하고 있었다. 내 마음은 정말 차분하고 고요했으며, 주의를 집중했다기보다는 단지 자각의 상태를 유지하고 있었다. 한없는 마음의 공간에서 이미지, 소리, 감각이 일어났다 사라질 때, 무엇에도 집착하지 않는 아름다운 자유를 지각했고, 세상을 향한 엄청난 애정을 느꼈다. 불성의 향기는 강렬했고 바로 가까이에 있었다. 나는 하늘만큼 넓게 열려 있음을, 찬란한 태양만큼 깨어있음을 느꼈다. 따로 가야 할 곳이 없었다. 모든 것이 의식 안에 구축되어 있었다.

이렇게 앉아 있는 중에 문에서 노크 소리가 크게 울리며 나라얀이 내 방에 불쑥 들어왔다. 미안한 표정으로 숨을 헐떡이며 학교에 태워다 달라고 부탁했다. 아들은 최대한 빠르게 달렸지만 버스를 놓치고 말았다고 했다. 나의 빛나는 열린 우주가 갑자기 엄마의 역할과 의무로 무너져 내렸다. 나는 고개를 끄덕이고 옷을 챙겨 입으며 문으로 향했다. 우리가 워싱턴 D.C.의 꽉 막힌 도로에서 기어가듯 나아갈 때, 나는 점점 더 초조해졌다. 아들에게 그날 있을 과학퀴즈 준비는 제대로 했는지 묻자 "그런 것 같진 않아요."라고 얼버무리는 답변이 돌아왔다. 더 묻다보니, 그 전날 과학실험 공책을 집에 가져오는 것을 까먹었다는 사실이 드러났다. 나는 아들이 평소에 어떤 식으로 생활하고 있는지에 대해 늘 하던 식의 설교나 야단치는 말을 자제했다. 그러나 속에서는 화가 나서 내장이 꼬이는 것 같았다. 아들이 습관적으로 라디오를 틀려고 했을 때, 나는 "안 돼."라고 낮은 목소리로 말하며 손을 밀쳐버렸다. 이런 상황에서 랩 음악은 견딜 수 없었다.

나는 앙다문 턱과 긴장된 마음을 느끼면서, 이 또한 마음챙김을 훈련할 또 다른 기회임을 떠올렸다. 그러나 단지 생각만 그랬다. 실제로는 초조했고 나를 방어하기에 여념 없었다. 신경질 난 엄마가 습관적 반응의 덫에 걸린 딱 그 모습이었다. 최근에 알게 된 나의 참된 본성이자 내가 소중히 여기는 의식은, 멀고 먼 저 바깥 어디에 있는 향기였다. 교통체증을 뚫고 나가는 사람과는 아무런 관련이 없었다.

집으로 돌아와 주차장에 차를 댄 후, 나는 차 시동을 끄고 그냥 앉아 있었다. 내 차라는 보호 방울은 가끔은 가장 성스런 명상홀만큼이나 지금 이 순간을 대면하기에 적합한 공간이다. 맨 처음 나는 안정이 되지 않았고, 얼른 안으로 들어가서 이메일과 전화메시지를 체크하려는 충동에 저항해야 했다. 하지만 나는 그 대신 내 몸을 느끼고, 무엇이 가장 주의를 필요로 하는지 알아차림하며 기다렸다. 안뜰에 있는 나무들에서 서로 쫓아다니고 있는 다람쥐들이 보였다. 내 느낌들 또한 서로를 쫓아다니고 있었다. 나는 아무것도 하지 않고서 단지 그 감정들이 소진될 때까지 기다려야 한다는 것을 알았다. 구부정한 어깨와 서서히 다가오는 피로의 감각에서 나는 실패의 느낌을 인식했다.

나는 아들이 방에 들어오기 직전까지 마음이 너무나도 평화롭고 넓은 상태였다. 그런데 어떻게 그렇게 순식간에 수축해서, 그토록 부적절하고 화나고 긴장된 느낌을 느낄 수 있단 말인가? 나는 명상, 엄마 역할, 일상생활 등 모든 영역에서 부족했다. 이 같은 자기불신감은 친숙한 것이었다. 내가 일상의 오르내리는 삶 속에서 배려와 열린 마음을 유지할 수 있을까?

고타마 싯다르타는 궁극의 깨달음을 이루는 순간에, 거대한 의심의 힘에 직면했다. 그는 보리수 아래서 탐, 진, 치의 신 마라의 여러 가지 도전에 마음챙김과 자비로 답하며 밤을 보냈다. 서서히 동이 트기 시작했을 때, 고타마는 자신의 가슴과 마음이 깨어있음을 알았지만 아직 완전히 자유롭진 않았다. 그 순간 마라가 마지막으로 가장 어려운 도전을 해왔다. "싯다르타여 무슨 권리로 붓다의 경지를 열망하는가?" 이를 달리 표현하면 "너는 네가 누구라고 생각하는가?"가 된다. 마라의 이 음성은 우리가 자기 자신에게 등을 돌리고 아무런 진전이 없다고 설득하며 구도를 포기하도록 강요하는 것이다.

이 도전에 대응하여 고타마는 손을 아래로 뻗어 땅에 대고, 땅에게 자신의 무수한 자비의 생애를 증명할 것을 요구했다. 땅에 손을 댈 때, 그는 깨어있음의 땅, 즉 모든 깨달은 존재들을 배출하는 완벽한 지혜의 마음과 접촉하고 있었다. 자신의 완전한 자유를 방해하는 모든 의심을 떨쳐버릴, 자신의 진정한 실체를 요구하고 있었다. 전설에 따르면 그가 지면과 접촉하는 순간 땅이 흔들리고 하늘은 천둥소리로 가득했다고 한다. 마라는 자신이 사람이 아니라 의식 자체의 창조적인 힘과 마주하고 있음을 알고, 두려워하며 물러갔다.

그날 아침 차에 앉아서, 나는 혼란스런 느낌을 근본적 수용으로 감싸 안기로 했다. 그러자 가슴 주변의 조임과 딱딱함이 부드러워지기 시작했다. 지금 당면한 자기불신의 고통을 인정하고 허용하자, 나는 더 실재하고 깨어있다고 느끼기 시작했다. 잠시 후 나는 배려하는 열린 의식으로 돌아온 걸 느꼈다.

다람쥐들이 나무 둥치 주위를 정신없이 도는 것을 멈췄고, 가벼운 바람이 나뭇잎 사이로 불어오고 있었다. 내면에서 평온함이 올라오는 것이 느껴졌다. 의심은 여전히 거기 있었지만, 불편하고 조심스러운 자아의 속삭임에 더 가까웠다. 나는 스스로를 더 이상 실패한 엄마나 무능한 명상가로 여기지 않았다. '작은 나'로 움츠러드는 느낌에서 자유로워지기 위해 나는 스스로에게 "바로 지금 누가 의식하는가?"라고 물었다. 나는 의식만을 의식했다. 거기에는 '나'라고 할 것이 없었다. 실패하고 있는 실체가 없었고, 두려워하고 흥분해서 제정신이 아닌 나도 없었고, 자기불신이 발 디딜 곳도 없었다. 감각과 정서의 흐름이 내 몸과 마음을 통해 움직이고 있는 동안, 그 장면들 배후에서 그것들을 가지고 있거나 통제하는 그 누구도 없었다. 오직 열려 있고 깨어있는 의식의 무한한 공간만이 있었다.

붓다가 마라의 마지막 도전에 땅을 만지는 것으로 대응했듯이, 의심의 목소리가 우리를 괴롭힐 때 즉시 지금 이 순간으로 돌아와 땅과 접촉한다. 지구, 우리 몸의 생명, 우리의 호흡 및 우리 내면의 날씨와 직접 연결함으로써 땅과 접촉할 수 있다. 우리 삶의 근원인 의식을 직접 들여다봄으로써 땅과 접촉할 수 있다. 우리는 바로 앞에 있는 것과 연결될 때, 우리 자신의 광대한 참모습을 깨닫게 된다.

'나' 너머의 의식과
하나 되기

앉아서 명상을 할 때, 우리는 그 순간 경험하고 있는 것에서 시작한다. 주의를 가장 많이 요구하는 영역에 가만히 의식을 모으면 몸과 마음이 차분해지기 시작한다. 면밀히 본다면 '나'라는 느낌이 느슨해지기 시작함을 알게 될 것이다. 그러나 여전히 '나'라는 희미하지만 지속적인 느낌이 있다. 나는 '마음을 평온하게 하는 사람' 혹은 '스스로 명상을 수행하고 있는 사람'이다. 더 분산되고 경계가 희미한 '나'라는 느낌은 내가 '유령 자기'라고 부르는 것이다. 어떤 이는 그것을 "관찰하는 목격자" 혹은 "지켜보는 자기"라고 부른다. 비록 화를 내거나 두려워하는 자기보다는 덜 구속적이더라도, 이 유령 자기 역시 우리를 자유롭지 못하게 하는 정체성과 연결되어 있다.

붓다의 가르침에 따르면, 어떤 것에든 매달린다면 의식의 완전한 자유가 어려워진다. 관찰자라는 느낌에 매달리는 것 역시 마찬가지다. 이런 때는 내가 주차장에 차를 대고 했던 것처럼, "누가 의식하는가?"라고 질문하여 희미한 '나'라는 느낌에 드리운 커튼을 걷어낼 수 있다. "무엇이 의식하는가?", "나는 누구인가?", "누가 생각하고 있는가?"라고 물을 수도 있다. 우리는 의식 자체를 마음챙김한다. 우리는 의식을 바라본다. 질문하기와 의식 바라보기를 통해 우리를 분리하고 속박했던 뿌리 깊은 '나'라는 환상을 뚫고 나가 떨쳐낼 수 있다.

지미는 8개월 동안 일주일에 한 번씩 내가 이끄는 명상수업에 참여하고 있었다. 그는 수업이 끝나고 좌절한 마음으로 몇 차례 내게 왔었다. 그의 마음이 의식을 바라보기 충분할 만큼 평안할 때마다, 그는 지켜보는 자기를 의식하곤 했다. 그가 "누가 이 지켜보는 자기를 의식하는가?"라고 질문했을 때, 지켜보는 자기가 곧바로 다시 튀어 나오곤 했다. 어느 날 그는 자신이 제대로 '파악'하지 못하는 게 걱정되어 수업이 끝나고 다시 나를 찾았다. 나는 그에게 그가 지각한 지켜보는 자기의 감각과 심상과 기분을 마음챙김하게 한 다음, 그가 알아차린 것을 말해달라고 했다. 그는 자신의 뒤에서 자욱한 빛을 보았고 "이것이 나다."라고 말하는 자신의 음성을 들었다고 말했다. 내가 물었다. "누가 빛과 음성을 의식하지요?" 그가 곧바로 대답했다. "물론 나죠!" 그는 나와 불교가 분명히 실재하는 자기를 부정하는 것 같아 짜증이 난다고 말했다. 잠시 후 그의 짜증은 낙심으로 바뀌었다. 그는 솔직하게 말했다. "어찌해야 할지 모르겠어요. 혼란스러워요. 이 명상 전체가 나를 불편하게 만들어요."

의식을 바라볼 때 우리가 특별한 경험을 하려고 안달하면, 주의가 선입견 없이 허용적으로 되지 못하고 생각, 소리, 감각에 고정된다. 변화하는 현상의 흐름을 인식하고 수용하기보다는, 무언가를 붙잡아야 될 것처럼 느낀다. 우리 자신을 유지하기 위해, 우리는 경험을 마음속으로 스냅 사진 찍고 주석을 단다. 처음에 잠깐 동안은 생각이나 기대 없이 의식을 바라볼 수 있지만, 곧 무슨 일이 일어나고 있는지 이해하려고 하는 개념 짓는 마음으로 되돌아간다. 이러한 일은 안정적이고 지속적인 '나'라는 개념을 내세우고 이루어진다. 우리는 자신의 경험을 고정시켜서 '나'라는 정체성을 확보하려 한다.

나는 지미가 의식을 들여다보는 훈련을 하는 동안 더 온전히 이완할 수 있는 방법을 찾도록 그를 격려했다. 나의 티베트 명상 스승인 촉니 린포체(Tsokney Rinpoche)가 우리의 참된 본성을 깨닫게 하기 위해 주었던 가르침을 그에게 알려주었다. "바라보고…… 놓아주고 자유로워져라." 린포체는 이것을 설명할 때 먼저 자신의 손을 손바닥이 바깥을 향하게 해서 얼굴 앞 30센티미터 지점에 둔다. 우리의 주의는 밖을 향하고 있는 우리 손바닥처럼, 항상 우리의 안과 밖의 세계에서 상영되는 삶의 영화에 초점을 맞추고 있다.

다음에는 손바닥이 자신을 향하도록 하면서 의식을 직접 바라보는 행동을 설명한다. "바라보라." 생각과, 경험 대상들을 향한 집중을 느슨하게 하고, 누가 보고 있는지를 직접 본다. 그런 다음 "놓아주고 자유로워져라."라는 말과 함께 린포체의 손이 무릎으로 부드럽게 내려온다. 의식을 바라보고 진실이 무엇인지를 알면, 우리는 편안해지고 완전히 그 실재 속으로 들어간다.

그 다음 주에, 지미는 수업 후에 남아 전날 저녁에 앉아 있는 동안 깊은 깨달음의 경험에 도달했다고 내게 말했다. 전에 자주 경험했듯이, 마음이 평온해진 후에 자신의 뒤에 친숙한 밝은 구체 같은 목격자를 느꼈다고 했다. 그는 호기심이 생겨서 물었다. "누가 이것을 의식하고 있는가?" 그는 이것을 다음과 같이 묘사했다. "나는 '나'를 파악하려는 내 마음속 긴장을 느낄 수 있었어요. 하지만 사실은 어디서도 나를 찾을 수 없었어요. 바로 그때, 내 마음이 어떤 설명을 내놓기 전에 나는 완전히 이완해버렸어요. 바로 그것이었어요. …… 어디에도 변화하지 않는 견고한 것은 없었어요. 나도 없었어요. …… 세상 전체가 의식이었어요."

불교에는 이런 이야기가 전해 내려온다. 혜가가 스승인 달마 대사에게 "제 마음을 평안하게 해주십시오."라고 부탁했다. 달마 대사는 "내가 평안하게 해줄 테니 너의 마음을 내게 가져오너라."는 말로 답했다. 오랜 침묵 후에 혜가는 "제 마음을 찾을 수가 없습니다!"라고 말했다. 달마 대사는 미소 지으며 말했다. "이제 내가 너의 마음을 평안하게 했느니라."

이 이야기처럼, 내면을 들여다보면 어떤 존재도 없다. 마음의 실체도, 나도, 우리가 식별할 수 있는 그 어떤 것도 없다. 단지 의식, 비어 있는 열린 의식만이 있다. 우리의 경험에는 중심도 없고 가장자리도 없다. 우리가 다시 자신을 생각에 연결시키거나 욕구하는 감각들이나 느낌들을 쫓지 않는다면, 우리가 서 있을 어떤 견고한 바닥은 없다. 이 깨달음은 당황스럽고 두려우며, 믿을 수 없을 정도로 기이할지도 모른다. 많은 소리, 감각, 이미지 등이 있을 수 있지만, 붙잡을 것은 아무것도 없고 그것들을 조종하는 장막 뒤의 나도 없다. 아무것도 없다는 것을 바로 아는 것이 티베트 스승들이 "최고의 앎"이라고 부른 것이다.

그러나 이 공(空), 즉 '아무것도 없음'은 삶이 비었다는 뜻이 아니다. 오히려 빈 의식은 생생하게 인식하는 깨어있음으로 가득 차 있다. 의식의 이런 성질은 인식, 즉 경험의 흐름에 대한 연속적인 앎이다. 당신이 읽고 있는 이 순간, 소리가 들리고, 떨림이 느껴지고, 형태와 색깔이 보인다. 이 앎은 즉각적이고 자발적으로 일어난다. 햇빛이 빛나는 하늘처럼, 의식은 의식 안에서 빛나며 또한 무한하여 모든 생명을 담는다.

지미가 발견한 것처럼, 이 순수한 의식을 깨달으려면 우리 본래의 존재를 완전히 덮고 있는 스토리, 생각, 욕구, 두려움의 베일을 걷어야 한다. 스리 니사르가닷따(Sri Nisargadatta)가 썼듯이 "실재 세계는 우리의 사고와 신념 너머에 있다. 우리는 그것을 쾌락과 고통, 옳고 그름, 안과 밖으로 구분하는 욕구의 그물을 통해 본다. 우주를 있는 그대로 보기 위해, 당신은 그 그물 너머로 발을 내디뎌야 한다. 그렇게 하는 것은 어려운 일이 아니다. 왜냐하면 그 그물은 구멍으로 가득하기 때문이다."

우리의 주의는 누군가의 아첨, 다음 주말 계획, 지저분한 주방의 모습, 반복되는 언쟁 등 항상 무언가에 고정되어 있다. 우리의 현실은 우리의 마음속 영화에서 보는 드라마고 생각이다. 우리는 자신의 스토리와 욕망을 내려놓고 의식으로 방향을 돌림으로써 그물 너머로 발을 내딛게 된다. 이는 마치 프로젝터를 돌아보며, 영상을 살아 있는 것처럼 보이게 만드는 것이 실제로는 빛임을 깨닫는 것과 같다. 우리는 모든 스토리와 감정을 창조하는 근원인 '공'을, 모든 존재를 낳는 무형의 비옥한 공간을 바라본다. 거기서 우리는 '우주를 있는 그대로' 본다.

우리가 보고, 듣고, 느끼고, 상상할 수 있는 모든 것은 의식에서 나타나고 사라지는 환상이다. 생각이 일어날 때, 그 생각들은 어디서 와서 어디로 가는가? 당신이 생각과 생각 사이의 공간을 바라볼 때, 그물에 난 구멍들을 통해 의식 자체를 바라보고 있는 것이다. 당신은 잠시 조용히 앉아서 단지 들을 수 있다. 소리들이 어떻게 생겨나고 무형의 의식 속으로 사라지는지 알아차려라. 소리의 시작과 소리의 끝을 알아차릴 수 있는가? 그 사이의 공간도? 이 모든 것이 의식에서 일어나고 있고 의식을 통해 지각된다.

바라보고 놓아주고 자유로워져라. 이는 획기적이며 직관에 반하는 명령이다. 경험을 통제하고 해석하려고 노력하기보다는 우리의 집착을 내려놓는 훈련이다. 바로 여기에 있는 것을 깨어서 바라보면, 우리의 심오한 성품인 신비와 아름다움이라는 고향에 도달하게 된다.

라마 겐둔 린포체(Lama Gendun Rinpoche)는 다음과 같이 썼다.

행복은 큰 노력과 의지력을 통해 발견되는 것이 아니라,

이미 거기, 휴식과 내려놓음에 있다.

긴장하지 마라, 할 것은 아무것도 없다…….

오직 행복 추구가 행복을 보지 못하게 할 뿐…….

좋고 나쁨의 경험이 실재한다고 믿지 마라.

그것들은 무지개와 같다.

당신은 쥘 수 없는 것을 쥐려 하면서 헛되이 스스로를 소진시키고 있다.

쥐고 있는 것을 놓자마자, 그곳에

열려 있고 매력적이며 편안한 공간이 드러난다.

그러므로 그것을 이용하라. 모든 것은 이미 당신의 것이다.

더 이상 어떤 것도 찾지 마라…….

할 일은 아무것도 없다.

억지로 할 것도 없고,

원할 것도 없으며,

모든 것은 스스로 일어난다.

깨달음의 길은 단순히 깨어있는, 완전한 이완의 과정이다. 우리는

바로 지금 여기에 있는 것을 보고, 있는 그대로의 삶을 받아들인다. 얼마나 자유로운가!

훈련을 하면, 본연의 의식을 인식하는 일이 점점 더 쉬워진다. 우리는 지금 특별한 조망을 얻기 위해 언덕을 기어오르기보다는, 가만히 물러나 깨어서 전체 풍경 속에서 사는 기술을 학습하고 있다. 우리는 의식을 들여다보고, 보이는 것을 받아들인다. 우리는 스스로 부족하게 여기는 어떤 스토리나 그 밖의 다른 어떤 곳에서보다, 의식에서 더 편안해진다. 우리 존재의 근원인 광대하고 빛나는 깨어있음을 직접 보고 경험했기 때문이다.

우리는
공(空)이고 사랑이다

대승불교에서는 의식의 열려 있고 깨어있는 공(空)이 우리의 절대적 본성이다. 우리의 본성은 변하지 않고 조건이 필요치 않으며, 영원하고 순수하다. 이 의식을 모습이 있는 상대성의 세계로 가져오면 사랑이 깨어난다. 우리가 살고, 죽고, 숨 쉬는 세계인 삶의 변화무쌍한 흐름을 받아들임으로 대하면 우리의 가슴은 자연스럽게 열린다. 우리의 마음이 비어 있는 의식으로 인식하는 것을, 우리의 가슴은 사랑으로 경험한다.

우리의 존재는 드러남과 드러나지 않음, 절대와 상대 둘 다에 존재한다. 『반야심경』에 담긴 이 진리는 대승불교 가르침의 보배로 여겨진다. 『반야심경』은 "색이 공이요, 공 또한 색이다. 공은 색과 다르지 않고,

색은 공과 다르지 않다."고 말한다. 의식이라는 무형의 바다는 끊임없이 바뀌며 끝이 없는 삶의 파도(감정들, 나무들, 사람들, 별들)를 일으킨다. 모든 생명이 하나의 의식에서 생겨나는 것을 알면, 우리는 우리의 연결성을 깨닫고 사랑이 충만함을 느낀다. 살아 있는 모든 존재를 자비로 소중히 대할 때, 우리 모두의 공통 근원인 비어 있고 깨어있는 의식을 깨닫는다.

생명을 사랑하는 것과 무형의 의식이 우리의 본질임을 깨닫는 것은 서로 분리될 수 없다. 일본의 한 속담처럼 "삶을 사랑으로 살지 않으면서 순수한 의식을 본다는 것은 백일몽이다. 이 상대성의 세상에서 바른 앎 없이 사는 것은 악몽이다." 우리는 때로 집착하지 않음을 추구하기 위해 우리 자신을 우리 몸과, 감정들의 골치 아픈 상태와, 사람들과의 관계로부터 거리를 두고 싶은 유혹을 받을 수 있다. 이러한 부추김은 우리가 살아가는 세상에 대한 앎에 바탕을 두지 않은, 현실을 떠난 몽상에 빠지게 한다. 반면에 만약 우리의 본성인 비어 있고 깨어있는 의식을 기억하지 못한 채 우리 삶의 마음속 드라마와 변화하는 감정에만 몰두한다면, 우리는 자신을 소외되어 고통받는 자기와 동일시하는 악몽에서 길을 잃게 된다.

상실의 괴로움에 직면했을 때, 우리는 때때로 사랑과 공의 상호의존성을 가장 깊이 깨닫기도 한다. 나는 최근에 절친한 친구 중 하나였던 개를 잃었을 때 이를 실감했다. 그 개도 이름이 타라(Tara)였는데, 검정색 스탠더드 푸들이었다. 타라는 쾌활하고 놀기를 좋아하는 개였다. 가파른 언덕을 함께 달려 올라갈 때면, 나는 타라가 내 기운을 북돋워주고 있다는 것을 분명하게 느낄 수 있었다. 내 속도가 느려지면 타라는 내 주위에서 원을 그리며 달리곤 했다. 타라가 내 앞으로 돌진해 와서 나를 몇 차례 길거리에 큰 대(大) 자로 눕게 할 때, 거기엔 조금의 악의도 없었다. 내가 넘어져 있으면 타라는 놀라서 미안해하고 다정하게 행동했다. 우리들 대부분은 이런 종류의 우정을 알고 있다. 이러한 우정은 야단스럽지 않으며 대개 배경처럼 뒤에 깔려 있다. 그렇지만 우리의 삶을 지탱해주는 건 바로 이러한 우정이다.

타라의 뇌에서 종양을 발견하기까지 6개월이나 걸렸다. 타라는 기력이 떨어지고 몸놀림이 둔해졌지만 여전히 나를 따라다녔고, 활력을 잃지 않고 좋은 관계를 위해 노력했다. 병을 발견했을 때, 나는 타라의 목숨을 구하기 위해 최선을 다했다. 타라는 선반을 가득 채운 약들을 먹었고, 몇 개월간의 방사선 치료도 인내심으로 견뎠다. 나는 희망을 버리지 않고 치료를 계속했다.

하지만 치료는 실패했고, 타라의 고통은 더욱 심해졌다. 스테로이드 때문에 털이 뭉텅이로 빠지기 시작했다. 아침에 일어나 내 침대 발치에 있는 타라를 보면, 털이 빠져 드러난 피부에 염증이 생겨 붉은 반점이 늘어나 있곤 했다. 타라는 여전히 힘없이 꼬리를 흔들거나 애정을 가지고 나를 부드럽게 핥곤 했지만, 그 하루를 맞이하기를 원하지는 않았다. 나는 타라의 삶을 마감하는 것 외에는 선택의 여지가 없다고 느꼈다. 내가 동물병원에서 타라를 철판 위에 내려놓았을 때, 타라가 내게 보내준 신뢰의 눈빛을 나는 또렷하게 기억할 수 있다. 수의사가 타라에게 심장을 멈추게 하는 화학약품을 주입했을 때, 타라는 평온했고 준비되어 있었다.

수의사가 나가고 타라 옆에 혼자 남은 나는 밀려오는 상실감에 슬퍼하며 흐느꼈다. 나는 타라를 계속 쓰다듬으며 사랑스런 머리에 입을 맞췄고, 그의 존재와 부재가 부딪히며 동시에 나를 돌면서 관통하는 것을 느꼈다. 내 사랑스런 친구가 떠났다. 타라는 결코 다시는 나를 보고 반가워할 수도, 나와 함께 달릴 수도, 내 옆에서 따뜻하게 잠들 수도 없을 것이다. 하지만 이 마음 아픈 사랑의 유대는 바로 여기에 살아 있었다! 타라를 끌어안고서, 나는 이 사랑스런 모습들의 세계가 얼마나 가차 없고 얼마나 압도적인 힘으로 끝이 나버리는지 느낄 수 있었다. 공즉시색(空卽是色)! 세상에 존재하는 모든 것이 엄청난 파도가 되어 깊은 실의에 빠진 나를 휩쓸고 지나는 것처럼 느껴졌다. 나는 깊이 애착하고 있었고, 상실했고, 비통했고, 사랑했다. 나는 끝없이 밀려오는 슬픔의 파도 하나하나를 의식 속에 담는 것 외에는 달리 할 수 있는 것이 없었다.

그러나 이 심장을 비트는 고통이 일어나고 있을 때, 나는 부드러운 존재, 나의 슬픔과 함께하는 자비로운 존재를 함께 느꼈다. 이 거대하게 부풀어 오른 슬픔은 의식의 공간 안에서 사랑에 안겨 있었다. 누가 의식하는지를 질문했을 때, 찢는 듯하고 묵직한 고통 감각들이 광대하게 열린 의식 안에 나타나서 펼쳐지고 있었다. 내가 이 깨어있는 열림 안으로 들어가니, 거기에는 슬픔을 소유한 나도 없었고 잃어버릴 친구도 없었다. 나는 마치 바람의 움직임이나 폭풍이 오기 전 갑작스럽게 깜깜해지는 하늘을 보듯이, 이토록 생생한 감정들이 어떻게 전개되고 있는지 보고 있었다. 색즉시공(色卽是空)! 거기에는 삶이 생겨나고 사라지는 것을 경험하는, 부드러운 의식의 장(場)만이 있었다.

우리의 모든 정서, 그 가운데서도 특히 슬픔이 근본적 수용과 만날 때 『반야심경』의 진리를 전해준다. 시인 데이비드 화이트(David Whyte)는 이렇게 썼다.

> 슬픔의 우물에 빠져
> 잔잔한 수면 아래 검은 물속으로 들어가
>
> 숨을 쉴 수 없는 그곳에
> 가보지 못한 사람은
>
> 결코 알지 못한다,
> 우리가 마시는 차고 깨끗한 비밀의 물이 어디서 오는지를.
>
> 또한, 무언가를 소망하는 사람들이 던져 놓은
> 어둠 속에서 희미하게 빛나는
> 작고 둥근 동전을 발견하지 못할 것이다.

슬픔은, 이 소중한 삶이 영원하지 않다는 것에 대한 정직한 인식이다. 무엇을 잃건, 잠깐 동안만 존재하는 삶 전부가 슬프기 때문에 우리는 슬픔의 바다에 열려 있다. 그러나 상실의 검은 물속으로 기꺼이 들어갈 때, 우리의 근원인 불멸하는 사랑의 의식이 나타난다.

근본적 수용은, 진정으로 삶의 소중함을 느끼며 이 세상을 온전하게 살도록 하는 기술인 동시에 이 삶이 생겨나고 사라지게 하는 무형의 의식에 머물게 하는 기술이다. 삶에서 생겨나는 모습들이 자연스럽게 의식의 전경으로 나타날 때가 있다. 타라가 죽었을 때, 만약 나를 관통하는 고통의 파도를 온전히 받아들이지 않았다면 나는 슬픔을 회피하고 미루었을 것이다. 우리가 소망, 슬픔, 두려움으로 가득 차 있을 때 너무 조급하게 의식으로 향한다면, 감정의 생생함을 느끼지 못할 수도 있다.

우리는 마땅히 이 삶을 기꺼이 감싸 안아야 한다. 하지만 열린 의식을 잊는다면 우리의 경험을 근본적 수용으로 마주할 수 없다. 의식을 들여다보는 그 순간, 나는 나의 개 타라의 본질이자 세상 모든 존재의 비어 있는 본질인 영원한 불변의 본성을 보고 있었다. 이것이 그토록 따뜻하게 나를 바라보았던 그 눈빛의 근원, 잊힐 수는 있되 결코 사라지지는 않을 의식이었다.

고향으로 가는 길:
순수한 의식 속으로

붓다의 전생에 관한 신화적 가르침인 『본생경(本生經)』에는 이런 이야기가 들어 있다. 어느 전생에 붓다는 북인도의 작은 마을에 사는 착한 상인이었다. 어느 날 오후, 그가 가게에서 일하는 중에 흘긋 밖을 쳐다봤는데, 한 아름다운 사람이 광채를 뿜으며 마을 광장을 가로질러 걸어오고 있었다. 그는 머리를 얻어맞은 것 같았다. 그 사람을 계속 바라보던 그는 자신의 가슴이 축복 속에 환해짐을 느꼈다. 그때까지 살아오면서 그렇게 눈부시게 자비를 발하는 인간을 본 적이 없었다. 그는 그렇게 분명하게 밖으로 빛을 발하는 신성한 존재를 느낀 적이 없었다.

상인은 즉각 이 존재를 섬겼으며, 자신의 가슴에서 그러한 사랑을 깨우는 데 일생을 바치기로 결심했다. 그는 음식을 공양하기 위해 잘 익은 과일과 차를 정성스레 준비했다. 그는 태양이 비치는 거리로 걸어 나가서, 마치 자신을 기다리 듯 서 있는 빛나는 이를 향해 기쁘고 깨어있는 마음으로 움직였다.

상인이 마을 광장을 절반쯤 가로질렀을 때 갑자기 햇빛이 어둠으로 바뀌었다. 지면은 격렬하게 흔들렸고, 그와 그가 섬기려는 이 사이의 땅이 갈라졌으며, 깜깜해진 하늘에는 번개가 쳤다. 그는 무시무시한 악마의 이글거리는 눈과 피비린내 나는 입을 보았다. 마라의 목소리가 그를 에워쌌다. "돌아가라! 돌아서라! 너무 위험하다. …… 너는 살아남지 못할 것이다!" 천둥소리가 대기를 흔들 때 목소리가 경고했다. "이 길은 너를 위한 길이 아니다. 너는 자신이 누구라고 생각하느냐? 네 가게, 네가 알고 있는 너의 삶으로 돌아가라."

두려움을 느낀 착한 상인은 돌아서서 안전한 곳으로 도망가려 했다. 하지만 그 순간 그의 가슴이 전 우주를 다 채울 수 있을 정도의 큰 열망으로 벅차올랐다. 사랑과 자유에 대한 이 욕구는 어떤 경고의 목소리보다 강력했다. 그의 마음을 채우고 있는 빛나는 존재를 마음에 그리며, 그는 어두운 마라의 혼돈 속으로 한 걸음 내디뎠다. 그리고 또 한 걸음, 또 한 걸음……. 악마가 사라졌고 눈부신 한낮의 햇빛이 돌아왔다. 땅은 서로 모여 다시 하나가 되었다.

상인은 살아 있음에 전율하고 넘치는 사랑과 감사를 느끼며 어느새 빛을 발하는 인물 바로 앞에 서 있었다. 위대한 존재가 그를 포용하며 말했다. "잘했다, 보살이여, 잘했다. 이생의 모든 두려움과 고통을 통과해 계속 걸으라. 계속 걸으며, 너의 가슴을 따르고 의식의 힘을 믿으라. 한 번에 한 걸음씩 계속 걸으면, 상상할 수도 없는 자유와 평화를 알게 될 것이다."

이 말을 들은 착한 상인은 자신의 전 존재가 빛으로 가득 참을 느꼈다. 주위를 둘러보니 땅과 나무들, 노래하는 새들과 풀 한 포기까지도 모두 똑같이 신성한 존재로 빛나고 있었다. 그와 그 위대한 존재와 이 살아 있는 세계 전체가 무한하고 빛나는 존재였다.

두려움과 수치심 그리고 혼란의 구름이 얼마나 두껍든지 상관없이, 우리는 그 상인처럼 자비를 깨우려는 열망, 지혜롭고 자유롭기를 원하는 열망을 기억할 수 있다. 우리가 소중하게 여기는 것을 기억하면 두려움과 의심을 의식으로 감쌀 수 있다. 순간순간 이렇게 나아가면 우리는 원하는 것을 찾게 된다.

마라가 나타날 때 그저 한 걸음만 내딛으면, 지금 이 순간을 자비로 감싸 안으면 우리는 깨어날 수 있다. 분노의 말들을 주고받는 순간 가슴에서 거세지는 압박과 얼굴에서 느껴지는 열감을 의식하며 한 걸음 내딛는다. 아이가 열이 높을 때, 이마에 차가운 물수건을 올려주며 자신의 두려움을 의식함으로써 한 걸음 내딛는다. 낯선 도시에서 어두워진 후에 길을 잃었을 때, 또 다른 코너를 돌았는데도 모르는 길이 나와 불안이 엄습해 오면 이를 의식으로 알아차림하며 한 걸음 내딛는다. 친절한 의식과 함께 지금 이 순간으로 거듭해서 돌아오는 것, 이것이 도(道)다. 이 깨어남의 길에서 중요한 것은, 바로 이 순간 땅을 접촉하며 기꺼이 한 번에 한 걸음 내딛는 것이다.

근본적 수용의 길은, 우리가 혼자 떨어져 있고 무가치하다고 말하는 마라의 목소리에서 우리를 자유롭게 한다. 우리는 지금 이 순간에 온전히 깨어있을 때마다, 우리 안에 내재된 본연의 깨어있음과 배려를 발견한다. 우리는 자신이 진정으로 누구인지 생생하고 온전하게 이해한다. 루미(Rumi)는 다음과 같이 썼다.

나는 물이다.
나는 누군가의 옷을 붙잡는
가시나무다……

믿을 것은 아무것도 없다.
오로지 나 자신에 대한 믿음을 그만두었을 때
이 아름다움을 만나게 되었다……

밤낮으로 나는 내 영혼의 진주를 지켰다.
지금 나는, 진주빛 물결 반짝이는 이 대양에서
어떤 것이 내 것인지 잊어버렸다.

의식 안에서 살 때 우리는 사랑 안에서 사는 것이다. 우리가 소중히 여기는 사랑 의식은 멀리 있는 향기도 아니며, 고된 여행 후에만 발견되는 보물도 아니다. 얻기 위해 싸우고, 얻은 후에 보호해야 하는 보물 같은 것이 아니다. 죽음의 순간에 사향노루가 깨달은 것처럼, 우리가 갈망하는 아름다움은 이미 여기에 있다. '우리가 '누구'라고 여기는 자기'에 관한 스토리를 누그러뜨리고 깨어있는 의식으로 바로 이 순간에 발을 들여놓는다면, 우리는 아무것도 부족하지 않고 어떤 것도 이 진주빛으로 반짝이는 물결 바깥에 있지 않음을 알게 된다.

비록 우리가 길에서 헤매면서 자신의 본질을 보지 못할지라도, 사랑하는 것을 기억한다면 우리는 신성한 깨어있음으로 돌아갈 수 있다. 『티베트 사자의 서』에는 우리에게 깊은 안심을 주는 구절이 들어 있다. "이 가르침들을 기억하라. 분명한 빛, 자신의 본성에서 반짝이는 빛을 기억하라. 당신이 어디에 있든 얼마나 멀리서 헤매든 상관없이, 그 빛은 한 호흡도 안 되는 찰나의 거리에 있다. 당신의 순수한 의식에서 나오는 선명한 빛을 깨닫는 데 너무 늦은 경우란 결코 없다." 우리는 우리의 진정한 고향인 의식과 사랑을 믿을 수 있다. 길을 잃으면 그저 멈춰서, 무엇이 진실인지 보고 마음의 긴장을 푼 후 다시 돌아온다. 이것이 근본적 수용의 핵심이다.

나는 누구인가?

대부분의 영적인 전통에서 가장 근본적 질문은 "나는 누구인가?"다. 티베트 불교 수행인 족첸(dzogchen, 위대한 완성)은 우리의 참된 본성을 직접 깨닫게 하는 훈련이다. 다음에 소개할 족첸 수행을 하기 전에, 마음의 긴장을 풀고 편안하게 쉬는 시간을 먼저 갖는 것이 좋다. 바디스캔(192쪽 참조)이나 위빠사나 명상(92쪽 참조)을 할 수도 있다. 여러 가지 생각과 감정이 족첸 수행 동안 자연스럽게 계속해서 일어나겠지만, 이 수행은 감정이 강렬하지 않을 때 시작하는 것이 좋다. 이 수행을 위한 이상적인 장소는 탁 트인 넓은 하늘을 직접 볼 수 있거나 시선이 산만해지지 않을 곳이 좋다. 창문 밖을 내다봐도 좋고, 빈 벽이나 방 안의 빈 공간을 봐도 좋다.

●

긴장된 상태와 편안한 이완 상태를 함께 느끼면서 편안히 앉는다. 눈을 뜨고 시선은 약간 위쪽을 향하게 한다. 눈에서 긴장을 풀고, 한 곳만 응시하지 말고 주변의 광경을 모두 지각하라. 눈 주위 근육의 긴장을 풀고 이마도 힘을 빼고 이완한다.

하늘을 직접 보거나 선명한 파란 하늘을 상상하며, 당신의 의식이 그 한없이 넓은 공간과 하나가 되게 한다. 마음을 완전히 열어서 편안하게 한다. 잠시 소리를 들으며, 그 소리가 어떻게 일어나고 있는지 알아차린다. 멀리서 들려오는 아주 작은 소리까지도 들으면서 그 속에서 편안히 쉰다.

소리가 들렸다가 사라지는 것을 지켜보듯이, 감각과 정서가 일어났다 사라지는 것을 지켜본다. 부드러운 산들바람처럼 편안하게 호흡한다. 계속 떠오르는 이런저런 생각은 마치 지나가는 구름처럼 생각하고 지켜보라. 열려 있으면서 집중된 의식을 유지하면서, 소리, 감각, 느낌, 생각이 어떻게 변하는지 알아차린다.

마음이 판단이나 비난 혹은 이미지나 스토리 등 특정한 생각에 빠진 것을 알아차리게 되면, 부드럽게 의식을 들여다보며 그 생각의 근원을 알아본다. "누가 생각하고 있는가?", "무엇이 생각하고 있는가?", "바로 지금 누가 의식하고 있는가?"라고 질문하라. 의식에 가볍게 접촉하며, 누가 생각하고 있는지 가만히 지켜보라.

당신은 무엇을 알아차리는가? 고정되거나 확실하거나 지속적인 어떤 '것'이나 '나'가 있는가? 감정, 감각, 생각의 변하는 흐름에서 따로 떨어져 존재하는 실체가 있는가? 의식을 들여다보면 실제로 무엇을 보는가? 경험에 어떤 경계나 중심이 있는가? 의식한다는 것을 의식하는가? 생각, 욕구, 두려움의 그물은 잔뜩 구멍이 나 있다. 당신이 그물 너머를 본다면, 모든 생명이 의식에서 생겨나고 의식으로 사라진다는 것을 알게 될 것이다.

　깨어있음의 바다로 가서 완전히 이완하라. 삶이 의식 속에서 자연스럽게 펼쳐지도록 그냥 내버려두라. 아무것도 하지 않음 속에서 쉬어라. 집중된 의식 속에서 쉬어라. 마음이 또 생각에 붙잡히면, 의식을 다시 들여다보며 생각의 근원을 바라보라. 그런 다음 내버려두어라. 생각을 놓아버릴 때마다 완전히 이완하도록 한다. 깨어있는 상태에서 이완하고 삶을 있는 그대로 내버려두는 것이 주는 자유를 발견하라. 바라보고, 놓아주고, 자유로워져라.

　만약 어떤 감각이나 정서에 자꾸 주의가 가면 위와 같은 방식으로 의식을 들여다보고, 누가 화가 나거나 피곤하거나 두렵다고 느끼는지 물어라. 그러나 만약 그것들이 매우 강렬하거나 강박적이라면 의식을 들여다보지 말고 그 감각이나 정서에 부드럽게 주의를 기울이면서 받아들여라. 예를 들어 당신이 두려움에 사로잡혔다면, 호흡을 하면서 열림과 친절을 느껴도 좋다(387쪽 통렌 지시문을 보라). 당신이 다시 평정심과 자비로 당신의 경험을 바라볼 수 있게 되면, 의식에 머물면서 족첸 수행을 다시 시작한다.

　종종 이 강렬한 감정 뒤에 '유령 자기'(두려움이나 상처를 자비로 감싸 안고 있는 자기)의 느낌이 남기도 한다. 만약 이것을 느낀다면, "누가 자비로운가?"라고 질문하며 의식을 들여다본다. 그런 다음 보이는 것 속으로 들어간다. 나 없음의 의식 속으로, 자비가 깃든 비어 있음 속으로 들어간다.

　감정이 자연스럽게 떠오르는 것은 의식의 자연스러운 표현이 사랑

임을 경험하는 심오한 기회다. 이 지점에서, 의식을 들여다보는 족첸 수
행과 통렌 수행은 밀접하게 통합된다.

●

우리가 족첸 수행을 할 때, 제대로 하려고 분투하듯 마음을 긴장시키지
않으며, 과도하게 노력하지 않고 편안하게 훈련하는 것이 중요하다. 스
트레스를 만들어내지 않도록 한 번에 5분 내지 10분으로 훈련시간을
제한하는 게 좋다. 하루에 여러 번 짤막하게 공식적인 훈련을 할 수 있
다. 혹은 떠오를 때마다 잠시 의식을 들여다보며 무엇이 진실인지 살펴
볼 수도 있다. 그런 다음 놓아주고 내버려둔다.

부록

함께 훈련하는
RAIN 파트너

● 　　　　　주말 워크숍에 참석한 사람들의 피드백에서 RAIN 파트너(RAIN Partners)에 대한 영감을 얻었다. 여러 해 동안 내 워크숍 참가자들은 4인 그룹으로 나눠 RAIN을 연습하였다. 그들은 시작할 때 어떤 문제에 대해 작업할지 공유하고, 끝날 때 도전, 통찰, 그리고 개방에 대해 자신의 경험을 나누었다.

　　많은 이들이 함께 훈련하는 게 매우 좋다는 것을 경험했다. 나는 특히 RAIN에 이미 친숙한 사람들의 보고서에 감명받았다. 그들은 파트너의 지지적 현존이 어떻게 내적 작업을 심화시키고, 치유 과정에서 함께하는 것이 어떻게 진정한 연결을 형성하는지를 공유했다.

　　그들의 경험이 나를 자극하여, 파트너와 함께 할 수 있는 RAIN의 형식을 만들게 되었다. 이는 명상 수행법을 일상생활에 통합되도록 하는 형식이었다. 여기서 RAIN 파트너의 핵심 특징 몇 가지를 공유하려고 한다. 더 자세한 내용을 알고 싶다면 내 웹사이트(tarabrach.com/blog-rain-partners-protocol)에서 전체 프로토콜과 수행법을 확인할 수 있다.

RAIN 파트너란?

RAIN은 소규모 그룹으로 할 수도 있지만, 대부분 편의상 한 명의 파트너와 함께 작업하기를 선택한다. RAIN 파트너는 친구, 가족, 동료 혹은 여러분이 알지 못하는 누군가가 될 수 있다.

RAIN 파트너는 매주, 격주, 매월 또는 어떤 방식으로든 정기적으로 RAIN 명상 세션을 함께하는 데 동의한다. 세션은 약 35분에서 45분 정도 소요되며, 직접 만나거나 전화 또는 인터넷으로 진행할 수 있다. 파트너 관계를 유지하는 시간이 지속될수록 신뢰와 안전, 상호 지원이 더욱 깊어질 수 있다.

RAIN 파트너가 되기 위한 조건

RAIN 파트너로 참여하기 전, 정규 마음챙김 훈련과 RAIN 실습 경험이 필요하다. 각 파트너는 시작하기 전에 프로토콜의 지침을 주의 깊게 검토해야 한다.

RAIN 세션 중 할 일

두 파트너가 미리 어려운 감정에 빠지는 상황에 대해 숙고한다. 인간관계, 일, 건강 문제, 중독 행동 또는 우리 사회에서 일어난 사건과 관련된 것일 수 있다. 각 파트너는 반응 패턴을 활성화하는 특정 상황을 마음속에 떠올리고 세션에 참여한다. 주제를 정할 때 잠재적으로 충격적이거나, 동료 프로세스에서 건강한 방식으로 처리하기 어려울 수 있는, 크게 부담되는 것은 피하는 게 좋다.

프로토콜에서 보게 되겠지만, "알아차림"과 "허용" 단계에서는 당신이 집중하는 도전적인 경험을 당신과 당신의 파트너 모두 소리 내어 명명하며 진행할 것이고, "탐구" 및 "돌봄" 단계에서는 침묵 속에서 진행한다. 그런 다음 마지막으로 함께 공유하며, 힘들었던 부분을 인정하고 가장 기억하고 싶은 통찰이나 개방을 명확하게 한다.

프로토콜에는 여러분이 RAIN 세션을 위해 안전하고 유익한 공간을 만들 수 있도록 돕는 중요한 지침(비밀 보장과 같은)도 포함되어 있다.

혜택은 무엇인가?

여기에서 RAIN 파트너로 참여한 학생들의 의견을 공유하겠다.

- 파트너가 있으면 책임감이 생긴다. RAIN 세션을 예약하면 꼭 참여해야 한다.

- (파트너는) 내가 과정에 온전히 참여할 수 있도록 돕는다. 혼자 할 때는 RAIN을 시작하고 나서 자신도 모르게 표류하거나 그냥 멈추는 경우가 가끔 있다. 하지만 파트너와 함께하면 계속 진행해야 하고 모든 단계를 따라가게 된다. 항상 감사하다.
- 우리는 이것을 RAIN 댄스라고 부른다. 함께하면 훨씬 강력하고 서로 연결되는 방식이 매우 아름답기 때문이다. 서로의 존재가 서로에게 최고를 끌어낸다.
- 둘이서 문제를 나누다 보면 부끄럽거나 다루기 힘든 사적인 일의 버거운 느낌이 줄어든다. 내 안에서 무슨 일이 일어나고 있는지 궁금해지고 나 자신에게 친절하게 대하는 것이 훨씬 쉽다.
- 배운 것을 함께 탐구하다 보면 더 깊게 들어갈 수 있다. 그리고 받아들이게 된다. 그 주 동안 기억에 남아 매번 훈련할 때마다 많은 것을 얻을 수 있다.
- 파트너는 내가 혼자서 직면하고 싶지 않은 문제를 탐구할 수 있을 만큼 충분한 안전감을 느끼도록 도와준다.
- 이것은 내게 힘을 실어준다. 나는 치료사나 그룹에 돈을 낼 필요가 없다. … 함께하는 사람과 깊은 치유를 할 수 있다!
- 파트너와 이것을 함께 하는 것은 깊은 영적 실천이다. 세션 끝 무렵 "나"라는 작은 존재는 사라지고 "우리"라는 느낌, 열린 의식의 느낌이 남는다.
- 파트너와 함께 RAIN을 진행할 때 "나의 문제"에 대한 느낌이 변하는 것에 언제나 놀라곤 한다. 보통 나 자신을 나쁘게 느끼도록 만드는 중대한 어려움으로 시작하지만, 이것은 불쾌함은 아직 남아 있지만 돌봄의 공간 안에 존재하는 것으로 변하게 된다.

우리는 항상 우리의 내면과 그리고 타인과 관계를 맺고 있다. RAIN 파트너와 함께 현존을 훈련하다 보면, 강한 자비의 장을 함께 창조하게 된다. 이것은 우리의 연결성과 모든 존재에서 빛을 발하는 내재된 선의 진실을 밝힌다.

RAIN 파트너 프로토콜 및 명상연습에 관한 자세한 내용은 tarabrach.com/blog-rain-partners-protocol을 참조하라.

인용문 출처

5쪽   Rumi, Jalal Al-Din. "Out beyond ideas of wrongdoing and rightdoing," from THE
      ESSENTIAL RUMI by Coleman Barks. Copyright © 1995 by Coleman Barks.
      Reprinted by the permission of the author.

36쪽   Berry, Wendell. "Do Not Be Ashamed," from THE SELECTED POEMS OF
      WENDELL BERRY by Wendell Berry. Copyright © 1998 by Wendell Berry.
      Reprinted by permission of Counterpoint Press, a member of Perseus Books, L.L.C.

64쪽   Machado, Antonio. "Last night, as I was sleeping," from TIMES ALONE:
      SELECTED POEMS OF ANTONIO MACHADO, translated by Robert Bly.
      Copyright © 1983. Reprinted by permission of Wesleyan University Press.

80쪽   Rumi, Jalal Al-Din. "Don't turn away," from THE ESSENTIAL RUMI by
      Coleman Barks. Copyright © 1995 by Coleman Barks. Reprinted by the
      permission of the author.

96쪽   "Enough," from WHERE MANY RIVERS MEET by David Whyte. Copyright ©
      1990 by David Whyte. Used by permission of the author and Many Rivers Press.

126쪽 Rumi, Jalal Al-Din. "This being human is a guest house," from THE ESSENTIAL
      RUMI by Coleman Barks. Copyright © 1995 by Coleman Barks. Reprinted by
      the permission of the author.

142쪽 Brown, Ed. Pillsbury Biscuits story, excerpt from *Shambhala Sun* magazine,
      Copyright © July 1994. Permission granted by *Shambhala Sun*.

20th Anniversary New Edition
지금 이 순간 있는 그대로

받아들임

ⓒ 타라 브랙, 2025

2025년 3월 18일 초판 1쇄 발행

지은이 **타라 브랙** • 옮긴이 김선주, 김정호
발행인 박상근(至弘) • 편집인 류지호 • 편집이사 양동민
편집 김재호, 양민호, 김소영, 최호승, 정유리 • 디자인 쿠담디자인
제작 김명환 • 마케팅 김대현, 김대우, 이선호, 류지수 • 관리 윤정안
콘텐츠국 유권준, 김희준
펴낸 곳 **불광출판사** (03169) 서울시 종로구 사직로10길 17 인왕빌딩 301호
　　　 대표전화 02) 420-3200 편집부 02) 420-3300 팩시밀리 02) 420-3400
　　　 출판등록 제300-2009-130호(1979. 10. 10.)

　　　 ISBN 979-11-7261-144-6 (03180)
　　　 값 25,000원

　　　 잘못된 책은 구입하신 서점에서 바꾸어 드립니다.
　　　 독자의 의견을 기다립니다. www.bulkwang.co.kr
　　　 불광출판사는 (주)불광미디어의 단행본 브랜드입니다.